Black Robin Blue Petrel Chatham Island Taiko Cattle Egret Hihi Hakoakoa Hoiho Kahu Kaka Little Spotted Kiwi Great Spotted Kiwi North Island Brown Kiwi Okarito Brown Kiwi Southern Tokoeka Haast Tokoeka Kakariki Kaki Kawau Kakapo Korora Karearea Kotare Kea Kotuku Kereru Kuaka Matuku Koekoea Parera Kokako Pipiwharauroa Korimako Piwakawaka Matata Pukeko MiroMiro Ruru Mohoua Takapu Ngutuparore Taranui Papango Tauhou Pateke Titi Pihoihoi Toroa Popokatea Welcome Swallow Putangitangi RiroRiro Taiko Takahe Tarapiroe Tarapunga Tieke Titipounamu Tuturiwhatu Torea Tui Toutouwai Weka Whio
Adzebill Blackbird Huia
Australian Magpie
Brown Quail Koreke
California Quail Moa
Chaffinch Piopio
Crimson Rosella Pouakai
Dunnock Stephens Island
Wren Eastern Rosella
Whekau Goldfinch
House Sparrow Malay
Spotted Dove Mynah
Peafowl Rainbow
Lorikeet Rook

自由行
乐游全球……15

新西兰
第2版

世界游客所向往的
"地球的庭院"，
美丽的景色正期待
你的到来！

实业之日本社海外版编辑部 ◎ 编著
钟萍萍 ◎ 译

北京·旅游教育出版社

乐游全球 ⑮ 新西兰 New Zealand

目录 CONTENTS

- 新西兰地图 7
- 新西兰旅行基本信息 8

特辑 玩转新西兰
- 新西兰自行车旅行 12
- 背包客旅馆住宿指南 16
- 告诉你省钱的旅行实用小技巧 ... 19
- 超市购物 20
- 新西兰特产 22
- 新西兰美食 24
- 悠闲的自驾旅行 30
- 住宿豪华旅馆 36
- 在新西兰观看橄榄球比赛 40

南岛
- 南岛全图 42
- **克莱斯特彻奇** 44
  - 城市概况 44
  - 克莱斯特彻奇周边地图 45
  - 克莱斯特彻奇市中心 49
    - 步行游览指南 49
    - 克莱斯特彻奇中心地区地图 ... 51
    - 克莱斯特彻奇旅游计划 52
    - 克莱斯特彻奇市内的旅游景点 ... 53
    - 接触大自然的列车之旅 56
    - 当地团体游 57
  - 克莱斯特彻奇郊外 58
    - 步行游览指南 58
    - 克莱斯特彻奇郊外的旅游景点 ... 59
    - 阿卡罗阿 61
  - 旅游活动指南 62
  - 商店 64
  - 餐馆 68
  - 夜店 72
  - 酒店 74
  - 新西兰园艺的魅力 78
- **凯库拉** 80
- **皮克顿** 82

- 马尔堡酒庄之旅 84
- **纳尔逊** 86
- **阿贝尔塔斯曼** 88
  - 在阿贝尔塔斯曼国家公园体验皮划艇 ... 89
- **格雷茅斯** 90
- **弗兰茨约瑟夫冰河** 92
- **福克斯冰河** 94
  - 探寻冰河的秘密 95
- **库克山** 96
  - 库克山徒步旅行 98
  - 商店和餐馆 100
  - 酒店 101
- **特卡波** 102
  - 魅力无限的新西兰星空 ... 105
- **瓦纳卡** 106
  - 瓦纳卡市内的旅游景点和旅游活动 ... 107
  - 商店和餐馆 108
  - 酒店 109
- **昆斯敦** 110
  - 城市概况 110
  - 昆斯敦周边地图 112
  - 昆斯敦地图 112
  - 昆斯敦旅游计划 113
  - 昆斯敦市内旅游景点 114
  - 昆斯敦中心地区地图 115

可剪切便携版
范围超大的城市地图
奥克兰市中心（正面）
克莱斯特彻奇市中心
（反面）

乘坐怀旧的厄恩斯洛号渡过瓦卡蒂普
湖，游览高原农场风景·········· 116
当地团体游················ 117
昆斯敦郊外旅游景点·········· 118
路特本徒步旅行············· 121
旅游活动指南·············· 122
商店··················· 124
餐馆··················· 128
昆斯敦酒吧游·············· 133
酒店··················· 135
昆斯敦水疗··············· 140
双板和单板滑雪的乐趣········· 142
米尔福德峡湾·············· 144
米尔福德旅游景点············ 145
米尔福德峡湾巡航············ 146
米尔福德徒步旅行············ 147
道尔福峡湾··············· 148
蒂阿瑙················· 150
蒂阿瑙出发的当地游··········· 151
餐馆··················· 152
酒店··················· 153
达尼丁················· 154
城市概况················· 154
达尼丁市中心步行游览指南······· 155
达尼丁中心地区地图··········· 156
达尼丁市内旅游景点··········· 157
达尼丁郊外的旅游景点·········· 159
餐馆··················· 160
酒店··················· 161
因弗卡吉尔··············· 162
因弗卡吉尔的旅游景点·········· 163
餐馆和酒店··············· 164
斯图尔特岛··············· 165
商店、餐馆、酒店············ 166

北岛

北岛全图················ 168
奥克兰················· 170

城市概况················ 170
奥克兰周边地图············· 171
奥克兰市中心·············· 175
　步行游览指南············· 175
　奥克兰地图·············· 177
　奥克兰旅游计划············ 178
　奥克兰市内旅游景点·········· 179
　怀赫科岛··············· 182
　缇里缇里马塔基岛··········· 184
　当地团体游·············· 185
　玛塔卡纳农贸市场··········· 186
奥克兰郊外··············· 188
　步行游览指南············· 188
　奥克兰郊外的旅游景点········· 189
旅游活动指南·············· 192
商店··················· 194
餐馆··················· 198
夜店··················· 203
酒店··················· 206
北地·················· 210
区域概况················· 210
北地地图················· 211
派希亚·················· 212
拉塞尔·················· 214
怀唐伊·················· 215
凯里凯里················· 216

餐馆和酒店…………………257
惠灵顿 258
城市概况…………………258
惠灵顿地图………………259
惠灵顿市中心……………261
　步行游览指南……………261
　新西兰最大的博物馆——蒂帕帕博物馆…262
　惠灵顿市内旅游景点……263
商店………………………266
餐馆………………………267
酒店………………………269

旅行信息 中国篇

凯塔亚……………………218
在森林保护区怀波瓦森林漫步…220
科罗曼德尔半岛…………222
区域概况…………………222
泰晤士……………………223
科罗曼德尔镇……………224
水星湾……………………225
罗托鲁阿 226
城市概况…………………226
罗托鲁阿周边地图………227
罗托鲁阿市区和郊外……228
　步行游览指南……………228
　罗托鲁阿中心地区地图…229
　罗托鲁阿旅游计划………230
　罗托鲁阿市区旅游景点…231
　罗托鲁阿郊外旅游景点…232
旅游活动指南……………234
毛利秀对比………………236
商店………………………238
餐馆………………………240
酒店………………………243
怀托摩……………………246
陶波………………………248
东加里罗国家公园………250
国家公园概况……………250
东加里罗周边地图………251
在东加里罗国家公园徒步旅行…252
纳皮尔……………………254
区域概况…………………254
纳皮尔市区的旅游景点…255

旅行计划…………………272
住宿设施的预订和类型…275
研究出发日期一览表……278
旅行必备品………………280
保险和其他证件…………281
费用的准备………………282
携带物品…………………283
在国内收集旅游信息……284

旅行信息 新西兰篇

入境、出境………………286
新西兰的机场……………288
新西兰国内交通…………290
　航空线路…………………290
　长途巴士…………………292
　火车………………………294
　渡轮………………………295
　市内巴士、出租车………296
　租车………………………298
兑换和信用卡……………300
电话、邮政和网络………302
餐馆用餐建议……………304
商场购物建议……………306
安全提示——实例和预防…308
健康之旅…………………310
旅行会话…………………312
旅游景点索引……………317

旅行信息 专题版

畅游库克山…………………97
参观昆斯敦周边的葡萄酒庄……120
前往道尔福峡湾的神秘世界……149
在新西兰找古董……………191
赌场游戏……………………205
农庄住宿，体验牧场生活……245
品尝霍克湾的美味葡萄酒……256

本书的使用方法

● 货币符号
NZ$是新西兰元的符号。1新西兰元约为4.05元人民币（2015年7月）

● 地图标记
- H…宾馆
- R…餐馆
- S…商店
- N…夜店
- ☕…咖啡馆
- ⊤…邮局
- ⛪…基督教教堂
- ✈…机场
- ✚…医院
- 文…学校
- ℹ…旅游咨询处
- ✕…警察局
- P…停车场

● 这种颜色的建筑表示宾馆、酒店
● 这种颜色的建筑表示购物中心
● 这种颜色的建筑表示主要的观光景点

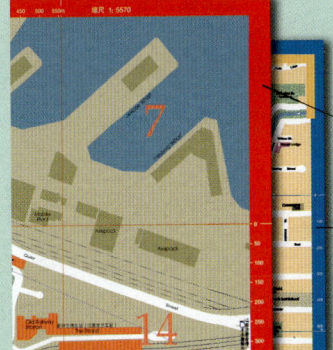

剪切地图、
红色和蓝色=正面和背面

剪切地图正面边框的颜色是红色（奥克兰），剪切地图背面边框的颜色是蓝色（克莱斯特彻奇），上面标有各个旅游景点和各种商家。

● 剪切地图-15
这里是红色，表示你要找的地点位于地图正面15区的位置上。此外，在176页I区也可以找到此地点。

● 剪切地图-30
这里是蓝色，表示你要找的地点位于地图背面30区的位置上。此外，在47页C区也可以找到此地点。

◎费用、营业时间、电话号码、交通工具的运行时间等各种数据均参考在当地取材时的信息，可能会有变动，请于行前咨询确认。
◎各宾馆的住宿费是最低费用（不含税）。考虑到可能会有所变动，请旅行前到旅行社或是到当地确认。
◎信息中的休息日都是商家或有关部门自行规定的休息日，不包括圣诞节、年末年初、复活节等假期。即使当天非规定休息日，但在圣诞节等假期有时也会休息。
◎餐馆、宾馆信息中的缩略语在主要介绍页的栏外附有详细的说明，请参考。
◎B&B，指的是"早餐加床位"式的住宿设施。住宿宾馆的相关信息介绍中，"S"代表单人间，"T/D"代表双人间，如S/NZ$135~，表示该宾馆的单人间价格为135新西兰元起。另外，有些旅馆也有多人间（Dormitory），本书将其记录为"多人间"或"宿舍"（背包客旅馆或青年旅馆）。
◎本书中出现的所有地图，均为原版图书插图，书中不再一一标出。
◎为确保提供更多信息量，本书采用上述符号表示各类旅游信息。为使读者更直接地获取当地信息，本书保留了部分英文单词以及音译地名。

注：本书中所有地图均系原版日文图书中原插图

新西兰北岛地图

- 雷恩加角 Cape Reinga
- 北开普 North Cape
- 90英里海滩 Ninety Mile Beach
- 凯里凯里 Kerikeri p.216
- 怀唐伊 Waitangi p.215
- 拉塞尔 Russell p.214
- 派希亚 Paihia p.212
- 旺阿雷 Whangarei
- 阿瓦努伊 Awanui
- 凯塔伊亚 Kaitaia p.218
- 北地 p.210 Northland
- Waipoua Forest
- 达加维尔 Dargaville
- 马塔科黑 Matakohe
- 沃克沃思 Warkworth
- 豪拉基湾 Hauraki Gulf
- 大堡岛 Great Barrier I.
- 科罗曼德尔镇 Coromandel p.224
- 水星湾 Mercury Bay p.225
- 科罗曼德尔半岛 Coromandel Peninsula p.222
- 泰晤士 Thames p.223
- 奥克兰 p.170 Auckland
- 北海岸 North Shore
- 马努考 Manukau
- 波克诺 Pokeno
- 哈密尔顿 Hamilton
- 剑桥 Cambridge
- 怀托摩 Waitomo
- 蒂库伊蒂 Te Kuiti p.226
- 陶波 Taupo p.248
- 罗托鲁阿 Rotorua p.246
- 丰盛湾 Bay of Plenty
- 陶朗加 Tauranga
- 瓦卡塔尼 Whakatane
- 乌雷威拉国家公园 Urewera National Park
- 吉斯伯恩 Gisborne
- 鲁阿托里阿 Ruatoria
- 东角 East Cape
- 怀罗阿 Wairoa
- 霍克湾 Hawke's Bay
- 纳皮尔 Napier p.254
- 黑斯廷斯 Hastings
- 北帕默斯顿 Palmerston North
- 东加里罗国家公园 Tongariro National Park p.250
- 阿瓦基诺 Awakino
- 新普利茅斯 New Plymouth p.246
- 埃格蒙特山 Mt. Egmont 2517
- 鲁阿佩胡山 Mt. Ruapehu 2797
- 汤加里罗山 Mt. Tongariro 1968
- 旺阿努伊 Wanganui
- 塔伊哈佩 Taihape
- 布尔斯 Bulls
- 北岛 North Island
- 送别角 Cape Farewell
- 塔斯曼海 Tasman Sea

A B C D E F

最想知道
新西兰旅行基本信息

正式国名
英语：新西兰（New Zealand）
毛利语：Aotearoa

首都
惠灵顿（Wellington）

面积
26.8万平方公里

人口
450多万人
*2014年统计

元首
英国国王伊丽莎白二世

政体
君主立宪制

通用语
英语、毛利语、新西兰手语

宗教
15%的人信奉英国国教，12%的人信奉天主教，共有53.5%的人信仰基督教。

民族
欧洲移民后裔占69.8%，毛利人占7.9%，亚裔占5.7%，等等。

国歌
一般情况下唱《天佑新西兰》，这首国歌的前半部分是毛利语，后半部分是英语。女王出席的时候，采用英国联邦典礼，唱英国国歌《天佑女王》。

从上海出发所需的时间
从上海直飞奥克兰的航班约需要11小时35分钟，由新西兰航空公司运营。另外，

新西兰国旗
由于新西兰是英联邦的一员，所以自1901年来使用的国旗由左上方的英国国旗和右边象征南十字星座的四个五角星组成

从国内出发，有多家航空公司运营的转机航班，可转机到达新西兰的各大机场，时间不等。

关于新西兰
■世界第一
不能飞的鸟的种类（几维鸟等）
人均冰激凌消费量
世界上最长的地名（位于霍克湾的一座小山）
世界上最陡的街道（位于达尼丁）

■世界最早
女性获得选举权（1893年）
登上珠穆朗玛峰（1953年埃德蒙·希拉里）
蹦极商业化（1988年A.J.哈克特蹦极公司）

■新西兰名人
雷·塞弗（Ray Sefo）（职业拳击运动员）
彼得·杰克逊（电影导演）
拉塞尔·克劳（演员）
科莉·迪·卡娜娃（女高音歌唱家）
海莉·韦斯特娜（歌手）

■在新西兰拍摄的电影
《钢琴课》《魔戒》《最后的武士》《纳尼亚传奇1：狮子、女巫和魔衣橱》《多罗罗》等

节假日

1月1日 元旦（New Year's Day）
1月2日 新年次日（Day after New Year's Day）
2月6日 国庆节（Waitangi Day）
1840年2月6日，居住在北岛怀唐伊的原住民毛利人和英国达成协议，由英国统治新西兰。

时间不固定的假期 耶稣受难节（Good Friday）
是基督教中纪念耶稣受难的节日。日期在每年的3~4月，是复活节前的星期五。

时间不固定的假期 复活节（Easter）
复活节假期在每年春分月圆后的第一个星期日。基督教徒在这天吃复活节彩蛋和卵形的巧克力，庆祝基督的复活。

时间不固定的假期 复活节后的星期一（Easter Monday）

4月25日 澳新军团日（ANZAC Day）
是纪念1915年4月15日在加里波利之战牺牲的澳大利亚和新西兰联合军团（简称澳新军团）将士的日子。中午前禁止商店营业。

6月的第一个星期一 女王生日（Queen's Birthday）
英国女王的诞辰日。

10月的第四个星期一 劳动节（Labour Day）

12月25日 圣诞节（Christmas Day）

12月26日 节礼日（Boxing Day）
圣诞节的第二天，全国开始年末大促销。

营业时间

因季节而不同。在平日，商店是早上9点或是10点开始营业一直到下午5点，星期六则是营业到下午4点。与国内不同的是大多数的店铺在星期日都休息。此外，从10月到次年的3月是夏季，在这段时间中有不少的商店会延长营业时间。

另外，位于城市中的免税店和面向游客的礼品专卖店，是全年无休息的，晚上一直营业到10点。

单位

长度单位是米，重量单位是克，容量单位是升。但是，也有很多人表示身高时使用英尺。1英尺约等于30.48厘米。

楼层表示

采用英国式，在国内的1楼，在新西兰用"Ground Floor"来表示。写有"2F"的相当于国内的3楼。

气候

1~2月最炎热，6~7月最寒冷。但是全年温差较小，大约15°C。不同地区的气候特征也不相同，总的来说，越往北气温越高。

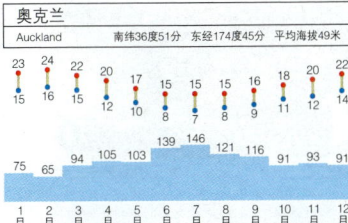

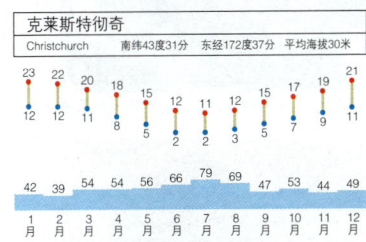

从上到下依次是平均最高气温、平均最低气温、降水量
*1971—2000年的平均值，NIWA统计

电压和插头

电压是230／240伏、50赫兹，采用3极扁插头。插插头和拔插头时，要先关上插座旁边的开关。使用国内带过去的电器时，需要准备转换插头。

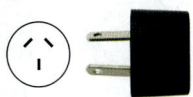

新西兰旅行基本信息

货币

货币单位：NZ$（新西兰元）
1新西兰元约为4.05元人民币（2015年7月）

NZ$100　　诺贝尔奖得主，科学家，欧内斯特·卢瑟福

NZ$50　　毛利人政治家，艾普林那·那塔（Apirana Ngata）

NZ$20　　女王伊丽莎白二世

NZ$10　　女性解放运动家，凯特·希巴德

NZ$5　　登山家，埃德蒙·希拉里

NZ$2

NZ$1

NZ¢50

NZ¢20

NZ¢10

汇率

NZ$1 = 约4.05元人民币

NZ$1	4.05元	NZ$50	202.50元
NZ$3	12.15元	NZ$70	283.50元
NZ$5	20.25元	NZ$100	405元
NZ$7	28.32元	NZ$150	607.50元
NZ$10	40.50元	NZ$300	1215元
NZ$15	60.75元	NZ$700	2835元

*2015年7月

小费

　　原则上不需要给。但在餐馆和酒店得到特别好的服务时，为表示感谢，可以给大约5新西兰元的小费。

旅行中有用的标志

● i-SITE（我的地盘）
　　旅游咨询处的标志。制订旅行计划时，可以到这里咨询（p.19）。
● 产品质量标志
　　黑色的产品质量标志上有银色的蕨类图案，最高有5个星星，表明该产品在新西兰旅游业中得到过官方的质量评估。
● BYO 或BYOW
　　"BYO"是"Bring Your Own"的省略，餐馆准许自带酒水时，会有这个标志。
　　"BYOW"表示只准许带入红酒。

尺寸大小

■ 女性用

西装

中　国	155～160	160～165	165～170	167～172	168～173
新西兰	8	10	12	14	16

鞋子

中　国	35	35.5	36	36.5	37	37.5	38
新西兰	$5_{1/2}$	6	$6_{1/2}$	7	$7_{1/2}$	8	$8_{1/2}$

■ 男性用

西装

中　国	165	170	175	180	185
新西兰	S	M	L	XL	XXL

鞋子

中　国	40	40.5	41	42	42.5	43	44
新西兰	7	$7_{1/2}$	8	$8_{1/2}$	9	$9_{1/2}$	10

※以上尺码对应仅供参考。

通信方法

●从新西兰打电话回中国
如：从新西兰打电话回中国010-1234-5678

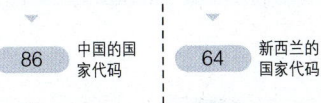

- 00 — 识别用的国际冠码
- 86 — 中国的国家代码
- 10 — 北京的区号（去掉前面的0）
- 12345678 — 对方的电话号码

●从中国打电话到新西兰
如：从中国打电话到新西兰奥克兰09-123-45678

- 00 — 识别用的国际冠码
- 64 — 新西兰的国家代码
- 9 — 奥克兰的区号（去掉前面的0）
- 12345678 — 对方的电话号码

●从新西兰发短信回中国
如：从新西兰发短信回中国13812345678

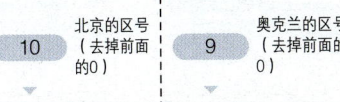

- + — 识别用的国际冠码
- 86 — 中国的国家代码
- 无 — 区号
- 11位数字 — 对方的手机号码

●从中国发短信到新西兰
如：从中国发短信到新西兰0211234567

- + — 识别用的国际冠码
- 64 — 新西兰的国家代码
- 无 — 区号
- 211234567 — 对方的手机号码（去掉前面的0）

●在当地使用手机
在中国开通了国际漫游服务后，在新西兰也可以使用自己的手机。如果觉得话费太贵，那么建议在当地租一部手机。

●因特网
城市里到处都有网吧，所有提供住宿的地方也基本上都能上网。

时差

中国时间+5是新西兰时间（夏令时）
中国时间+4是新西兰时间（标准时间）

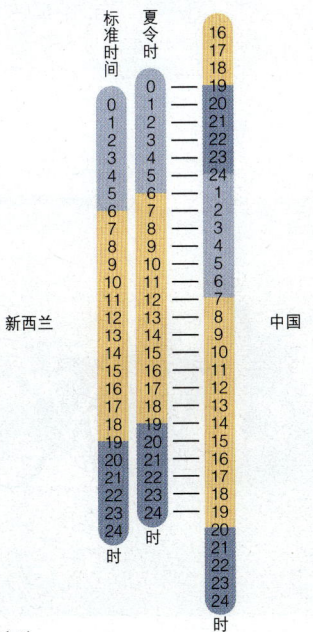

夏令时：
从9月的最后一个星期日到次年4月的第一个星期一

当地有用的电话

●紧急电话
- 匪警（Police） 111
- 急救（Ambulance） 111
- 消防（Fire） 111

●中国驻新西兰使领馆
- 中国驻新西兰大使馆 （惠灵顿）04-4721382
- 中国驻奥克兰总领馆 （奥克兰）09-5713080, 09-5265680, 09-5251588/9

●航空公司
- 新西兰航空 0800-737-000
- 澳洲航空 0800-808-767
- 新加坡航空 0800-808-909
- 大韩航空 09-914-2000

●信用卡公司的紧急联系方式
- 维萨卡 +1 303 967 1090（对方付费电话）
- 牡丹运通卡（工商银行） 86-10-64105727
- 万事达卡 1-636-722-7111

※建议在行前咨询发卡银行，记下紧急服务电话。

骑上自行车才能欣赏到的美景
新西兰自行车旅行

美丽的沙滩、碧绿的园林公园,这些都是只有新西兰的街区才能看到的美景。
自行车旅行,魅力发现之旅!

Cycling in New Zealand

好美啊

第一次来也不用担心
自行车的租赁方法

1. 网上预订自行车

有些自行车商店可以事先在网上预订。只要告诉店主你的身高,他们就会为你选择合适的自行车。

2. 教你使用方法

先确认自行车鞍座的调整、刹车,以及变速等基本操作方法。调好了自行车鞍座的高度后,就可以轻松地试车了。

3. 填写租车协议书

选好了自行车,确认了操作方法后,就可以填写租车协议书了。注意询问发生自行车事故、自行车被盗等情况时的紧急联系方式。

4. 其他有用的物品

租自行车时会附带有锁和防护帽。还可以租打气筒。在超市和便利店可以买到瓶装水(大约3美元)。而且这种瓶装水只需要用一只手和嘴就可以打开,非常方便。

防护帽

锁

瓶装水

5. 归还自行车

要注意在规定的时间内归还自行车,并说明在使用过程中自行车是否受到损害。此外,每家商店对什么时候交钱的规定都不一样,有的是归还自行车时交钱,还有的是租自行车时交钱。

特辑 玩转新西兰

奥克兰自行车之旅 🚲

目的地：米申湾
（Mission Bay）

Start

海岸线游的出发地

从市中心出发，沿着海岸线，直奔米申湾。沿途可以欣赏美丽的海岸线风景。返回时经过帕内尔，可以去逛街购物。

市中心→米申湾→帕内尔	
旅行距离：约15千米	所需时间：约3个小时

去海底世界看可爱的企鹅
（→p.188）

spot 1 凯利塔顿海底世界
去看企鹅吧

spot 2 米申湾
在海边的公园内吃午餐

spot 3 到达帕内尔
在帕内尔逛街购物

帕内尔鳞次栉比的杂货店和土特产店。

到了米申湾后，可以品尝炸鱼和薯条。附近有很多冰激凌店和咖啡馆，非常热闹。

鱼锅咖啡馆（Fish Pot Cafe）
📍 99B Tamaki Drive, Mission Bay
☎ 09-528 4097　休 无
🕐 11:30～21:00

spot 4 在咖啡馆小憩一会

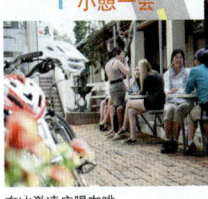

在冰激凌店喝咖啡

卡萨德尔杰拉蒂咖啡
📍 279 Parnell Road, Parnell
☎ 09-354-4072
🕐 10:00～18:00（周四到周日至22:00）
休 无

spot 5 发现有机护肤品店

品牌名是"Ringaringa Soap"，是一家日本人经营的商店。纯天然手工香皂8.50新西兰元起。

天然护肤品公司
📍 209 Parnell Road, Parnell
☎ 09-377-8923　🕐 10:00～17:30
休 节假日　HP www.ringaringa.net

Goal

返回天空塔高耸的市中心

玩转新西兰 / 新西兰自行车旅行

13

奥克兰自行车中心
Bike Central

奥克兰自行车中心是一家存衣柜、沐浴室、咖啡馆一应俱全的自行车租赁中心。店主科里非常亲切友好。

📍 3 Britomart Place
☎ 09-365-1768　🕐 7:00～18:00（周六、周日9:00～16:00）
休 无　HP www.bikecentral.co.nz
💰 租自行车半天25美元～，一天40美元～

自行车游路线图

克莱斯特彻奇自行车之旅

穿行于绿色公园中

克莱斯特彻奇是一座被葱郁的树丛和美丽的花草所环抱的花园城市。骑自行车穿过广阔的哈格利公园,然后直奔很有人气的美丽庭院——莫纳谷。

市中心→哈格利公园→莫纳谷
旅行距离:约7千米　所需时间:约2小时

Start

spot 2 艺术中心
热闹的周末集市

艺术中心的跳蚤市场上有各种街头表演,非常热闹。(p.55)

spot 1 基督教堂

从基督教堂出发,游伍斯特街。

spot 3 哈格利公园
在林荫道上骑自行车,让你心情舒畅

很多人都来公园的林荫道上跑步,骑自行车。(p.55)

spot 5 里卡顿农贸市场
星期六早上,去农贸市场

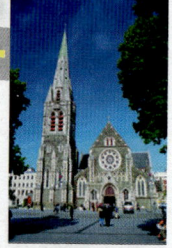

返回基督教堂,在教堂顶层眺望城市。(p.53)

spot 4 莫纳谷
悠闲地喝下午茶

埃文河流经该区域。很多人喜欢在这里的餐馆用餐。(p.59)

星期六上午的农贸市场有各种有机蔬菜和面包。(p.187)

Goal

自行车游路线图

5.里卡顿农贸市场
4.莫纳谷
3.北哈格利公园
迪安大道
里卡顿大道
3.南哈格利公园
Start & Goal 克莱斯特彻奇自行车租赁中心
2.艺术中心
1.基督教堂

克莱斯特彻奇自行车租赁中心
野外冒险中心

📍 69 Cathedral Square & 94 Worcester St.
☎ 03-366-0302　🕙 9:00~20:00(周六、周日10:00~18:00)　休 无
🌐 www.adventures.net.nz　NZ$ 租自行车半天25美元~、一天30美元~

在基督教堂广场对面的"野外冒险中心",除了可以提供各种旅游活动的预约服务外,还出租自行车。

克莱斯特彻奇的电车

自行车旅行注意事项

新西兰的交通标志

在自行车专用车道上有自行车图样的标志。与行人的标志合在一起时,表示该道路是行人和自行车的共用道路。如果共用道路上有人,需注意行车安全。其他标志请参照p.299。

违反交通规则会被罚款

原则上规定自行车要走车行道,禁止走人行道。但是在新西兰经常有人超速,所以不建议自行车走车行道。在交通流量大的道路,最好推着自行车走人行道。

自行车停放处

新西兰的城市中都有专门的自行车停放处。停车架的形状各不相同,如凯库拉的自行车停车架就是鲸鱼的形状,形象地展示了城市的特色,非常有意思。

自行车偷盗

虽然新西兰的治安很好,但犯罪事件也偶有发生。自行车被偷的事件就经常发生,因此最好把自行车锁好。夜间停车时,最好是把自行车停到室内。

更有意思的自行车旅行
快来参加自行车之旅

在新西兰,各地都有各种不同的自行车旅行活动。如果对自己的体力有信心,不妨去参加这些正式的自行车之旅。

怀赫科岛自行车旅行
从奥克兰到怀赫科岛渡口约35分钟,该岛是非常受人欢迎的度假胜地。可以骑自行车巡游岛内的酿酒厂。

新西兰实况
http://www.realnewzealand.net/
240新西兰元(包括向导费、午餐费。不含租自行车的费用)
所需时间:半天

骑行时要注意安全

价格实惠的住宿
背包客旅馆住宿指南

对于想用较少的花费游玩新西兰的人而言，价格最实惠的住宿地点莫过于"背包客旅馆"和"青年旅馆"了。在这里可以与来自世界各地的游客进行交流。

8人间的宿舍（贝斯·昆斯敦教背包客旅馆）

背包客旅馆

价格便宜，最具魅力！

花大约30美元就能在背包客旅馆或是青年旅馆住一晚。虽然感觉上是面向年轻人的旅馆，但因为里面干净、整洁，所以在新西兰很受欢迎，从年老的夫妻到年轻情侣，甚至是全家出游时，各个年龄层的游客都愿意住在这里。当地人称之为"集体宿舍"，有可以住4～12人不等的房间，每间宿舍都备有双层床。一般是男女共用宿舍（有很多旅馆也设有

共用厨房（萨芬斯诺背包客旅馆）

女性专用宿舍）。与青年旅馆不同，背包客旅馆的宿舍中没有被子等物品，要自己带睡袋。没带时可以花钱租睡袋或是被单。除了集体宿舍外，也有不少双人间和单人间。卫生间、淋浴和厨房是共用的，厨房里备有炊具和餐具，在这些共用的生活空间中，可以与来自世界各地的旅行者交流，是获得旅行信息的好地方。

四人间宿舍（萨芬斯诺背包客旅馆）

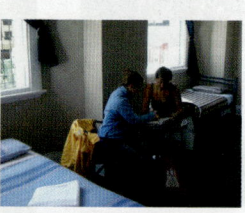
双人间（萨芬斯诺背包客旅馆）

背包客旅馆的4条使用心得

1. 自己注意保管好行李。
2. 不要忘记锁门。
3. 别忘了向同住一屋的人打招呼。
4. 积极与来自世界各地的人进行文化交流。

背包客旅馆可参考"BBH"的小册子

在旅游咨询处可以免费获得。"BBH"是背包客旅馆组织的简称，手册上列出了背包客旅馆的信息，在问卷调查的基础上对旅馆进行评价。

大洋洲的舒适背包客旅馆
YHA罗托鲁阿旅馆
Y HA Rotorua, Treks　　　　　MAP-p.229-C

　　这家旅馆曾被评为大洋洲最好的旅馆。该旅馆舒适的环境是大家公认的，而且因回头客众多而闻名。旅馆有宽敞的公用厨房和烧烤区，还设有旅游咨询处，可以提供旅游咨询和预约服务。

✉ 1278 Haupapa St., Rotorua
☎ 07-349-4088　FAX 07-349-4086
交 旅游咨询处出发步行约7分钟
NZ$ 宿舍／NZ$29～、T/D NZ$68～
床 186　HP www.yha.co.nz

分布于主要城市的大型旅馆
贝斯·昆斯敦
Base Queenstown　　　　　MAP-p.115

　　在澳大利亚和新西兰的10多个城市都有门店。无论在哪个城市，都位于市中心，交通便利，观光、购物和进行夜间娱乐活动都很方便。旅馆还有酒吧、网络等服务设施，并设有可以进行旅行预约的旅游中心。

✉ 49 Shotover St., Queenstown
☎ 03-441-1185　FAX 03-441-1187
交 旅游咨询处出发步行约3分钟
NZ$ 宿舍NZ$29～、T/D NZ$92～
室 63　HP www.stayatbase.com

位于市中心，交通便利

像咖啡馆一样的餐厅

宽阔的公共空间

位于昆斯敦市中心

一楼的酒吧到深夜还很热闹

厨房的餐具一应俱全

萨芬斯诺背包客旅馆
Surf'n Snow Backpackers　　　MAP-p.179

　　这家背包客旅馆由20世纪30年代的古老建筑改建而成。旅馆位于市中心，部分房间还可以从窗户欣赏外面的天空塔(Sky Tower)。

✉ Cnr of Victoria & Albert Sts., Auckland
☎ 09-363-8889　09-363-5502
交 从天空塔步行出发1分钟
NZ$ 宿舍NZ$23～、S NZ$58～、T/D NZ$72～　床 146
HP www.surfandsnow.co.nz

位于奥克兰市中心，交通便利

酒店的前台

几维鸟之家旅馆
Kiwi House　　　　　MAP-p.45-C

　　位于克莱斯特彻奇，是一家日本人经营的旅馆。

✉ 373 Gloucester St,Christchurch
☎ 03-381-6645　FAX 03-377-9282
交 基督教堂出发步行10分钟
NZ$ 宿舍NZ$14～、S NZ$28～、D NZ$24～　床 70

便宜的价格和家庭氛围让该旅馆很受欢迎

旅馆住宿　达人支招
郊区的背包客旅馆

与市中心的背包客旅馆相比，郊区的背包客旅馆多数个性鲜明，极具特色。曾住过50家背包客旅馆的旅行达人，为你推荐以下三家：

贝朗达背包客旅馆
Verandahs Backpackers Lodge　　MAP-p.176-I

【奥克兰】

离市中心不远，交通便利

位于奥克兰的庞森比路和码头街的交叉处附近，从旅馆可以看到美丽的公园。

✉ 6 Hopetoun St, Auckland
☎ 09-360-4180
🚇 从市中心出发步行15分钟
NZ$ S/NZ$56、T/NZ$37、宿舍/NZ$28
🛏 48
HP www.verandahs.co.nz

一句话评价：从面对公园的窗户可以看到美丽的景色

名字来源于景色美丽的贝朗达

全球村旅馆
Global Village Travellers Lodge　　MAP-p.90

【格雷茅斯】

浓郁的异国情调

在p.16介绍的"BBH"小册子上，每年都获得很高的得分。全球村旅馆临近河流和大海，在这里可以免费租到皮艇、渔具、自行车等物品。

✉ 42-54 Cowper St, Greymouth
☎ 03-768-7272
🚇 i-SITE出发步行20分钟
NZ$ S/NZ$66、T/NZ$33、宿舍/NZ$27
🛏 47
HP www.globalvillagebackpackers.co.nz

一句话评价

非洲风格家具和装饰

室内的新西兰风味浓郁的家具和艺术品

吉尔之家
Jailhouse Accommodation　　MAP-p.45-C

【克莱斯特彻奇】

由监狱改造而成的旅馆

在国内外屡获殊荣的吉尔之家，是对监狱进行重新装修后的一家非常独特的旅馆。

✉ 338 Lincoln Rd, Addington, Christchurch
☎ 03-982-7777
🚇 克莱斯特彻奇火车站出发步行20分钟
NZ$ S/NZ$50、T/NZ$34.50、宿舍/NZ$29
🛏 78
HP www.jail.co.nz

一句话评价：当犯人的感觉

吉尔之家的咖啡馆

住宿过50家背包客旅馆的达人

摄影师
熊野淳司和金井麻美

从2009年开始，沿着新西兰的海岸线，花了一年多的时间游览新西兰。两位都是冲浪摄影师。在新西兰曾在50家以上的背包客旅馆住宿过，是新西兰的背包客旅馆达人。

告诉你省钱的旅行实用小技巧

尽量少花钱去旅行

汇率的变动会影响海外旅行的费用。为了进行一次廉价的海外旅行,现在就告诉你一些海外旅行的节约小窍门。

指南 1 参观免费的博物馆和美术馆

新西兰的博物馆和美术馆中很多都是免门票的(或是捐赠制),如位于惠灵顿的国家博物馆就可以免费参观。馆内的展示内容丰富多彩,值得看的地方非常多。如果想仔细参观的话,可能要花上半天的时间。因此,免费的博物馆和美术馆是廉价旅行的必去之地。

指南 3 1美元也能乘坐长途巴士

"Naked Bus"长途巴士价格便宜,很受欢迎。营运路线覆盖新西兰国内的绝大部分地区,价格为1美元。不过1美元车票的数量有限,且接近使用日期时价格还会上涨,所以必须早点预约。

请参考www.nakedbus.com

指南 2 在"i-SITE"上免费预约

"i-SITE"是指全国80多所旅游咨询处。旅游咨询处提供住宿、交通、当地游、娱乐等信息,并可进行免费预约。几乎所有的"i-SITE"都会显示当天的旅行和娱乐活动一览表(费用和时间),所以马上就可以在这里预约。此外,大多数的长途巴士和观光巴士的始发站都在"i-SITE"的附近,因此也可以把它当作一处观光点,进去参观游览。

指南 4 去超市购物

除了选择背包客旅馆和青年旅馆外,还可以选择公寓式的宾馆和汽车旅馆等。在新西兰很多住宿设施都带有厨房。游客可以去超市自己买东西做饭,节省伙食开支。

有各种食材的超市

新西兰人的生活
超市购物

疯狂购物

新西兰的超市特别大。在宽敞的店内，摆满了只有新西兰才出产的各种食材，让人感叹"海外"的杂货和点心实在是丰富。无论是购买自己做饭需要的食材还是买礼品，都可以来这里。

新西兰的东西质量都很好，有很多在中国不常见的物品，在当地的超市里可是摆得满满的。

蔬菜和水果都是按重量出售。如果住宿的旅馆有厨房的话，不妨挑战一下自己的厨艺。在卖肉的地方，摆满了羊肉和鹿肉，很有新西兰特色。

超市购物指南 A to Z

1 蔬菜放入塑料袋中

在备好的塑料袋中放入需要的蔬菜。

2 称重

通常都是称重出售，超市备有电子秤。

3 买肉时按克计算重量

因为畜牧业发达，所以肉的价格非常便宜。称重购买。

6 信用卡也可以付款

除现金外，信用卡也可以结账。

5 从篮子中取出

把商品从手推车中拿出，从隔板棒后面开始依次排列。

4 放到隔板上

在收款台把商品放到输送带的隔板棒上扫描。

寻找美食纪念品
超市购物

麦卢卡有机蜂蜜
这就是非常有名的麦卢卡蜂蜜,喝这么醇香的新西兰蜂蜜,很有可能会上瘾哦。
Mountain Valley Manuka Honey NZ$10.65（500g)

盐胡椒
香辛料最适合送给喜欢做饭的朋友。
additionz Salt & Pepper NZ$4.95(300g)

有机花生酱
有机花生酱是无糖的,可以拿来做菜。
Kaiora Organic Peanut Butter Cruncy NZ-$4.95（250g）

烟熏贻贝
使用用油浸泡过的贻贝熏制而成。是喝红酒时的最佳小食。
Aquahaven Smoked Mussels NZ$7.99（100g）

费约果巧克力
是加入了柑橘、费约果奶油的巧克力。
Donovans Milk Chocolate Feijoa NZ$10.95（156g）

咸味酱
是新西兰家庭中不可缺少的发酵调味食品。除了涂在面包上外,煮菜时使用会让菜肴更加鲜美。
KRAFT Vegemite NZ$4.50（150g）

 超市

新世界 New World

20世纪50年代创办。是新西兰国内创办最早的连锁超市,商品很高档。

食城 Foodtown

在奥克兰大约有30家店铺。里面的商品物美价廉,很受顾客欢迎。

帕克森福 Pack'n Save

商品价格便宜,是提供"新西兰国内最低价格"的超市。

新西兰 特产

奇异果

品种丰富多彩、维生素含量丰富的奇异果点心很受欢迎。其中最畅销的奇异果商品是奇异果巧克力和奇异果酱。

奇异果酒 NZ$32 B
奇异果酱 NZ$7 A

奇异果巧克力
NZ$19.50 A

与羊有关的商品

与羊有关的商品数不胜数。最近非常流行的是手感柔软、逗人喜爱的布偶娃娃、天使小羊玩偶,以及冬季不可缺少的时尚单品羊皮靴子等。

布偶娃娃
NZ$17.30 A

羊皮靴子
NZ$259 F

绿玉 鲍鱼壳 (Paua) 的首饰

鲍鱼壳(Paua)和绿玉(毛利语称之为"Pounamu")制成的首饰在新西兰很常见。绿玉首饰采用毛利人传统的独特设计,很受欢迎。

绿玉吊饰
NZ$154 C

鲍鱼壳手镯
NZ$18 A
鲍鱼壳耳环
NZ$55 C

橄榄球相关商品

橄榄球运动在新西兰非常受欢迎。不仅有针对男性顾客的相关商品,针对女性顾客的商品也很多。其中时尚的POLO衫和T恤是很受欢迎的商品。

橄榄球T恤
NZ$65 E

A p.194 OK礼品店
B p.194 DFS广场
C p.65、195沃尔特之宝
D p.197 AL Dente Wine
E p.64、126、196 精英世界
F p.126 南几维针织服装

新西兰人常用来送礼的商品有羊毛产品、蜂蜜、葡萄酒、奇异果和毛利族的工艺品等。最近，很多保健品和美容产品也成为赠送时不错的礼品。新西兰艺术家设计的首饰和商品也很受欢迎。

护肤品

有很多美容产品中含有新西兰的国花银蕨，非常好闻。此外，羊胎素能增加皮肤弹性，也越来越受人们的欢迎。

银蕨护手霜和沐浴露 NZ$17 C
银蕨护手霜和指甲油 NZ$10 C
羊胎素乳液 NZ$39.90 A

蜂蜜

麦卢卡蜂蜜和"天然抗生素"蜂胶等保健品对胃炎和消化不良等症状有显著效果，而且具有抗菌作用，是关注健康的人不能缺少的日常保健品。

麦卢卡活性蜂蜜-MG+250g
NZ$45.50 A
麦卢卡活性蜂蜜润喉糖 NZ$7.20 A
麦卢卡活性蜂蜜蜂胶止咳糖浆
NZ$25.80 A
麦卢卡活性蜂蜜咽喉喷雾 NZ$14.80 A

 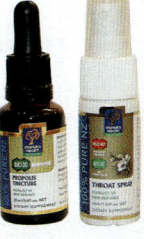 

小蜜蜂

诞生于1947年，是一直都很受新西兰小朋友喜爱的木制玩具。一拉蜜蜂头上的绳子，它就会发出嗡嗡的叫声，非常可爱。
NZ$49.90 A

葡萄酒

新西兰的葡萄酒多次在世界上获奖。位于马尔堡的著名酒庄酿造的"Sauvignon Blanc"曾多次获奖。
Cloudy Bay Sauvignon Blanc 2010
NZ$38.99 C

该酒出产于世界著名的精品酒庄，是黑比诺葡萄酒的著名产地，位于中奥塔哥。
Amisfield Pinot Noir 2007
NZ$51.99 C

新西兰工艺品

买几个用动植物制作的工艺品或是具有毛利族特色的艺术品，把它摆在室内，让你有身在新西兰的感觉。

陶瓷挂件
NZ$39 C

←↓以"蒂基"（毛利人创世神话中的祖先形象）为主题的胸针
NZ$100 C

印有 * 的是免税价格。
价格会因商品的库存等而有所改变

新西兰美食

走近新西兰美食 品尝名厨料理

以下是由5位在新西兰国内外享有盛誉的主厨和新锐厨师制作的美食,这些可都是只有在新西兰才能品尝到的美食哦。

烤羊肉(NZ$48) 羊肉 Lamb

来到"骑在羊背上的国家",当然得吃羊肉。新西兰的羊肉虽然膻味并不浓,但有时还会加上有薄荷味的青豆,帮助去除膻味。制作烤羊腿等烤肉时,非常讲究,需要以低温慢慢烤上3~4个小时。

厨师的话

用高温烤大概20分钟后,再调低温度慢慢烤。为了减少膻味,要加上薄荷汁去掉羊肉里的脂肪。烤肉时选用上等的优质肉也很重要。烤肉和梅洛葡萄酒是最佳搭配。烤羊肉口感好,入口即化。

◁ 这位是厨师
托尼·阿斯鲁

简介

经营一家在奥克兰具有30年以上历史的著名餐馆——安托万餐厅。说到能把法国菜精髓发挥到极致的新西兰料理,没有人能做得比他更好。做厨师已有44年。

厨师所在的餐厅 安托万餐厅→p.199

凯库拉产小龙虾(时价) 小龙虾 Crayfish

小龙虾(龙虾的一种)因为是高级食材,所以多是时价。南岛的凯库拉是小龙虾的著名产地之一。小龙虾肉质弹牙,口味甘甜,很受游客的欢迎。

厨师的话

每天早上从凯库拉的渔夫那直接购入新鲜小龙虾。这里的小龙虾可以说是新西兰大海所孕育出来的高级艺术品。在烹饪上充分利用了食材的多汁和甜味,绝对值得品尝。

◁ 这位是厨师
安德鲁·布朗

简介

是一位有着22年从业经验的老厨师。在多家著名餐馆担任过厨师长,曾为新西兰首相府和英国王室做过料理。

厨师所在的餐厅 佩斯卡托餐厅→p.70

由于菜单会因季节而有所改变,料理名称和价格可能也有变化。

Lamb 羊肉

烤羊排(NZ$39)

霍克湾产的羊排以及使用罗望子、高良姜等稀有药材调味的抓饭,再加上中国特有的蔬菜,是很有亚洲风味的一道菜。

厨师的话

我的烹饪风格是擅长使用世界各地的香料,做成组合式的料理。你可以尝到西式羊排配亚洲风味所做出来的全新味道。菜单一年改动四次,即使是经常来的老顾客也不会有吃腻的感觉。

◀ 这位是厨师
彼得·戈登

简介
是一位非常受欢迎的厨师。他擅于把太平洋周边的食材做出全新的风味。他采用世界各地的食材和香料,创造出自己独特的烹饪法,并且经营着世界著名的餐馆。

厨师所在的餐厅
彼得·戈登餐厅→p.199

Oyster 牡蛎

特玛茨库湾活牡蛎(NZ$24)

是新西兰大海所产的新鲜牡蛎拼盘。可以吃到七分熟的牡蛎、油炸牡蛎、用柠檬和伏特加腌制的牡蛎,共三种口味。

厨师的话

我所在的餐馆都是使用当地的新鲜食材。牡蛎是每天从怀赫科岛的特玛茨库湾捕获的。肉质弹软,口味甘甜,简直就是大海的恩赐!

◀ 这位是厨师
杰夫·斯科特

简介
在希尔顿酒店的怀特餐厅当过厨师,希望能开一家自己的餐厅。他曾为新西兰航空做过航空料理,希望把新西兰的料理推向世界。

厨师所在的餐厅
温妮餐厅→p.199

Chocolate 巧克力

巧克力拼盘(Chocolate Texture)(NZ$17)

一直很受欢迎。烟熏海枣果酱、迷迭香牛奶和巧克力的绝妙搭配,口感浓郁。

厨师的话

烟熏风味和迷迭香牛奶、巧克力配合得很好。我喜欢自由发挥,制作出全新的料理。这是一道很有艺术感的作品,你可不能错过。

◀ 这位是厨师
米德·萨拉瓦德

简介
是来自印度的新锐厨师。曾在中东各国当过厨师,2000年移居新西兰,在"托托""格罗夫"等著名餐馆当过厨师。他于2009年9月开了一家自己的餐厅,该餐厅曾多次获得权威的美食奖项。

厨师所在的餐厅
希达多餐厅→p.199

玩转新西兰 新西兰美食

新西兰美食
新西兰快餐

简单便捷的快餐，价格便宜、分量足够，在新西兰很受欢迎。天气好的时候，去沙滩或公园郊游、野餐时，不妨看看下面介绍的这些新西兰快餐。

汉堡
体积大、分量足够的汉堡。从牛肉汉堡到鸡肉、鹿肉的都有，汉堡里还夹有甜菜（红甜菜）、鳄梨、蘑菇等各种蔬果。再加上炸薯条的话，你可能一个人都吃不完。

派
在新西兰，每年都要评选出最好的派。派也是快餐中最受欢迎的。各地都有派的专卖店，从最普通的碎肉派、牛排派到黄油鸡等民族风味的派应有尽有，各家店铺都不断地推陈出新。

寿司
寿司在新西兰被认为是健康食品。外卖店和美食广场所销售的寿司大多是亚洲移民制作。用涂有新西兰产油脂的三文鱼肉、蘸酱油和料酒烤制而成的鸡肉等食材制作的卷寿司，里面还加入了鳄梨，非常好吃。

松饼
松饼在小商店、超市、便利店和咖啡馆都可以买到。除了原味的外，还有很多加入了巧克力和蓝莓的松饼。

鱼片
炸小白鱼和热乎乎的炸薯条是孩子和大人都非常喜欢的快餐。不但在餐馆和酒吧可以看到，到了周末的晚上，它们还经常会出现在新西兰人的餐桌上，是非常受欢迎的快餐。

盒面
装入纸盒的外卖食品。大多是炒面，有时也有米饭和沙拉。面的种类有乌冬面、米粉、炒面等，吃起来方便。推荐品尝各种不同的面食。

新西兰的咖啡文化

原本以为新西兰深受英国文化的影响，喝红茶的人会很多，结果却发现咖啡馆特别多，咖啡调制比赛也特别盛行。更有像"平白咖啡"这种亚洲人很少听到的咖啡种类，喜欢咖啡的人一定要去尝尝新西兰的咖啡。这里的咖啡既没有欧洲那么浓厚，又不像美国那样的清淡，这种绝妙的味道说不定很适合亚洲人。

平白咖啡
意大利特浓咖啡（Espresso）的比例为1/3，牛奶的比例为2/3，是最受欢迎的咖啡。

拿铁
比平白咖啡奶泡多，牛奶也比较多。

双份黑咖啡（Long Black）
用热水和特浓咖啡调制而成。

浓缩咖啡（Short Black）
即特浓咖啡。使用小杯盛放。

摩卡奇诺
在特浓咖啡中加入热巧克力调制而成。

卡布奇诺
与拿铁相比，特浓咖啡比例更高。加入巧克力粉。

新西兰的啤酒

好喝的啤酒

想在新西兰喝啤酒的话，可以去酒吧。新西兰的国产啤酒一定不会让你失望。在酒吧，服务员不会来帮你点酒，你需要到柜台付钱取饮料，柜台采用的是"货到付款"（Cash on Delivery）的付款方式。酒吧也有一些小吃，比起餐馆来，在酒吧里要小吃的人更多。和英国相似，除了淡啤酒以外，还有麦芽酒和烈性黑啤等多种啤酒，并且在超市也有出售，一罐啤酒350毫升大约2新西兰元。

在酒吧里，可以品尝到奇异果口味的新西兰国产啤酒

新西兰啤酒介绍

世好啤酒 Steinlager

是新西兰的代表性啤酒，大量出口国外。来自啤酒花的适度苦味和干爽，让喉咙顿感舒畅。配任何料理都可以，这也是它受欢迎的原因之一。

酿造地：北岛奥克兰
酒精度：5%

东印度麦芽酒 Tui East India Pale Ale

1889年开始出售，一个多世纪以来一直很受人欢迎。特点是有微微的巧克力香味，口感温润。

酿造地：北岛帕希亚图阿
酒精度：4%

DB德拉弗斯 DB Draught

温润的果香味和啤酒花的绝妙搭配。喝后残留在口中的香味，让人很想再来一杯。适合与肉饼和火锅搭配。

酿造地：南岛蒂马鲁
酒精度：4%

艾默生 Emerson's

2009年获得新西兰冠军啤酒的称号，是达尼丁产的啤酒。这款啤酒是小规模生产，它的特别之处在于其温润的果香味。

酿造地：南岛达尼丁
酒精度：3.7%

红狮啤酒 Lion Red

在国产啤酒中，它的销售量排在第一，在奥克兰特别受欢迎。隐隐约约的麦芽香和清爽的味道很容易让人接受。和红肉料理是最好的搭档。

酿造地：北岛奥克兰
酒精度：4%

马克斯黄金酒 Mac's Gold

滑滑的泡沫，清爽的口味，余味有温润的果香味。由于适合搭配任何料理，因此在许多餐馆都可以买到这种麦芽淡啤酒。

酿造地：南岛纳尔逊
酒精度：4%

斯佩特黄金酒 Speight's Gold Medal Ale

说它是"Pride of the South"（南岛的骄傲）一点儿都不为过。斯佩特黄金酒有啤酒特有的苦味和芳香。与鹿肉、鸭肉、兔肉等香味较强的肉类料理搭配最好。

酿造地：南岛达尼丁
酒精度：4%

莫阿 MOA

是葡萄酒酿造家采用香槟的制作法酿造出来的优质啤酒。细腻的泡沫、清爽的口感，喝起来有香槟的感觉。

酿造地：南岛马尔堡
酒精度：5.5%

新西兰的果香味葡萄酒

试饮时的注意事项

一般而言,只有想购买时才试饮;不能因为是免费的而多喝;有些酒庄试饮是要收钱的,也有一边吃奶酪拼盘等食品、一边慢慢试饮的地方;要试饮多种酒时,要注意先从白苏维浓(又名长相思)等口味较淡的白葡萄酒开始试饮,然后再到口味较重的红酒,这样才能试出每种酒的味道。

白苏维浓大突破

新西兰的酿酒历史并不长,真正开始酿造酒要到20世纪60年代以后。但是,新西兰的气候和土壤非常适合葡萄的种植,在马尔堡酿造的白苏维浓在欧洲获得很高的评价,并且很快就受到全世界的关注。从那以后,对新西兰葡萄酒的评价越来越高。最近10年,新西兰全国的酒庄数量增加了将近3倍。

新西兰大规模的酿酒商很少,基本上都是家庭经营的非常小的精品酒庄。但是,就是这些小规模的酒庄,酿造出了备受世界关注并赢得广泛好评的优质葡萄酒。

虽然新西兰以生产霞多丽、白苏维浓等白葡萄酒为主,但也生产欧式红葡萄酒,只是数量稀少,价格昂贵。

去酒庄看看

最近几年来,虽然国内从新西兰进口的葡萄酒不断增加,但不论数量还是种类都很有限。在旅行中,可以去拜访酒庄,寻找自己喜欢的葡萄酒。

在葡萄酒的产地,有各种酒庄之旅,非常受欢迎(请参照p.84、120、256的新西兰葡萄酒产地介绍)。可以乘坐熟悉当地酒庄的司机的面包车,让司机来担任酒庄之旅的向导,这样既有效率又可以放心地试饮。

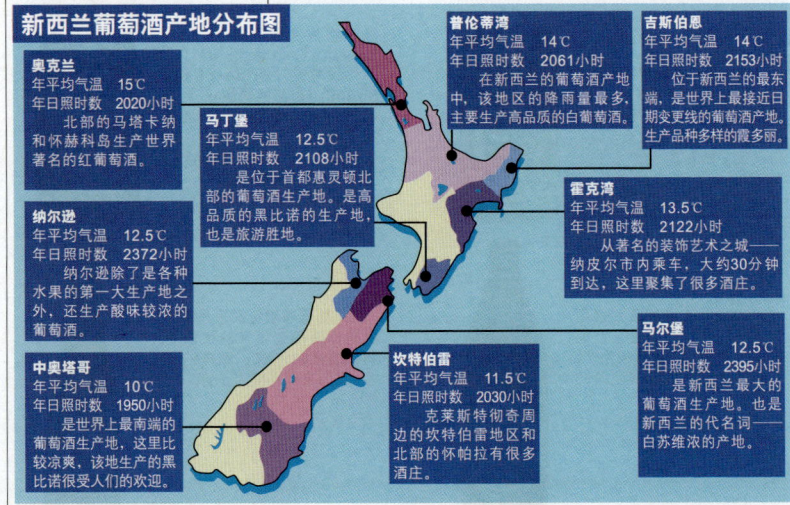

新西兰葡萄酒产地分布图

奥克兰
年平均气温 15℃
年日照时数 2020小时
北部的马塔卡纳和怀赫科岛生产世界著名的红葡萄酒。

马丁堡
年平均气温 12.5℃
年日照时数 2108小时
是位于首都惠灵顿北部的葡萄酒生产地。是高品质的黑比诺的生产地,也是旅游胜地。

纳尔逊
年平均气温 12.5℃
年日照时数 2372小时
纳尔逊除了是各种水果的第一大生产地之外,还生产酸味较浓的葡萄酒。

中奥塔哥
年平均气温 10℃
年日照时数 1950小时
是世界上最南端的葡萄酒生产地,这里比较凉爽,该地生产的黑比诺很受人们的欢迎。

普伦蒂湾
年平均气温 14℃
年日照时数 2061小时
在新西兰的葡萄酒产地中,该地区的降雨量最多,主要生产高品质的白葡萄酒。

坎特伯雷
年平均气温 11.5℃
年日照时数 2030小时
克莱斯特彻奇周边的坎特伯雷地区和北部的怀帕拉有很多酒庄。

吉斯伯恩
年平均气温 14℃
年日照时数 2153小时
位于新西兰的最东端,是世界上最接近日期变更线的葡萄酒产地。生产品种多样的霞多丽。

霍克湾
年平均气温 13.5℃
年日照时数 2122小时
从著名的装饰艺术之城——纳皮尔市内乘车,大约30分钟到达,这里聚集了很多酒庄。

马尔堡
年平均气温 12.5℃
年日照时数 2395小时
是新西兰最大的葡萄酒生产地。也是新西兰的代名词——白苏维浓的产地。

■在酒庄餐厅就餐

有不少酒庄内部配有餐厅和咖啡馆。在酒庄餐厅，可以在品酒柜台一边试饮中意的葡萄酒，一边就餐。有些餐厅的菜单上还标有各种菜品与葡萄酒的搭配，可以让你享受到菜品和葡萄酒的绝妙搭配。在位于开放式阳台的餐桌上就餐时，可以一边欣赏广阔的葡萄园，一边品尝葡萄酒，享受当地的美味料理。

■在旅行地购买葡萄酒

在当地的酒庄和商店购买葡萄酒，有些商家会提供寄送到中国的服务。不过为了节省运费，也可以选择自己携带回国。要注意我国海关的规定，一般免税范围为12度以上酒精饮料限2瓶（1.5升）（确切信息可查询我国海关的相关规定）。

新西兰的邮局出售葡萄酒专用箱。这种箱子使用起来很方便，用普通的包裹即可邮寄。

1瓶装用的纸盒
NZ$6.80
2瓶装用的塑料箱
NZ$6.95

兼有餐馆的酒庄

● 昆斯敦郊外
Amisfield Wine Company
✉ 10 Lake Hayes Road, RD1, Queenstown
☎ 03-442-0556
🌐 www.amisfield.co.nz

Gibbston Valley Wines
✉ SH 6, Gibbston, RD 1, Queenstown
☎ 03-442-6910
🌐 www.gibbstonvalleynz.com

飞马湾酒庄

● 克莱斯特彻奇郊外
Pegasus Bay Winery（→p.32）

● 马尔堡
Allan Scott Wines & Estates
✉ Jacksons Rd, RD 3, Blenheim
☎ 03-572-9054
🌐 www.allanscott.com

介绍新西兰葡萄酒的网站

网站上除了出售葡萄酒外，还介绍酒庄概况等信息。此外，还可以在上面分地区检索在当地出发的酒庄之旅，非常方便。

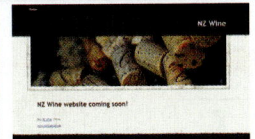

新西兰葡萄酒综合网站
www.nz-wines.co.nz

从所在城市出发，制订一日游和两天一夜游计划
悠闲的自驾旅行

与国内不同，新西兰的道路是左侧通行。新西兰没有堵车现象，是自驾游的天堂。从所在城市出发，可以参考以下为你介绍的一日游和两天一夜游等行程，走遍附近的人气旅游景点，享受旅行中自由自在的快乐。

两天一夜游

奥克兰—岛屿湾
海滨兜风

从奥克兰市中心出发，沿16号线往西，我们的第一站就是怀塔克雷。游览完沙滩后，沿着1号线北上，然后进入12号线，前往怀波瓦。再向东走就到了派希亚。

耸立在皮哈海滩的中央，高约100米的巨大岩石——狮子山

□新西兰政府旅游局

① 皮哈和凯里凯里海滩

□Ben Crawford

曾作为电影场景的美丽海滩

位于奥克兰附近的两处很受欢迎的海滩。游览著名的冲浪地——皮哈和电影《钢琴课》的外景拍摄地——凯里凯里，眺望美丽的塔斯曼海。

旅行路线

奥克兰市中心 — 约35千米 约45分钟 — ① 皮哈和凯里凯里海滩 — 约90千米 约1小时30分 — ② 绵羊世界 — 约130千米 约2小时30分 — ③ 怀波瓦森林 — 约80千米 约1小时30分 — 派希亚市中心 p.212

新西兰的租车方法和当地的交通规则，请参照p.298。

② 绵羊世界

去看看可爱的小羊们

这是一座观光农场，除了可以看到可爱的小羊和牧羊犬外，还可以参观农场、在森林中游玩。另外，千万不要错过鳗鱼的喂食时间。

SheepWorld　State Hwy. 1, Warkworth
☎ 09-425-7444　🕘 9:00~17:00　休 无
NZ$24　HP http://www.sheepworld.co.nz/farm.htm

商店里的羊皮NZ$88~

这个是特产

还可以亲自给小羊喂奶

③ 怀波瓦森林和贝壳杉博物馆

贝壳杉非常茂密的森林

怀波瓦森林能看到新西兰特有的树木——贝壳杉的森林保护区。现存最大的贝壳杉"Tane Mahuta"是必看的。位于马塔科希（Matakohe）的贝壳杉博物馆也值得一去（p.221）。

Kauri Museum　5 Church Rd., Matakohe　09-431-7417　🕘 9:00~17:00　休 无　NZ$17
HP http://www.kauri-museum.com/

驾车信息　　Driver's Information

距离和时间：从奥克兰市中心往北约335公里，大约需要6小时。
注意事项：沿海岸线道路曲折、路面也不宽阔，注意不要超速。奥克兰市中心以外的地方，路灯极少，晚上注意行车安全。
最佳旅游时间：12月至次年2月可以洗海水浴。
景点：塔斯曼海的美丽沙滩和神秘的贝壳杉。

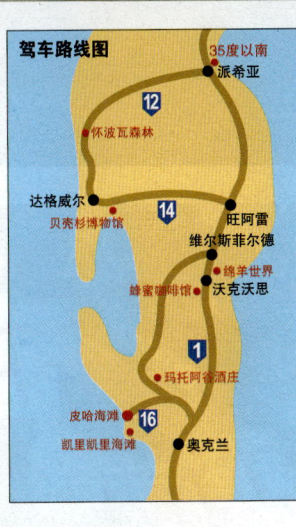
驾车路线图

○ 这些地方也去看看 ○

玛托阿谷酒庄

在新西兰的各地都有葡萄园和生产各种葡萄酒的精品酒庄。新西兰葡萄酒在国际上享有盛誉。

Matua Valley Wines
✉ Waikoukou Valley Rd., Waimauku
☎ 09-411-8301　🕘 10:00~17:00
休 无
HP www.matua.co.nz

蜂蜜咖啡馆

蜂蜜专卖店设立的咖啡馆。咖啡馆内有蜂蜜卡布奇诺、蜂蜜汉堡等，还有很多使用蜂蜜制作的菜品和主食。

Honey Cafe
✉ 7 Perry Rd., Warkworth
☎ 09-425-8003　🕘 8:30~17:00
休 无
HP www.honeycentre.co.nz

35度以南

位于派希亚"i-SITE"旁边的海上，是一家海上餐厅。阳台上的座位可以看到大海。用当地产的鱼类和贝类制作的菜品非常美味。

35°C South
✉ 69 Marsden Rd., Paihia
☎ 09-402-6220　🕘 8:00至深夜
NZ$15~　休 无
HP www.35south.co.nz

两天一夜游

克莱斯特彻奇—凯库拉

从克莱斯特彻奇到凯库拉驾车大约需要3小时。沿国道1号线一直北上,不用担心迷路。途中可以在葡萄酒产地怀帕拉吃午餐。

体验大海的生态之游

生态
海洋游

漂亮的葡萄酒吊灯

① 飞马湾酒庄

在酒庄吃午餐

飞马湾酒庄是新西兰国内的高级酒庄,里面的餐馆曾多次登上新西兰的餐饮杂志,很有人气。

Pegasus Bay Winery
✉ Stockgrove Rd., RD2, Amberley, Waipara
☎ 03-314-6869
🕙 10:30~17:00(餐馆是12:00~)
HP www.pegasusbay.com

这是特产

Pegasus Bay Pinot noir 2006 (NZ$48) 是香味浓郁的红葡萄酒。可以在凯库拉的旅舍里边看海边品尝美酒。

旅行路线

克莱斯特彻奇市中心 — 约56千米 40分钟 — ① 飞马湾 — 约143千米 1小时30分 — ② 哈普库旅舍 — 约18千米 20分钟 — ③ 海豹 — 约5千米 10分钟 — 观赏鲸鱼 p.81 — 凯库拉 p.80

② 哈普库旅舍

牧场景色一览无余的"树上小屋"

客房像是建在树上一样的独特设计很有趣，是十分受欢迎的高级旅馆。透过浴室的玻璃墙可以眺望远方美丽的景色。

Hapuku Lodge
✉ State Highway1 at Station Rd, Kaikoura
☎ 03-319-6559　HP www.hapukulodge.com

可以边观赏牧场的景色，边洗浴

③ 海豹

观赏野生海豹

位于凯库拉半岛的岩石地是野生海豹保护区。围绕着半岛还建有步行道（p.80）。

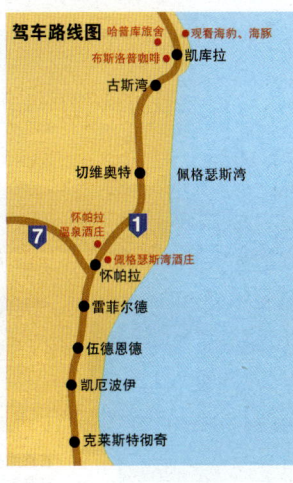

驾车路线图
- 哈普库旅舍　● 观看海豹、海豚
- 布斯洛普咖啡　● 凯库拉
- 古斯湾
- 切维奥特　佩格瑟斯湾
- 怀帕拉温泉酒庄
- 佩格瑟斯湾酒庄
- 怀帕拉
- 雷菲尔德
- 伍德恩德
- 凯厄波伊
- 克莱斯特彻奇

驾车信息 *Driver's Information*

距离和时间：从克莱斯特彻奇市中心往北184公里，大约需要3小时。
注意事项：从怀帕拉到凯库拉没有加油站，最好在克莱斯特彻奇市内加满油箱。
最佳旅游时间：海上活动丰富的夏季。
景点：怀帕拉的葡萄园和凯库拉的生态游。

玩转新西兰　悠闲的自驾旅行

◯ 这些地方也去看看 ◯

绿色海豚
当地产的美味海鲜

餐馆采用玻璃墙，周围的景色非常漂亮。滑滑的海鲜杂烩、自家制的烟熏石斑鱼和贻贝都十分美味。

Green Dolphin
✉ Esplanade, Kaikoura　☎ 03-319-6666　休 无　⌚ 17:00至深夜

布斯洛普咖啡
很受欢迎的有机咖啡

除了使用有机食材制作的三明治和意大利面外，还有用当地产的鱼类和贝类制作的菜品。从市中心出发，步行约10分钟。

Hislop Whole Foods Cafe　✉ 33 Beach Rd., Kaikoura　☎ 03-319-6971　休 无　⌚ 9:30~16:30
HP www.hislop-wholefoods.co.nz

怀帕拉温泉酒庄
酒庄里素朴的餐馆

家族经营的酒庄里设立的一家整洁、雅致的餐馆，在里面就餐很有在家的感觉。天气好的时候，阳台上的座位是不错的选择。

Waipara Springs Winery　✉ 409 Omihi Rd., SH1, Waipara　☎ 03-314-6777　休 无　⌚ 11:00~17:00
HP www.waiparasprings.co.nz

半日游

昆斯敦—阿罗敦
观赏郊外的美丽景色
怀旧之旅

昆斯敦郊外的阿罗敦是非常受欢迎的旅游观光地，一起去看看依然留有淘金时代面貌的怀旧街道吧。

① 米尔布鲁克度假村

新西兰国内屈指可数的高级度假村

从昆斯敦驾车大约15分钟到达米尔布鲁克度假村。度假村内有高尔夫球场、咖啡馆、温泉等各种设施，即便不在这里住宿，也可以玩得很开心。在新西兰职业高尔夫球手鲍勃·查尔斯所设计的著名高尔夫球场内玩一会儿也不错（p.136）。

> 在碧绿的草地上打高尔夫，顿感心情舒畅

旅行路线

昆斯敦市中心 → 约20千米 20分钟 → ① 米尔布鲁克度假村 → 约4千米 5分钟 → ② 藏红花 → 约20千米 20分钟 → ③ 温泉池 → 约10千米 15分钟 → 昆斯敦市中心 p.110

驾车信息 *Driver's Information*

- **距离和时间**：从昆斯敦市中心往东北约21千米，大约需要25分钟。
- **注意事项**：冬天会下雪，注意行车安全。
- **最佳旅游时间**：5月可欣赏美丽的红叶。
- **景点**：阿罗敦留有淘金时代面貌的怀旧街道。

② 藏红花餐馆

阿罗敦的高级餐馆

　　曾多次获得新西兰料理杂志"年度最佳餐厅"提名的餐馆。可以在这里品尝一下中部奥塔哥产的葡萄酒（p.132）。

驾车路线图

③ 温泉池

可以欣赏昆斯敦美丽景色的单间露天温泉

　　半露天的单间有6间，且单间的空间宽阔可以容纳4人。一按按钮就可以打开巨大的玻璃窗，然后就能一边在雪松浴槽中泡温泉，一边欣赏眼前的沙特欧瓦河和卓越山等美丽景色。洗澡水都是用泉水加热的，并且可以自己调节温度。在飘着树木香气的室内，还设有咖啡馆和男女化妆室。可以租用浴巾和香薰套装（需付费）。

边泡温泉边欣赏窗外的美丽景色

```
Onsen Hot Pools
✉ 160 Arthurs Point Rd., Queenstown  ☎ 03-442-57
07  💰 单人NZ$46(1小时)，4人NZ$32（人均1小时）
🕐 11:00～22:00    休 无
HP www.onsen.co.nz
※ 昆斯敦市中心免费接送，要预约。
```

◯ 这些地方也去看看 ◯

巴塔哥尼亚冰激凌

排队买冰激凌

著名巧克力店的姐妹店。有大约20种无添加剂、手工制作的冰激凌，很受人们的欢迎。

```
Patagonia
✉ 40 Buckingham St., Arrowtown
☎ 03-409-8584   休 无
🕐 9:00～18:00
HP www.patagoniachocolates.com
```

玉器厂

这里有各种精美的玉器商品

有翡翠首饰、各种艺术品、餐具等。有的车间可以参观。

```
Jade Factory
✉ 30 Buckingham St., Arrowtown
☎ 03-442-1654
休 无
🕐 8:30～17:30（周日9:00～）
HP www.jadefactoryarrowtown.co.nz
```

乔的车库

里面的咖啡很好喝

不仅有阿罗敦的客人，昆斯敦的顾客也常来造访，是一家很受欢迎的咖啡馆。

```
Joe's Garage
✉ Arrow Lane, Arrowtown
☎ 03-442-1116    休 无
🕐 7:00～15:30
HP www.joes.co.nz
```

豪华的旅行享受
住宿豪华旅馆

豪华别墅旅馆宽广的空间内有奢华的设施,并且服务周到,让你的旅行更加舒适、愉快。

豪华别墅旅馆是什么样的呢?

一流的服务,热情的招待,丰盛的美食等,没有比这里更奢华的旅馆设施了。大多位于离市中心不远的郊外。住一晚的费用大概是500新西兰至1500新西兰元。

罗托鲁阿 MAP p.227-D

树顶山庄
Treetops Lodge & Estate
☎ 07-333-2066

在广阔的空间内开展户外活动

位于面积1000余公顷的原生林中,是服务至上的豪华山庄。山庄内有可以垂钓鳟鱼的7条河,还有4个湖泊以及全长70千米的大道,最适合徒步旅行和登山。山庄的这些设施可以让你充分地享受户外活动的乐趣。在大自然中尽情玩乐之后,就可以吃晚餐了。晚餐一般4道菜,包括使用羊肉、三文鱼等新西兰新鲜食材制作的菜品。

✉ 351 Kearoa Rd., RD1, Horohoro, Rotorua　📠 07-333-2065
🚗 从罗托鲁阿开车20分钟
💰 度假室(Lodge)NZ$490、别墅NZ$830(包括开胃酒、早晚餐、娱乐活动)
🛏 度假室5间、别墅8间
🌐 www.treetops.co.nz
🍴 餐厅、厨房、图书馆、台球桌、钓鳟鱼、皮艇竞赛、登山、徒步旅行、骑马、野外烹饪室(需费用、要咨询)

茂密原生林中的世外桃源

旅游小贴士
独享大自然的魅力

在茂密的原生林中,远离城市的喧嚣。这是只有在新西兰这个美丽的国度才有的与大自然亲密接触的奢华空间。在空无一人的森林和河流中,去和大自然约会吧。

1. 在别墅享受私人空间
2. 环境优雅的日光室
3. 在大自然的怀抱中夜越来越深
4. 别墅的卧室,优雅别致,富有现代气息

奥克兰
MAP◎p.171-B

德蓝摩度假庄园
Delamore Lodge
☎ 09-372-7372

地中海风格的豪华旅馆

　　是位于奥克兰近海怀赫科岛高地上的时尚旅馆。地中海式设计加上新西兰传统艺术的建筑风格，既奢华又时尚。从露台上可以眺望怀拉基湾、油橄榄园、葡萄园，很有度假村的氛围。开放型的酒吧大堂也十分舒适，面向大海的无边泳池也让人感到很惬意。这里还有2009年11月新建成的酒店公寓，让你有更多的选择。

✉ 83 Delamore Dr., Waiheke Island, Auckland　FAX 09-372-7382
🚢 从奥克兰坐船30分钟，从渡口乘车5分钟
NZ 套房NZ$796～，酒店公寓NZ$1550～
（包括开胃酒、开胃菜、早餐、到怀赫科岛渡口的接送服务）
🛏 套房4间，酒店公寓2间
HP www.delamorelodge.com
🏖 私人露台、直升机场、户外厨房、酒吧、泳池、浴池、桑拿、图书馆、酒窖、温泉

1. 意大利设计师设计的暖炉和豪华的户外餐厅
2. 度假村的地中海式庭院
3. 卧室也能看到美丽的景色
4. 眺望怀赫科岛的最好位置

可以遥望豪拉基湾的时尚度假村

旅游小贴士
泡温泉，放松身心
　　旅馆内有温泉，可以进行夏威夷式按摩、脚底按摩等各种按摩。由专业的治疗师为你服务。

37　住宿豪华旅馆

陶波
MAP p.169-H
胡卡旅馆
Huka Lodge
☎07-378-5791

备受名人喜爱的老旅馆
在怀卡托河旁度过奢华的假期

1

名人造访的著名旅馆

以前是一家钓鱼旅馆,建在河流的旁边。由于其良好的隐蔽性,一直备受众多旅客尤其是名人的喜爱。旅馆的客房面积很大,设计风格优雅、独特。

2

✉ 271 Huka Falls Rd., Taupo
FAX 07-378-0427
🚗 从奥克兰开车约3小时,从罗托鲁阿开车1小时
🛏 单间NZ$555~NZ$4875,双人间NZ$795~ NZ$1375(人均费用,包括开胃酒、早晚餐、旅馆内的设施、到陶波机场的接送服务)
🏠 25间
HP www.hukalodge.co.nz
🔧 餐厅、酒窖、泳池、网球场、礼品店

旅游小贴士 — 品尝美味

多位著名厨师的烹饪使得旅馆的菜品一直受到好评。旅馆还有独创的食谱,你一定不可以错过。

1.带有取暖设施的舒适客房
2.寒冷的冬天,在暖炉边取暖也是件令人愉快的事
3.在怀卡托河旁就餐

1

旅游小贴士 — 美丽的高尔夫球场

这里有可以举行淘汰赛的18洞高尔夫球场。有6处悬崖可以眺望大海。

北岛
MAP p.211-D
贝壳杉悬崖
Kauri Cliffs
☎09-407-0010

被大海包围的高尔夫度假村

旅馆建在有著名高尔夫球场的度假村内,有时著名高尔夫球手会长期在这里住宿。在华丽、优雅、建筑风格统一的度假村,不但可以轻松愉快地休闲度假,还可以在著名高尔夫球场一试身手。

1.从旅馆眺望高尔夫球场
2.宁静的客房
3.室内的家具和装饰很受女性的欢迎

眺望美丽的大海
在著名高尔夫球场打高尔夫

✉ Tepene Tablelands Rd., Matauri Bay, Northland FAX 09-407-0061
🚗 从奥克兰开车3小时45分钟,凯里凯里机场乘车25分钟
🛏 单间NZ$920~NZ$2035,双人间NZ$620~NZ$1310,别墅每间NZ$5500~NZ$9625(包括开胃酒、早晚餐、除酒以外的迷你酒吧的饮料、高尔夫以外的各项活动)
🏠 22间
HP www.kauricliffs.com
🔧 餐厅、高尔夫球场、私人海滩、泳池、浴池、拳击练习场、网球场、温泉

2

3

昆斯敦
MAP●p.112-A

布兰凯特湾
BLANKET BAY

☎ 03-441-0115

在大自然中与世隔绝的旅馆

　　这是一家豪华山中旅馆，位于以南阿尔卑斯山和瓦卡蒂普湖的美丽景色著称的格林诺奇。旅馆建在人迹罕至的湖畔，周围被湖泊和大山环绕，宛如人间天堂，美得让你窒息。

✉ Glenorchy Rd., Glenorchy
FAX 03-442-9441
交 从昆斯敦乘车15分钟
NZ NZ$775~NZ$2950（包括1间客房的费用、开胃酒、早晚餐、旅馆内的设施）
室 12间　HP www.blanketbay.com
设 餐厅、台球室和酒吧、酒窖、泳池、浴池、温泉、拳击训练场、图书馆

很受欢迎的豪华旅馆

旅游小贴士
按摩、放松身心

旅馆内有温泉。可以一边放松身心，一边观赏如画般的美景，轻松愉快地度过每一刻。

1. 眺望不一样的美景
2. 客房的木质内装让人感觉温暖
3. 从浴池也可以观赏风景

玩转新西兰

39

住宿豪华旅馆

旅游小贴士
在新西兰的交流之乐

在著名的旅馆，享受热情招待的同时，不要错过与业主和其他顾客相互交流的时间。

1. 旅馆特有的户外活动
2. 从客房可以眺望雄伟的南阿尔卑斯山
3. 很受欢迎的格拉斯米尔湖郊游

克莱斯特彻奇郊外
MAP●p.43-G

格拉斯米尔旅馆
GRASMERE LODGE

☎ 03-318-8407

在农场度过愉快的假期

　　旅馆的面积十分广阔，总面积达600公顷，过去曾是出产美利奴羊毛的牧民的住宅。可以一面感受丰富多彩的牧羊生活，一面零距离地接触大自然，感受新西兰的美妙。

✉ State Highway 73, Cass
FAX 03-318-8263
交 从克莱斯特彻奇乘车约1小时30分
NZ 单间NZ$1190~NZ$1943，双人间NZ$1431~NZ$2221（包括开胃酒、早晚餐、皮艇竞赛/渔具等的租赁、四驱车游）
室 14间　HP www.grasmere.co.nz
设 餐馆、酒吧、浴池、温泉、礼品店、泳池、酒窖、马舍、山地自行车、网球场、台球、乒乓球

零距离接触新西兰的美妙
在牧场尽情玩乐

在新西兰观看橄榄球比赛

在新西兰，每到周末，各地的运动场就会举行橄榄球比赛。高级别的橄榄球比赛非常受人欢迎，一定会通过电视转播。

漫长的橄榄球赛季

最高级别的橄榄球比赛是每年2月下旬到5月举办的超级橄榄球联赛（Super Rugby），6月举行的"Steinlager Series"，7月到9月举行的"ITM 杯"（国内地区选手选拔赛），以及7月到11月的"三国赛"（Tri Nation）。在"Steinlager Series"和"三国赛"上，世界著名的全黑队（The All Blacks）会参加。

橄榄球俱乐部也很有趣

除了上面介绍的比赛外，还有各地橄榄球队举行的比赛。虽然级别在ITM杯之下，但是据说有些橄榄球队的实力很强，绝不可小看。比赛在各地的小型橄榄球场举行，通常情况下，橄榄球俱乐部的比赛都能免费观看。

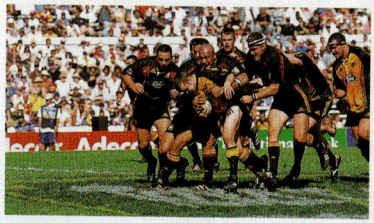

购票方法＆球场介绍

举办比赛的场所

比赛以球队本部所在的城市为中心举行。关于比赛的举办场所和时间，可以到购票处或是通过当地的报纸确认，也可以到网上确认。

举办"Super Rugby""ITM 杯"比赛的球场有：
奥克兰：Eden Park、North Harbour Stadium
哈密尔顿：Waikato Stadium
惠灵顿：Westpac Stadium
克莱斯特彻奇：AMI Stadium
达尼丁：Carisbrook

除了上述球场以外，格雷、罗托鲁阿、新普利茅斯、纳皮尔、纳尔逊等地也举办各种比赛。全黑队参加的比赛基本上都在奥克兰、惠灵顿、克莱斯特彻奇、达尼丁举办。

买票

虽然比赛和比赛场所不同，但一般都能通过"快达票"票务（Ticketek）☎ 0800-8425-3835🖳 www.ticketek.co.zn）买到入场券。此外，在哈密尔顿市内的橄榄球商店、达尼丁的奥塔哥橄榄球协会（电话：03-4664-010）也可以买到。

票价

票价因比赛的级别和球场而各不相同，带有顶棚的座位、没有顶棚的座位、直接坐在草地上等的座位的票价都不一样。一般而言，旗杆所在的端区（决定带球触地的门线的一侧）的座位比两边的座位要便宜。有些球场会自由设定价格，如买3张票时会有优惠等。

票价举例

【Super Rugby、ITM 杯】
奥克兰：Eden Park 12~38新西兰元
惠灵顿：Westpac Stadium 18~36新西兰元
克莱斯特彻奇：AMI Stadium 15~36新西兰元
【全黑队的比赛】
40~90新西兰元

＊因比赛票价会有差异，购买时请先确认。

南岛

游览新西兰的独特美景

South Island

克莱斯特彻奇	p.44
凯库拉	p.80
皮克顿	p.82
纳尔逊	p.86
阿贝尔塔斯曼	p.88
格雷茅斯	p.90
弗兰茨约瑟夫冰河	p.92
福克斯冰河	p.94
库克山	p.96
特卡波	p.102
瓦纳卡	p.106
昆斯敦	p.110
米尔福德峡湾	p.144
道尔福峡湾	p.148
蒂阿瑙	p.150
达尼丁	p.154
因弗卡吉尔	p.162
斯图尔特岛	p.165

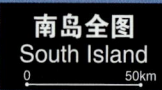

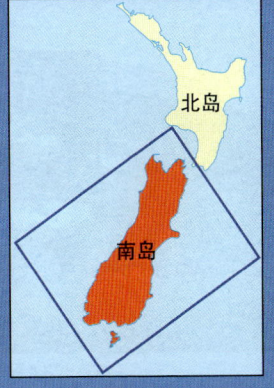

克莱斯特彻奇
Christchurch

MAP-p.43G

城市的标志——基督教堂。基督教堂的尖顶在地震中损坏了

克莱斯特彻奇简介
人口：约56万人
面积：约416平方公里
气温：1月（夏季）平均最高气温22.5摄氏度，平均最低气温12.2摄氏度，7月（冬季）平均最高气温11.3摄氏度，平均最低气温1.9摄氏度。
降水量：年降水量652毫米

前往克莱斯特彻奇
✈ 从奥克兰出发约1小时20分钟，新西兰航空每天15~20个航班，单程费用NZ$61~。
从昆斯敦出发约1小时，新西兰航空每天4~6个航班，费用NZ$59~。
🚌 从皮克顿乘坐城际快车需5小时30分，1天2趟，费用NZ$56~。

克莱斯特彻奇国际航空
HP www.christchurch-airport.co.nz
→p.288

位于机场内的旅游咨询处

了解南岛的最大城市
城市概况

克莱斯特彻奇是新西兰的第三大城市，与北岛的奥克兰一样有国际机场，是新西兰的门户。

被称为花园城市的美丽城市

克莱斯特彻奇坐落在南岛东海岸坎特伯雷平原的中央，班克斯半岛的末端，城市的东边是南太平洋，西侧是南阿尔卑斯山山脉。

城市区划以流经该市的埃文河为中心展开。基督教堂是城市的标志性建筑，并以此为中心向郊外延伸。城市的街道宽阔，绿化非常好，到处都郁郁葱葱，非常漂亮，因此又称花园城市。住在该城市的人们非常喜欢花园，对园林的修剪和维护非常看重。因此，城市里美丽的花园随处可见，让路过的行人赏心悦目。由于人们对花园的热爱，该城市每年都会举办园艺比赛。

克莱斯特彻奇的旅游景点

克莱斯特彻奇的旅游景点非常多。有源于该城市并贯穿南岛的南阿尔卑斯山的最高峰——库克山、特卡波湖、娱乐活动丰富的昆斯敦、盛行山麓游览的米尔福德峡湾等旅游景点，可以乘坐飞机、巴士、火车等交通工具前往。此外，还有以观赏鲸鱼而著称的凯库拉、法国风格的度假胜地阿卡罗阿、温泉胜地马鲁亚等，从克莱斯特彻奇去这些景点可以当天往返，也可乘坐定期巴士前往。

城市中到处可见美丽的庭园

一出机场就有出租车和机场巴士

主要的接送巴士公司
接送巴士
☎0800-74-2000
克莱斯特彻奇巴士
☎0800-00-3171

市内巴士运行时间表（机场至市内）
（周一至周五）
约6:00始发，每隔15~30分钟运行一趟。
凌晨1:00末班车。
（周六、周日）
约7:00发车，每隔15分钟~1小时运行一趟。
凌晨1:00末班车。

克莱斯特彻奇火车站
Clarence St., Addington
☎0800-801-070
MAP ◆剪切地图-50，p.45-C

从机场到市内的交通

从克莱斯特彻奇国际机场到市中心约11千米，乘车的话20~30分钟就到了，非常方便。交通工具有市内巴士、机场巴士、出租车等。乘车点都在到达大厅的出口附近。

◆接送巴士（Shuttle Bus）

机场外的接送巴士随时都可以乘坐，可以把游客送到住宿地。接送巴士是能乘坐7~8人的迷你巴士，乘客坐满即发车。20~30分钟就可以到达市中心。到市中心的价格是20~30新西兰元（因乘车人数而不同）。

◆出租车

和机场巴士一样，出租车也停在机场外，随时都可以乘坐。出租车是从机场到目的地的最快捷的交通工具（到基督教堂前大约需要20分钟）。到市中心的车费30~50新西兰元，不收小费和行李费。

◆市内巴士

从机场出发的巴士只到市中心，车身上写有"City"字样，很容易区分。每隔15~30分钟运行一趟，从机场到市中心的基督教堂广场前，大约需要30分钟。单程车费是7.5新西兰元，比较便宜。

基督教堂广场周边的公共汽车站

从火车站到市内

◆机场巴士、出租车

克莱斯特彻奇火车站位于市中心西南部1.5千米处。由于火车站前没有公共汽车站，要步行几分钟才能找到市内巴士的汽车站，对于有行李的旅客来说不是很方便，所以乘坐机场巴士和出租车比较合适。由于火车的车次比较少，平时车站的周围都非常安静，但一接近发车时刻，车站前面的交通岛就满是排队的机场巴士和出租车。

如果找不到机场巴士和出租车，可以打电话向车站的员工咨询。从火车站到市中心乘坐机场巴士的车费是15新西兰元，出租车大约是20新西兰元。所需时间约15分钟。

火车站前的停车场

市内交通

◆市内巴士（Metro）

克莱斯特彻奇的市内巴士由2家巴士公司运营，运行范围覆盖了整个城市的广大区域，总称为"Metro"。

车费采用区间制，市中心（1区）的车费是3.20新西兰元，2区是4新西兰元，3区是5新西兰元。位于科伦坡街和利奇菲尔德街的拐角处有同城服务处，在这里可以拿到每条路线的运行时间表。

预付制车费。告诉司机去哪里，是哪个区，然后付车费。要下车的时候，需按车内的按钮告诉司机你要下车。也有些车上没有按钮，要拉窗上的绳子。

新西兰的巴士不报站，车内也没有播音员。如果怕自己下错车，可以再次告诉司机自己的目的地，到达后让司机通知你下车。

路线和时间表

◆红色巴士

和它的名字一样，车身是鲜艳的红色。车费和上面所说的市内巴士一样。在红色巴士上有出售"红色巴士日日通"（Red Bus Day Pass）的车票，只需10新西兰元就可以在一天之内不受限制地搭乘。也有到观光景点的优惠车票，不仅在市中心，到郊外也有红色巴士运行，所以乘坐该巴士非常实惠。

除了可以直接从司机那里买到"红色巴士日日通"外，在市内的旅游咨询处也可以买到。

◆都市之星、调度车

都市之星（Metro Star）是一种市内巴士的名称，从霍尔斯韦尔（Halswell）开往新布莱顿（New Brighton）。去往坎特伯雷大学、梅莉贝尔商城以及沿海的新布莱顿时要乘坐该车。

另一种巴士则是调度车，开往克莱斯特彻奇的郊外。从东门商城到西菲尔德·里卡顿、坎特伯雷大学、北岛商城等地。

线路覆盖广的市内巴士

同城服务
City Exchange
MAP ● 剪切地图-48，p.50-E
☎ 03-359-0083
🕐 周一至周六6:30~22:30
　周日9:00~21:00
HP www.metroinfo.co.nz

多次乘车的人
实惠的公交卡
如果在克莱斯特彻奇要多次乘坐巴士，购买公交卡会很实惠。在同城服务处可以买到，第一次要充值10新西兰元。2小时无限制乘车2.30新西兰元；1天内无限制乘车4.60新西兰元；1周内无限制乘车23新西兰元。

红色巴士
HP www.redbus.co.nz

◀红色车身是红色巴士的标志

乘车会话例句
这趟车去●●吗？
"Does this bus go to ●●？"

到了●●的话，请告诉我。
"Would you please tell me when we arrived ●●？"

要多长时间？
"How long does it take to get there？"

下一站下。
"I'll get off next."

黄色车身的市内环形车

班车
☎03-379-4260
时间表
(周一至周四)
7:30~19:00 (每10分钟一趟)
19:00~22:30 (每15分钟一趟)
(周五)
7:30~22:30 (每10分钟一趟)
(周六)
8:00~22:30 (每10分钟一趟)
(周日、节假日)
10:00~17:00 (每10分钟一趟)
17:00~20:00 (每15分钟一趟)
→运行线路参照p.50~51

克莱斯特彻奇的电车

电车
☎03-366-7830
运行时间
9:00~21:00 (10~3月)
9:00~18:00 (4~9月)
HP www.tram.co.nz

夜间的餐厅电车 (p.68)

出租车公司
蓝星出租车
Blue Star Taxis
☎03-379-9799
黄金出租车
Gold Band Taxis
☎03-379-5795

租车
王牌租车
Ace rental cars
☎0800-20-2029
麦当劳租车
Mc Donald's Rent-A-Car
☎0800-164-165

◆免费黄色巴士

主要环行于市内的购物中心、电影院等地,是黄色车身的充电式电力车。该车乘坐时不需要车费,是游客和当地居民经常使用的交通工具。白天每10分钟运行一趟,晚上(周五、周六除外)每15分钟运行一趟。路线主要经过市镇厅、维多利亚广场、城市购物中心、南城购物中心、史密斯市、八点电影院、大鲜购物中心、克莱斯特彻奇理工学院等地,晚上还增加了去赌场的线路。

和黄色巴士车身颜色一样的黄色站牌

◆电车

电车(路面电车)车身的颜色非常古典,与城市的风格配合得很好。电车是该市的著名观光标志,也是重要的交通工具。在停运40年之后,在1995年又重新采用该交通工具。每10~15分钟运行一趟,在全长2.5千米的大街运行一周大约25分钟,经过基督教堂广场、艺术中心、植物园、坎特伯雷博物馆、维多利亚广场等主要的观光点。司机会在车内向你介绍所经过的观光点和历史建筑等旅游景点。车费是17新西兰元,可以多次乘车。除了乘车时可以到司机和乘务员那里买票外,旅游咨询处也出售车票。电车的车票2天内都有效,在市内观光时可以充分利用。夜间有用作餐厅的电车餐馆(参照p.68)

电车的站牌

◆出租车/租车

去克莱斯特彻奇的郊外观光时,乘坐出租车最方便。以基督教堂为中心,在城市的中心地带都有出租车站,在主要的宾馆也可以打电话叫出租车。出租车的车费与国内一样,采用读表制,起步票价车费2~3新西兰元。想自由地观赏多个旅游景点时,租车比较实惠。有关新西兰的租车信息,请参考p.298。

克莱斯特彻奇市中心
步行游览指南

以城市的标志——基督教堂为中心
步行即可游览多个景点

基督教堂是克莱斯特彻奇市内的"旅游集散中心"。这里除了有能收到各种信息的旅游咨询处外，还是电车、观光巴士等交通工具的始发站。另外，面向游客的旅馆住宿设施也集中在附近。

市中心的旅游景点主要集中在基督教堂广场的西侧。建议步行路线为从基督教堂前往哈格利公园。先沿伍斯特大街直走，不久就可看到横跨埃文河的大桥，大桥前有斯科特上尉的纪念像。从这里出发，沿左侧埃文河的牛津街走，街上有很多餐馆和酒吧。到了傍晚时分，可以坐在露天阳台上看看繁华、热闹的街道。

继续沿伍斯特大道往前走，左侧便是艺术中心。走过艺术中心后，正面可见坎特伯雷博物馆和植物园。植物园中有玫瑰园、香草园等主题园，里面有大约1万种植物，一定要花时间好好看一看。在博物馆前面的罗尔斯顿大道左拐，可看到坎特伯雷啤酒厂。哈格利公园面积非常广阔，在里面转累了的话，可以回到博物馆前乘坐电车，在克莱斯特彻奇赌场前下，去体验一下赌场的气氛。

横贯基督教堂南北的科伦坡街是这座城市的主街。沿基督教堂北侧的街道上有免税店、礼品店等面向游客的各种商店。与此相对，基督教堂南侧是当地居民的购物区。

旅游咨询处
Christchurch&Canterbury Visitor Centre
MAP● 剪切地图-47, p.50-F ✉
Old Chief Post Office, Cathedral Square West ☎ **03-379-9629**
⏰ 8:30–17:00（周六、周日、节假日至16:00）休 无
HP www.christchurchnz.net

基督教堂周围的街道

坐落在基督教堂广场内

导游信息
克莱斯特彻奇

娱乐
活动	★★★
景点	★★★★★
休闲	★★

交通工具
步行	★★★★
巴士	★★★
出租车	★★★

区域范围
市内景点以基督教堂为中心，位于大约半径1千米的范围内。距离不是很远，累了的时候可以乘坐电车和市内环形巴士去观光点。天气好的时候，租自行车旅行也是不错的选择。

市中心有许多历史建筑

不可错过的景点

● 基督教堂
● 哈格利公园
● 追忆桥
● 艺术中心
● 植物园

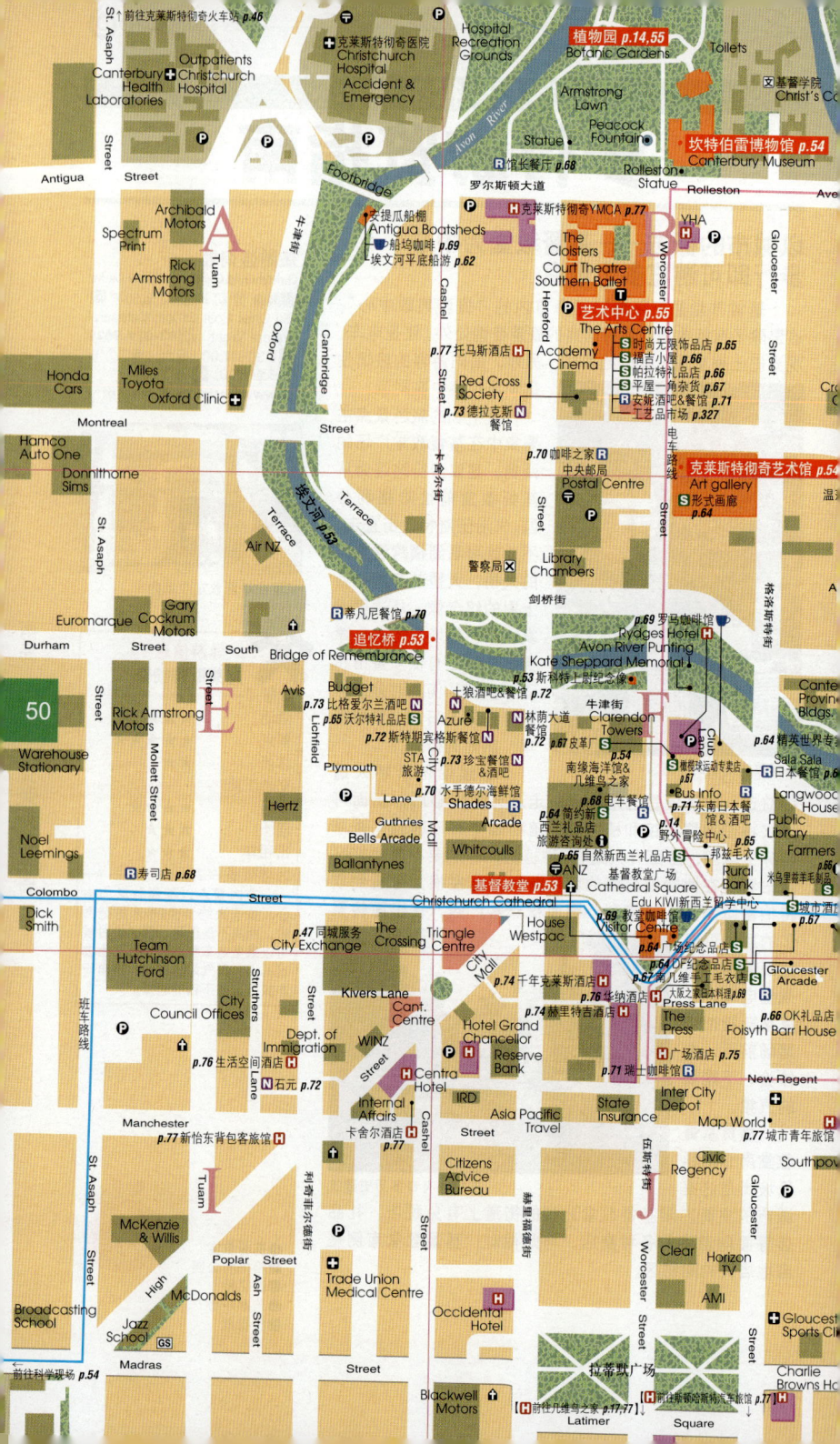

市内1日游旅游线路介绍

克莱斯特彻奇旅游计划

克莱斯特彻奇市内以基督教堂为中心，在步行圈内集中了多个旅游景点。对于郊外的旅游景点，可以乘坐都市之星（p.47）游览，非常方便。

乘坐电车在市内观光也不错

艺术中心 →p.55

周六日的上午有跳蚤市场，各种民间工艺品店林立，用山羊奶和香草制作独创香皂的黛比也经常来跳蚤市场卖香皂。

基督教堂 →p.53

在礼品店（Gift Shop）花费5新西兰元，就可以去高达36米的瞭望台。迅速上升到134级，在露台上从4个方向眺望整个城市。

埃文河平底船游 →p.62

在船上观赏市内风景。大约30分钟就可以完成约2千米的埃文河行程。

克莱斯特彻奇缆车 →p.60

是通往卡文迪什山的长达945米的缆车索道。在海拔500米高的山顶有餐馆和咖啡馆，可以在上面一边欣赏风景，一边吃午餐。

国际南极中心 →p.58

是展示南极的严酷气候和考察队生活的博物馆。可以看到企鹅，还可以乘坐在南极使用的踏雪车。

柳岸野生动物园（Willowbank Wildlife Reserve） →p.59

是新西兰国内可以近距离看见几维鸟的地方。游览结束并欣赏过毛利人的表演之后，可以到园内的餐馆吃晚餐。

旅行线路 Recommemded Route

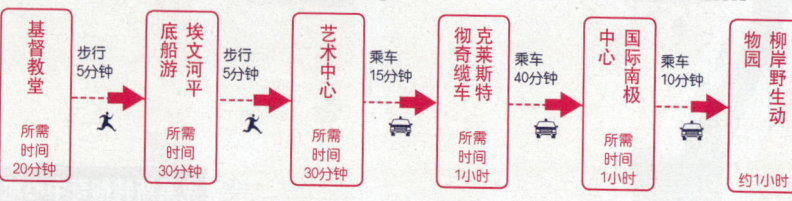

基督教堂 所需时间20分钟 — 步行5分钟 → 埃文河平底船游 所需时间30分钟 — 步行5分钟 → 艺术中心 所需时间30分钟 — 乘车15分钟 → 克莱斯特彻奇缆车 所需时间1小时 — 乘车40分钟 → 国际南极中心 所需时间1小时 — 乘车10分钟 → 柳岸野生动物园 约1小时

克莱斯特彻奇市内的旅游景点

景点 | MAP●剪切地图-48、p.50-F

基督教堂
Christchurch Cathedral

是城市的标志，著名的哥特式建筑，英国国教的大教堂。由英国建筑师乔治·吉尔伯特·斯科特（George Gilbert Scott）设计，1864年开工建设，历时40年才完工。沿着又陡又窄的楼梯可以登上高63米的尖塔的露台，从这里既可以俯视整个城市，也可以眺望坎特伯雷平原对面的南阿尔卑斯山脉。

交 旅游咨询处前
营 周一至周五8:30～19:00、周六9:00～17:00、周日7:30～19:00、冬季9:00～17:00
休 无 NZ$ 教堂内拍照NZ$2、登瞭望台NZ$5

景点 | MAP●剪切地图-40、p.51-G

市政厅
Town Hall

位于维多利亚公园的埃文河畔，是克莱斯特彻奇的音乐厅和剧院。古典音乐会、歌剧、芭蕾、音乐剧、爵士音乐会等著名的演出都在这里举行。

✉ 86 Kilmore St
☎ 03-366-8899
交 旅游咨询处步行6分钟

景点 | MAP●剪切地图-47、p.50-F

追忆桥
Bridge of Remembrance

是埃文河上的一座石拱桥。第一次世界大战时，从桥附近的爱德华国王兵营奔赴前线的战士们，和家人、朋友告别后，走过这座桥前往克莱斯特彻奇车站，然后奔赴西亚、欧洲的战场。对战士们而言，这座桥是没法忘记的，因此取名为追忆桥。现在的桥是1923年重建的。

交 旅游咨询处步行5分钟

晚上，桥被美丽的灯光照亮

景点 | MAP●剪切地图-47、p.50-F

斯科特上尉纪念像
Captain Scott Memorial Statue

是打破挪威阿蒙森的纪录，首次到达南极，在回来的路上不幸遇难的探险家斯科特上尉的雕像。台座上刻有他亲手写下的表明自己时刻做好为探险献身的文字。

交 旅游咨询处步行2分钟

斯科特的妻子是一位雕刻家，斯科特上尉纪念像就是由她亲手雕刻的

景点 | MAP●剪切地图-47、p.50-E

埃文河
Avon River

弯弯曲曲地流过克莱斯特彻奇市内的埃文河，是市民休闲的场所。河水清澈，鸭子在水面上悠闲地游来游去。在这里，可以乘坐英式小船（参照p.62），沿河观赏河岸的美丽景色。埃文河上有38座桥，面向河的下游，左侧的河岸称为剑桥街，右侧的河岸称为牛津街。

交 旅游咨询处步行3分钟

景点 | MAP●剪切地图-40、p.51-G

维多利亚广场
Victoria Square

被草坪覆盖的美丽广场。广场上有英国维多利亚女王和探险家库克船长的雕像。埃文河流经广场，河上面的铁桥是市内最古老的建筑。

交 旅游咨询处步行5分钟

Christchurch

景点
MAP 剪切地图-40、p.50-B

克莱斯特彻奇艺术馆
Christchurch Art Gallery

艺术馆内有语音导游服务，可以听到各种语言的常设展出的解说。馆内有咖啡餐馆和葡萄酒酒吧，可以在里面好好放松一下。

- Cnr of Worcester Boulevard & Montreal St. ☎ 03-941-7300
- FAX 03-941-7301
- 旅游咨询处步行4分钟
- 9:30~17:00（周三至21:00）
- 休 无　捐赠制（特别展出收费）
- HP www.christchurchartgallery.org.nz

景点
MAP 剪切地图-55、p.45-C

科学现场
Science Alive

利用旧火车站改建的游戏中心，是体验型科学馆。里面有通过游玩获得科学知识的各种娱乐项目。利用万有引力建立的滑道、垂直滑道（Vertical Slide）等设施，让你感觉像是在游乐园一样。

- 392 Moorhouse Ave.
- ☎ 03-365-5199　从市中心乘坐黄色巴士约10分钟
- 10:00~17:00（周五、周六至21:00）　休 无　NZ$15
- HP www.sciencealive.co.nz

景点
MAP 剪切地图-39、p.50-B

坎特伯雷博物馆
Canterbury Museume

馆内的看点主要分成毛利文化、开拓时代和南极探险3部分。除此之外，也展示亚洲和欧洲的历史文物以及新西兰特有的鸟类。

1层有最先进入利特尔顿港的移民船模型，大小和实物一样。博物馆再现了开荒之后的城市面貌，让游客可以了解当时的克莱斯特彻奇是怎样的一座城市。在毛利艺术馆，有关毛利文化的民族资料、雕刻等展品丰富多彩。3层是南极资料馆，有关于阿蒙森、斯科特等世界级探险家的记录和资料。南极资料馆的旁边是东方馆，里面收集了来自中国等国家的收藏品。此外，还有收集了巨鸟——恐鸟标本的鸟馆等，把这些展览全部看完需要花很长时间。

- Rolleston Ave. ☎ 03-366-5000　旅游咨询处步行10分钟
- 夏季9:00~17:30、冬季9:00~17:00
- 休 无
- 捐赠制

馆内也有亚洲历史文物的展出

景点
MAP 剪切地图-47、p.50-F

南缘海洋馆 & 几维鸟之家
Southern Encounter Aquarium & Kiwi House

位于旅游咨询处的旁边，可以观赏到新西兰特有的大约150种鱼在水箱里游来游去。在馆内，可以用手直接接触到真实的海洋生物，还有给三文鱼喂食等很多体验，不论是大人还是小孩，都可以玩得很开心。生活在深海的肚子巨大的海马和身子很小的亚热带鱼等，光是看一眼，就让人兴奋不已。重要的是，在这里可以看到夜行鸟——成对的几维鸟。奥兰纳野生动物园（p.59）经营的海洋馆和几维鸟之家，也值得去看看。

- Cathedral Square ☎ 03-359-7109　旅游咨询处旁边
- 9:00~17:00　休 无　NZ$18
- HP www.southernencounter.co.nz

景点　MAP●剪切地图-38, p.50-B

哈格利公园 & 植物园
Hagley Park & The Botanic Gardens

是一个特别契合克莱斯彻奇"花园之城"美称的地方。植物园位于哈格利公园的东侧，面积30公顷，占整个公园面积的1/5。里面种有从国内外收集而来的大约1万种植物，玫瑰园竟然种植着250种玫瑰。园内的温室和冷气房种有热带植物和高山植物。沿埃文河的河岸有水仙田和森林庭园，四季鲜花盛开，色彩缤纷。园内设有茶室，可以在绿荫和鲜花怀抱的舒适环境中，悠闲地喝下午茶，欣赏美丽的风景。天气好的时候，可以乘坐一种叫特斯特拉克的电动车绕植物园一周。

种植着250种玫瑰的玫瑰园

交 旅游咨询处步行10分钟
营 7:00至日落前1小时，温室10:15~16:00，咨询处10:15~16:00(9月至次年4月)、11:00~15:00(5~8月)
休 无　NZ$ 免费

乘电动汽车观赏植物园非常方便

南岛

55

克莱斯特彻奇

艺术中心有很多手工艺小作坊

艺术中心是利用哥特式的旧坎特伯雷大学校舍改建而成的，是制作、销售新西兰特有的现代艺术品和手工艺品的地方。曾经是大学教室的地方，现在已经有礼品店、当地艺术家的工作室、咖啡馆、餐馆等40多家商家入驻，是寻找特色礼品和观光时休息的理想场所。每周的周六和周日在艺术中心的院子里有艺术和手工艺市场，挤满了工艺品、图画、毛衣和首饰等各种小摊位。街道艺人和饮食售货车也会来，整个艺术中心像是在举办庙会一样，非常热闹。

艺术中心　The Art Centre
MAP●剪切地图-47, p.50-B
交 旅游咨询处步行5分钟
营 10:00~17:00（因设施而不同）
休 无　NZ$ 入场免费
HP www.artscentre.org.nz

哥特式的建筑非常美丽

在周末的市场上可以找到新西兰的特产

当地游 GUIDE
克莱斯特彻奇篇

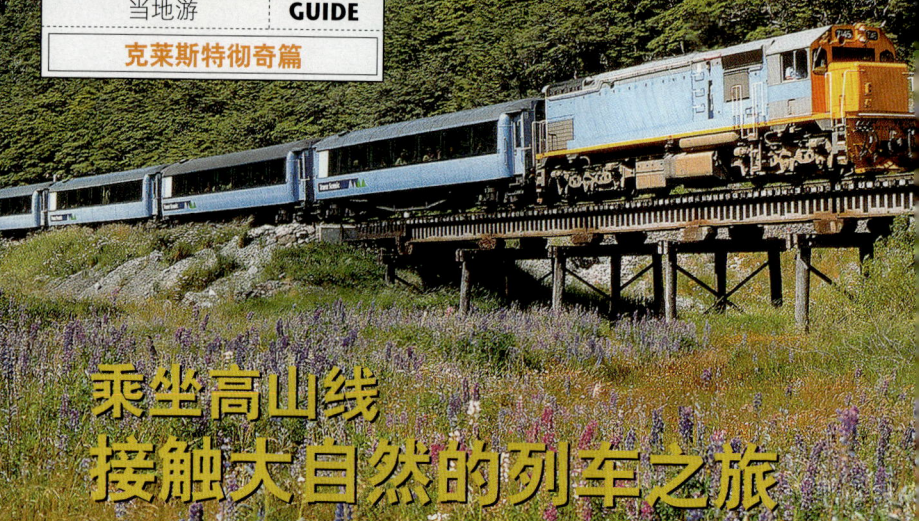

乘坐高山线
接触大自然的列车之旅

高山线是从南岛东海岸的克莱斯特彻奇开往西海岸格雷茅斯的高原列车线路，全程223.8千米。该列车途经坎特伯雷平原的草场、溪谷、卡马卡里里河、南阿尔卑斯等南岛地区，沿途可以欣赏到这些地区美丽的自然风景。

从克莱斯特彻奇乘坐高山火车前往亚瑟隘口国家公园的列车之旅很有人气。透过火车的车窗，可以看到各种不同的动态景观。

可以在亚瑟隘口静静的湖畔吃野餐，回来时可以在牧场参加农场生活，还可以乘坐喷气快艇……娱乐项目多种多样。

在距离克莱斯特彻奇约1小时车程的斯普林菲尔德站乘坐列车。从这里穿过几个隧道，映入眼帘的就是巍峨的山峰，途中列车沿卡马卡里里河以每小时约70公里的时速前进。

列车上的专用车厢里有商店和瞭望台，会让你觉得列车旅程十分短暂而愉快。

亚瑟隘口站的海拔是737米，是新西兰国内海拔最高的车站。在这里你能看到在克莱斯特彻奇周边看不到的景观，如山毛榉原生林和广阔的丘陵地带。这些自然景观都让人惊叹不已。

在牧场和小羊在一起　乘坐喷气快艇

悠闲的车内氛围

高山火车1日游

Global Net New Zealand
☎ 03-377-5749　FAX 03-377-5751
HP www.globalnetnz.com
出发 7:00　时间 10小时　发团 每天
NZ$ NZ$350
★宾馆接送。最少旅游人数是2人。包括午餐（有时会改在弗洛克山的餐馆吃午餐）

悠闲的列车之旅后，来到了亚瑟隘口站

精挑细选 当地团体游

克莱斯特彻奇花园之旅
Christchurch Garden Tour

Big Fun Tours ☎03-366-3343
FAX 03-366-3313
HP www.bigfuntours.co.nz
出发 15:00（12至次年3月是16:00）
发团 10~3月
NZ$ NZ$90
★有宾馆接送服务。

参观获得过花园比赛奖的私人花园，以及附近园艺技术精湛的环境美化大道和大型庭园等。季节正好的话，还可以巡游最美的花园。

所需时间 2 小时

阿卡罗阿1日游
Akaroa Tour

Orients International ☎03-930-2541
FAX 03-968-4816 HP www.orienzint.com
出发 10:00 发团 每天
NZ$ NZ$265
★有宾馆接送服务，还包括游船的费用。

在具有浓郁法国氛围的旅游胜地阿卡罗阿湾乘游船观赏世界上最小的赫克托海豚、海豹、小蓝企鹅之后，可以去奶酪工厂的直营店尝尝奶酪。

所需时间 7 个半小时

凯库拉之旅
Kaikoura Tour

Canterbury Leisure Tours
☎0800-484-485 FAX 03-384-0996
HP www.leisuretours.co.nz
出发 7:30（因娱乐项目的不同而有所不同）
发团 每天 NZ$ NZ$80~（娱乐项目）
★有宾馆接送服务。

凯库拉之旅因观赏鲸鱼而闻名。当地的娱乐项目有观赏鲸鱼、海豚和乘坐游览飞机等，你可以自由选择。该项目在11月至次年3月的观光季节非常火爆，最好提前1个月预约。

所需时间 11 小时

库克山1日游
Rakuraku Mountcook

Kiwi Way ☎03-360-2510
FAX 03-360-2512 HP kiwiwaynz.com
出发 7:30~19:30 发团 每天
NZ$ NZ$80~（由人数决定）
★有宾馆接送服务。

乘坐专用车去库克山的途中，可以去参观运河中的三文鱼养殖场和特卡波的善牧协会。然后在特卡波湖畔的餐馆吃午餐。可以在库克山脚下的原野徒步旅行，或是选择乘坐游览飞机观赏冰河。

所需时间 12 小时

© Christchurch&Canterbury Marketing

汉默温泉1日游
Hanmer Springs

Global Net New Zealand ☎03-377-5749 FAX 03-377-5751 出发 8:30
发团 每天 NZ$ NZ$335
★最少旅游人数2人。含午餐、农场游、洗浴费和宾馆接送。

汉默温泉是很受当地人欢迎的温泉度假胜地，在这里可以心无杂念地享受温泉的舒适。参观怀帕拉地区的酒庄，也是非常不错的旅行计划。还可以去蹦极和乘坐喷气式快艇（另加费用）。

所需时间 10 个半小时

克莱斯特彻奇夜游（有毛利人表演）
Christchurch Night Tour

Kiwi Way ☎03-360-2510
FAX 03-360-2512 出发 18:00~22:30
发团 每天（12月25日、31日除外）
NZ$ NZ$210
★宾馆接送、晚餐。

和导游一起到柳岸野生动物园内探险，参观几维鸟等新西兰特有的动物。在观看了毛利人雄壮的哈卡舞后，可以一面眺望克莱斯特彻奇的夜景，一面乘坐缆车去山顶吃晚餐。

所需时间 4 个半小时

克莱斯特彻奇郊外
步行游览指南

导游信息 克莱斯特彻奇	
娱乐	
活动	★★★
景点	★★★★
休闲	★★
交通工具	
步行	★
巴士	★★★★
出租车	★★★
区域范围	

郊外的旅游景点主要集中在市中心东南和西北约10平方公里的范围内。从市中心乘坐巴士和出租车游览比较方便。

新西兰首家4D电影院登场
在有4D效果的电影院，配有观众席摇晃、刮风、起雾等效果，再加上银幕上用3D技术拍摄的南极大陆的景象，可以亲身感受南极严酷的自然环境。

乘坐市内出发的专用巴士

体验严酷的南极气候

在南极使用的踏雪车

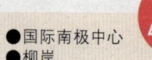
不可错过的景点
● 国际南极中心
● 柳岸
● 阿卡罗阿

乘坐巴士游览
景点众多的郊外

克莱斯特彻奇郊外的旅游景点主要集中在东南部和西北部。东南部有缆车、塔卡西城堡（Sign of the Takahe）、萨姆纳海滩等，西北部有国际南极中心、柳岸野生动物园、奥兰纳公园等景点。想要高效率地游览主要景点，乘坐都市之星等巴士（参照p.47）比较方便。像国际南极中心等景点，则有到市中心免费接送的巴士。

景点　　　　　　　　　MAP-p.45-C
国际南极中心
International Antarctic Centre

克莱斯特彻奇可以说是通往南极的门户，在国际南极中心有各种帮你了解南极的设施。在现代建筑中，可以快乐地学习关于南极探险的历史并了解生活在南极的各种生物等。例如在滑雪和

观察企鹅

滑冰体验馆，里面的50吨雪真实地再现了南极的场景，并在冷风机的作用下，吹出-25℃的凛冽寒风，真实地模拟了南极的严寒。此外，还可以通过网络实时地看到南极斯科特基地的情况。有解说，但想听中文解说的话，记得要在入口处借专用耳机。

除了以上设施之外，游客还可以乘坐南极使用的独特的踏雪车，参观世界各国在南极的专用设备。同时，游客也能参观美国考察队的服装存放仓库和南极出发站、南极专用飞机场，以及再现了南极地形的崎岖不平的道路和斜坡。

✉ 38 Orchard Rd, Christchurch International Airport
☎ 03-353-7798
交 国际机场步行7分钟　FAX 03-353-7799　休 无　营 冬季9:00~17:30、夏季9:00~19:00　NZ$55(只乘坐雪地车NZ$20、参观企鹅NZ$20)　HP www.iceberg.co.nz

克莱斯特彻奇郊外的旅游景点

景点　MAP-p.45-A

奥兰纳野生动物园
Orana Wildlife Park

在奥兰纳野生动物园可以观察在自然环境中饲养的野生动物。虽然在园内可以步行游览，但乘坐每30分钟运行一趟的野生动物园巴士更方便，可以在园内的多个停车站乘坐和下车。在野生动物园还可以参加每天定时举行的给动物喂食项目。

✉ McLeans Island Rd., Papanui　☎ 03-359-7109
🚌 旅游咨询处前乘坐巴士（10:00、13:00），往返NZ$25
🕐 10:00~17:00　休 无　💲 NZ$25

想仔细地游览整个动物园的话，可以乘坐动物园巴士。司机会当你的导游

景点　MAP●剪切地图-30、p.45-C

莫纳谷
Mona Vale

1905年建立的大富豪安妮夫人的豪宅，位于埃文河河畔。园内开满了玫瑰、鸢尾花、杜鹃花等各种鲜花。维多利亚式的西式建筑现在是餐馆，露台上气氛优雅，在这里喝茶是不错的选择。

✉ 63 Fendalton Rd.
☎ 03-348-9660　🚌 市中心乘坐巴士10分钟　🕐 花园8:00~日落、餐馆9:30~17:00
休 无　💲 免费

景点　MAP-p.45-E

塔卡西城堡
Sign of the Takahe

建在喀什米尔山上的哥特式建筑。城堡是1949年，作为去往利特尔顿市内的中途休息地而建的，与几维（Sign of the Kiwi）的性质一样。里面有餐馆，有时也作为举办婚礼的场地。

✉ Dyers Pass Rd.,
Cashmere Hill
☎ 03-332-4052　🚌 市中心乘坐巴士30分钟
🕐 8:00~23:00　休 无　💲 免费

景点　MAP-p.45-A

柳岸野生动物园
Willowbank Wildlife Reserve

不用隔着玻璃，可以近距离观看几维鸟的动物园。除了几维鸟外，还饲养了鹈鸪等珍贵的鸟类，并且可以近距离地观察它们。动物园夜游是非常受人欢迎的旅游项目（参照p.57）。里边有餐馆可以吃自助晚餐。

✉ 60 Hussey Rd.　☎ 03-359-6226　🚌 旅游咨询处乘车20分钟　🕐 9:30~22:00
休 无　💲 NZ$27

景点 MAP-p.45-D
米德历史公园
Ferrymead Historic Park

再现利特尔顿在19世纪到20世纪前半期繁荣面貌的历史公园。展出品中有各种交通工具，周末还有过去的电车和蒸汽车在园内行驶，游客可以乘坐哦。

每晚，园内有塔玛吉茨阿兹举行的毛利人表演。
- 50 Ferrymead Park Drive
- 03-384-1970
- 旅游咨询处乘车15分钟
- 10:00~16:30、毛利人表演18:30~
- 休 无 NZ\$10(周六、周日、节假日NZ\$15.50)、毛利人表演NZ\$115(含晚餐)
- www.ferrymead.org.nz

如西部剧舞台一般的公园

毛利人表演详情请见www.christchurchinfo.co.nz

景点 MAP-p.45-D
纳咖国家马拉埃聚会场
Nga Hau e Wha National Marae

南岛最大的马拉埃(毛利人传统的集会场所)。在里面可以参观建筑物上的精美雕刻。
- 250 Pages Rd, Aranui
- 03-388-7685
- 旅游咨询处乘车10分钟
- 8:30~16:30　休 周六、周日
- 参观建筑物免费

建筑物上精美、独特的雕刻

景点 MAP-p.45-D
萨姆纳海滩
Sumner Beach

是一片海边高级住宅区，面积不大，位于克莱斯特彻奇的西北部。到了夏季，很多人都来这里进行海水浴，非常热闹。海边建有咖啡酒吧，里面有可以眺望大海的开放式露台，是傍晚时分一边喝葡萄酒，一边欣赏大海美景的好地方。海滩是观光巴士经过的景点，所以来这里的人每天都很多。这里也是非常受欢迎的冲浪地点。
- 市中心乘坐巴士30分钟

景点 MAP-p.45-F
克莱斯特彻奇缆车
Christchurch Gondola

是通往卡文迪什山的长达945米的缆车。从山顶可以远望利特尔顿港和南阿尔卑斯山。山顶上建有风味咖啡馆，可以边吃东西边欣赏市内的景色。
- 10 Bridle Path Rd., Heathcote
- 03-384-0700　旅游咨询处前乘坐巴士(往返NZ\$10)
- 10:00~21:00　休 无
- NZ\$25

山顶上有餐馆

克莱斯特彻奇最受欢迎的海滩

克莱斯特彻奇郊外山间的日式温泉

旅行信息

从市中心往西北约170千米有温泉度假地"马鲁伊阿温泉"。这里过去是到山中狩猎的毛利人的休憩之地，位于日本新潟县赤仓温泉的秀山旅馆在1990年对这里进行再开发后建立了这个温泉度假馆。可以在露天温泉边欣赏风景边泡澡。热乎乎的温泉令人心情舒畅，非常受当地人的欢迎。

Maruia Springs Thermal Resort
- MAP ●p.43-C　State Highway 7, Lewis Pass　03-523-8840
- 从市中心开车2小时30分钟
- T/NZ\$159~　19间
- www.maruia.co.nz

可以看风景的露天温泉

有住宿设施和餐馆

SOUTH ISLAND

法兰西特色随处可见
风光明媚的度假胜地
阿卡罗阿

MAP-p.43-G

如画般的景色

阿卡罗阿是克莱斯特彻奇郊外著名的度假胜地，是一座位于班克斯半岛尖端的海港城市。它是新西兰唯一曾受到法国殖民统治的地方，有很多法语名称的街道和法兰西式的住宅。沿海岸线建有豪华的露天咖啡馆和餐馆。阿卡罗阿面积不大，大约1小时就可以游览完。

景点　MAP-p.61
阿卡罗阿博物馆
Akaroa Museum

里面的展品展示了法国统治阿卡罗阿时的历史。这里有建于1840年的朗格卢瓦·艾诺贝特的住宅，据说是坎特伯雷地区最古老的建筑物，游客可以自由参观。

Cnr Rue Lavaud and Rue Bal-guerie　03-304-7614
交 旅游咨询处斜对面
营 10:30~16:30　休 无
NZ NZ$4

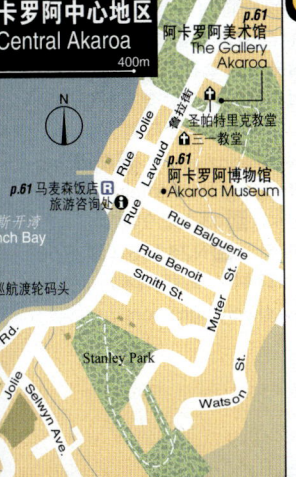
巴士在博物馆附近停靠

景点　MAP-p.61
阿卡罗阿美术馆
The Gallery Akaroa

是一座小型美术馆，展出新西兰艺术家的绘画和雕刻作品等。

交 旅游咨询处步行5分钟
营 13:30~16:30　休 无　NZ 捐赠

吃　MAP-p.61
马麦森饭店
Ma Maison

位于旅游咨询处后面的餐馆。是观赏阿卡罗阿湾美丽景色的最佳位置。天气好的时候，坐在露天阳台的吧台上，面向大海，一边悠闲地喝葡萄酒，一边眺望阿卡罗阿湾是不错的选择。

6Rue Balguerie　03-304-7668　交 阿卡罗阿旅游咨询处后面　营 10:00~
休 周一、周二

前往阿卡罗阿

可以乘坐阿卡罗阿班车和法兰西巴士，从克莱斯特彻奇的旅游咨询处出发到阿卡罗阿，大约需要1小时30分钟。

阿卡罗阿班车
0800-500-929　NZ 往返NZ$40,单程NZ$20
出发 夏季
旅游咨询处前发车8:30、14:00、15:30
阿卡罗阿发车10:30、15:35、16:30
出发 冬季
旅游咨询处前发车8:30（周一、周三、周五、周六）、10:30（周五）
阿卡罗阿发车10:30（周一、周三、周五、周六）、15:35（每天）

法兰西巴士
0800-800-575
NZ 往返NZ$20、单程NZ$15
出发
旅游咨询处前发车8:45
阿卡罗阿发车14:30、16:30

旅游咨询处
Akaroa Information Centre

MAP p.61　80 Rue Lavaud
03-304-8600　夏季9:30~17:00、周末和冬季10:00~16:00　休 无

中罗阿中心地区
Central Akaroa
400m

乘坐游轮去看海豚

海港巡游可以看遍阿卡罗阿湾的景观。除了可以看到世界上最小的海豚赫克托海豚之外，还可以看到黄眼企鹅和海豹。

阿卡罗阿海港巡游
Main Wharf
03-304-7641
交 旅游咨询处步行10分钟
出发 13:30
时间 2个小时
休 无
NZ NZ$68

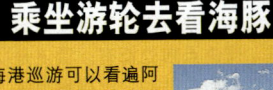
巴士的运行时间与游轮的运行时间相关联

很受欢迎的海港巡游

旅游活动指南 GUIDE
克莱斯特彻奇篇

埃文河平底船游 Punting

乘坐英国的传统平底船,在埃文河上慢慢地行驶是克莱斯特彻奇一项著名的旅游活动。从植物园附近的船屋或快艇咖啡馆乘船,随着水流穿过植物园,整个平底船游行程大约2千米,耗时大约30分钟。此外,在旅游咨询处附近也可以乘坐平底船(在旅游咨询处购票)。

- Boatsheds ☎03-366-0337 ✉2 Cambridge Tce.
- 交 植物园入口步行5分钟　营 9:00~18:00
- NZ$25　时间 30分钟

漂流 Rafting

在克莱斯特彻奇郊外的朗吉塔塔河可以体验到兴奋、刺激的漂流,漂流点随处都有。漂流是全身都会被打湿的激烈的旅游活动,记得带上泳衣和毛巾。

- Rangitata Rafts　☎0800-251-251　FAX 03-696-3534
- HP www.rafts.co.nz/　出发 8:15~
- 时间 大约11个小时
- 发团 10月至次年4月下旬的每一天
- 交 NZ$218　＊宾馆接送、含午餐和烧烤晚餐。

跳伞 Skydiving

俯视坎特伯雷平原,时速200千米的自由落体绝对令你尖叫不止。背着降落伞在空中游览也是不能错过的旅游活动。会有教练陪同飞行,不用担心安全问题。

- Skydivingnz.com　✉Rudding Hill, Rudding Hill Airfield　☎03-302-9143　FAX 03-302-9140
- 发团 每天　NZ$335(约3700米)、NZ$440(约4600米)
- HP www.skydivingnz.com

直升机游
Helicopter Flight

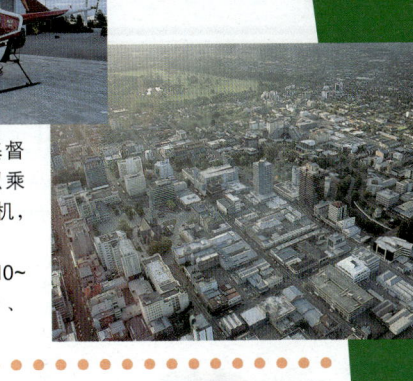

乘坐直升机，从克莱斯特彻奇市的上空参观基督教堂、哈格利公园、利特尔顿港等地区。不仅可以乘坐飞机游览，还可以在教练的指导下亲自操纵飞机，体验试飞的快感。

Garden City Helicopters　03-358-4360　时间 10~15分钟　发团 每天　NZ$145~（利特尔顿港飞行）、NZ$90（市内游览飞行）
HP www.helicopters.net.nz

喷气式快艇 Jet Boat

在克莱斯特彻奇市中心乘车大约15分钟，就到了卡马卡里河，在这里乘坐喷气式快艇是一项十分刺激的旅游活动。在小型的喷气式快艇上体验飞翔一般的感觉。

Jet Thrills　03-385-1478
时间 30分钟　发团 每天
NZ$77　＊有宾馆接送
HP jetthrills.com

惊险刺激的活动

骑马　Horse Trekking

骑在马背上，穿过郁郁葱葱的森林，走向飞马湾的海岸。有经验丰富的导游陪同，即使是第一次骑马的人也大可放心。

Adventure Canterbury
0800-847-455　FAX 03-351-2659
HP www.adventurecanterbury.com
时间 2小时30分钟　发团 每天　NZ$80
＊有市内接送

热气球　Balloon Flight

乘坐热气球一边在空中飞行，一边欣赏坎特伯雷平原另一侧的南阿尔卑斯山和波澜壮阔的南太平洋。清晨时分，飞过清澈的天空，让你感到心情舒畅。着陆后，可以品尝到清凉的香槟酒。

UP UP AND AWAY　03-381-4600
FAX 03-381-4611　时间 3~4小时（飞行时间约1小时）　发团 每天
NZ$340~　HP ballooning.co.nz

商店
Shops

各种纪念品
随你挑

旅游购物店主要集中在科伦坡街和伍斯特街。

礼品商店
DF纪念品店
DF Souvenirs

MAP● 剪切地图-41、p.50-J　订购

一家三层楼的礼品百货商店
　　从一层到三层都是各种礼品和新西兰特产，是一家像百货商店一样的礼品店。一层有全黑队的相关商品、各种首饰、毛利木雕，二层有羊皮、Swandri夹克衫，三层有Lyle&Scott毛衣等。

✉ Cnr Colombo & Gloucester Sts
☎ 03-379-8670　🚶旅游咨询处步行3分钟　🕐周一至周五9:00~22:00，周六、周日10:00起　休无
HP www.dfsouvenirs.co.nz

冬季的营业时间不一样

橄榄球商品专卖店
精英世界专卖店
Champions of the World

MAP● 剪切地图-40、p.50-F　订购

各种全黑队商品
　　有很多与全黑队和Super14联赛相关的商品。阿迪达斯制作的全黑队的运动套衫、T恤、夹克衫等商品很畅销。还有橄榄球的录像带，是橄榄球迷必去的商店。

✉ 767 Colombo St.
☎ 03-377-4100
🚶旅游咨询处步行2分钟　🕐夏季8:00~22:00、冬季8:00~20:00　休无
HP www.champions.co.nz

新西兰特有的橄榄球商品专卖店

艺术
形式画廊
Form Gallery

MAP● 剪切地图-40、p.50-F

出售新西兰艺术家作品的商店
　　住在新西兰的大约100名艺术家的作品在这里都有展示和出售。主要是首饰和玻璃制品，此外还有钟表、丝绸产品等，都是全手工制作的产品。店主是日本首饰设计师宫崎浩。

✉ Cnr.Worcester Boulevard & Montreal St.　☎ 03-377-1211　🚶旅游咨询处步行4分钟　🕐10:00~17:00，周三营业到19:00　休无
HP www.form.co.nz

引人注目的玻璃艺术品

礼品店
简约新西兰礼品店
Simply New Zealand

MAP● 剪切地图-47、p.50-F

位于旅游局的旁边，交通便利
　　位于基督教堂广场的对面。新西兰产翡翠、骨雕首饰、用贝壳做的手袋以及美利奴羊皮制品等，商品种类非常丰富。

✉ Regent Building 41 Cathedral Square　☎ 03-377-5565　🚶旅游咨询处旁边　🕐夏季9:00~19:00、冬季至18:00　休无
HP www.simplynewzealand.co.nz

在纳尔逊和罗托鲁阿有分店

礼品店
广场纪念品店
Souvenirs at the Square

MAP● 剪切地图-41、p.50-F　订购

基督教堂前面
　　在基督教堂广场的对面，是一家皮革制品厂的直销店。外套、皮包等皮制品的种类非常全，价格昂贵的Baby Lamb的夹克等商品有折扣，是一家很受欢迎的纪念品店。

✉ 722 Colombo St.
☎ 03-379-1628
🚶旅游咨询处步行1分钟　🕐9:00~22:00　休无

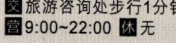

设计时尚的皮夹克

礼品店
沃尔特礼品店
The Vault

MAP●剪切地图-47、p.50-E　订购

画廊气氛浓郁

　　礼品店的窗户旁边是咖啡馆，里面摆满了国内外设计师设计的各种小物件。店的中央有个性首饰、时钟、太阳镜，周围的墙壁上装饰有蜡烛、卡片等，是最适合淘各种礼品、纪念品的商店。

✉ 82 Cashel St.　☎ 03-379-5399
🚇 旅游咨询处步行5分钟
🕐 周一至周五9:30～17:30、周六10:00～17:00、周日11:00～16:00
休 无
HP www.vault-design.co.nz

购物后在商店喝茶

饰品店
时尚无限饰品店
Beadz Unlimited

MAP●剪切地图-47、p.50-B　订购

独特的串珠首饰

　　店内的饰品从色彩鲜艳的串珠到威尼斯玻璃应有尽有，大小和形状也是多种多样，耳环、项链、手镯等饰品可以现场制作。可以让店里为你制作一串自己想要的串珠，这一定会成为你旅行的美好回忆。

✉ Upstairs Galleria, The Arts Centre.　☎ 03-379-5126
🚇 旅游咨询处步行6分钟
🕐 10:00～17:30（周六、周日、节假日到17:00）　休 无
HP www.beadzunlimited.com

店里的制作坊很受女性和孩子的欢迎

礼品店
自然新西兰礼品店
Naturally NZ Souvenirs

MAP●剪切地图-41、p.50-F　订购

独创商品丰富的综合礼品店

　　该店的独创品牌"Aotea Collection"的巧克力和T恤类商品非常不错。还出售袋貂毛和美利奴羊毛制作的商品。此外，毛衣的种类也很多。

✉ Tower Bldg, Cathedral Square
☎ 03-366-7814
🚇 旅游咨询处步行1分钟
🕐 9:30～22:30（冬季到21:00）
休 无
HP www.souvenirs.co.nz

品类繁多的羊毛制品

毛衣
原生态毛衣世界
Untouched World

MAP-p.45-C　订购

"雪峰"的直销店

　　著名的毛衣品牌"雪峰"（Snowy Peak）的直销店，旁边是它的制作工厂。在这里除了可以买到100%的羊毛衫等商品外，还可以买到精油和有机葡萄酒。市中心有分店。

✉ 155 Roydvale Ave.　☎ 03-357-9399
🚇 旅游咨询处乘车15分钟
🕐 周一至周五8:00～17:00，周六、周日9:00～17:00
休 无　＊宾馆接送

购物后可以在以有机食品著称的咖啡馆稍作休息

毛衣
邦兹毛衣
Bonz

MAP●剪切地图-41、p.50-F　订购

在新西兰主要大城市有3家店铺

　　主营美利奴羊毛和羊驼毛制作的手织毛衣、皮革、羊皮夹克等，所有商品都是公司自己设计的原创品牌。

✉ Cnr. Gloucester & Colombo Sts
☎ 03-365-5743
🚇 基督教堂步行3分钟
🕐 9:00～22:00
休 无
HP www.bonz.com.au

热销的Baby Lamb的外套

订购 可以订购

毛绒玩具
泰迪熊礼品店
Bearing Gift

MAP● 剪切地图-41、p.51-G　　订购

多种多样的手工泰迪熊

　　新西兰夫妇经营的泰迪熊专卖店。还可以买到穿着毛利服装的泰迪，这可是只有在新西兰才能买到的礼品。在新西兰喜欢泰迪熊的人非常多，每年都会举行泰迪熊展览。如果运气好的话，可以参观店里的泰迪熊制作坊。

✉ 792 Colombo St.　☎ 03-377-4846
🚉 旅游咨询处步行5分钟
🕐 周一至周五9:00～20:30，周六、周日10:00～20:30　休 无
🌐 www.bearinggifts.co.nz

每只泰迪熊都有写有名字的标签

店内摆满了泰迪熊

礼品店
米乌里兹羊毛制品
Mi Woollies

MAP● 剪切地图-41、p.50-F

直销工厂制作的羊毛商品

　　经营公司自产的高品质羊皮和羊毛制品，种类丰富，价格合理。尤其是羊皮制品，设计多样，种类繁多，游客可以按照自己的需要购买。

✉ 753-755 Colombo St.
☎ 03-365-4405
🚉 旅游咨询处步行3分钟
🕐 9:00～22:00　休 无
🌐 www.miwoollies.com

高级羊皮制品

礼品店
OK礼品店
OK Gift Shop

MAP● 剪切地图-41、p.50-J

日本人经营的礼品店

　　日本人大桥巨泉在克莱斯特彻奇经营的礼品店。店里的商品种类多样。美利奴羊毛、水貂毛毛衣一直是店里的热销商品。

✉ 738 Colombo St.
☎ 03-365-1888
🚉 旅游咨询处步行3分钟
🕐 9:00～22:00　休 无
🌐 www.okgiftchch.co.nz

手工制作的巧克力也很不错

礼品店
帕拉特礼品店
Palate

MAP● 剪切地图-47、p.50-B

新西兰美食

　　店里有新西兰国内很受欢迎的美食，如葡萄酒、橄榄油、果子酱等。也有用作礼品的混合套装等，非常适合送给喜爱美食的亲友。商店在艺术中心里面。

✉ Shop 13, Ground floor, The Arts Centre　☎ 03-379-0800
🚉 旅游咨询处步行6分钟
🕐 10:00～17:00　休 无
🌐 www.palate.co.nz

店里有新西兰各地的美食

软糖专卖店
福吉小屋
The Fudge Cottage

MAP● 剪切地图-47、p.50-B

爱甜食的人喜欢的软糖

　　店内的装饰很可爱。店内摆满了软糖和巧克力，袋装软糖全是手工制作，1小袋是100克。Hokey Pokey冰激凌、奇异果和麦卢卡蜂蜜味的软糖很值得品尝。参观软糖制作坊也是很受欢迎的旅游活动。

✉ The Botany Building, off Hereford St, The Arts Centre.　☎ 03-366-7650
🚉 旅游咨询处步行6分钟
🕐 10:00～17:00　休 无
🌐 www.thefudgecottage.co.nz

店员安妮和朱迪斯

毛衣
南几维手工毛衣店
Kiwi South

MAP● 剪切地图-41, p.50-J　订购

手织毛衣随便挑随便看

　　针织品专卖店，材质有美利奴羊毛、袋貂毛、山羊绒、羊驼毛、马海呢、安哥拉羊毛、羊绒等，种类繁多。婴儿用的手工产品一直是店里的热销产品。

✉ 750 Colombo St.
☎ 03-377-1077
🚶 旅游咨询处步行2分钟
🕘 9:00〜22:00　休 无
＊色彩柔和的毛衣非常多。

质量上乘的新西兰产毛衣

杂货店
平屋一角杂货
Cottage Corner

MAP● 剪切地图-47, p.50-B

自然派手工香皂

　　店里主要经营有机产品，精油、护体乳等都是产自新西兰的商品。使用山羊奶制作的手工香皂，有鲜花和水果的香味，对皮肤的刺激很小。

✉ #15, The Arts Center
☎ 03-379-5915
🚶 旅游咨询处步行6分钟
🕘 10:00〜17:00
休 无

店内丰富的商品

礼品店
皮革厂
The Tannery

MAP● 剪切地图-47, p.50-F　订购

各种羊皮产品

　　商店位于旅游咨询处附近的伍斯特街。除了美利奴羊毛、袋貂毛制作的针织产品外，还有"雪峰"（Snowy Peak）牌毛衣。其中羊皮地毯的种类最为丰富。此外，店里还经营绿宝石和鲍鱼产品。

✉ 91 Worcester St.　☎ 03-366-5406
🚶 旅游咨询处步行2分钟　🕘 夏季9:00〜22:00、冬季9:00〜18:00　休 无　＊基督教堂广场前大街的对面。

店内商品种类丰富

橄榄球商品专卖店
橄榄球运动专卖店
The Rugby Post

MAP● 剪切地图-47, p.50-F　订购

专为橄榄球迷而开的专卖店

　　新西兰国内的橄榄球队、Super14联赛、全黑队、英国代表队以及其他国际球队的橄榄球运动套衫、T恤、帽子、领带，还有橄榄球和夹克衫等都可以在这里买到。店里商品的种类非常齐全。

✉ 97 Worcester St.
☎ 03-365-4604　🚶 旅游咨询处步行1分钟　🕘 9:00〜21:00（冬季到18:00）　休 无　＊All Blacks的运动套衫NZ$150〜

店内的运动套衫颜色多样

葡萄酒&奶酪
城市酒庄
City Winery & Cheese Factory

MAP● 剪切地图-41, p.50-F

可以品尝葡萄酒和奶酪

　　店里明亮、宽敞，可以在这里试饮葡萄酒，品尝奶酪。店里员工会耐心地向你介绍葡萄酒，可以一边听一边选礼品。店里有克莱斯特彻奇和怀帕拉等新西兰国内著名葡萄酒产地的葡萄酒。

✉ MFL House 1F, 749 Colombo St.
☎ 03-377-5973
🚶 旅游咨询处步行3分钟
🕘 周一至周六10:30〜20:00（冬季18:30）、周日13:00
休 无　HP www.citywinery.co.nz
＊市内接送

可以品尝各种葡萄酒和新西兰产奶酪

店主浅见先生

可以慢慢地挑选葡萄酒

订购 可以订购

餐馆 Restaurants

克莱斯特彻奇的美食多种多样

餐馆都集中在以基督教堂为中心的步行圈内，交通便利。还可以品尝坎特伯雷产的葡萄酒。

西式料理
电车餐馆
Tramway Restaurant

MAP●剪切地图-47、p.50-F 预

一面欣赏车窗外的风景，一面吃晚餐

克莱斯特彻奇的电车到了晚上有作为餐馆的特别车辆。在电车餐馆中可以边游览市内的主要观光点，边享用晚餐。可选择的晚餐菜单有3道菜（NZ$79）和带有饮料的5道菜（NZ$130），3道菜的是冷盘、主菜和甜点。主菜可以从羊肉、鸡肉、三文鱼、素菜中选择。

✉ 03-366-7511
交 基督教堂，乘车场，从旅游咨询处步行1分钟
营 19:00～22:30 休 无
HP www.tram.co.nz
NZ 晚餐NZ$79~

很受欢迎的餐馆，记得要预约

日本料理
Sala Sala日本餐馆
Sala Sala Japanese Restaurant

MAP●剪切地图-40、p.50-F 预

品尝真正的日本料理

这是一家曾在众多比赛上获奖的日本料理店。用羊肉、牛肉做的荤菜，融入了日式风味，可以在吃正宗的日本料理时，尝尝新西兰产的葡萄酒、啤酒。

✉ 184-186 Oxford Tce. ☎ 03-366-6755
交 旅游咨询处步行5分钟
营 12:00～14:00、17:30～深夜 休 无
NZ 午餐NZ$20~、晚餐NZ$38~

雅致简单的装饰

西班牙／新西兰料理
馆长餐厅
Curator's House Restaurant

MAP●剪切地图-46、p.50-B 预

位于公园中的著名餐馆

餐馆位于哈格利公园里，周围被鲜花环绕，环境优雅。这里主要经营使用当地食材烹饪的西班牙式料理，除了餐前小吃外，还有海鲜饭、香肠等常规料理。

✉ 7 Rolleston Ave.
☎ 03-379-2252
交 旅游咨询处步行8分钟
营 10:00～20:30
休 无
NZ 午餐NZ$22~、晚餐NZ$30~

有各种海鲜的海鲜饭

日本料理
寿司店
Sushi Dining KINJI

MAP●剪切地图-55、p.50-E

当地日本人经营的很受欢迎的料理店

店里最有名的料理是采用新西兰近海地区的鱼类和贝类制作的寿司。店主是居住在克莱斯特彻奇的日本老板娘。店里的午餐有烤三文鱼盖饭等9种海鲜套餐，而且还带有餐前拼盘、酱汤和咸菜，非常实惠。

✉ 599 Colombo St. ☎ 03-366-1178
交 旅游咨询处步行5分钟
营 12:00～14:00（周四、周五）、18:00～21:30 休 周日、节假日
NZ 午餐NZ$15~

引人注目的红色店牌

日本料理	咖啡馆	咖啡馆
大阪之家日本料理 Osaka-ya	**教堂咖啡馆** Cafe Cathedral	**罗马咖啡馆** Caffe Roma

MAP● 剪切地图-41、p.50-J

MAP● 剪切地图-41、p.50-F

MAP● 剪切地图-40、p.50-F

大阪风味的烧烤店
店主是大阪人，曾在很多国家生活过。住在当地的日本年轻人经常聚集在店内，非常热闹。除了常规的烧烤外，还有猪骨杂烩粥、猪肉泡菜盖饭等独创的料理，多达100种以上！

在基督教堂吃早餐
咖啡馆位于基督教堂的旁边，从早晨就开始营业。蛋卷、烤饼等早餐整天都可以吃到。可以在乘坐从教堂广场出发的观光巴士之前到这里吃饭。

古典的欧式咖啡
在这里可以喝到味道香浓的咖啡。除了咖啡外，各种美食也很多，可以在这里吃早餐和午餐。吃午餐的话，蔬菜汉堡包（NZ$18.80）、三明治（NZ$16.80）非常值得品尝。

✉ Gloucester Arcade, 131 Gloucester St. ☎ 03-377-7377
🚍 旅游咨询处步行3分钟
⏰ 11:30~22:00
休 无 NZ$7.50~

✉ 100 Cathedral Square
☎ 03-379-0680
🚍 基督教堂的旁边
⏰ 7:30~17:00
休 无 NZ$10~
＊适合购物后到这里碰头

✉ 176 Oxford Tce.
☎ 03-379-3879
🚍 旅游咨询处步行5分钟
⏰ 7:00~16:00
休 无 午餐NZ$10~
HP www.caffe-roma.co.nz

放心的味道

在露天阳台上喝杯茶，好好休息一会儿

1934年作为社交场所而建立的大楼

新西兰料理	新西兰料理	咖啡馆
塔卡西城堡餐厅 Sign of the Takahe	**海斯餐馆** Hay's	**船坞咖啡** Boatshed Cafe

MAP-p.45-E 预

MAP● 剪切地图-40、p.51-G 预

MAP● 剪切地图-46、p.50-A

像古城一般的餐馆
餐馆位于可以眺望克莱斯特彻奇的山丘上，采用都铎王朝式的建筑风格，是一家非常高级的餐馆。这里有时会举行结婚典礼，克林顿等国家首脑、各国名人也很喜欢来这里聚餐。

位于赌场前的餐馆
店里做的羊肉菜肴很有名，使用的羊肉均由店主自家的牧场出产。其中，采用红葡萄酒制作的"Hay's Rack of Lamb"最受欢迎。餐馆所处的位置交通便利，在赌场回来后可以顺便去就餐。

船坞氛围的咖啡馆
店内装饰有旧的划艇，很有古老船坞的氛围。除了有汤（含面包NZ$12）、加了炸薯条的牛排三明治等小吃外，还有葡萄酒和啤酒等饮料。

✉ 200 Hackthorne Rd., Cashimere
☎ 03-332-4052 🚍 基督教堂乘车10分钟
⏰ 18:00~23:00
休 周一、周日
午餐NZ$16~、晚餐NZ$35~

✉ 63 Victoria St. ☎ 03-379-501
🚍 旅游咨询处步行10分钟
⏰ 12:00~15:00、17:00至深夜
休（冬季周日、周一）、周六、周日没有午餐 NZ$30~
HP www.foodandwine.co.nz

✉ 2 Cambridge Tce.
☎ 03-366-6768 🚍 旅游咨询处步行15分钟
⏰ 9:00~17:00（夏季至17:30）
休 无 NZ$7.50~
＊可以出租皮划艇等

哥特式的建筑

里面设有烹饪学校

窗户旁的座位视野很好，可以看到河流

预 要预约　外卖

海鲜	西洋料理	咖啡馆
水手德尔海鲜馆 Palazzo del Marinaio	**阿图尔西式料理** Retour	**咖啡之家** The Coffee House

MAP● 剪切地图-47、p.50-F

受人欢迎的海鲜餐馆
店里使用新西兰产的贻贝、对虾、千舌鱼、三文鱼、岩龙虾等高级食材制作的菜肴非常多。厨师加森在一流餐馆积累了丰富的经验，会帮顾客选择与菜肴相配的葡萄酒。

✉ Shades Arcade, 108 Hereford St. ☎03-365-4640 🚆旅游咨询处步行3分钟 🕐12:00～15:00、17:30至深夜 休周六、周日的午餐 💴午餐NZ$18～、晚餐NZ$30～

MAP● 剪切地图-41、p.51-K 预

用新西兰食材做的西式料理
餐馆位于埃文河畔一座古老的八角形建筑中，是一家很有个性的餐馆。店里使用新西兰产的新鲜食材做的西式菜肴非常受欢迎，尤其是羊肉、鹿肉菜品一直是顾客的最爱。

✉Cnr.Cambridge Tce. & Manchester St. ☎03-365-2888 🚆旅游咨询处步行10分钟 🕐12:00～14:30、18:00～22:00 休周一、周六至周三的午餐 💴NZ$30～

MAP● 剪切地图-47、p.50-B

喝新西兰咖啡，吃新西兰美食
一家非常受欢迎的咖啡馆，馆里自己磨制的咖啡有27种。咖啡之家早上很早就开始营业，很多当地人都到这里吃早餐。除了烤饼、蛋卷等丰富的早餐外，咖啡馆里也有酒水和晚餐。

✉290 Montreal St. ☎03-365-6066 🚆旅游咨询处步行5分钟 🕐7:30～23:00（周一至周五）、8:30至深夜（周六、周日）休无

店内酒的种类很丰富

餐馆独特的外观

最受欢迎的拉花卡布奇诺

新西兰料理	新西兰料理	新西兰料理
佩斯卡托餐厅 Pescatore	**50公园餐馆 & 酒吧** 50 On Park Restaurant & Bar	**蒂凡尼餐馆** Tiffanys

MAP● 剪切地图-32、p.51-C 预

新西兰国内的实力派
雅致舒适的家庭氛围，美味的食物，是一家国内外名人常来造访的高级餐馆。佩斯卡托餐厅采用当地产的新鲜食材，烹饪出口味不同的菜品，很受顾客的欢迎。

✉50 Park Terrace（乔治酒店二楼）☎03-379-4560 🚆旅游咨询处步行15分钟 🕐18:00～22:00 休周日 💴NZ$40～

MAP● 剪切地图-32、p.51-C 预

出自年轻厨师之手的美味佳肴
餐馆属于乔治酒店，厨师虽然年轻，但却多次获奖。餐馆位于酒店的一楼，有时间的话，一定要去细细品尝一下年轻厨师做的原汁原味的美味佳肴。

✉50 Park Terrace（乔治酒店一楼）☎03-371-0250 🚆旅游咨询处步行15分钟 🕐6:30～22:00 休无 💴午餐NZ$30～、晚餐NZ$31.50～

MAP● 剪切地图-47、p.50-E 预

位于埃文河畔的老餐馆
餐馆位于埃文河畔的古建筑中，开业已经有25年了。餐馆使用阿卡罗阿三文鱼、坎特伯雷羊肉等当地食材制作菜肴，再加上当地产的葡萄酒，很有"克莱斯特彻奇"的风味。

✉95 Oxford Terrace ☎03-379-1350 🚆旅游咨询处步行10分钟 🕐18:00～22:00 休无 💴NZ$40～ 🌐www.tiffanys.co.nz

生鹿肉片

质朴、雅致的店内装饰

春天和夏天时，可以看到餐馆周围盛开的鲜花

新西兰料理
安妮酒吧&餐馆
Annies Wine Bar & Restaurant

MAP●剪切地图-47、p.50-B　预

葡萄酒的种类非常多

　　餐馆有各种新西兰美食。在葡萄酒有70多种新西兰产的葡萄酒可供顾客选择。可以根据写在本子上的葡萄酒味道特征和价格，选择适合自己的那一款。

✉ Art Centre ☎ 03-365-0566
✕ 旅游咨询处步行7分钟
🕐 11:00～21:30
休 无　NZ 午餐NZ$20～、晚餐NZ$40～

餐馆位于艺术中心内

日本料理
东南日本餐馆&酒吧
TATSUMI Japanese Kitchen & Pub

MAP●剪切地图-40、p.50-F

意大利拼盘式的日本料理

　　"餐前6盘"是由牛肉、鹿肉、店里自制的烟熏三文鱼等各种新西兰口味美食组成的餐前拼盘，很多回头客都会点这道菜。午餐有天妇罗、生鱼片等8种菜肴，而且午餐也可以吃到晚餐的菜品。这是一家获得当地居民选出的"People's Choice Awards"奖的日本餐馆。

✉ 100 Gloucester St.
☎ 03-366-1038
✕ 旅游咨询处步行3分钟
🕐 11:30～14:30、18:00至深夜
休 无　NZ 午餐NZ$13～、晚餐NZ$25～
HP www.tatsumi.co.nz

生鱼片

炒扇贝

日式牛排

咖啡馆
瑞士咖啡馆
Swiss cafe

MAP●剪切地图-41、p.50-J

瑞士人经营的咖啡馆

　　瑞士咖啡馆位于电车经过的教堂对面，店主是瑞士人乔治。咖啡馆里使用瑞士面包、瑞士产奶酪制作的美食非常好吃。

✉ 3 New Regent St.
☎ 03-365-5557
✕ 旅游咨询处步行3分钟
🕐 8:00～20:00（冬季9:00～16:00）
休 无　NZ NZ$10～

健谈的店主乔治

海鲜
牛津埃文河餐馆
Oxford on Avon

MAP●剪切地图-41、p.51-G

从早晨营业到深夜

　　这是一家环境舒适的自助餐馆。深受当地人喜爱的烧烤（可以从牛肉、猪肉、羊肉、鸡肉中选择）分量足够，还带有餐后甜点。

✉ 794 Colombo St.
☎ 03-379-7148
✕ 旅游咨询处步行5分钟
🕐 11:30～14:30、17:00～20:30
休 无　NZ 午餐NZ$18.90～、晚餐NZ$25.90～

沿河的露天席位，让人心情舒畅

新西兰料理
莫纳谷餐厅
Mona Vale

MAP●剪切地图-30、p.45-C

周围景色优美的餐厅

　　餐馆位于埃文河畔的花园中，原本是英式建筑风格的住宅。周末有很多当地人来餐馆吃上午餐、喝下午茶。餐馆有露天座位。

✉ 63 Fendalton Rd.
☎ 03-348-9660
✕ 市中心乘车10分钟
🕐 9:30～17:00（冬季到16:00）
休 无　NZ NZ$20～

边欣赏埃文河美景边就餐

预 要预约　外卖

夜店
Night spots

有很多可以游玩的地方

埃文河沿岸的街道聚集了很多很受欢迎的餐馆和酒吧，一到晚上便满是顾客，非常热闹。

餐馆 & 酒吧
石元
Ishimoto-yakitori

MAP● 剪切地图-48、p.50-I

很受欢迎的豪华烧烤酒吧

餐馆位于索尔广场，是克莱斯特彻奇首屈一指的烧烤酒吧。餐馆面积比较大，90%以上的顾客都是新西兰人，周四到周六的晚上会有DJ（流行音乐主持人）。厨师都是日本人，可以吃到正宗的日式烤鸡串。店里最有名的烤鸡腿外面松脆，里面鲜嫩多汁，十分美味。午餐有香辣鸡盖饭和便当类。

✉ 96 Lichfield St. ☎ 03-964-5282
交 旅游咨询处步行5分钟
🕐 17:00至深夜　休 周日、周一
NZ$30~
HP www.ishimoto.co.nz

烤鸡腿带有米饭，绝对够吃

餐馆 & 酒吧
林荫大道餐馆
The Boulevard

MAP● 剪切地图-47、p.50-F

豪华的装饰，美味的料理

一家很受当地人好评的餐馆和酒吧。天气好的时候，坐在酒红色的露天席上，心情很是舒畅。苏格兰鱼片牛排（NZ$29.50）不仅分量多，而且味道也不错，是不能错过的美味。

✉ Cnr.Oxford Tce & Hereford St.
☎ 03-374-6676
交 旅游咨询处步行5分钟
🕐 周一至周四、周日8:00~23:00，周五、周六到凌晨5:00　休 无

午餐和晚餐都有

餐馆 & 酒吧
土狼酒吧 & 餐馆
Coyote Bar & Restaurant

MAP● 剪切地图-47、p.50-F

在埃文河边的露台上进餐

位于牛津街，是一家很受欢迎的餐馆。从玉米片、热三明治等小吃到意大利面、肉等，NZ$20以下的食物有很多。酒类也很丰富。晚上露天席坐满了顾客，非常热闹。

✉ 126 Oxford Tce. ☎ 03-366-6055
交 旅游咨询处步行5分钟
🕐 10:00至深夜
休 无　午餐NZ$15~、晚餐NZ$25~
HP www.coyotebar.com

圣达菲风格的餐馆

餐馆 & 酒吧
斯特期宾格斯餐馆
Sticky Fingers

MAP● 剪切地图-47、p.50-F

种类多样的葡萄酒

在牛津街的餐馆和酒吧中，这是最受欢迎的一家餐馆。除了有比萨、意大利面、新西兰料理外，还可以在店里吃到摩洛哥式羊肉、泰国烧面等绿色食品。

✉ Clarendon Tower, Oxford Terrace
☎ 03-366-6452
交 旅游咨询处步行5分钟
🕐 9:00至深夜
休 无　NZ$20~

边欣赏埃文河的景色边喝酒

预 要预约　外 外卖

海鲜＆素食	酒吧	酒吧
德拉克斯餐馆 Dux de Lux	**比格爱尔兰酒吧** The Bog Irish Bar	**珍宝餐馆＆酒吧** Treasure Restaurant & Bar

MAP●剪切地图-47, p.50-B

可以喝到店里自制的啤酒
主要是海鲜料理，除此之外还有泰式绿咖喱（NZ$24.50）等东方美食。店里还有7种自己酿制的啤酒。经常有当地年轻人来店里喝啤酒，是一家非常热闹的餐馆。

✉ Cnr. Hereford & Montreal Sts.
☎ 03-366-6919
🚶 旅游咨询处步行7分钟
🕐 10:30至深夜
💰 午餐NZ$15~、晚餐NZ$25~

MAP●剪切地图-47, p.50-E

欣赏爱尔兰音乐，品尝爱尔兰啤酒
一家经营健力士啤酒等爱尔兰啤酒的酒吧。也可以吃到炖肉等爱尔兰美食。周三至周六从22:00开始，店里有爱尔兰音乐的现场演奏。

✉ 82 Cashel St.
☎ 03-379-7141
🚶 旅游咨询处步行5分钟
🕐 9:00至深夜 休 无

MAP●剪切地图-47, p.50-F

日式料理＆日式氛围的酒吧
克莱斯特彻奇的第一家日本酒馆，开业已经8年。除了日本酒、烧酒、日本啤酒等酒类外，还有烤鸡肉、毛豆、凉豆腐、可乐饼、生鱼片等酒馆菜品，价格为NZ$4.50起。

✉ 96 Hereford St.
☎ 03-374-9375
🚶 旅游咨询处步行3分钟
🕐 17:00至深夜 休 无

餐馆位于艺术中心附近

酒吧位于追忆桥附近

餐馆的壁画

旅行信息

克莱斯特彻奇之夜，去赌场试一试手气！

克莱斯特彻奇的赌场是1994年11月开业的新西兰赌场1号店，比奥克兰的天空之城开业更早。在装有闪闪发光的豪华枝形吊灯的赌场里，有二十一点、扑克牌、美国轮盘等428种游戏。在以古埃及为主题的游戏机场里，埃及的雕刻、尼罗河船等各种装饰，而且每一个游戏机的名字都来源于埃及。

进入克莱斯特彻奇赌场虽然不需要特意打扮，但是也有着装要求，赌场拒绝穿凉鞋、牛仔裤等服装的顾客入场。有大件行李时，先寄存在接待处，然后再入场。

克莱斯特彻奇赌场
Christchurch Casino
MAP●剪切地图-33, p.51-G
✉ 30 Victoria St.
☎ 03-365-9999
🕐 24小时 休 无
🌐 www.chchcasino.co.nz
＊晚上18:00以后宾客有接送服务。满20周岁才允许进场。

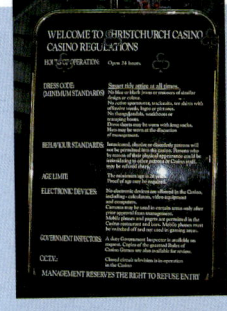

酒店
Hotels

从豪华的高级酒店到实惠的背包客旅馆，游客可以有多种选择。

基督教堂附近有很多高级酒店和宾馆，其周边环境优雅，聚集了许多很有特色的B&B（早餐加床位）和汽车旅馆。

酒店
千年克莱斯酒店
Millennium Christchurch

MAP●剪切地图-48、p.50-J

一流的高级酒店

酒店的大厅从地面到天花板都铺着大理石，非常豪华。在二楼的休息区可以边喝传统的上午茶、下午茶、鸡尾酒等，边眺望眼前的教堂广场。

✉ 14 Cathedral Square
☎ 03-365-1111　FAX 03-365-7676
交 基督教堂步行1分钟
NZ$ S、T／NZ$389～　室 179间
HP www.millenniumchristchurch.co.nz/

酒店
赫里特吉酒店
The Heritage

MAP●剪切地图-48、p.50-J

从窗户观赏夜景

古典氛围浓郁的酒店内，有带有厨房的公寓式房间，主要面向长期逗留者。旁边的赫里特吉塔则有完善的现代设施，以及最新式的酒店房间。

✉ 28-30 Cahtedral Square
☎ 03-377-9722　FAX 03-377-9881
交 基督教堂步行1分钟
NZ$ S、T／NZ$420～　室 176间
HP heritagehotels.co.nz

高级酒店
乔治酒店
The George Hotel

MAP●剪切地图-32, p.51-C

国内外名人住宿的酒店

酒店的前面是哈格里公园，是一家地理位置十分优越的高级酒店。酒店装饰豪华，氛围优雅，服务周到。新西兰的官员以及欧美的名人等来到克莱斯特彻奇时，都会住在这家酒店。

✉ 50 Park Terrace
☎ 03-379-4560
FAX 03-366-6747
交 旅游咨询处步行10分钟
NZ$ S、T／NZ$489～　室 55间
HP www.thegeorge.com

酒店
皇冠假日酒店
Crowne Plaza

MAP●剪切地图-40, p.51-G

英国王室曾经住宿的著名酒店

酒店前面是埃文河和维多利亚公园，地理位置优越，周围环境优雅，让人不敢相信酒店是位于繁华的市中心。酒店内有日本料理店"山玄"、新西兰料理店"坎特伯雷传说"等。新西兰的著名厨师托尼·史密斯是酒店的厨师长，他做的美食绝对不可错过。

✉ Cnr. Kilmore & Durham Sts.
☎ 03-365-7799
FAX 03-365-0082
交 旅游咨询处步行7分钟
NZ$ S/T NZ$330～　室 298间
HP www.crownplaza.com

酒店位于维多利亚广场前

酒店
克莱斯特彻奇风景套房
Scenic Suites Christchurch

MAP● 剪切地图-40、p.51-G

酒店的客房都是套房

酒店位于维多利亚广场附近。52间客房全部都是双人间的套房，其中的2间客房是阁楼房间。所有的客房都有阳台和厨房，而且酒店内建有地中海式的天井，气氛优雅，令人印象深刻。

✉ 87-89 Kilmore St.
☎ 03-366-8444　FAX 03-372-6000
交 旅游咨询处步行5分钟
NZ$ S、T／NZ$331～　室 52间
HP www.scenic-circle.co.nz

酒店内的餐馆

酒店
科普森特拉酒店
Copthorne Central Christchurch

MAP● 剪切地图-41、p.51-G

宽敞、明亮的客房

酒店位于礼品店众多的科伦坡街，购物非常方便。街道对面的科伦坡酒吧很受当地人的欢迎。酒店内有露台式餐厅，可以观赏到优美的风景。

✉ 776 Colombo St.
☎ 03-379-5880　FAX 03-365-4806
交 基督教堂步行3分钟
NZ$ S、T／NZ$320～　室 142室
HP www.copthornecentral.co.nz

地中海式的酒店外观

开放型客房

酒店位于维多利亚广场前

酒店
夏洛特·简酒店
The Charlotte Jane

MAP-p.45-C

适合度蜜月的精品酒店

酒店原是19世纪末建的女生寄宿学校，后经改装成为酒店。酒店氛围温馨，服务周到。设有华盖大床和暖炉的套房很受顾客的欢迎。

✉ 110 Papanui Rd.
☎ 03-355-1028　FAX 03-355-8882
交 基督教堂乘车5分钟
NZ$ T／NZ$395～
室 12间
HP www.charlotte-jane.co.nz

酒店
城堡公园酒店
The Chateau on the Park

MAP● 剪切地图-30、p.45-C

美丽的公园酒店

酒店占地面积达2万平方米，是一家4星级的度假酒店。酒店法兰西城堡式的外形非常独特，大部分的客房都摆满玫瑰、石楠花、杜鹃花等鲜花，美丽的庭园景色更是令人流连忘返。

✉ 187-9 Deans Ave.
☎ 03-348-8999　FAX 03-348-8990
交 旅游咨询处乘车5分钟
NZ$ S、T／NZ$150～　室 192间
HP www.chateau-park.co.nz

酒店
广场酒店
Off the Square

MAP● 剪切地图-48、p.50-J

重视设计的小型酒店

酒店的室内装饰时尚、现代，是一家很受顾客欢迎的酒店。酒店针对女性、商务人士、艺术家等不同顾客设计有各种风格的客房。

✉ 115 Worcester St.
☎ 03-374-9980
FAX 03-374-9987
交 旅游咨询处步行1分钟
NZ$ S、T／NZ$265～
室 36间
HP www.offthesquare.co.nz

气氛浪漫的卧室

豪华的室内氛围

室内时尚的设计

酒店
布兰克城堡酒店
Chateau Blanc Suites

MAP●剪切地图-40、p.51-C

公寓式套房适合长期逗留

兼具酒店公寓和酒店客房的公寓式套房。客房分为起居室和卧室，而且都有阳台。此外，还有面向顾客的洗衣房，很适合长期逗留的旅客居住。

✉ Cnr. Kilmore & Montreal Sts.
☎ 03-365-1600　FAX 03-353-0974　交 旅游咨询处步行10分钟　S、T／NZ$248～
室 38间
HP www.chateaublanc.co.nz

优雅的客房装饰

酒店白色的墙壁

像在自己家里一样舒适自在的氛围

酒店
生活空间酒店
Living Space

MAP●剪切地图-48、p.50-I

位于索尔广场附近

酒店位于索尔广场的入口处，周围有很多咖啡馆和酒吧，非常热闹。公寓式的客房价格实惠。进入酒店的各个楼层都需要钥匙卡，比较安全。

✉ 96 Lichfield St.
☎ 03-964-5212　FAX 03-964-5245　交 基督教堂步行5分钟
S、T／NZ$80～
室 76间
HP www.livingspace.net

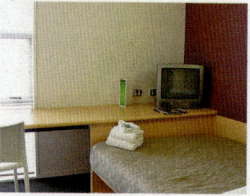
结构紧凑的客房

76

B & B
温莎酒店
Windsor Hotel

MAP●剪切地图-40、p.50-F

热情的服务

酒店是由一座建于100多年前的、殖民地样式的旧住宅改装而成的。所有的客房里都配有古香古色的木制家具。房间有单间、标间、双人间、三人间可供顾客选择。

✉ 52 Armagh St.　☎ 03-366-1503　FAX 03-366-9796　交 基督教堂步行10分钟　S/NZ$89、T/NZ$128　室 40间
HP www.windsorhotel.co.nz

装饰温馨的客房氛围

酒店
华纳酒店
Warners Historic Hotel

MAP●剪切地图-41、p.50-J

1863年创立的历史悠久的酒店

酒店位于基督教堂广场的对面，地理位置优越，交通便利。酒店历史悠久，内部装饰雅致，富有情趣的客房温馨舒适。

✉ Warners Cnr, 50 Cathedral Square　☎ 03-366-5159
FAX 03-379-5736　交 旅游咨询步行1分钟　S、T／NZ$169～360　室 23间
HP www.warnershotel.co.nz

温馨舒适的豪华客房

汽车旅馆
爱心汽车旅馆
Courtesy Court Motel

MAP-p.45-C

适合租车旅行

汽车旅馆可以在房间前面停车，最适合租车旅行时住宿。客房有工作间和双人间，有些客房还可进行温泉浴。黄色基调的装饰使客房充满了温馨、愉快的气氛。

✉ 33 Sherborne St.　☎ 03-379-5225　FAX 03-379-9566
交 旅游咨询处步行15分钟
S、T／NZ$120～
室 16间

两层建筑的旅馆

价格实惠的住宿

B&B
明娜之家
Minna House

MAP-p.45-C

能和不同的人交流

　　旅馆位于住宅区，周围环境宁静，是移居克莱斯特彻奇的日本人使用自家的住宅建立的"早餐加床位"（B&B）式旅馆。旅馆气氛温馨。客人可以不用餐，只住宿，也可以按周住宿等，可以根据自己的情况来决定。

- ✉ 62 Hawkesbury Ave.
- ☎ 03-355-3977　FAX 03-355-3977
- 🚍 基督教堂乘车10分钟
- 💰 S、T／NZ\$100　🛏 2间

回头客众多的旅馆

酒店
托马斯酒店
Thomas's Hotel on Hereford

MAP● 剪切地图-47，p.50-B

地理位置优越，价格实惠

　　酒店位于艺术中心后面，交通非常便利。房间有单间、标间和多人间，价格非常实惠。此外还有共用的休息区、厨房和洗衣房，适合长期住宿。

- ✉ 36 Hereford St.　☎ 03-379-9536　FAX 03-379-9556
- 🚍 基督教堂步行5分钟
- 💰 S／NZ\$65～、T／NZ\$70～
- 🛏 45间

酒店位于艺术中心后面

汽车旅馆
斯顿哈斯特汽车旅馆
Stonehurst

MAP● 剪切地图-42，p.45-C

集聚了来自世界各国的顾客

　　有背包客式、单间公寓式、汽车旅馆式等各种类型的客房。由于价格实惠，所以顾客众多，非常热闹。

- ✉ 241 Gloucester St.
- ☎ 03-379-4620
- FAX 03-379-4647
- 🚍 旅游咨询处步行5分钟
- 💰 多人间／NZ\$19～、S／NZ\$50～、汽车旅馆／NZ\$90～
- HP www.stonehurst.co.nz

整洁干净的客房

酒店
卡舍尔酒店
All Seasons Cashel Street

MAP● 剪切地图-48，p.50-I

价格实惠的酒店

　　位于索尔广场的豪华酒店。客房内结构紧凑，时尚的设计很受年轻人的欢迎。除了可以免费无线上网外，还有咖啡酒吧、体育馆等设施。

- ✉ 165 Cashel St.　☎ 03-968-5000　FAX 03-968-5051
- 🚍 旅游咨询处步行3分钟
- 💰 S、T／NZ\$120～

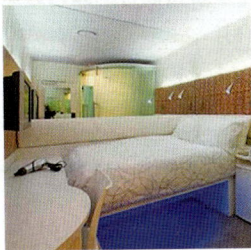

像商务酒店般豪华

背包客旅馆　MAP-p.45-C
几维鸟之家旅馆
Kiwi House

- ✉ 373 Gloucester St.
- ☎ 03-381-6645　FAX 03-377-9282
- 🚍 基督教堂步行10分钟
- 💰 多人间／NZ\$19～
- HP www.kiwihouse.co.nz

背包客旅馆
MAP● 剪切地图-48，p.50-I

新怡东背包客旅馆
New Excelsior Backpackers

- ✉ Cnr. Manchester & High Sts.　☎ 03-366-7570
- FAX 03-366-7629
- 🚍 基督教堂步行3分钟
- 💰 多人间／NZ\$20～

YMCA
MAP● 剪切地图-46，p.50-B

克莱斯特彻奇YMCA

- ✉ 12 Hereford St.
- ☎ 03-366-0689
- FAX 03-365-1386　🚍 旅游咨询处步行7分钟　💰 多人间／NZ\$28、S／NZ\$50～

农场住宿　MAP-p.45-F
贝格利山庄
Bergli Hill Farmstay

- ✉ Teddington Rd. 1 Lyttelton
- ☎ 03-329-9118
- FAX 03-329-9118
- 🚍 旅游咨询处乘车30分钟
- 💰 S／NZ\$95～、D／NZ\$135～、T／NZ\$155～（都包括早餐）
- HP www.bergli.co.nz

YMCA
MAP● 剪切地图-41，p.50-J

城市青年旅馆
Christchurch City Central YHA

- ✉ 273 Manchester St.
- ☎ 03-379-9535
- FAX 03-379-9537
- 🚍 基督教堂步行5分钟
- 💰 多人间／NZ\$29～

🍴 餐馆　☕ 咖啡休息室　🍺 酒吧休息室　🏊 泳池　💼 商务中心　🏋 健身　♨ 温泉

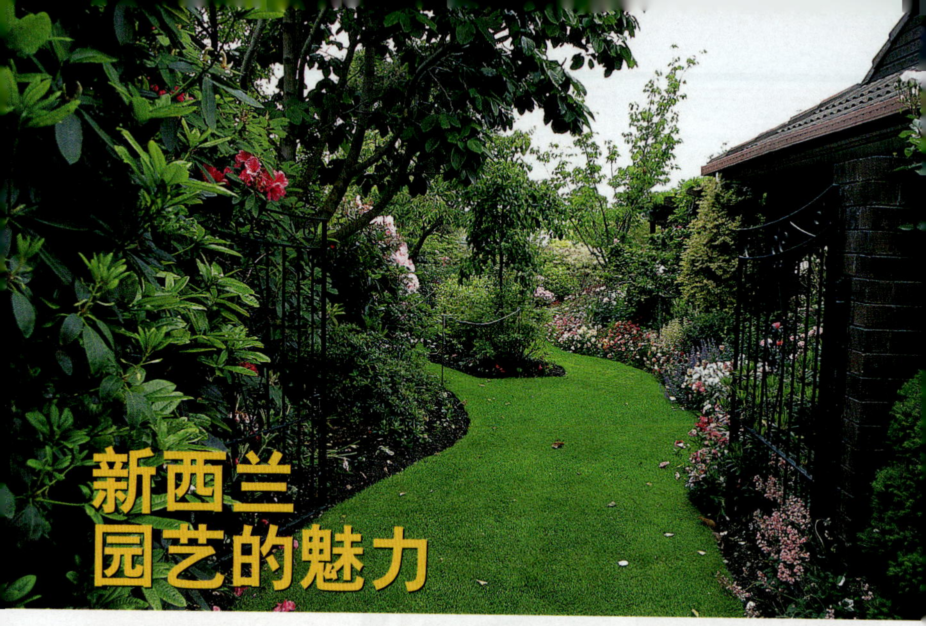

新西兰 园艺的魅力

园艺之旅

新西兰有南半球花园王国之称，全国各地都有美丽的花园。克莱斯特彻奇更是有“花园城市”的美称，克莱斯特彻奇人非常热爱园艺，城市里处处都是美丽的花园。从100多年前开始，克莱斯特彻奇为了美化城市，每年的春夏两季都会举行盛大的园艺比赛。比赛结束后，获奖的花园会对外开放，以供人们参观。因此，一到春夏两季的园艺比赛，克莱斯特彻奇就聚集了众多来自国内外的园艺爱好者。

我们这次去克莱斯特彻奇是在11月末，市内正盛开娇艳的玫瑰。我们来到了著名的玫瑰山庄——琼斯的家。主人喜欢对玫瑰的品种进行改良，庭院里竟种了多达430种盛开的玫瑰。其中有一种玫瑰被命名为“Empress Michiko”（美智子皇后）。主人还改良了一种白色无刺大瓣玫瑰，并用他妻子的名字命名。

琼斯家的玫瑰庭院非常有名

克莱斯特彻奇的园艺之旅

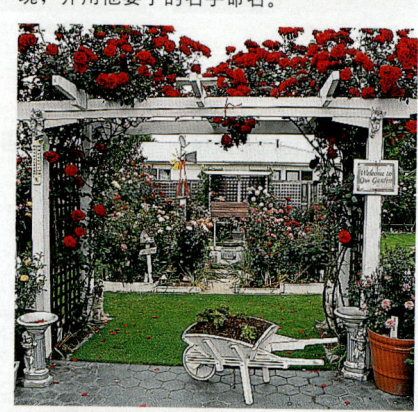

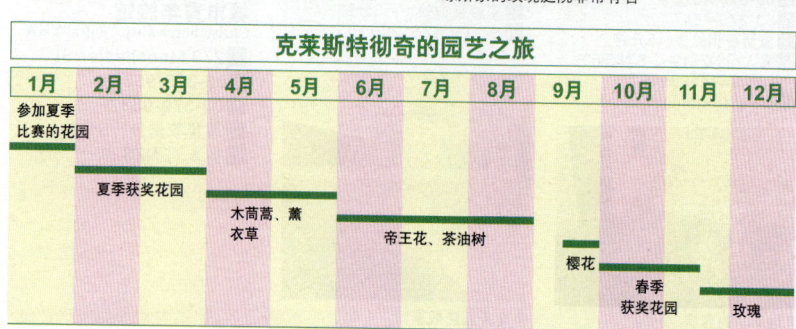

参观私人花园

逗留时间很短，又想参观私人花园的话，参加当地的花园之旅是不错的选择。熟悉新西兰鲜花的导游，会带你参观最美的花园。

10月到11月初是杜鹃花和石楠花，11月中旬到1月是玫瑰，6月到9月是帝王花和茶油树，四季都有不同种类的花园可供参观。花园之旅中还包括了参观2月到3月的夏季比赛获奖花园和10月到11月的春季比赛获奖花园。像改变室内装饰一样，新西兰的花园也可以根据时令种植不同的植物。色彩缤纷的夏季花园和绿色葱郁的春季花园各有千秋。

花园中盛开的鲜花

旅行中还可以顺便造访酒庄

去园艺店看看

珀蒂花园之旅
Big Fun Tours ☎03-366-3343 ✉03-366-3313
www.bigfuntours.co.nz 出发15:00（12月至次年3月是16:00） 发团10月到次年3月 NZ$90 含宾馆接送

新西兰家庭花园之旅 ＆ 下午茶
世界之桥（World bridge）
www.world-bridge.co.jp 出发14:00 发团每天 约750元（人民币）含茶、宾馆接送

个人访问私人花园

除了在书店可以买到花园指南之类的书外，在各地的旅游咨询处也可以获得花园旅游的信息。克莱斯特彻奇的旅游咨询处有免费的"Scenic Drive Guide"地图，里面有市内14个花园的介绍。另外，坎特伯雷园艺协会的官网（英语）上有对外开放的私人花园的介绍，包括主人姓名、住址、联系电话和花园类型。访问私人花园需事先联系。

坎特伯雷园艺协会 ☎03-366-6937
www.gardeninfo.org.nz

新西兰花卉节

花卉节
Festival of Flowers
花卉节举行期间，街上处处都有鲜花装饰。参观当年获奖花园的旅行很受游客的欢迎。
时间：3月中旬
地点：克莱斯特彻奇市内各地
花园城市、花卉节事务局
☎03-365-5403
www.festivalofflowers.co.nz

艾勒斯利花卉展
Ellerslie Flower Show
花卉展在克莱斯特彻奇市内的哈格利公园举行，是南半球规模最大的园艺片。众多企业的展台上摆满了著名园丁设计的花园和园艺商品。和花卉节一样让人大开眼界。
时间：3月中旬
地点：哈格利公园（克莱斯特彻奇）
艾勒斯利事务局
☎03-941-6412
www.ellerslieflowershow.co.nz

达丁尼杜鹃花节
Dunedin Rhododendron Festival
节日期间，在市内各地都有私人花园之旅、关于园艺的讲座等各种活动。在奥塔哥半岛的拉纳克市有园艺雕像展览。
时间：10月下旬
地点：达丁尼市内各地
达丁尼鲜花展
☎03-477-1092
www.rhododunedin.co.nz

塔拉纳基杜鹃花节
Taranaki Rhododendron Festival
在塔拉纳基可以观赏到世界上1500种杜鹃花中的1000种。杜鹃花节是春季的一道风景线，节日期间会举行参观花园的巴士之旅。
时间：10月下旬
地点：塔拉纳基市内各地
新普利茅斯信息中心
☎06-759-8412
www.rhodo.co.nz

凯库拉

Kaikoura

MAP-p.43-H

前往凯库拉

从克莱斯特彻奇乘坐海岸号，大约需要6小时，海岸号每天运行一趟（上午），车费NZ$30~。

从克莱斯特彻奇乘坐长途车，大约需要2小时40分，每天运行两趟（上午一趟/下午一趟），车费是NZ$23~。从克莱斯特彻奇乘坐原子巴士班车，大约需要3小时，原子巴士车每天运行两趟，车费是NZ$25~。

旅游咨询处

Kaikoura Visitor Information Centre
MAP p.80 West End (Town Car Park) 03-319-5641
9:00~18:00 休 无
http://www.kaikoura.co.nz

每天每隔一小时的视听展上，会介绍凯库拉的各种野生动物。

导游信息
凯库拉

娱乐
活动	★★★★★
景点	★
休闲	★★★

交通工具
步行	★★★
自行车	★★★★

区域范围

凯库拉赏鲸事务所的旁边是火车站，位于事务所东侧的西端大街（West End）是主街。在这条几分钟就可走完的街道上聚集了很多商店、礼品店和餐馆。旅游咨询处位于西端大街的末端。从西端大街步行到海滨大道的末端，大约需要1个小时。出租车的数量很少，打车比较难。

▼区域概况

城市面积不大，从火车站出发步行到主街——西端大街，然后继续往前走，穿过海滨大道可走到凯库拉半岛尖端的海豹栖息地，单程大约需要1个半小时。从海豹栖息地往回走，在沿海岸线的散步专用道上，可以看到被海浪侵蚀的独特地貌。走完整个散步专用道大约需要2个半小时。涨潮时有些地方走不了，所以最好事先确认什么时候涨潮。赏鲸是凯库拉最有名的旅游活动。在这里有四家公司开展从海上、空中观看鲸鱼的旅游活动。但因天气等各种状况而临时取消的情况也不少，所以最好是多待几天。连着西端大街的海滨大道建有面向大海的旅馆等住宿设施。

由于很多游客都开车经过凯库拉，所以这里有很多汽车旅馆。住宿费是一晚NZ$70~80。凯库拉在毛利语中是"吃小龙虾（龙虾）"的意思，因此去了凯库拉的话，一定要尝尝小龙虾。

景点 MAP-p.80

海豹栖息地
Seal Colony

海豹栖息地位于凯库拉半岛的尖端，是野生海豹的生活区域。有时从陆地上可以近距离地看到躺在岩石上的海豹。游客观看海豹时，注意不要有吓唬海豹的行为。

牌上写着请在10米外观看

SOUTH ISLAND

餐馆 MAP-p.80
希斯洛普咖啡
Hislops Cafe

使用有机食材的绿色咖啡馆。素食主义者和过敏体质的顾客都可以放心地在这里进餐。
✉ 33 Beach Rd. ☎ 03-319-6971 交 旅游咨询处步行10分钟 营 9:00（周一11:00起）至深夜（周一至16:30） 休 周二、周三 午餐/晚餐NZ$15~

餐馆 MAP-p.80
煲仔饭
Claypot

从小吃到主菜都是来自凯库拉大海的美味。想尝尝小龙虾的话，建议选择小龙虾沙拉。
✉ 70 Westend Rd.
☎ 03-319-6027
交 旅游咨询处步行1分钟
营 9:00~21:00
休 无
午餐/晚餐NZ$17~

小龙虾沙拉

酒店 MAP-p.80
海浪酒店
Waves

酒店时尚的外观引人注目。公寓式的客房都是双人间，有2间浴室。
78 The Esplanade
☎ 03-319-5890 FAX 03-319-5895 交 旅游咨询处步行5分钟 NZ$220~
室 11间

所有的客房都可以看到大海

酒店
百分百B&B
The Point B&B

位于去海豹栖息地的途中，是一家已有130年历史的B&B。住在凯库拉半岛牧场主人的客房里，就像住在寄宿牧场中一样。牧场

牧场主人皮特

酒店 MAP-p.80
塞拉海滨汽车旅馆
Sierra Beachfront Motel

旅馆的对面便是大海。客房有2人用的单间公寓（Studio）和可供7人住宿的家庭式客房。
✉ 160 Esplanade ☎ 03-319-5622 FAX 03-319-5622 交 旅游咨询处步行5分钟 T／NZ$85~ 室 13间

每天举行2次剪羊毛秀（NZ$10）。
✉ The Point 85 Fyffe Quay
☎ 03-319-5422
FAX 03-319-7422
交 旅游咨询处步行15分钟
S/NZ$110、D/NZ$140
HP www.pointbnb.co.nz

南岛 81 凯库拉

凯库拉是生态游的宝库

凯库拉周边的大海聚集了15种鲸鱼和海豚。暖流和寒流的交汇使得大海里生长着大量的浮游生物，丰富的饵料使大小各异的海洋生物都聚集到这里。因此，随处都可以进行海洋生态游。以下介绍的旅游项目，都可以在旅游咨询处报名参加。

赏鲸
坐船观看
凯库拉赏鲸
☎ 03-319-6767 NZ$130 时间 3小时30分钟
HP www.whalewatch.co.nz

坐飞机观看
Wings Over Whale's
☎ 03-319-6580 NZ$165 时间 30分钟
HP www.whales.co.nz

坐直升机观看
凯库拉直升机
☎ 03-319-6609 NZ$220~ 时间 30分钟

和海豚一起游泳
邂逅海豚（Dolphin Encounter）
☎ 03-319-6777 NZ$165 时间 3小时
HP www.dolphin.co.nz

和海豹一起游泳
Seal Swim
☎ 03-319-6182 NZ$90 时间 2小时30分钟
HP www.sealswimkaikoura.co.nz

海上皮艇观看海豹
凯库拉海上皮艇
☎ 0800-452-456 NZ$90
HP www.kaikourakayaks.co.nz

眼神天真可爱的海豹

如画般的美景

皮克顿

Picton

MAP→p.43-D

前往皮克顿

从克莱斯特彻奇乘坐海岸号大约5小时30分，每天运行一趟，车费NZ$60~。

从克莱斯特彻奇坐长途巴士大约5小时30分，每天运行两趟，车费NZ$25~56。

从惠灵顿乘坐南岛际渡轮大约3小时，每天运行3~5趟，费用NZ$49~75。

旅游咨询处

Picton Visitor Information Centre
MAP p.82　The Foreshore
03-520-3113
8:00~17:00　休无

导游信息
皮克顿

娱乐
活动	★★★
景点	★
休闲	★★★

交通工具
步行	★★★★★
摩托车	★★★
出租车	★

区域范围

以码头为起点，高街的周边是城市的中心。逗留时间超过两天的话，可以乘坐游轮或是徒步到夏洛特女王步道去看看。

城市入口处的牌子

皮克顿博物馆
Picton Community Museum

1 London Quay　03-573-8283　交 旅游咨询处步行1分钟
10:00~16:00　休无
NZ$5

▼区域概况

皮克顿是新西兰南岛东北部港市，沿海运输发达，是南岛通向北岛的门户。城市虽然不大，但是几乎所有的游客都要经过这里。皮克顿利用美丽的峡湾开展各种各样的旅游活动，夏洛特女王步道是当地一处主要的景点。从南岛出发的长途巴士都在码头前停留，各个出租车公司的办事处也集中在这一带。出了码头，眼前就是埃德温·福克斯号。面向大海的公园内有皮克顿博物馆和旅游咨询处。旅游咨询处的对面是皮克顿火车站。走上公园的台阶，穿过大门，正面就是城市的主街——高街。高街长约200米，街道两旁有餐馆、礼品店和汽车旅馆。

皮克顿的中心街道——高街

景点　　　　　　　　　　　MAP→p.82

皮克顿博物馆
Picton Community Museum

位于设有旅游咨询处的公园内，是一家很雅致的博物馆。博物馆里有模拟捕鲸基地、捕鲸所使用的道具等各种展品，与这座曾经盛行捕鲸的城市很相配。此外，还可以看到毛利人的工艺品。从公园的侧面也可以入馆，正面的大门面对着伦敦码头。

从侧面看博物馆

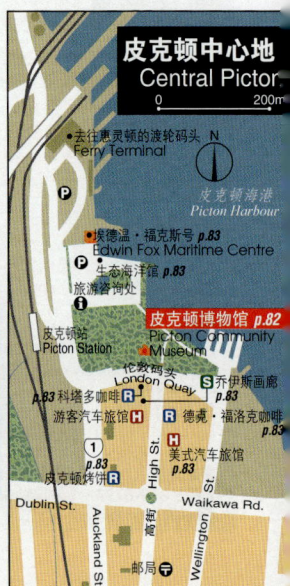

SOUTH ISLAND

景点　MAP-p.82
埃德温·福克斯号
Edwin Fox Maritime Centre

是1853年东印度公司建造的木造货船，在皮克顿码头附近展示。英国、苏格兰殖民者就是乘坐这艘船来到新西兰。世界上现存的木造货船数量非常少，埃德温·福克斯号就是其中之一。
- ✉ Dunbar Wharf
- ☎ 03-573-6868
- 交 码头步行1分钟
- 营 9:00~15:00
- 休 无
- NZ$10

商店　MAP-p.82
乔伊斯画廊
The Choice Gallery

位于高街，是一家很热闹的商店。店里除了有皮克顿当地的特产外，还有新西兰各地的各种礼品。西海岸制作的翡翠项链和玻璃工艺饰品非常不错。
- ✉ 19 High St.
- ☎ 03-573-6648
- 交 旅游咨询处步行4分钟
- 营 8:30~19:30（冬季9:00~17:30）
- 休 无

餐馆　MAP-p.82
皮克顿烤饼
Picton Village Bakery

店主是荷兰人，他烤制的面包曾多次获奖，有很多客人大老远地跑来就为吃他烤的面包。此外，分量足的三明治和荷兰传统点心也很受欢迎。
- ✉ 46 Auckland St.
- ☎ 03-573-7082
- 交 旅游咨询处步行6分钟
- 营 6:00~15:30　休 无

景点　MAP-p.82
生态海洋馆
Ecoworld Aquarium

海洋馆里集中了各种各样的海马，并且还有养在水槽里刚出生的小海马哦，可以近距离地观察。还可以看到全长6米的巨大乌贼。
- ✉ Dunbar Wharf
- ☎ 03-573-6030
- 交 旅游咨询处附近
- 营 10:00~17:00
- 休 无
- NZ$19

餐馆　MAP-p.82
科塔多咖啡
Café Cortado

位于高街的意大利式咖啡馆，地理位置优越，可以俯视整个皮克顿港。就餐时可以一边感受着迎面吹来的湿润海风，一边享受着意大利式的优雅时光。店里自制的比萨很受当地人的喜欢。
- ✉ 30 London Quay
- ☎ 03-573-5630
- 交 旅游咨询处步行3分钟
- 营 8:00~21:00　休 无

餐馆　MAP-p.82
德克·福洛克咖啡
Dog & Frog Cafe

是一家从早上8点就开始营业的咖啡餐馆。除了有早餐外，午餐的种类也很丰富，有牛排、海鲜、鱼片等。而且分量很大，绝对够吃。
- ✉ 22 High St.
- ☎ 03-573-5650
- 交 旅游咨询处步行3分钟
- 营 8:00~15:00
- 休 无
- 午餐NZ$10~、晚餐NZ$20~

酒店　MAP-p.82
美式汽车旅馆
Americano Motor Inn

面向高街的一家汽车旅馆。客房有单间公寓型、单人间、双人间，共3种类型。
- ✉ 32 High St.　☎ 03-573-6398
- FAX 03-573-7892　交 旅游咨询处步行3分钟
- S/NZ$115~、T/NZ$115~
- 室 26间
- HP www.americano.co.nz

旅馆里还有餐馆

真心 导游
乘坐游轮、徒步旅行，游览夏洛特女王峡湾美景

可欣赏众多美丽峡湾景点的夏洛特女王步道是当地有名的徒步旅行景点。最受游客欢迎的旅行路线是从皮克顿乘坐游轮到峡湾，然后上岸沿67千米的步行道南下。这段路程全部步行的话，要花上3~4天的时间。3~4小时的徒步旅行后，再乘船回到皮克顿，大约是半天至一天的旅行。脚力不足，不便于徒步旅行的游客，可以乘坐游轮游览夏洛特女王峡湾，同样能很好地欣赏它的景观。各种旅行游轮的出发点位于公园的东侧。

夏洛特女王步道的旅游信息
HP www.qctrack.co.nz

尽享美味葡萄酒

马尔堡酒庄之旅
体验微醉的感觉

　　马尔堡是新西兰国内最大的葡萄酒产地。这里有60多家酒庄，到处都是广阔的葡萄园。具有新西兰葡萄酒特征的果味白苏维浓大多产自这里。

　　任何一个酒庄都接受个人访问，而且可以品尝酒庄的葡萄酒。从皮克顿出发的酒庄之旅有好几种路线，可以让司机开车，自己体验一下微醉的感觉。

云湾酒庄　　Cloudy Bay
✉ Jacksons Rd.
☎ 03-520-9140
営 10:00~17:00
休 无　HP www.cloudybay.co.nz

　　参加下午13:30从皮克顿出发的半日游。乘坐面包车(Mini-van)一路经过附近的旅馆和B&B，途中还会接载其他游客，奔向布莱尼姆。最先到达的是云湾酒庄。闻名世界的新西兰白苏维浓就是这家酒庄生产的。果味浓郁的葡萄酒，在很多地方都很受欢迎。酒庄商标上绘有列治文山脉的图案。在酒庄可以边品尝葡萄酒边欣赏列治文山的美景。

艾伦斯科特酒庄　　Allan Scott
✉ Jacksons Rd.
☎ 03-572-9054
営 9:00~17:00
休 无　HP www.allanscott.com

　　接下来访问的是与云湾酒庄隔街相望，位于街道斜对面的艾伦斯科特酒庄。下车后，酒庄独特的建筑便映入眼帘。酒庄里设有餐馆，参加一日游的话，可以在这里吃午餐。酒庄附近有家庭经营

氛围高雅的艾伦斯科特酒庄

图为葡萄园对面的列治文山脉，在云湾酒庄的商标上绘有它的图案

斯科特一家会向你详细介绍各种葡萄酒

的啤酒工厂，在这里可以试饮像香槟酒一样味道甘甜的啤酒。

亨特酒庄　　Hunter's Wines

✉ 603 Rapaura Rd.
☎ 03-572-8489
🕙 10:30~16:30
休无　HP www.hunters.co.nz

最后访问的是氛围十分温馨的亨特酒庄。酒庄的简・亨特在世界最佳女性酿酒家中排名前五。在这里可以品尝10种以上的葡萄酒。亨特酒庄里除了有餐馆外，还有当地艺术家的工作室，可以随便参观。

亨特酒庄的葡萄酒曾多次获奖

真心 导游

参加马尔堡葡萄酒美食节

在马尔堡每年2月的第二个星期六，会举行新西兰国内最大的葡萄酒美食节。除了可以在各个酒庄临时搭建的小屋中品尝葡萄酒外，还有小摊上的各种美食可以大饱口福。著名音乐家的现场演奏一开始，草地就变成了舞会的舞池。在这里，你一定可以度过愉快的一天。

在太阳底下喝葡萄酒

皮克顿酒庄之旅
🔊 声讯通 The Sounds Connection
☎ 03-573-8843　NZ$65 (半天)、NZ$89 (1天)
时间 半天游为13:30~17:30、1天游为10:30~17:00　HP www.soundsconnection.co.nz/
🚐 马尔堡酒庄旅游 (Marlborough Winery Tours)
☎ 03-578-9515
NZ$44~　时间 3小时
HP www.marlboroughwinetours.co.nz

葡萄园里种有玫瑰，据此可以预先判断葡萄树可能遭受的病虫害（植物预警作用）

马尔堡酒庄地图

纳尔逊

Cristchurch

MAP-p.43-D

前往纳尔逊

从奥克兰乘飞机大约1小时20分,每天有5趟航班(上午2趟,下午3趟),费用为NZ$92~。从克莱斯特彻奇乘飞机大约50分钟,每天有6趟航班(上午1趟,下午5趟),费用是NZ$72~(新西兰航空)。

从皮克顿乘坐城际长途车大约2小时,每天运行一趟(下午),车费是NZ$18。

旅游咨询处
Nelson Visitor Information Centre
MAP p.86　　Cnr. Trafalgar & Halifax Sts.　03-548-2304
8:00~18:00　休无　HP www.nelsonnnz.com

导游信息 纳尔逊

娱乐	
活动	★★★
景点	★★
休闲	★★★★
交通工具	
步行	★★★★★
巴士	★★★
出租车	★★

区域范围
从有大教堂的特拉法加广场出发,面向大海沿特拉法加街大约步行10分钟,就到了十字路口,这里拐角处有旅游咨询处。如果在途中的大桥街右拐的话,可到达皇后花园和苏特美术馆。继续往东北走,可到达芳怡兹公园和宫津花园。从大教堂步行到宫津花园大约需要20分钟。

如果周末来纳尔逊的话,一定要去纳尔逊市场看看

▼区域概况

纳尔逊位于皮克顿以西约110千米处,是新西兰国内日照时间最长的地方。充足的光照,温暖的气候,使纳尔逊给人快活、舒适的印象。城市干净整洁,市区规划与大自然很和谐,非常美丽,是众多艺术家喜欢的住处。

城市的主街是沿特拉法加广场向大海延伸的特拉法加街。特拉法加广场有城市的标志性建筑大教堂,从大教堂步行到旅游咨询处大概是10分钟的路程。在此交叉的哈迪街和大桥街集中了很多超市、餐馆、咖啡馆、商店等。

长途巴士的始发站

从大教堂延伸出去的特拉法加街

位于大桥街,从大教堂步行大约5分钟就到了,交通非常便利。开往阿贝尔塔斯曼的巴士也从这个始发站出发。此外,在阿贝尔塔斯曼国家公园内有划皮艇等旅游项目,而且一般都有接送服务。

纳尔逊中心地 Central Nelso

SOUTH ISLAND

景点 大教堂
The Cathedral

位于纳尔逊市的高地上，可以俯视整个城市，是城市的标志性建筑，到现在为止大

另一面是正面入口

教堂已经重建了3次。大教堂是石造的哥特式建筑，装有漂亮的彩绘玻璃。进行礼拜时，巨大的管风琴会演奏美妙的音乐。

☎ 03-548-1008 🚶 旅游咨询处步行10分钟
🕐 8:00~16:00
休 无 NZ$ 免费

景点 苏特美术馆
Suter Art Gallery

除了展出国内外现代艺术家的作品外，还会举行纳尔逊当地艺术家的策划展。美术馆的特点是有众多前卫作品。

✉ 208 Bridge St. ☎ 03-548-4699 🚶 旅游咨询处步行10分钟 🕐 10:30~16:30
休 无 NZ$ NZ$3

美术馆位于皇后花园中

景点 宫津花园
Miyazu Japanese Garden

位于纳尔逊郊外的日式庭园。1996年，为纪念纳尔逊和日本京都府宫津市成为姐妹城市20周年，修建了这座花园。
✉ Atawai Dve.
🚶 旅游咨询处步行10分钟
NZ$ 免费 休 无

景点 芳达兹公园
Founders Park

这是一座历史公园，再现了开拓时代的教会、消防站、印刷局、商店、民宅等。在公园内的咖啡馆可以喝到当地产的啤酒。

✉ 87 Atawhai Dve. ☎ 03-548-2649 🚶 旅游咨询步行15分钟
🕐 10:00~16:30 休 无 NZ$ NZ$7

公园内有银行和邮局

酒店 卢瑟福酒店
Rutherford Hotel

位于大教堂附近，是纳尔逊最高级的酒店。酒店里有体育馆和泳池。
✉ Trafalgar Square ☎ 03-548-2299 FAX 03-546-3003
🚶 旅游咨询处步行10分钟
NZ$ S/NZ$155~ 室 115间
HP www.heritagehotels.co.nz/nelson

酒店有3家餐馆

酒店 城市汽车旅馆
Mid City Motor Lodge

旅馆对面是特拉法加街，交通非常便利。客房中有2间是双人间，里面非常宽敞。旅馆有厨房，适合长期逗留人士。

✉ 218 Trafalgar St. ☎ 03-546-9063 FAX 03-548-3595 🚶 旅游咨询处步行5分钟 NZ$ T / NZ$105~
室 15间 HP www.midcitynelson.co.nz

很多当地人都到这里庆祝国庆节

餐馆 船坞咖啡
Boat Shed Cafe

利用100年前的船坞改造而成，是一家很受欢迎的餐馆。往外伸出的露台是眺望海面和阿贝尔塔斯曼群山的绝佳位置。餐馆有很多采用当地海鲜烹饪的亚洲菜。
✉ 351 Wakefield Quay
☎ 03-546-9783
🚶 旅游咨询处乘车7分钟
🕐 11:00（周六、周日10:00）至深夜
休 无
NZ$ NZ$30~
HP www.boatshedcafe.co.nz

商店 纳尔逊市场
The Nelson Market

每周六在蒙哥马利广场的停车场开设跳蚤市场。有新鲜的蔬菜、手工面包以及当地艺术家的工艺品等各种商品，当地居民和游客都会来参加，非常热闹。
✉ Montgomery Square Carpark
☎ 03-546-6454
🚶 旅游咨询处步行5分钟
🕐 8:00~13:00（每周周六）

阿贝尔塔斯曼

Abel Tasman

MAP-p.43-D

前往阿贝尔塔斯曼

从纳尔逊乘坐阿贝尔塔斯曼海岸巴士到玛拉豪大约需要1小时，每天运行一趟（上午），车费NZ$20。

旅游咨询处
Motueka Visitor Information Centre
- 20 Wallace St.
- ☎03-528-6543
- 夏季8:30~17:30，冬季9:00~16:30 休无 HPwww.motueka.net.nz

开往阿贝尔塔斯曼主要海滩的定期船
- ☎0800-278-282
- 玛拉豪~特伦特湾NZ$32
- 玛拉豪~阿瓦罗阿NZ$42

导游信息
阿贝尔塔斯曼

娱乐
- 活动 ★★★★
- 景点 ★★
- 休闲 ★★★★

交通工具
- 步行 ★★★★★
- 水上出租车 ★★

区域范围
玛拉豪是一座紧邻国家公园南端的小村庄，是通往公园的"大门"。从玛拉豪出发到塔拉索伊，花数天徒步旅行51千米的旅游线路很受游客的欢迎。从玛拉豪到特伦特湾涨潮时15.5千米，退潮时12.4千米。从特伦特湾到阿瓦罗阿是19.2千米。从阿瓦罗阿到特拉努伊是5.5千米。有定期运行的船开往各处。

▼区域概况

阿贝尔塔斯曼是位于纳尔逊西北约60千米的国家公园。地名来自第一个发现新西兰的欧洲人——荷兰探险家阿贝尔·扬松·塔斯曼。阿贝尔塔斯曼虽然是新西兰国内最小的国家公园，但是每年的游客数量却是国内第一，是很受欢迎的旅游地。徒步通过富于变化的海岸线和茂密的原生林，是最受游客欢迎的旅游活动。此外，在平静的塔斯曼湾划皮艇也是很有人气的旅游项目。徒步旅行有3~5天的旅游路线，但是乘坐从海滩出发的定期船（水上出租车）的话，一天就可以游览完。位于玛拉豪南边的托佰纳瓦角的苹果岩（Split Apple Rock）——外形像切开的苹果一样，是有名的旅游景点。黄金湾位于国家公园的西侧，它的尖端有长达35千米的沙滩——送别角（Farewell Spit），是新西兰国内最长的沙滩，这里乘坐四轮车从科林伍德（Collingwood）出发的生态旅游项目很受欢迎。

住宿 MAP-p.88
阿贝尔塔斯曼拉豪旅舍
Abel Tasman Marahau Lodge

有温泉和桑拿浴的高级旅舍。
- ✉ Marahau Beach, RD2, Motueka
- ☎ 03-527-8250
- FAX 03-527-8258
- 交 旅游咨询处附近
- 料 T / NZ$130~ 室 12间 HP www.abeltasmanmarahaulodge.co.nz

住宿 MAP-p.88
海景小屋
Ocean View Chalets

像旅馆的名字一样，可以眺望塔斯曼海。
- ✉ 305 Sandy Bay, Marahau Rd, RD2, Motueka
- ☎ 03-527-8232
- FAX 03-527-8211
- 交 玛拉豪码头步行3分钟
- 料 S / T / NZ$118~ 室 10间

阿贝尔塔斯曼
Abel Tasman

在阿贝尔塔斯曼国家公园体验皮划艇

蔚蓝的大海和葱郁的原生林

阿贝尔塔斯曼国家公园的皮划艇体验也是很受欢迎的旅游活动。虽然周围被大海环抱的新西兰无论在哪里都可以体验皮划艇,但波光粼粼的阿贝尔塔斯曼却是最适合进行皮划艇活动的地方,就全世界范围来看,阿贝尔塔斯曼也是体验皮划艇的理想场所。在阿贝尔塔斯曼有好几家公司都开展了皮划艇游项目,不但有分别面向初学者、熟练者的项目,而且有从一日游到五日游等各种旅游类型,游客可以根据自身情况选择。划船竞赛使用2人乘坐的皮艇,出海前会有教练进行细心的指导,即使第一次玩,也不用担心。

↑有时海狗会游过来

←午餐是卷饼和浓咖啡

邂逅海狗、海豚和企鹅

国家公园是野生鸟类和海洋生物的宝库。在划船旅行的途中会遇上小蓝企鹅、海狗、海豚,经常可以近距离地观察它们。尤其到了秋季,海狗的繁殖季节已经结束,有时可爱的小海狗会和你嬉戏打闹。因为是划船竞赛,所以午餐时间只能在美丽的海滩上度过。午餐前后可以到原生林中散步,稍稍体验一下徒步旅行的乐趣。返回时如果刚好顺风的话,可以给小艇挂上帆,体验一下航海的乐趣。

阿贝尔塔斯曼皮划艇

在阿贝尔塔斯曼国家公园内,有半天至3天的皮划艇游。在导游的陪同下,了解当地历史和环境的1日游也很受游客的欢迎。

✉ Marahau Beach, RD2 Motueka ☎ 03-527-8022
FAX 03-527-8032 NZ$105~
HP www.abeltasmankayaks.co.nz
* 纳尔逊有接送服务

乘坐皮划艇穿过波光粼粼、风平浪静的水面

公园入口处的牌子

格雷茅斯

Greymouth

MAP-p.43-C

前往格雷茅斯

🚌 从克莱斯特彻奇乘坐高山线大约4小时30分，每天运行一趟（上午），车费NZ$89~。

从克莱斯特彻奇乘坐原子巴士班车大约3小时45分，每天运行一趟，车费NZ$40。乘坐西海岸班车是4小时30分，每天运行一趟（上午），车费NZ$48。

旅游咨询处
Greymouth Visitor Information Centre
MAP p.90 ✉ Cnr.Herbert & Mackay St. ☎ 03-768-5101
🕐 8:30~18:00 冬季8:30~17:30（周六是9:00，周日是10:00~17:00） 休 无

堤坝上的时钟台

导游信息 格雷茅斯

娱乐	
活动	★★
景点	★
休闲	★★★
交通工具	
步行	★★★
租车	★★

区域范围

只需徒步就可以走遍商店和餐馆集中的主街，租车去帕帕罗瓦国家公园和棚户区也是不错的主意。

租车
NZ Rent A car
✉ 170 Tainui St.
☎ 03-768-0379
🕐 1天NZ$45~
🌐 www.nzrentacar.co.nz

▼区域概况

格雷茅斯是新西兰南岛西海岸最大的城市和旅游胜地。由于城市位于格雷河流入塔斯曼海的河口（格雷茅斯中的茅斯在英语中有河口的意思），在历史上曾多次洪水泛滥，现在的格雷茅斯建有护城堤坝，整个城市给人宁静、安详的感觉。格雷茅斯人口只有1万余人，但每年来这里的游客却非常多。由麦凯街和赫伯特街的交叉直角和铁路线所围成的区域是城市的中心。麦凯街和赫伯特街的交叉处有旅游咨询处，在这里可以获得旅游信息。餐馆和咖啡馆集中在麦凯街两侧，并且还有购物中心。泰努伊街的尽头有城市的标志性建筑时钟台。

景点

MAP-p.90

左岸艺术画廊
Left Bank Art Gallery

展示居住在西海岸地区的艺术家的作品。可以欣赏到照片、绘画、陶器、布娃娃、服装等众多作品，还有未加工的绿宝石和首饰。有些可以购买。

✉ 1 Tainui St.
☎ 03-768-0038
FAX 03-768-9838
🚶 旅游咨询处步行2分钟
🕐 10:00~17:00（周六、周日至14:00）
休 无（冬季周日休息）
💰 NZ$2~（特别展厅）
🌐 www.leftbankarts.org.nz

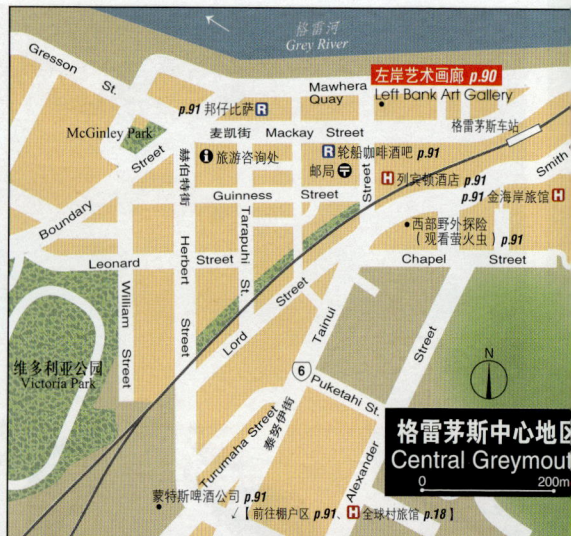

格雷茅斯中心地区
Central Greymouth

SOUTH ISLAND

景点　MAP-p.90
蒙特斯啤酒公司
Monteith Brewing Company

当地的啤酒蒙特斯曾在国内外多次获奖。参观啤酒公司的游览活动，可以看到啤酒的酿造过程。游览结束后还可以试饮啤酒。

Cnr. Turumaha & Herbert St.
03-768-4149
啤酒公司参观游览，11:30、14:00、16:00、18:00、19:00共5次（要预约）
休无　NZ$18

可以品尝到5种啤酒

景点　MAP-p.90外
棚户区
Shantytown

再现了19世纪60年代淘金时代的民宅。有医疗器具、生活杂物、服装等展品。距离城市大约10千米，旅游公司有从格雷茅斯出发的每天一次的棚户区游。

Rutherglen Rd.　03-762-6634
8:30~17:00　休无　NZ$28.50
www.shantytown.com

co.nz　旅游服务处　03-768-9292

寻找沙金

酒店　MAP-p.90
金海岸旅馆
Golden Coast Bed & Breakfast

离火车站200米，地理位置优越。庭园里应季盛开的鲜花是酒店的标志。这是一位慈祥的老婆婆经营的旅馆，客房的装饰很受女性的欢迎。

10 Smith St.　03-768-7839
FAX 03-768-7869　离火车站200米　S／NZ$85、T／NZ$95　4间

可以慢慢欣赏旅馆美丽的庭园

酒店　MAP-p.90
列宾顿酒店
Revington Hotel

酒店位于城市的中心泰努伊街上，是非常引人注目的古典建筑。一楼的酒吧和餐馆很受欢迎。

Tainui St.　03-768-7055
FAX 03-768-7605　离火车站200米
S／NZ$80~、T／NZ$80~
33间　www.revingtons.co.nz

餐馆　MAP-p.90
轮船咖啡酒吧
Steamer's Cafe Bar

有丁骨牛排（NZ$28）、全日烧烤（NZ$18.50）等各种分量很足的肉类料理。来这里就餐是不错的选择。

58 Mackay St.　03-768-4193　FAX 03-768-4153
旅游咨询处附近
12:00~20:00　休无
NZ$16~

餐馆　MAP-p.90
邦仔比萨
Bonzai Pizzeria

海鲜比萨（NZ$17.50）、肋骨牛排（NZ$24.50）是很受欢迎的料理。蛋糕、比萨、蛋饼有外卖。

31-33 Mackay St.　03-768-4170　FAX 03-768-6869
旅旅游咨询处附近
8:00~21:30　休周日　午餐NZ$7~、晚餐NZ$12~
www.bonzai.co.nz

南岛　格雷茅斯

旅行信息

在格雷茅斯看萤火虫幼虫

使用浮艇穿过溶洞中的河流，是非常刺激的旅游活动，并且可以看到许多萤火虫。头上戴着安全帽和电灯，脚穿橡胶雨靴，身穿潜水服，全副武装地走进溶洞，在导游的引导下像探险一样在黑暗之中摸索着往前走。走着走着，地下流动的水就变成了河流，这时乘坐像汽车轮胎一样的浮艇在河水中前行。慢慢往前划，虽然水很凉，却可以看到周围萤火虫的幼虫发出的青白色光，像闪烁的星星，这可是难得一见的景观。喝了热乎乎的可可后，再穿过复杂多变的钟乳石，向出口走去。这是非常惊心动魄的探险之旅，这样的体验会让你终生难忘。

西部野外探险　Wild West Adventure
MAP p.90　8 Whall St.　03-768-6649　FAX 03-768-9149
NZ$160（龙窟漂流）　www.fun-nz.com

黑暗的溶洞中非常刺激的探险

弗兰茨约瑟夫冰河

Franz Josef Glacier

MAP-p.42-F

前往弗兰茨约瑟夫

从格雷茅斯乘坐原子巴士班车大约3小时，车费NZ$30~，每天运行一趟（下午）。从昆斯敦乘坐大约是7小时，车费NZ$50~，每天运行一趟（上午）。

旅游咨询处

Franz Josef Glacier Visitor Centre
MAP p.92　　Hwy·6
03-752-0796　　8:30~18:00（冬季至17:00）　休 无

导游信息 弗兰茨约瑟夫

娱乐	
活动	★★★
景点	★
休闲	★★★
交通工具	
步行	★★★

区域范围
弗兰茨约瑟夫是一座小城市，步行就可以很好地游览。但是由于旅馆少，夏季（11~2月）游客多，有时不得不到城外去找住处。所以夏季旅游的话，一定要提前预约。

套上防滑铁钉爬冰梯

▼区域概况

以双子冰河而闻名的弗兰茨·约瑟夫和福克斯都是位于冰河脚下的小城镇，是冰河游的据点。主街上有餐馆、酒店、旅游公司，以及汽车旅馆和背包客旅馆等商家。

景点　　　　　　　　　　　　　　　MAP-p.92

乘直升机游福克斯冰河和弗兰茨约瑟夫冰河
Fox and Franzjosef Heli Service

可乘坐直升机游览冰河。旅游项目有福克斯冰河和弗兰茨约瑟夫冰河的双子冰河游，以及加上库克山、塔斯曼冰河的豪华游。

Alpine Adventure Centre、State Highway 6　03-752-0793、0800-800-793（预约）　FAX 03-752-0764　旅游咨询处步行1分钟　7:30~21:00（夏季）、8:30~17:30（冬季）　休 无
NZ$260（双子冰河游）、NZ$360（豪华游）
HP www.scenic-flights.co.nz　*3人启程

景点　　　　　　　　　　　　　　　MAP-p.92

直升机徒步旅行
The Helicopter Line

有在冰上徒步旅行的旅游项目。弗兰茨约瑟夫的直升机徒步旅行是在直升机起飞10分钟后，降落在冰河上，然后由导游开始长达2个小时的冰河徒步旅行。

State Highway 6　03-752-0767　0800-807-767（预约）
FAX 03-752-0769　旅游咨询处步行1分钟　8:00~21:00（11~3月）、8:00~17:00（4~11月中旬）　休 无　NZ$395（直升机徒步旅行）
HP www.helicopter.co.nz　*4人启程

弗兰茨约瑟夫中心地区
Franz Josef

SOUTH ISLAND

| 景点 | MAP-p.92 |

高山探险中心
Alpine Adventure Centre

是城市中非常引人注目的山中小屋式建筑。里面有好几个旅游咨询处、礼品店和咖啡馆。此外，还播放时长20分钟的*Frowing West*电影，可以体验到西部风情的魅力。

✉ State Highway 6　☎ 03-752-0793　FAX 03-752-0764　交 旅游咨询处步行1分钟　营 7:30~19:00（夏季）、8:30~17:30（冬季）　休 无　NZ$ 电影NZ$12

能看到远处冰河的身影

| 活动 | MAP-p.92 |

福格斯皮艇
Fergs Kayaks

在附近的冰河湖梅普里卡湖体验皮划艇运动。从湖面可以眺望南阿尔卑斯山和雨林的美丽景色，还可以学习有关冰河的知识。

✉ 20Cron St.　☎ 03-752-0230　0800-423-262（仅限南岛）　交 旅游咨询处步行1分钟　NZ$ NZ$90　HP www.glacierkayaks.com

| 酒店 | MAP-p.92 |

弗兰茨约瑟夫冰河酒店
Franzjosef Glacier Hotel

位于城市入口处的大酒店。酒店内有2家餐馆和酒吧，不住宿也可以到这里来就餐。

✉ State Highway 6　☎ 03-752-0729　FAX 03-752-0709　交 旅游咨询处步行3分钟　NZ$ NZ$160~　室 177间　HP www.scenic-circle.co.nz

| 酒店 | MAP-p.92 |

高山冰河汽车旅馆
Alpine Glacier Motels

汽车旅馆式的住宿设施，而且带有厨房。离主街的餐馆、商店以及旅游咨询处非常近，非常方便。

✉ Cnr. Cron and Condon Sts.　☎ 03-752-0226　FAX 03-752-0221　交 旅游咨询处步行1分钟　NZ$ S、T/NZ$95~，D、T/NZ$105~　室 24间　HP www.alpineglaciermotel.com

| 酒店 | MAP-p.92 |

弗兰茨城堡
Chateau Franz

是一家周围被鲜花环绕的背包客旅馆。旅馆里有温泉、互联网等设施。

✉ 8 Cron St.　☎ 03-752-0738　FAX 03-752-0743　交 旅游咨询处步行1分钟　NZ$ 多人间/NZ$22~床位/65个

位于青年旅舍的旁边

| 餐馆 | MAP-p.92 |

青冈餐馆
Beeches

餐馆有各种酒和单点菜，还有汉堡包等快餐。只在夏季营业。

✉ State Highway 6　☎ 03-752-0721　交 旅游咨询处步行1分钟　营 10:00至深夜　休 无

挑战冰河徒步旅行

弗兰茨约瑟夫冰河游中有冰河徒步一日游项目，非常受游客的欢迎。到了出发的时间，办事处前都会聚集很多游客。旅行出发前，要在柜台借好自己穿的登山靴和防滑铁钉，再乘坐巴士出发。冰河的入口处是散步道，接下来走过崎岖不平的河滩，就到了冰河的末端。在这里套上防滑铁钉后，再走向冰河。冰河的表面有攀登阶梯状的冰梯，滑的地方导游会用雪镐削掉，因此可以放心走走。上到100米处的冰梯后，回头看看，会发现波浪一样的冰河一直缓缓地延伸到地面。周围的冰在阳光的照射下，发出蓝色的光芒，这种美景让人感叹不已。

不需要经验，但一定要有足够的体力

在冰河上感受大自然的神奇

📷 **弗兰茨约瑟夫冰河游**
Franzjosef Glacier Guides　MAP p.92
☎ 03-752-0763　FAX 03-752-0102
NZ$ NZ$108（半天）、NZ$140（1天）
HP www.franzjosefglacier.com

南岛　弗兰茨约瑟夫冰河

福克斯冰河
Fox Glacier

MAP-p.42-F

前往福克斯冰河

从格雷茅斯乘坐原子巴士班车大约3小时,车费NZ$35~,每天运行一趟(下午)。从昆斯敦乘坐的话大约需要6小时,车费NZ$45~,每天运行一趟(上午)。

旅游咨询处
South Westland Weheka Area Office
- MAP p.94
- Hwy 6
- ☎ 03-751-0807
- 9:00~16:30 休 周六、周日

导游信息 福克斯

娱乐
- 活动 ★★★
- 景点 ★★
- 休闲 ★★★

交通工具
- 步行 ★★★★
- 自行车 ★★★★

区域范围
福克斯是一个比弗兰茨约瑟夫更小的小镇,步行游览就足够了。但要去离村庄6千米远的马瑟逊湖的话,最好是从酒店租自行车去。

有可以看到萤火虫幼虫的地方

▼区域概况

福克斯冰河镇离弗兰茨约瑟夫约20千米,人口只有不到300人,把它称为村庄更合适。公路两旁有几家商店和旅游公司,与此相交的库克街有汽车旅馆。

沿库克街往前走,在有牌子的地方往右拐,前面就是景色优美的马瑟逊湖。镇上有一些小溶洞,里面有萤火虫的幼虫,是游客必去的地方。

景点 MAP-p.94

直升机游冰河
Glacier Southern Lakes Helicopter

乘坐直升机,从空中游览福克斯冰河、弗兰茨约瑟夫冰河和库克山。
- ☎ 03-751-0803 FAX 03-751-0709
- NZ 20~40分钟的飞行是NZ$215~395
- 休 无(天气不好的时候不飞行)
- HP www.graciersouthernlakes.co.nz

景点 MAP-p.94外

马瑟逊湖
Lake Matheson

步行前往虽然有点远,但却是一定要去游览的湖泊。天气晴朗的时候,从湖面可以看到库克山的倒影。湖的周围有散步道,徒步旅行也不错。
- 交 旅游咨询处骑自行车30分钟

酒店 MAP-p.94

福克斯冰河酒店
Fox Glacier Hotel

位于库克街和公路的交叉处,是镇上交通最便利的地方。酒店内有酒吧和夜间娱乐场所。
- ✉ PO Box2 Fox Glacier ☎ 03-751-0839 FAX 03-751-0868
- 交 旅游咨询处步行2分钟 S、T/NZ$135~ 室 63间
- HP www.scenichotel.co.nz

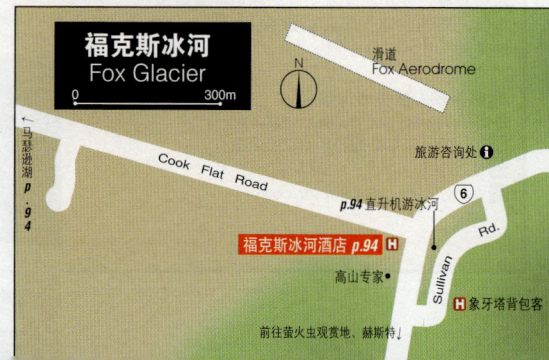

探寻冰河的秘密

南阿尔卑斯山有很多冰河，景色壮丽。但是，新西兰的气候温和，为何会有如此多的冰河呢？就让我们一起来探寻一下冰河的秘密。

奇妙的冰河世界

©TNZ

冰河的形成

地理构造带来的特殊气候是冰河形成的原因。南岛西海岸盛行的偏西风，带来了塔斯曼海的潮湿空气。由于受到耸立在西海岸的阿尔卑斯山的阻挡，潮湿的空气便沿着阿尔卑斯山上升，在西海岸和阿尔卑斯山的上空附近，形成了大量的雨和雪。雨雪落到地面被冻住，形成冰。冰不断地堆积，久而久之就形成了冰河（参照下面的插图）。

冰河的变化

冰河，正如它的名字一样，是像河一样在地面上自行流动的冰体。每次在山顶形成新的冰体时，底下的冰体就会被慢慢地推出去，最终向山麓流去。冰体每天从几厘米到几米不断地这样移动，最终融化成水，形成水流，几百年来一直重复着这样的旅程。最近，由于地球气候变暖，加快了冰的融化速度，基本上所有的冰河都在往后退（即冰河变得越来越短）。新西兰国内最长的冰河——约28千米的塔斯曼冰河，也在以每年30米的速度往后退。几十年后，新西兰国内的几条冰河可能会消失。

冰河所形成的美丽景观

南岛南部的很多湖泊都呈细长形。由于冰河侵蚀地面，在低洼处，水蓄积起来形成湖泊，所以称为冰河湖。此外，在库克山国家公园和峡湾国家公园里有因冰河而形成的特殊地形——U字谷（由于冰河的移动而被削成的U字形山谷）。冰河的巨大力量，对新西兰的自然景观产生了极大的影响。

南岛 福克斯冰河

冰河的形成

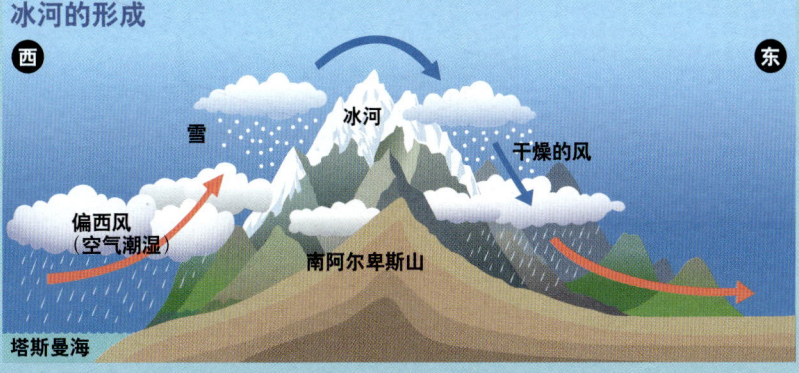

库克山
Mount Cook

MAP-p.42-F

前往库克山
从克莱斯特彻奇乘坐城际长途巴士大约5小时，每天运行一趟（上午），车费NZ$61~。

从昆斯敦乘坐城际长途巴士大约4小时，每天运行一趟（上午），车费NZ$55~。

旅游咨询处
Mt. Cook National Park Visitor Centre
MAP p.96　Bowen Drive
☎ 03-435-1186　 8:30～17:00
（冬季至16:30）　休 无
＊到隐士饭店内的旅游服务处咨询国家公园游的相关信息。
☎ 03-435-1809
FAX 03-435-1879

导游信息
库克山

娱乐	
活动	★★★
景点	★★★★
休闲	★★★★★
交通工具	
短途巴士	★★
步行	★★★★
摩托车	★★★
自行车游	

在隐士饭店租山地车。1小时NZ$10，半天NZ$25，一天NZ$40。

●冰河、滑雪
库克山的高山游项目中，从6月中旬到9月末有塔斯曼冰河滑雪项目，从7月到9月有滑过南阿尔卑斯山坡面的直升机滑雪游项目。冰河滑雪面向中级以上的滑雪者，直升机滑雪面向高级滑雪者。

▼区域概况

库克山国家公园内有新西兰国内的最高峰库克山（3754米），南半球最长的塔斯曼冰河等。壮丽的风景吸引了大量的游客。库克山主要的功能是国家公园，没有形成城市，不过除了有隐士饭店（p.101）、青年旅馆、露营地和国家公园事务所外，也有居民住宅和小学。饭店内有餐馆、商店和邮局等设施。

景点　　　　　　　　MAP-p.96
埃德蒙·希拉里高山中心
Sir Edmund Hillary Alpine Centre

名称来自最先登上世界最高峰珠穆朗玛峰的已故登山家埃德蒙·希拉里。除了可以通过3D影像了解库克山的传说外，还有希拉里资料馆和新西兰国内首家天文馆——福尔特姆天文馆。

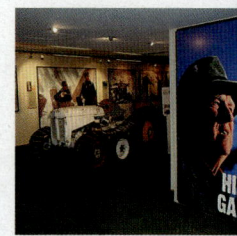

了解伟大登山家的足迹

☎ 03-435-1077　交 隐士饭店前　开 8:00～21:00
NZ 入场费NZ$15　休 无　HP www.hermitage.co.nz

SOUTH ISLAND

旅行 信息
专题版

畅游
库克山

塞斯纳飞机游

从空中游览南阿尔卑斯山是最受游客欢迎的旅游活动。在塞斯纳飞机上穿上滑雪服，可以在滑雪平原上进行冰河着陆、雪上着陆，眺望雄伟、壮丽的雪山风景。高高耸立的库克山更是不可错过的美景。山上广阔的银色世界和闪着幽幽青光的冰裂缝等，是在山底下绝对看不到的独特景观。

Mount Cook Ski Planes
03-430-8034 FAX 03-435-1886
由天气决定 NZ$255~（约25分钟）
HP www.mtcookskiplanes.com

越野车游

在塔斯曼冰河旁边的群山上乘越野车兜风约17千米，再徒步旅行到塔斯曼冰河眺望台。导游会向你详细解说库克山国家公园的自然环境、地形特征、植被等，这是不论年龄大小都可以参加的旅游活动。此外，还有乘坐像战车一样的8轮"阿鲁戈"游览湿地、河上泛舟等旅游项目。

Tasman Valley 4WD&Argo Tours
全年 NZ$75
HP www.mountcooktours.co.nz

蔚蓝的天空和银色的雪山交相辉映

直升机游

从距离库克山村25千米的格伦特纳机场出发，从空中欣赏库克山、福克斯冰河、弗兰茨约瑟夫冰河等自然景观。还有雪上着陆项目，而且可以摄影。

The Helicopter Line 03-435-1801
FAX 03-435-1802 由天气决定
NZ$215（大约20分钟）~NZ$399（大约45分钟）
HP www.helicopter.co.nz

直升机徒步旅行

乘坐直升机飞到海拔2000米的黑暗山，然后徒步旅行眺望库克山的美景，在山上真有万籁俱寂的感觉。

Discovery Tours
0800-213-868
全年 NZ$ 300~（3~5小时）
HP www.discoverytours.co.nz

游览冰河湖

乘坐船只进入塔斯曼冰河的冰河湖，从湖面观察耸立的冰体的断面，还可以试着在冰河上步行，更近距离地接触冰河。在眺望台上看到的只是凝固的冰河，通过这次旅行会让你切实地感受到那确实是从山上流下来的冰块。

Glacier Explorers
03-435-1809 8月下旬~5月末
NZ$133 HP www.glacierexplorers.com

从侧面发现冰河的巨大魅力

南岛 库克山

库克山徒步旅行

从饭店出发，一步一步走向山中，沿途视野开阔，可以慢慢欣赏库克山的壮丽景色，眺望白色的冰河和郁郁葱葱的高山植物，是非常让人期待的徒步旅行。

胡克山谷
所需时间 4小时
Hooker Valley　　MAP p.99

胡克山谷游不仅可以看到库克山、塞夫顿山等被冰河覆盖的阿尔卑斯群山风景，还可以游览穆勒、胡克两大冰河，观赏高山植物等各种风景。步行往返距离大约是15千米，出发点和终点的海拔相差100米，路面平缓，坡度小。

出发点位于隐士饭店的旁边，沿途经过露营地，再进入胡克山谷。这段路程走过的是低矮的灌木丛和广阔的草原，12月，鲁冰花盛开，景色非常漂亮（但是，这种外来花由于繁殖能力强，给原生植物带来了巨大的影响，自然保护局每年都在控制它的数量）。如果时间不是很充裕，或是体力不足的话，从露营地开车去会轻松许多。

露营地的旁边有库克山遇难者的纪念碑——阿尔卑斯山纪念碑。顺着平缓的道路往前走，有穆勒冰河的瞭望台和横跨胡克河的第一座吊桥。在胡克河发出的隆隆的声音中，在小石子咕噜咕噜滚动的道路上，走向第二座吊桥。从这里开始路面更加平缓，库克山的身

影再次进入视野。胡杰河滩的景色也非常美丽。离河滩不远的草原上铺有木质步道，木道两旁长满了库克山百合等高山植物，正面可以看到阿尔卑斯山上巨大的冰河。终点是有巨大浮冰的胡克湖。雪白的库克山山顶、灰色的冰河湖和蔚蓝的天空形成强烈对比，景色非常美丽。

真心导游
徒步旅行时请注意

进行库克山的徒步旅行时需要注意天气的变化。晴天的话会中暑，下雨的话就是暴风雨，绝不能大意。夏季雨雪交加也是常有的事。出门时，一定要带上帽子、太阳镜、防晒霜、雨衣和保暖衣（可直接套上），以及水和快餐等，根据气温的变化，适度地添减衣服。路上的岩石地很多，最好穿鞋底凹凸不平的高帮鞋。

库克山百合

SOUTH ISLAND

食肉鹦鹉和西里冰斗湖
Kea Point & Sealy Tarns
所需时间 3小时 MAP p.99

食肉鹦鹉生活在高原地区，是鹦鹉的一种，西里冰斗湖（Sealy Tarns）中的"冰斗湖（Tarns）"指的是位于山腰的湖泊。观看食肉鹦鹉和西里冰斗湖都是从隐士饭店出发，经过露营地，在胡克山谷的入口处攀登左侧的山。在此可看到食肉鹦鹉飞过米勒冰河的上方。这里也是从正面眺望库克山的好地点，路面也比较平缓。在途中走左边的岔道就到了西里冰斗湖。路面很陡，呈阶梯形，非常险峻，需一步一步走上去。隔着湖泊可以眺望库克山的雄姿，见证最美的风景。

冰河侵蚀地面后留下的荒凉景象

在山中小屋住宿时，别忘了带上食品、炊具和睡袋

米勒小屋
Mueller Hut
所需时间 6~8小时 MAP p.99

从西里冰斗湖再往上爬500米就是米勒小屋。这里的海拔是1768米，可以看到从库克山到普卡基湖周边的景色。可以边寻找圆锥形石堆边爬山，途中有很多地方是岩石地和雪地，对于不擅长在山中步行的游客，还是放弃比较好。登山前要在游客中心办理进山手续。

红山冰斗湖
Red Tarns
所需时间 2~3小时 MAP p.99

穿过库克山村，走过横跨在黑桦树河上的桥，然后开始攀登。虽然有的路面是阶梯形的，但还是非常陡，途中时间充裕的时候，可以挑战一下一边寻找圆锥形石堆界标一边往前走。红山冰斗湖的意思是"红色的湖泊"。生长在湖泊中的水生植物，使湖水看起来像是红色的一样，因此取了这个名字。在这里可以看到库克山和整个村庄，天气晴朗的时候，风景更是优美。

州长森林
Governors Bush
所需时间 1小时 MAP p.96

从公共避难所的后面出发，前往有银山毛榉的森林。由于是库克山国家公园内最早受到保护的森林地带，所以可以看到扇尾鸽、大山雀等许多可爱的鸟类。森林茂密，树木的枝叶就是大伞，即便是下雨，也可以愉快地在森林中游览。

库克山周边徒步旅行线路

商店和餐馆
Shops&Restaurants

礼品美食都可以在这里买到

只能在酒店内用餐。购物可以到国家公园事务所中咨询。

礼品店
隐士纪念品店
Hermitage Souvenir Shop

MAP-p.96

著名的泰迪熊毛绒玩具
　　一家位于隐士饭店二楼的礼品店。在这里可以买到当地手工艺者制作的泰迪熊。据说每一只泰迪熊都有自己的名字。

- ✉ Mt.Cook Village
- ☎ 03-435-1809
- 交 隐士饭店内
- 营 夏季7:00~22:00（冬季有所不同）
- 休 无

表情丰富、可爱的泰迪熊

户外装备
高山游
Alpine Guides

MAP-p.96

直升机滑雪和爬山的大本营
　　商店位于旅游服务中心内，里面有各种登山用品和户外活动时的衣服、小物件。有很多设计简单、很有当地特色的商品，绝对值得去看看。

- ✉ Mt.Cook Village
- ☎ 03-435-1834
- FAX 03-435-1273
- 交 隐士饭店步行2分钟
- 营 8:00~17:00
- 休 无

店里有各种抓绒衣和长裤

工艺品
木工厂
Wood Work

MAP-p.96

很有纪念意义的手工艺术品
　　隐士饭店咖啡馆前的巴士其实是一家家庭经营的工艺品商店。全家在巴士上一边旅行，一边做生意。工艺品的材质大多是银山毛榉、红山毛榉、罗汉松等新西兰原生木材。

- ✉ Mt.Cook Village
- 交 隐士饭店前
- 营 不固定

还可以在工艺品上刻上名字

新西兰料理
全景餐厅
Panorama Restaurant

MAP-p.96

一面欣赏山里的风景，一面吃美味
　　是高级度假饭店的主餐厅，价格稍微有点贵，但是料理的味道很不错。值得一尝的有黄油烤库克山三文鱼（NZ$37.50）等。

- ✉ Mt.Cook Village ☎ 03-435-1809 交 隐士饭店内
- 营 18:00~22:00
- 休 无 ￥ NZ$30~

摆得很漂亮的羊肉料理

西欧料理
高山餐厅
Alpine Restaurant

MAP-p.96

变化多样的自助餐
　　是一家氛围比全景餐厅更加舒适的自助餐厅式的餐馆。早餐16.50新西兰元，午餐36新西兰元，晚餐53新西兰元。无论哪一餐都是种类丰富、分量足够。

- ✉ Mt.Cook Village ☎ 03-435-1809 交 隐士饭店内
- 营 6:30~10:00、12:00~14:00、18:00~22:00 休 无

从餐馆巨大的窗户可以看到远处的群山

酒店 Hotels

从青年旅馆到高级酒店

青年旅馆以外的住宿设施，都是由隐士饭店管理，所以客房的环境统一、和谐。

酒店
隐士饭店
Hermitage Hotel

MAP-p.96

有100年以上的悠久历史

饭店于1885年开业，当初是面向贵族的高级酒店，现在是新西兰国内一流的山区度假酒店。隐士饭店的高级客房也是库克山地区最高级的房间。

- ✉ Mt.Cook Village
- ☎ 03-435-1809　FAX 03-435-1879
- 交 旅游咨询处步行1分钟
- NZ 标准间NZ$210~　室 164间
- HP www.hermitage.co.nz

从客房眺望美丽的库克山

酒店
库克山小屋
Mount Cook Chalets

MAP-p.96

方便在村中散步

库克山小屋位于旅游咨询处附近。三角屋檐是它的标志，非常适合于家庭和团队游客住宿。客房内有一张大床和两张单人床，可以住5人。

- ✉ Mt.Cook Village　☎ 03-435-1809　FAX 03-435-1879
- 交 旅游咨询处步行1分钟
- NZ NZ$240~
- 室 19间
- 休 5~9月关闭

客房里还有厨房

汽车旅馆
库克山汽车旅馆
Mount Cook Motels

MAP-p.96

适合于长期逗留的旅客

有单间公寓型的客房和两人间的客房，可以根据人数选择房间。客房带有厨房，可以自己做饭。有免费的短途巴士通往隐士饭店。

- ✉ Mt.Cook Village　☎ 03-435-1809　FAX 03-435-1879
- 交 旅游咨询处步行2分钟
- NZ NZ$ 240~
- 室 32间
- 休 5~9月关闭

可以体验一下成为当地居民的感受

青年旅馆
库克山青年旅馆
Mount Cook YHA

MAP-p.96

完善的设施和热情的服务

这是一家背包客可以住宿的旅馆。旅馆的价格实惠，所以很受游客的欢迎。旅馆有免费的桑拿，还出售比萨、罐头、点心等食品，而且价格便宜。

- ✉ Cnr Bowen & Kitchener Dves.
- ☎ 03-435-1820
- FAX 03-435-1821
- 交 旅游咨询处步行5分钟
- NZ 多人间NZ$26~
- 室 16间

整洁、明亮的客房

🍴 餐馆　☕ 咖啡休息室　🍷 酒吧休息室

特卡波
Tekapo

MAP-p.42-F

前往特卡波
从克莱斯特彻奇乘坐城际长途巴士、Great Sights巴士大约3小时，每天运行两趟（上午），车费NZ$30~。另外，乘坐原子巴士班车大约3小时，每天一趟（上午），车费NZ$30（1~3月、7~9月的周四到周日是每天运行两趟）。

旅游咨询处
礼品店几维鸟之宝也是旅游咨询处（参照p.104）。

导游信息
特卡波
- 娱乐
  - 活动 ★★
  - 景点 ★★
  - 休闲 ★★★★★
- 交通工具
  - 步行 ★★★★★
- 区域范围
  沿国道的两旁有几家商店。住宿设施一般位于湖畔和山边，不过步行就可以到达。穿过城市的中心，往右拐有青年旅馆和露营地。继续沿着这条路往前走，就到了约翰山的登山口。

约翰山
Mount John
是一座位于特卡波湖畔的茂密小山。沿湖有登山道，可以徒步旅行。可以带着便当去游览。
🚶 几维鸟之宝步行20分钟

耸立在眼前的冰河

▼区域概况
泛着蓝色光芒的湖泊，耸立在眼前的阿尔卑斯山脉，石造的小教堂，如在童话世界里一样的特卡波风景，可以说是新西兰的代表性景色之一。特卡波人口不到200人，只是一个小镇，在国道两旁有几家咖啡馆、餐馆、礼品店等，住宅区中有几家B＆B和酒店。

景点　　　　　　　　　　　　MAP-p.103-B
善牧教堂
Church of the Good Shepherd

是1935年竣工的、建在湖边的教堂。教堂独特的名字是当地人取的，据说在开拓初期特卡波气候严酷，牧羊人仍顽强地生活在这里，为了传播这种顽强的精神就给教堂取了这个名字。教堂是石造建筑，里面空间不大，只能容纳10多个人。巨大的窗户代替了祭坛，从窗户可以看到泛着蓝光的湖泊。教堂每天9点到17点开门，可以进里面参观。教堂的不远处有牧羊犬的铜像。
🚶 几维鸟之宝步行3分钟
🕐 10:00~16:00
休 无

活动　　　　　　　　　　　　MAP-p.103-A
塞斯纳飞机游
Scenic Flight

乘坐塞斯纳飞机从空中眺望南阿尔卑斯山的雄姿。从特卡波机场乘坐塞斯纳飞机出发，往有众多冰河的南阿尔卑斯山的分水岭（Main Divide）飞去。沿途可以看到西海岸的弗兰茨约瑟夫冰河、福克斯冰河、塔斯曼山、新西兰最高峰库克山，以及新西兰最大的塔斯曼冰河、冰河湖、普卡基湖等壮丽的景观。所需时间50分钟。
✈ 空中之旅Air Safaris　☎ 03-680-6880　📠 03-680-6740
🚶 几维鸟之宝步行1分钟　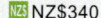 NZ$340

特卡波的天文台

SOUTH ISLAND

活动
天文观测
Star Watching Tour

特卡波有导游陪同的天文观测游项目。在离住宅区不远的山丘上有天文台，可以通过它来观测星空。你能看到平时肉眼无法看到的天体。导游还会教你寻找南十字星座的方法。

- 大地和天空 Earth and Sky
- ☎ 03-680-6960
- FAX 03-680-6950
- NZ$ NZ$85~
- HP www.earthandsky.co.nz

可以清晰地看到肉眼无法看到的星云

餐馆　MAP-p.103-A
湖畔餐馆
Kohan Restaurant

据说有些旅游爱好者来特卡波的目的是"吃湖畔餐馆的三文鱼盖饭"。湖畔餐馆的三文鱼盖饭（17新西兰元）分量很足，很受欢迎。其他值得一尝的料理有便当（22新西兰元）、天妇罗盖饭（17新西兰元）等。还有各种套餐、炸豆腐、蒸菜等。

- ✉ State Highway 8
- ☎ 03-680-6688
- FAX 03-680-6980
- 营 11:00~14:00、18:00~21:00
- 休 周日晚上
- NZ$ 午餐NZ$9~19、晚餐NZ$10~30
- HP www.kohannz.com

餐馆　MAP-p.103-A
翠宫饭店
Jade Palace

两人份的套餐（28新西兰元）包括冷盘、汤、有两种肉类的料理、炒饭、甜点和茶。

- ✉ State Highway 8
- ☎ 03-680-6828
- 交 几维鸟之宝步行1分钟
- 营 11:00~21:00　休 无
- NZ$ 午餐NZ$13~、晚餐NZ$16~

餐馆　MAP-p.103-A
回声咖啡 & 酒吧
Reflections Café & Bar

一家新西兰料理餐馆。以羊肉和牛肉为原料的烧烤曾在国内的比赛上获奖，是餐馆里的拿手好菜。菜品口味较清淡。

- ✉ State Highway 8
- ☎ 03-680-6234
- 交 几维鸟之宝步行1分钟
- 营 7:00~20:30
- 休 无　NZ$ NZ$15~

传说中的三文鱼盖饭，还配有酱汁和咸菜

特卡波

特卡波中心地区
Central Tekapo
0　　200m

- 特卡波湖　Lake Tekapo
- Lakeside Drive
- Tekapo Domain
- (8)
- p.104 特卡波高山工艺品店
- p.103 回声咖啡&酒吧
- 翠宫饭店 p.103
- p.104 执行79
- p.104 特卡波度假村
- 航空旅行（塞斯纳飞行机游）p.102
- 旅游咨询处
- p.104 几维鸟之宝
- p.103 湖畔餐馆
- Lake Tekapo School Community Hall
- p.104 古德利度假村
- p.104 特卡波湖旅馆
- Boat Ramp
- 善牧教堂 p.102　Church of the Good Shepherd
- Pioneer Drive
- 牧羊犬铜像　Dog Memorial
- Pines Beach
- 小木屋 p.104
- Aoraki Crescent
- Tekapo River
- Allan Street
- Jeune Street
- Scott Street
- Murray Place
- Hamilton Drive
- 前往蒂马鲁、克莱斯彻奇

商店　MAP-p.103-A
特卡波高山工艺品店
Tekapo High Country Crafts

不仅有各种特产，还有当地艺术家制作的各种杂货。热卖的商品除了有抓绒夹克（NZ$180~）外，还有用羊油制作的绵羊油霜等化妆品。

✉ State Highway 8　☎ 03-680-6905　🚶 几维鸟之宝步行1分钟　🕐 9:00~20:00（冬季至17:00）　休 无

商店　MAP-p.103-A
几维鸟之宝
Kiwi Treasures

热卖的商品有羊皮坐垫（NZ$81~）、抓绒夹克（NZ$175~）、袋貂毛和羊毛混纺的毛衣（NZ$185~）。同时该商店还是旅游咨询处。

✉ State Highway 8　☎ 03-680-6686　🚶 城市的中心　🕐 8:00~19:00（冬季至17:00）　休 无

商店　MAP-p.103-A
执行79
RUN79

是一家售卖各种羊毛制品的商店。此外还有著名户外品牌"Icebreak"的服装及装备。100%的美利奴羊毛商品重量轻、保暖性好，并且容易晒干。店里还有当地艺术家的绘画作品等。

✉ State Highway 8　☎ 03-680-6900　FAX 03-680-6901　🚶 几维鸟之宝步行1分钟　🕐 8:30~20:30（冬季至18:00）　休 无

酒店　MAP-p.103-A
特卡波湖旅馆
Lake Tekapo Lodge

特卡波湖旅馆室内装饰优雅，服务热情，是一家很不错的B&B。4间客房全部都有精美的室内装饰，其中3间客房面对着可以看到特卡波湖的花园。入口处有以前英国国教会曾使用过的厚重的大门，呈现出另一种空间氛围。休息室里有国际象棋和电视机，可以随意地喝茶或喝咖啡。旅馆里还有天窗，可以仰望星空，愉快地度过漫漫长夜。

✉ 24 Aorangi Crps.　☎ 03-680-6566　FAX 03-680-6599　🚶 几维鸟之宝步行3分钟　NZ$ T、D / NZ$200~430　室 4间　HP www.laketekapolodge.co.nz

酒店　MAP-p.103-A
古德利度假村
The Godley Resort

特卡波最大的酒店。酒店面对着湖畔，距教会很近，地理位置优越。住宿费包括了早晚餐，晚餐可以在3家餐馆的任意一家吃，而且有西餐和日本料理。酒店里还面向住宿者出租皮艇和钓竿。

✉ State Highway 8　☎ 03-680-6848　FAX 03-680-6873　🚶 几维鸟之宝步行1分钟　NZ$ S、T / NZ$93.50~　室 82间　HP www.tekapo.co.nz

酒店　MAP-p.103-B
小木屋
The Chalet

是一家瑞士夫妇经营的酒店。6间客房都是不同的室内装饰、不同的颜色，很有情趣。沿湖边的家庭单元有豪华的起居室和2人间。客房宽敞明亮，价格也很合理。

✉ 14 Pioneer Drive　☎ 03-680-6774　FAX 03-680-6713　🚶 几维鸟之宝步行4分钟　NZ$ NZ$160~270　室 6间

酒店　MAP-p.103-A
特卡波湖度假村
Lake Tekapo Scenic Resort

度假村于2000年开业。一走出客房就是草原，可以看到特卡波湖和教会。在此可以尽情地欣赏特卡波的风景。4人用的家庭单元带有厨房。有的客房还带有温泉浴。

✉ State Highway 8　☎ 03-680-6808　🚶 几维鸟之宝步行1分钟　NZ$ S、D / NZ$160、家庭单元NZ$4190　室 18间

魅力无限的新西兰星空

经历了惊险刺激的旅游活动并吃过美味的晚餐后,要是直接去睡觉,总让人觉得太可惜了。仰望新西兰的夜空是最美妙的体验。夏季,天要很晚才黑,可以一边品尝葡萄酒,一边等待美丽星空的出现。观赏灿烂的群星,也是消除旅途疲劳的好方法。

寻找南十字星座

新西兰国旗上的南十字星座(Southern Cross)是88个星座中最小的一个星座。这个星座不仅在北半球很难看到,还承担着指示南方的重要作用,过去南半球的水手和旅客都很重视它。南十字星座位于半人马座与苍蝇座之间的银河中。星座中主要的亮星组成一个"十"字形,从这个"十"字形的坚线向下延伸,延伸到坚线长度约4倍的位置就是南天极了。如寻找南十字星座,可先寻找其左侧的猎犬座(见左下图)。

库克山也有天文观测

左侧的2颗大星是猎犬座,右边是南十字星座

特卡波的星空也申报世界遗产

特卡波是新西兰晴天最多的地区,它的星空更是特别美丽。当地人通过用伞罩住街灯,使用钠灯减少光害等措施来保护美丽的星空。现在,新西兰政府正在向联合国教科文组织申请让世界上最美的星空入选世界遗产。世界遗产的对象包括公园、湖泊、城市、建筑物等,目前为止还没有星空入选世界遗产的记录,因此新西兰政府的申请受到了全世界的关注。

瓦纳卡
Wanaka

MAP-p.42-F

前往瓦纳卡
从克莱斯特彻奇乘坐城际长途巴士大约7小时,每天运行2趟(上午),车费NZ$80。
从昆斯敦乘坐城际长途巴士需2小时,每天运行1趟(上午),车费NZ$17。

旅游咨询处
Wanaka Visitor Information Centre
MAP p.106　100 Ardmore St.,
Wa naka　03-443-1233
8:30~17:30　休 无

导游信息
瓦纳卡
娱乐	
活动	★★★★
景点	★★
休闲	★★★★★
交通工具	
步行	★★★★
机场巴士	★★★
区域范围	

许多旅馆离市中心不远,步行就可以到。冬季有机场巴士开往滑雪场。

▼城市概况

瓦纳卡是一座位于湖畔的美丽城市。夏季时分它是水上娱乐活动和徒步旅行的胜地,冬季则是著名的滑雪基地,全年都游客不断。阿斯帕林国家公园的雪山风景、白杨街道的黄叶等,一年四季都景色优美,是很受游客欢迎的旅游胜地。

城市的中心位于阿德莫尔街和湖滨大道的交叉处周围。与阿德莫尔街相交的赫鲁威克街、汤加波街的周围有很多商店和餐馆。与上面这些街道交叉的布莱斯顿街有众多的汽车旅馆和背包客旅馆。从阿德莫尔街和湖滨大道的交叉处向斜坡上走,可发现这一带有很多酒店、餐馆和商店。

从市中心沿6号线开车7~8分钟就到了瓦纳卡机场,机场有机场巴士开往市中心。机场周围有奇幻世界、步枪射击等旅游景点和娱乐场所。

很受游客欢迎的城市

SOUTH ISLAND

瓦纳卡市内的旅游景点和旅游活动

景点 MAP-p.106
新西兰战斗机博物馆
NZ Fighter Pilots Museum

博物馆位于瓦纳卡郊外的机场附近，离市中心约10公里。除了有俄罗斯、美国的战斗机等展品外，博物馆里还展示在实际战斗中使用过的战斗机的复制品，是飞机迷必去的地方。此外，这里还有很多关于战斗机的资料和照片，是一家很值得参观的博物馆。
☎ 03-443-7010 FAX 03-443-7011
交 旅游咨询处开车5分钟
营 9:00~16:00 休无 NZ$10
HP www.nzfpm.co.nz

景点 MAP-p.42-F
瓦纳卡啤酒工厂
Wanaka Beer Works

使用麦芽、啤酒花、酵母和水酿造的啤酒曾在瓦纳卡的当地啤酒比赛上获奖，是一家很有实力的啤酒酿造厂。每天的14点有参观啤酒工厂的旅游活动，而且在活动中可以尝到3种不同的啤酒。
✉ SH6.RD2 ☎ 03-443-1865
营 10:00~16:00 休无 NZ$5

景点 MAP-p.106
奇幻世界
Puzzling World

在奇幻世界，似乎快要倒的塔和倾斜15度的房子会刺激你的视觉，扰乱你的平衡感。
✉ 188 Main Highway
☎ 03-443-7489 FAX 03-443-7486
交 旅游咨询处开车3分钟 营 8:30~17:00 休无
NZ$9~

景点 MAP-p.106
交通工具和玩具博物馆
Transport & Toy Museum

博物馆里有古董汽车、拖拉机等各种交通工具。此外，博物馆还展示不同年代的玩具。
☎ 03-443-8765 FAX 03-443-8750
营 8:30~17:00 休无 NZ$10

景点 MAP-p.42-F
利庞葡萄酒庄
Rippon Vineyard&Winery

利庞葡萄酒庄被认为是世界上最美丽的葡萄酒庄。在这里可以边试饮葡萄酒，边欣赏湖畔的葡萄园风景。
✉ 246 Mt Aspiring Rd. ☎ 03-443-8084 FAX 03-443-8034
交 旅游咨询处开车5分钟 营（试饮）11:00~17:00（12月至次年4月）、13:30~17:30（7~11月）休 5~6月（预约游客可以参观）

活动 MAP-p.106
射击
Have A Shot

除了有步枪射击、射箭、高尔夫等活动外，以网球为靶子的"战场（Battle Field）"也很受游客的欢迎。
✉ Cnr Mt Barker Rd& State Highway 6 ☎ 03-443-6656 FAX 03-443-6657 营 9:00~17:00 休无
NZ 步枪射击NZ$17(25发)、战场NZ$7(20分钟)

活动
野外骑马探险
Backcountry Saddle Expeditions

可骑马览历史悠久的卡德罗纳山谷和金矿区。
✉ RD1, Cardrona ☎ 03-443-8151 营 10:00、13:30
交 瓦纳卡开车25分钟、瓦纳卡接送（每人NZ$10）
NZ$70（2小时）

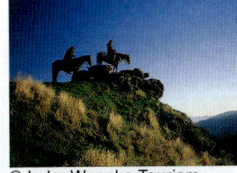
© Lake Wanaka Tourism

旅行 信息
从瓦纳卡出发，挑战罗布罗伊冰河徒步旅行

从市里开车大约1个小时到达树莓溪（Raspberry Creek），从这里到马托基托吉谷（Mat ukituki）的途中都是草地，遍地都是吃草的羊群。经过马托基托吉谷，沿着通往罗布罗伊冰河瞭望台的山路往上爬。银白色的雪山、碧绿的山谷、美丽的河流交相辉映，似乎身处"世外桃源"。导游是新西兰人，会用简单易懂的英语给你解说。此外，在壮丽的景色中吃午餐也别有一番风味。
🌐 瓦纳卡生态冒险
MAP p.106
☎ 03-443-2869
HP www.ecowanaka.co.nz
NZ$ NZ$235~（瓦纳卡出发）、NZ$355~（昆斯敦出发）
＊11~4月

岩石上飞来可爱的食肉鹦鹉

南岛 瓦纳卡

商店和餐馆
Shops&Restaurants

有很多风格优雅的商店和餐馆

以瓦纳卡湖为中心聚集了众多商店和餐馆。

艺术
艺人合作工作室
Artisans Co-operative Studio

MAP-p.106

众多当地艺术家的作品

是一家由11位当地艺术家共同经营的商店。店里有绘画、照片、陶艺、杂货等各种原创商品。下面的图片是年龄最大的艺术家琼和她的作品苏格兰男式短褶裙。

- 54 Ardmore St.
- 03-443-7578
- 旅游咨询处步行3分钟
- 9:30～17:30（周六11:00～15:00）
- 休 周日

看看这些原创商品也是一件乐事

礼品店
绿树林礼品店
Green Grove

MAP-p.106　订购

购物时值得一去的商店

店里除了有各种天然的特产和艺术品外，还有很多当地艺术家的作品。据说店里用动物骨骼雕刻的项链被认定为传统工艺品，而且蒂帕帕国家博物馆也收藏有同样的物品。

- 101 Ardmore St.
- 03-443-8015
- 旅游咨询处的正对面
- 10:00～17:30　休 无

雕刻精细的美丽骨雕

新西兰料理
美味咖啡馆
Relishes Cafe

MAP-p.106　预

湖泊前受人欢迎的餐馆

新加坡式筋肉、用大酱和紫菜为配料制作的烟熏三文鱼等各种亚洲风味的料理非常多。鹿肉排、牛排、羊排的价格是NZ$30。

- Lakeview Place, 99 Ardmore
- 03-443-9018
- 旅游咨询处步行1分钟
- 7:00～22:00　休 无
- NZ 晚餐NZ$40~

餐馆位于瓦纳卡湖的前面

咖啡馆
凯弗卡派咖啡
Kai Whakapai Café

MAP-p.106

位于购物街的一家很有人气的咖啡馆

店名在毛利语中的意思是"美味的料理"。据说那些经常来新西兰的旅行者只要来了瓦纳卡，就会到这家店来吃香蕉冰激凌派。

- Cnr Ardmore & Helwick Sts.
- 03-443-7795　FAX 03-443-7795
- 旅游咨询处的对面
- 7:30至深夜　休 无
- NZ 派NZ$4~、意大利面NZ$18~24

在咖啡馆吃派、喝茶

新西兰料理
随想曲餐厅 & 酒吧
Capriccio Restaurant & Bar

MAP-p.106

海鲜料理丰富

有小龙虾、牡蛎、贻贝、金枪鱼等各种海鲜料理，是一家很受欢迎的餐馆。顾客可以自己选择烹饪方式。

- 123 Ardmore St.
- 03-443-8579　FAX 03-443-8570
- 旅游咨询处步行1分钟
- 18:00至深夜　休 无
- NZ $20~
- HP www.capriccio.co.nz

每道菜的菜量都很大

预 要预约　外卖　订购 可以订购

酒店
Hotels

美丽城市中的个性旅馆

瓦纳卡有很多高雅的旅馆。而且这些旅馆大多都是面向新西兰国内的游客，所以价格实惠。

酒店
水岸湖滨度假村
Edgewater Resort

MAP-p.106

在湖边的酒店度过悠闲的时光

位于瓦纳卡湖畔的高级度假酒店。但酒店也有公寓式客房。此外酒店内还有厨房和洗衣店，非常适合长期旅游的旅客住宿。

✉ Sargood Drive
☎ 03-443-0011 FAX 03-443-8323
🚌 旅游咨询处开车2分钟
NZ T／NZ$230~ 室 104间
HP www.edgewater.co.nz

宽敞的客房非常舒适

B&B
瓦纳卡清泉旅社
Wanaka Springs

MAP-p.106

绿色环绕的清新空间

旅馆内的新西兰原木家具让客房充满了温馨气氛，每间客房都配有各自的主题色彩，再加上考究的室内装饰，使旅馆洋溢着雅致的氛围。

✉ 21 Warren St. ☎ 03-443-8421
FAX 03-443-8429 🚶 旅游咨询处步行6分钟 T／NZ$320~364 室 8间
HP www.wanakasprings.com

参观客房也是一件愉快的事情

B&B
瓦纳卡小屋
Te Wanaka Lodge

MAP-p.106

热情的服务

是一家服务热情，室内装饰高雅的B&B。旅馆有休息室、起居室、电视房等设施，旅客可以在广阔的空间内充分休息。此外，还有室外按摩浴缸。

✉ 23 Brownston St. ☎ 03-443-9224
FAX 03-443-9246 🚶 旅游咨询处步行3分钟
S／T NZ$214~281 室 13间

高雅的室内装饰

汽车旅馆
贝拉汽车旅馆
Bella Vista Motel

MAP-p.106

价格合理、交通便利的汽车旅馆

旅馆位于城市的中心，交通非常便利。虽然没有厨房，但如果想自己做饭的话，可以让旅馆安排配有简易烤箱等炊具设施的客房。有的客房还配有大型按摩浴缸。

✉ 2 Dunmore St. ☎ 03-443-6066
FAX 03-443-6067 🚶 旅游咨询处步行1分钟 S／T NZ$125~175 室 18间

橙色的屋顶是旅馆的标志

汽车旅馆
溪谷庄园
Asure Brook Vale Manor

MAP-p.106

家庭氛围浓郁的旅馆

旅馆里的厨房设施完善，使用方便，可以在这里度过愉快的旅行时光。除此之外，旅馆还提供免费的咖啡和红茶。一楼的客房外是庭院，让你有一种回到自己家的感觉。

✉ 35 Brownston St. ☎ 03-443-8333
FAX 03-443-9040 🚶 旅游咨询处步行2分钟 T／NZ$110~175 室 10间 HP www.brookvale.co.nz

夏天，庭院里开满了鲁冰花

🍴 餐馆　☕ 咖啡休息室　🍺 酒吧休息室　🏊 泳池　💼 商务中心　♨ 温泉

南岛　瓦纳卡

昆斯敦

Queenstown

MAP-p.42-F

昆斯敦简介
人口：约2万人
面积：8704.97平方公里
气候：夏天平均气温21摄氏度，冬天平均气温零下1.2摄氏度。
降水量：年降水量849毫米。

前往昆斯敦
✈ 从奥克兰坐飞机大约1小时45分，每天有4~9次航班。
NZ$99~
从克莱斯特彻奇坐飞机大约1小时，每天有4~6次航班。
NZ$59~
🚌 从克莱斯特彻奇坐城际长途巴士大约8小时。每天有3趟（上午）。NZ$39~

旅游咨询处
Clocktower Centre
MAP p.115 ✉ Cnr Shotover & Camp St. ☎ 03-442-4100
🕐 8:30~18:00
休 无

导游信息 昆斯敦

娱乐
活动　★★★★★
景点　★★★
休闲　★★★

交通工具
步行　★★★★★
租车　★★★

区域范围
　　步行即可游览城市各处。乘坐短途巴士去费恩希尔和弗兰克顿周围的旅馆会比较方便。

不可错过的景点

天际缆车
乘坐厄恩斯洛号
（TSS Earnslaw）游览阿罗敦

昆斯敦（皇后镇）
城市概况

　　昆斯敦（又名皇后镇）位于瓦卡蒂普湖的对面，可以远望卓越山，是一座非常美丽的城市。19世纪70年代，城市的周围掀起了淘金热，这座小镇也被命名为皇后镇（Queenstown）——因为人们认为它是适合维多利亚女王居住的地方，昆斯敦是音译过来的名字。

美丽依旧的旅游胜地

　　"皇后镇"的美丽一直保持到现在，夏天这里是进行蹦极、喷气船和漂流等旅游活动的中心地区，冬天则是著名的滑雪胜地，是一座非常适合年轻人居住的城市。在美国的权威旅游杂志上，昆斯敦还进入了世界旅游胜地前20名。不论年龄、性别、国籍，来昆斯敦旅行都会让你印象深刻。

步行即可游览的小城市

　　经常听去过昆斯敦的游客说，去之前以为昆斯敦是一座大都市，去了才发现只是一座小城市而已。城市沿着湖畔呈T字形展开，坎普街和肖特弗街相交的角落处有旅游咨询处，称为"钟塔"。横跨肖特弗街，旅游咨询处的对面有集散点车站（The Station）。这一带也有旅游公司和信息服务处。沿坎普街继续往前走，在海滨路的拐角处有购物中心"奥康内尔（O'Connells）"。购物中心的前面有短途巴士"Connecta Bus"的站牌。继续往前走就到了莫尔大街，这是一条商业街。这一带就是城市的中心。沿海滨路往前走的话就到了湖边的汽船码头（Steamer Wharf）。码头里边还有赌场。

从鲍伯山（p.114）眺望昆斯敦

从机场到市内的交通

昆斯敦机场离市内7千米。从机场到市内除了有公共的机场巴士外，从7：00到22：00还有短途巴士从市中心开往郊外，每20分钟到30分钟运行一趟。从机场到市中心大约是20分钟。乘车时要向司机确认是否可以在自己住宿的地方下车。

机场有租车的地方，但要确认在市内能不能还车。如果不打算再去一次昆斯敦机场，那最好是在市内租车。

市内交通

昆斯敦非常小，步行就可以游览。但是，如果住在城市西南部的费恩希尔和东北部的弗兰克顿的旅馆，从这些地方步行到市中心的话，很费时间。这时可以乘坐短途巴士。短途巴士有3条线路，可选择离旅馆较近的线路。有些旅馆有自己的免费巴士哦。此外，坎普街莫尔大道入口处的周围是出租车站，可以到这里坐出租车，也可以打电话叫出租车。

◆短途巴士

短途巴士往返于昆斯敦的市中心和郊外，共有3条线路，是市民上班、上学、购物时的重要交通工具，也是游客经常乘坐的巴士。

短途巴士一天往返多次，要往返于阿罗敦等地方时，购买全日通票比较实惠。全日通票乘车时从司机那里购买。从市中心出发的运行时刻表如下：

● 市中心—阳光湾：

经过雷吉斯、隐士饭店、美居等酒店，终点站是阳光湾。发车时间为6:45、7:15~22:45（每30分钟运行一趟）。

● 市中心—昆斯敦机场：

经过国尊、千禧年、金斯凯特等酒店，终点站是昆斯敦机场。发车时间为7:15、7:45、8:05、8:25~18:05（每20分钟运行一趟）、18:35~22:35（每30分钟运行一趟）。末班车是23:15。

● 市中心—阿罗敦：

经过海斯湖、米尔布鲁克水疗中心，终点站是阿罗敦。发车时间为7:15、8:05~22:05（每小时运行一趟）。

机场很小，不用担心会迷路

机场巴士
Super Shuttle
☎ 03-442-3639　NZ$20~
Airport Bus
☎ 03-441-4471
NZ$6

出租车公司
昆斯敦出租车
☎ 03-442-7788 免费电话（新西兰）0800-78-8294
AA・高山出租车
☎ 03-442-6666 免费电话（新西兰）0800-442-6666

租车公司
欧米茄租车
✉ 14 Shotover St.
☎ 03-442-5224 免费电话（新西兰）0800-154-815
NZ 一天NZ$65左右

短途巴士
Connecta Bus
☎ 03-441-4471
NZ 车票　NZ$3~NZ$8
全日通票　NZ$20
HP www.connectabus.com

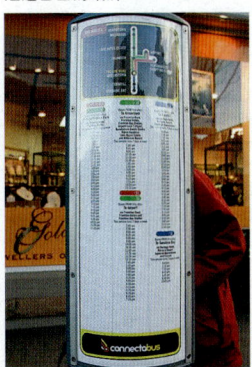

短途巴士的站牌

当地人经常使用的交通工具——短途巴士

市内1日游旅游线路介绍

昆斯敦旅游计划

昆斯敦市中心布局紧凑，适合步行游览。
乘船游览瓦卡蒂普湖，欣赏美丽景色。

鲍伯山→p.114
乘坐缆车登上海拔790米的瞭望台，从这里观赏如画般的美景。

鲍伯山的平底雪橇（p.123）惊险又刺激

一家可以看到瓦卡蒂普湖美景的餐馆。餐馆有午餐和晚餐。

厄恩斯洛号游览→p.116
乘坐怀旧蒸汽船——厄恩斯洛号游览美丽的瓦卡蒂普湖。参观完农场后，可以去吃烧烤午餐（可选择）。

巴塔哥尼亚巧克力→p.124
一家很受欢迎的商店＆咖啡店，店里大约有80种手工巧克力。离码头很近，休息时可以去店里尝尝美味的糖果。

店里还有辣椒巧克力

品酒会 →p.127
店里销售奥塔哥产的高级葡萄酒。可以坐在店里的沙发上，慢慢试饮葡萄酒。

鱼骨海鲜馆→p.129
可以吃到在南岛周围捕到的新鲜鱼类和贝类。在当地是一家很受欢迎的餐馆，旅行时可以在这里吃晚餐。

旅行线路 Recommemded Route

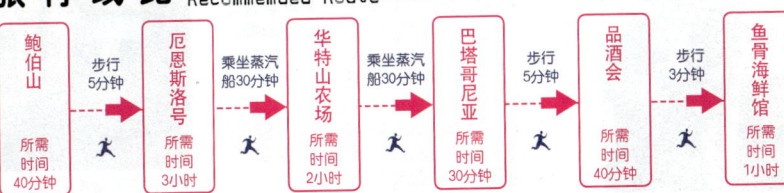

鲍伯山 所需时间40分钟 → 步行5分钟 → 厄恩斯洛号 所需时间3小时 → 乘坐蒸汽船30分钟 → 华特山农场 所需时间2小时 → 乘坐蒸汽船30分钟 → 巴塔哥尼亚 所需时间30分钟 → 步行5分钟 → 品酒会 所需时间40分钟 → 步行3分钟 → 鱼骨海鲜馆 所需时间1小时

南岛 昆斯敦

昆斯敦市内旅游景点

景点 鲍伯山 Bob's Hill
MAP-p.112-C

乘坐缆车只需5分钟就可以到达海拔790米的瞭望台。瞭望台上除了有餐馆、商店外，还设有剧场用于毛利人表演。很多游客都喜欢在这里一边欣赏昆斯敦的夜景一边吃自助晚餐（加上缆车费用共NZ$69）。

- ✉ Brecon St.　☎ 03-441-0101
- 交 旅游咨询处步行5分钟
- 营 9:00至深夜　休 无
- NZ$ NZ$25（缆车费）

景点 几维鸟&鸟类公园 Kiwi & Birdlife Park
MAP-p.112-C

是新西兰国鸟——几维鸟等新西兰特有鸟类的保护公园。公园内除了对濒临灭绝的鸟类进行繁殖外，还开展保护受伤鸟类等各种活动。此外，公园还饲养四脚蛇和大蜥蜴。

公园内的生态环境非常接近大自然，甚至连野外的鸟都会来这里筑巢。园内设有暗室，用来观察夜行性鸟——几维鸟，可以透过玻璃看到几维鸟走动时优雅的姿态。一想到现在几维鸟在野外的生存率只有5%，就不禁感叹它们生命的珍贵以及保护它们的人所做的巨大贡献。公园内还有商店，里面有介绍新西兰鸟类和自然环境的书，还有一些手工制作的日用品。

- ✉ Brecon St.　☎ 03-442-8059
- FAX 03-442-8061　交 旅游咨询处步行5分钟　营 9:00~18:00（冬季至17:00）
- 休 无　NZ$ NZ$38
- HP www.kiwibird.co.nz

从鲍伯山眺望昆斯敦

景点 昆斯敦园林公园 Queenstown Garden Park
MAP-p.112-E

公园位于城市的南边，面积很大，但前来游览的游客却不多。公园内有昆斯敦娱乐中心。娱乐中心有网球场和滑冰场，夏天可以在滑冰场滑旱冰，冬天则可以在这里滑冰。观看水鸭在池塘里游来游去，欣赏周围盛开的鲜花，无论男女老少都可以在这里度过悠闲愉快的时光。

- 交 旅游咨询处步行5分钟
- NZ$ 滑冰、滑旱冰大约NZ$16，网球场使用费NZ$8

景点 水下世界 Underwater World
MAP-p.115

位于瓦卡蒂普湖栈桥上的皮亚主塔，是一间用玻璃围起来的观察室，透过玻璃可以看到水中的情形。除了可以看到鳗鱼、大马哈鱼、鳟鱼在水里自由地游来游去，还可以看到野鸭捕食时潜入水中的情形。

- ✉ The Main Pier　☎ 03-442-8538　FAX 03-441-8538　交 旅游咨询处步行2分钟　营 8:30~18:00　休 无　NZ$ NZ$5

景点 码头赌场 The Wharf Casino
MAP-p.115

赌场位于湖边的汽船码头。虽然比奥克兰、克莱斯特彻奇的赌场规模小，但却是一家只有在度假村才有的环境优雅的赌场。虽然进赌场没必要盛装打扮，但是着装最好还是适合赌场里边的氛围。赌场里有轮盘赌、幸运金钱轮、二十一点、迷你百家乐和自助赌博机等游戏。每天晚上，都有很多游客怀着发大财的梦想聚集到这里。

- ✉ Steamer Wharf, Beach St.　☎ 03-441-1495　FAX 03-442-4678　交 旅游咨询处步行3分钟　营 11:00至第二天凌晨3:00　休 无

景点 威廉的小屋 William's Cottage
MAP-p.112-F

这座房子是淘金时代的建筑。1864年移居到昆斯敦的乔治・威廉・拉夫建了这所房子，里面的家具和日用品可以让你想象到当时人们的生活状况。

- ✉ Cnr. Marine Parade & Earl St.
- ☎ 03-442-5687
- 交 旅游咨询处步行4分钟
- 营 10:00~17:00
- 休 无

公园可以向当地人一样带上午餐到公园游览

赌场内有餐馆和商店

SOUTH ISLAND

景点　　　　　　　　　　　　　　　MAP-p.112-C
毛利人音乐会&宴会
Maori Concert & Feast

毛利人表演属于北岛的传统文化，在北岛比较盛行，但在南岛的昆斯敦也可以看到毛利人的传统艺术。有因常在全黑队赛前演出而闻名的哈卡舞，使用棍子的棍子舞，以及一边转动"Poi"（一种在绳子的一头系有圆形装饰物的小道具）一边跳舞的"Poi Dance"等丰富多彩的毛利人演出项目。晚餐是自助餐，而且还有毛利人的传统料理——用肉和蔬菜制作的"石头火锅"。

✉ Brecon St.（天际线小屋内）☎ 03-441-0101
FAX 03-442-6391　交 旅游咨询处步行5分钟
营 毛利人表演18:00～20:30，每隔一小时举行一次
休 无　NZ$ 缆车+音乐会NZ$55、缆车+音乐会+晚餐NZ$108
HP www.skyline.co.nz

真心导游
挑战
市内徒步旅行

昆斯敦有很多步行道。其中有1个小时就可以走完的线路，也有要花上一整天才能走完的线路，可以根据自己的情况自由选择。

● 阿拉瓦特布莱德鲁步行道
（Alawata Bridle Track）
（所需时间1小时）
连接阿拉瓦特（位于费恩希尔的莫斯伦上）和沿湖的格林诺奇的道路。在这条路上可以眺望瓦卡蒂普湖，是很适合散步的街道。

● 弗兰克顿阿姆
（Frankton Arm）
（所需时间1小时30分钟）
沿着湖边，从半岛街走到弗兰克顿自然保护区。

● 昆斯敦步行
（所需时间2~3小时）
在桉树等外来树种茂密的森林中穿行，爬上500米的小山丘。在山顶可以眺望卓越山、卡瓦劳河和塞西尔峰等自然景观。

景点　　　　　　　　　　　　　　　MAP-p.112-A
瓦卡蒂普湖
Lake Wakatipu

沿着湖边的海滨大道，从厄恩斯洛公园到汽船码头的木板路，再到圣马托公园是散步路线。当地人一到休息日，就到这一带来午睡、慢跑，度过悠闲的假期时光。因为处处都景色优美，所以有很多游客都到湖畔来写生、摄影。

交 旅游咨询处步行1分钟

南岛

115

昆斯敦

昆斯敦中心地区地图
Queenstown Central

当地游 GUIDE
昆斯敦篇

乘坐怀旧的厄恩斯洛号渡过瓦卡蒂普湖，游览高原农场风景。

有"湖上贵夫人"之称的厄恩斯洛号于1912年下水，是一艘历史悠久的蒸汽船。乘坐这艘船渡过瓦卡蒂普湖，游览位于华特山山麓下的广阔农场是很有人气的旅游活动。不论男女老少都可以参加。天气晴朗时，瓦卡蒂普湖的景色如图画一般美丽。怀旧的游轮更是增添了旅行的情趣。

喝过早茶后游览农场

从汽船码头登上厄恩斯洛号，可以看到甲板上摆满了使用了很久的长凳。由于渡轮的使用历史比较悠久，甲板上的木材和黄铜窗户等都被磨得闪闪发光，看起来古色古香。

游轮出发后，可以到船内的动力室参观锅炉工给船添加煤炭。这艘船自1912年下水以来，一直是人们通往瓦卡蒂普湖畔农场的交通工具，人们乘坐它去牧场工作，用它运载牲畜和货物。动力室一直都保持着当时的样子，所以锅炉工的工作也跟100年前一样，没有任何变化。因此，厄恩斯洛号就像是一艘会移动的博物馆。

到了华特山的农场后，可以去"上校之家"喝茶、吃烤饼。"上校之家"是殖民时代的建筑，因此里面并不豪华，而是非常简单、朴素，充满了温暖的气氛。

参加农场团体游的话，能接触到很多的动物。可以给鹿喂食、骑苏格兰长毛牛、观看牧羊犬表演。只需主人的一声口哨，羊群便可以在5分钟内集中到一处，羊群的机灵实在让人惊叹。

看完了剪羊毛表演后又回到船上，回来的路上，伴着歌手辛格老爷爷的钢琴演奏，周围的乘客会来一个大合唱。各国游客都会唱出自己国家的国歌。

经验丰富、很会调动乘客情绪的辛格老爷爷

给喜欢亲近人的鹿喂食

游览厄恩斯洛号
TSS Earnslaw　　　　　　　MAP-p.112-E
Real Journey
汽船码头（坐船、出售船票）
☎ 03-442-7500
FAX 03-442-7504
乘船游览/NZ$50，乘船游览和参观牧场/NZ$70，乘船游览和参观牧场、烧烤/NZ$90，乘船游览和骑马游/NZ$108，乘船游览和参观牧场、晚餐/NZ$115～
www.realjourneys.co.nz

精挑细选 ▶ 当地团体游

路特本一日游
Routeburn Encounter The Guided Day Walk

- Ultimate Hikes ☎03-450-1940
- FAX 03-450-1941
- HP www.ultimatehikes.co.nz
- 出发 7:40~ 发团 11~4月
- NZ$169

从距离昆斯敦西北50千米的格林诺奇镇出发，徒步旅行到路特本步行街的一日游。和导游一起沿着路特本河，穿越山毛榉的原生林，再到路特本步行街的往返路程大约是13千米。这段路程的出发点和终点的海拔差是230米，道路很平缓。如果体力不错的话，可以再往上走300米，去看看路特本瀑布。

所需时间 2 小时

船主峡谷游
Skippers Canyon Tour

- Queen'stown Heritage Tours
- ☎03-442-5949
- FAX 03-441-8989
- HP www.queenstown-heritage.co.nz
- 出发 8:00、13:30
- 发团 8~5月
- NZ$150~

参观在19世纪60年代曾盛行淘金热的船主峡谷。在多石、荒凉的山谷中乘坐越野车兜风，并参观墓地和学校，了解开拓者的历史和他们当时的生活情形。船主峡谷有蹦极和喷气船活动，旅行时可以进行这些活动。

所需时间 5 小时

双层巴士观光
Double Decker Bus Tour

- Double Decker Bus Tours
- ☎03-441-4471 FAX 03-442-6710
- 出发 9:30、12:30 发团 全年 NZ$48
- HP www.doubledeckerbus.co.nz

沿着昆斯敦的坎普街行，在莫尔大道入口处的2层建筑处乘坐巴士前往阿罗敦，这是一座在淘金时代非常繁荣的小城镇。沿途可以参观以蹦极闻名的卡瓦劳河桥，再经过海斯湖，最后到达阿罗敦。可以在这里待上大约1小时。关于阿罗敦的详细信息请参考p.118。

所需时间 3 小时

南岛

117

昆斯敦

美食葡萄酒游
Gourmet Wine Tour

- Appellation Wine Tours
- ☎03-442-0246
- FAX 03-442-0143
- HP www.winetoursnz.com
- 出发 9:30~
- 发团 全年
- NZ$199

可参观吉普斯顿谷、欧普森斯、班诺克本、费尔顿路、黑脊（Black Bridge）、查德农场等昆斯敦周边的著名酒庄，试饮葡萄酒。此外，还可以品尝奶酪、参观果汁工厂和私人果园。参加这种旅行的游客一般很少，所以旅行过程舒适自在。午餐吃的是地中海式饭菜。此外，还有中午12:00出发的半日游。

所需时间 7 小时

风景游
Safari of The Scenes

- Nomad Safaris
- ☎03-442-6699
- 出发 8:15、13:30
- 发团 全年
- NZ$149
- HP www.nomadsafaris.co.nz

昆斯敦是电影《指环王》的著名拍摄地之一。尤其是昆斯敦的格林诺奇更是风光明媚的著名旅游胜地，风景游就是花半天的时间乘坐越野车欣赏格林诺奇的美景。虽然无法看到拍摄电影时使用的配套布景，但却可以看到曾出现在电影银幕上的如梦幻般的自然景色。还可以游览瓦卡蒂普湖周边（无须另付费）。

所需时间 7 小时

昆斯敦郊外旅游景点

昆斯敦不光有惊险刺激的旅游活动和疯狂的购物,城市的不远处还有很多独具特色的旅游景点。昆斯敦既有历史悠久、街道古老的"金矿之街",又有酒庄林立的大道,并且还可以欣赏到世界自然遗产的魅力,各种独具特色的旅游景点随处可见。可以选择参加昆斯敦出发的一日游,也可以选择租车自驾去游览自己中意的景点。

景点　　MAP-p.112-B

阿罗敦
Arrowtown

阿罗敦是一座距离昆斯敦约21千米的小城镇。在19世纪60年代它曾作为"世界上产沙金最多的地方"而闻名于世,在淘金时代它是一座非常繁荣的城镇。主街上有让人怀念的古典酒店和邮局,感觉像是穿越到了140多年前的淘金时代。

保留淘金时代的面貌的街道

阿罗敦现在的人口是1700人左右,但在淘金时代的最盛期,大约有7000名矿工居住在这里,其中有很多是来自中国的开拓者。他们住在很小的村落里,干最重的体力活,忍受着来自外界的歧视,过着非常贫困的生活。

全年都有很多游客来阿罗敦观光,其中秋天是游客最多的季节。阿罗敦以美丽的黄叶而著名,每年秋天都会举行为期10天的"秋叶节"。这时,街道和丘陵上的树木都色彩斑斓,给这座怀旧的城市增添了另一种风情。

交 昆斯敦市中心乘坐短途巴士25分钟

每年的3月下旬到4月会举行"秋叶节"

景点　MAP-p.112-B

湖区博物馆
Lake District Museum

　　是一座介绍阿罗敦历史的博物馆。馆里有照片、速写、挖金的道具等众多的展品，还有淘金时代的矿工人偶，并再现了当时他们的工作情形。博物馆修建于100多年前，当时是一家银行。因此，作为历史建筑物，博物馆本身也很值得参观。

此外，博物馆还是阿罗敦的旅游咨询处。

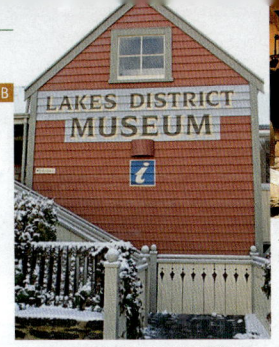

人偶真实再现了淘金时代的生活

- Buckingham St. Arrowtown
- 03-442-1824
- 昆斯敦市中心开车25分钟
- 8:30~17:00
- 无　NZ$6.50

景点　MAP-p.112-B

华人矿工茅屋
Chinese Settlement

　　19世纪60年代后半期是淘金时代的全盛期，当时许多中国人怀着发大财的梦想移居到阿罗敦。华人茅屋就是当时中国矿工们住所的遗迹。现在，沿着箭河的河边，在索彼德格利步行道上，还留有一部分这样的茅屋。这些矿工们曾居住过的简陋茅屋都是免费对外开放。

- 昆斯敦市中心乘坐短途巴士25分钟

可以想象当时矿工们的生活是多么的贫困

景点　MAP-p.112-A

格林诺奇
Glenorchy

　　格林诺奇是一座位于昆斯敦西北部50千米的小城镇。虽然不是有名的观光地，但却是去往路特本、雷斯和达特（Rees&Dart）、格林斯顿等徒步旅行的出发地，此外，前来登山的游客也很多。达特河流过这座城市，可以乘坐喷气船在这条河上游玩。

- 昆斯敦开车40分钟
- Dart River Jet Safaris
- 03-442-9992
- FAX 03-442-9992
- NZ$239~
- www.dartriver.co.nz

景点　MAP-p.112-A

船主峡谷
Skippers Canyon

　　1862年在船主峡谷发现金矿开启了奥塔哥地区的淘金时代。船主峡谷是位于昆斯敦北部的大峡谷，景色壮丽，有"新西兰大峡谷"之称。在通向峡谷的道路中，还留有当时中国矿工所建的道路，大约3米长，像是悬挂在悬崖边上，是一条让人胆战心惊的道路。

凹凸不平的岩石和绵延的峡谷中蕴藏着前人的梦想

　　由于禁止乘坐汽车进去，想要参观这里的话，需要参加团体游。

在葡萄酒窖可以品尝数种葡萄酒

参观昆斯敦周边的葡萄酒庄

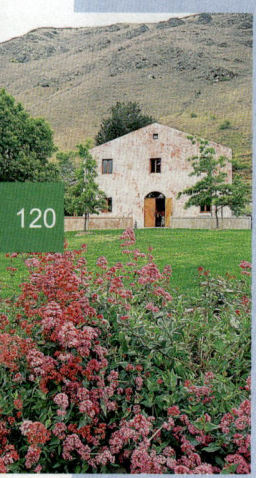

如画般的美景

说起新西兰的葡萄酒,就会想起北岛的霍克湾和南岛的马尔堡,它们都是葡萄酒的著名产地。但昆斯敦周边也有将近20个葡萄酒庄,这里酿造的葡萄酒味道也很不错。

沿着从昆斯敦到克伦威尔的高速6A号线,有最受欢迎的查德农场、吉布斯顿谷、百富勤葡萄酒等独具特色的葡萄酒庄。而且在班诺克本周围和沿着高速8号线的亚历山德拉也有不少葡萄酒庄。这么多的葡萄酒庄,很难在一天内就参观完。

参加葡萄酒庄团体游

想参观葡萄酒庄最好的方法就是参加葡萄酒庄团体游。导游会领着游客参观精挑细选的葡萄酒庄,还可以进行葡萄酒品尝等活动。著名的吉布斯顿谷酒庄生产的黑比诺葡萄酒,味道非常好,曾获得新西兰国内外的多个奖项。在这里有新西兰国内最大的葡萄酒庄,可以在里面品尝葡萄酒。酒庄内还设有餐馆,可以一边欣赏酒庄周围的风景,一边吃午餐。

克伦威尔有被称为"优美画面(The Big Picture)"的独特设施,可以从视觉、嗅觉、和味觉三个方面来加深游客对葡萄酒的认识。在45分钟的参观活动中可以品尝到中奥塔哥的代表性葡萄酒——黑比诺葡萄酒。同时,可欣赏到有关当地葡萄酒酿造的电影,还可以在芳香室(Aroma Room)体验200种葡萄酒的香味,并且还有酿酒师给游客讲述自己的酿酒心得。

葡萄酒庄团体游
Wine Tray
☎ 03-442-3799
📠 03-442-3796
💲 NZ$125
🖥 www.queenstownwinetrail.co.nz
Appellation Wine Tours
(参照p.117)
☎ 03-442-0246
💲 NZ$145~

美丽画面
The Big Picture
✉ Cnr. Sandflat Rd. & State Highway 6, Cromwell
☎ 03-445-4052 📠 03-445-4053 🕐 9:00~20:00
🚗 昆斯敦开车大约40分钟
🖥 www.bigpicturewine.com 🗺 p.42-F

3天2夜
全程33千米
最高点海拔1515米

昆斯敦
徒步旅行

路特本徒步旅行
Routeburn Track

在3天2夜的行程中，徒步走过山林和溪谷，欣赏瀑布、湖泊和河流等美丽的水边景色。是很受欢迎的旅行线路，从海洋峰角（Ocean Peak Corner）眺望哈里福德山谷和达朗山脉（Darran Mountains）的全景是旅行中最让人兴奋的部分。

路特本徒步旅行线路

出发点可以是峡湾国家公园的分水岭，也可以是阿斯帕林山国家公园的格林诺奇。这里以格林诺奇为例，向你介绍旅行线路。

第1天 沿着路特本河穿越美丽的山毛榉原生林

从路特本河入口处附近的避难所开始，沿着路特本河穿越山毛榉原生林。原生林中道路很平坦，阳光透过树叶照下来，潺潺的流水声不时传入耳中，是非常惬意、愉快的一段旅程。原生林中有很多野鸟，因此还是一次不错的赏鸟之旅。最后，继续往山上走1个多小时，就到了路特本瀑布小屋。可在小屋中欣赏瀑布的魅力，消除旅途的疲劳。

第2天 在长满高山植物的平坦道路上，欣赏山林、溪谷、河流

从小屋继续往前走，逐渐就看不到高大的树木了，道路上的岩石也变得多了起来。到哈里斯塞德鲁的这一段路程，路面很陡峭。如果有时间，体力又充裕，可以顺便去看看美丽的锥形山（Conical Hill）。从哈里斯塞德鲁开始，路面很平坦，沿途路旁盛开着各种野花，哈里福德河从山谷流过，并且可以眺望达朗山的美景。最后，沿着森林里的道路往下走，就到了麦肯兹湖和麦肯兹小屋。

第3天 走过黄绿色的苔藓地，到达分水岭

最后一天是穿越茂密的山毛榉原生林。

沿途有岩石和树木的根露出地面，很多路面都高低不平，虽然比较难走，但覆盖在地面和岩石上的美丽苔藓令人赏心悦目。越过耳根瀑布（Earland Falls）继续往下走，就到了豪顿湖，从这里开始又要上坡了。途中顺便去钥匙峰（Key Summit）欣赏一下那儿的美景。顺着弯弯曲曲的道路继续往下走，就到了终点分水岭了。

终极徒步旅行 Ultimate Hikes
0800-659-255 www.ultimatehikes.co.nz
NZ$1125（昆斯敦出发3天2夜，一日游NZ$169）
11月至次年4月下旬 要预约、导游陪同

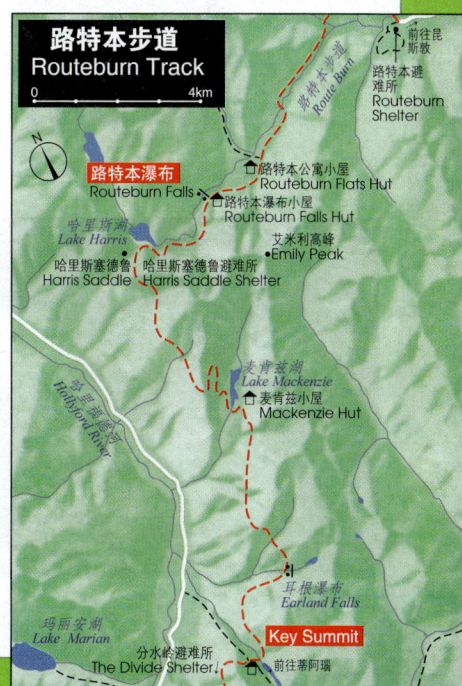

旅游活动指南
GUIDE
昆斯敦篇

昆斯敦有丰富多彩的旅游活动，各种惊险、刺激的娱乐项目层出不穷，一定会成为游客心中美好的回忆。先来看看自己最感兴趣的活动是什么吧！

蹦极 Bungy Jumping

昆斯敦作为蹦极的发祥地，在全世界享有盛名。虽然现在世界各地都有蹦极活动，但却没有哪一个地方的蹦极活动像昆斯敦这样丰富多彩。

AJ哈克特公司除了有卡瓦劳桥蹦极（43米）项目外，还有"山脊（The Ridge）"（47米）——从鲍伯山（p.114）往下跳，可以俯视整个城市，以及悬挂在尼维斯河上空的"尼维斯弧线"（134米）等，共计5种蹦极活动。其中，"山脊"营业到21:00左右，在太阳很早就下山的冬天，可以在夜景中享受俯冲的刺激，同时也是非常胆战心惊的体验。

对于没有勇气在大自然中体验蹦极的游客，建议参加"神秘蹦极游"，可以在屏幕上体验虚拟的蹦极活动（所需时间45分钟）。

AJ哈克特蹦极
☏ 0800-286-495
HP www.ajhackett.com
💰 卡瓦劳桥蹦极/NZ$160、尼维斯弧线/NZ$180、山脊(包括缆车费用)/NZ$180、神秘蹦极游NZ$45 ＊有接送

图为在夜景中俯冲的蹦极活动——"山脊"，这可是很需要勇气的娱乐项目

喷气船 Jet Boat

喷气船以80公里的时速在水上往前冲，感觉差一点就要撞上岸边的岩石，惊险、刺激程度绝不亚于过山车。如此快的速度，让你感觉喷气船不是在水上走，而是在水上飞。有时还有360度的急转弯等动

作，是一项娱乐性极强的活动。

沙特欧瓦河喷气船
☎ 03-442-8570
FAX 03-442-7467
NZS NZ$119
HP www.shotoverjet.com

去了新西兰一定要坐一回

峡谷秋千　　Canyon Swing

　　峡谷秋千被认为是比蹦极更惊险、更刺激的旅游活动。面向溪谷跳下去后，以最高时速150千米的速度前后左右摇摆，体验高空荡秋千。有5个级别，惊险度5级是坐在椅子上，背向落下谷底。

沙特欧瓦河峡谷秋千
☎ 0800-279-464
出发8:30~17:30，一天8次，所需时间为2个半小时
NZS NZ$199（每增加一次增加NZ$49）
HP www.canyonswing.co.nz　*市中心接送

高空跳伞　　Skydiving

　　在新西兰以实惠的价格就可以体验到高空跳伞。团体游时，在出发前可能会被告知一些注意事项并进行相关练习。乘坐塞斯纳飞机到达2700米的高空后，下面是湖泊和高山，现在，鼓足勇气跳入这美妙的立体画中吧。

Nzone
☎ 03-442-5867
HP www.nzone.biz
NZS NZ$269~

在空中散步、欣赏美景

高空滑索　　Ziptrek

　　在鲍伯山的天际线公司瞭望台的附近，装上背带悬吊着，然后沿着钢缆，穿过茂密的森林，慢慢往下滑。这就是高空滑索。

高空滑索生态游
☎ 03-441-2102
NZS NZ$119（共滑4次，包括引导滑）
HP www.ziptrek.com

漂流　　Rafting

　　漂流是和喷气船一样受人欢迎的旅游活动。在流经昆斯敦近郊的沙特欧瓦河和卡瓦劳河有漂流项目。沙特欧瓦河的漂流更适合专业漂流者，要越过6条激流，穿过170米长的黑漆漆的隧道，是非常激动人心的旅游活动。

挑战漂流
☎ 03-442-7318　FAX 03-441-2983
HP www.raft.co.nz　沙特欧瓦河NZ$185、卡瓦劳河NZ$185　*自带雨衣

平底雪橇　　Luge

　　平底雪橇是天际线眺望台的一项很受欢迎的旅游活动。游客可以选择坡度小的风景滑道，也可以选择坡度大的冒险滑道。滑到终点后，可以从登山索道提着平底雪橇回到出发点。

天际线公司　✉ Brecon St.　☎ 03-441-0101
交 旅游咨询处步行到缆车乘坐点5分钟
营 9:30至日落
休 无
NZS 一次NZ$33（包括缆车费）
HP www.skyline.co.nz

南島 123 昆斯敦

商店
Shops

从名牌到杂货，聚集了各种商品的购物街

莫尔大道及其周边有很多独具特色的商店。即使不购物，游览这些商店也是一件乐事。

首饰
玉器厂
Jade Factory

MAP→p.115

一定可以找到你中意的首饰

玉器厂的总店在罗托鲁阿，是一家经营首饰的商店。店里有用猫眼石、黑珍珠、绿宝石制作的首饰。尤其是绿宝石的商品种类非常丰富，既有简单的饰品，也有高级工艺品等。在商店内的工作坊，可以看到工人们工作的情形。

- 22 Beach St.
- ☎03-442-8688
- 旅游咨询处步行2分钟
- 9:00～21:00 休 无

镶嵌了绿宝石的雕刻NZ$39~

在昆斯敦众多的首饰店中，玉器厂是一家值得前往的大型首饰店

橄榄球商品
新西兰坎特伯雷运动品店
Canterbury of New Zealand

MAP→p.115 **订购**

奥康内尔一家很受欢迎的商店

有奥塔哥大学队、昆斯敦队的球衣（NZ$129~135）。将各个球队球衣的一部分搭配在一起设计而成的"阿格里球衣（Ugly Jersey）"（上衣NZ$59~）是店里非常独特的商品。

- ☎03-442-4020 FAX 03-442-4040
- 奥康内尔购物中心内
- 9:00～22:00 休 无

冬季营业到18:30

巧克力
巴塔哥尼亚巧克力
Patagonia

MAP→p.115

尝尝辣椒巧克力

店里大约有80种手工巧克力。尤其是辣椒巧克力，很受游客的欢迎。店内还设有咖啡馆，可以一边欣赏湖景，一边喝咖啡、吃甜点。

- Lakeside, 50 Beach St.
- ☎03-442-9066
- 8:00～23:00
- 休 无 旅游咨询处步行3分钟
- HP www.patagoniachocolates.com

一块巧克力NZ$2~

民族特色商品
亚克逊·亚迪杂货店
Yaks'n' Yetis

MAP→p.115

充满异国情调的杂货店

店里有来自东南亚、南美、美国等世界各地的杂货。从印度尼西亚的木雕到南美的斗篷、尼泊尔的衬衫等，商品种类丰富多样。其中，店里的白银配饰设计简约，很受欢迎。

- ☎03-441-8574
- FAX 03-441-8574
- 奥康内尔购物中心内
- 9:00～21:00 休 无

色彩鲜艳的民族特色商品在新西兰也很受欢迎

购物中心
奥康内尔购物中心
O'Connels Shoppng Centre

MAP-p.115

很适合朋友碰头的地方

　　4层的建筑中不仅有时装商店，还有医院、美容院、按摩店、无线网等服务设施。一层（坎普街的一侧是地下一层）是食品区，里边有日本料理、韩国料理、泰国料理等餐馆。

✉ Cnr. Camp & Beach St.
☎ 03-441-0398
交 旅游咨询处步行1分钟
营 10:00~22:00（每家商店、餐馆的营业时间都不一样）
休 无

时尚
蹦极店
The Bungy Shop

MAP-p.115

店里的商品可以作为蹦极的纪念品

　　在随处可见蹦极地点的昆斯敦，蹦极服装也十分流行。店里主要经营T恤，除此之外，帽子、长袖棉毛衫、凉鞋等商品也有很多。所有商品对蹦极挑战者打九折。

✉ The Station, Cnr. Of Camp & Shotover Sts
☎ 03-442-8456　FAX 03-442-4907
交 旅游咨询处对面
营 7:45~20:30
休 无
HP www.thebungyshop.co.nz

很想要一件"哈特（商标）"的T恤

时尚
邦兹毛衣
BONZ

MAP-p.115　免

值得购买的原创毛衣

　　用6周时间编织的新西兰100%手工毛衣，质量非常好，穿20年都没问题。这种毛衣在新西兰只有这家店才有，而且种类也很多。

✉ 8-10 The Mall
☎ 03-442-5398
FAX 03-442-5927
交 旅游咨询处步行3分钟
营 9:00~22:00
休 无
HP www.bonz.com.au

羊毛衣的设计很独特

礼品店
玛丽的小羊礼品店
Mary's Sheep

MAP-p.115　免

价格实惠的礼品种类繁多

　　位于海滨路赌场斜对面的一家礼品店。除了杂货外，店里还有T恤（NZ$10~）、袋貂毛衣（NZ$130~）等各种服装。

✉ 27 Beach St.
☎ 03-441-2989
交 旅游咨询处步行2分钟
营 9:00~22:00
休 无

吸引来自世界各地的游客

杂货&工艺品
维斯塔工艺品
Vesta

MAP-p.115

制作考究的新西兰杂货

　　一家位于怀旧式历史建筑物中的商店。店内有很多时髦的小商品。从室内装饰用的小物件到美妆工具、手提包工艺小物件等，全是精心设计的商品。店铺里还设有咖啡馆。

✉ William Cottage, Marine Pde.
☎ 03-442-5687　FAX 03-441-8899
交 旅游咨询处步行5分钟
营 10:00~18:00　休 无
HP www.vestadesign.co.nz

杂货店是一家古老的村舍

礼品店
牧羊人礼品店
The Shepherd

MAP-p.115

各种新西兰土特产

　　礼品店位于瓦卡蒂普湖畔，店里有羊皮、麦卢卡蜂蜜、羊毛脂护肤品等各种新西兰特产。其中，手工制作的陶瓷工艺品——快乐的母鸡，是代表幸福的吉祥物，很受顾客的欢迎。

✉ 59 Beach St.　☎ 03-441-2230
交 旅游咨询处步行3分钟
营 10:00~22:00（冬季至21:00）
休 无

朴素的设计

时尚
南几维针织服装
Kiwi South Knit Wear

MAP-p.115 免

优质的手工毛衣

　　店里有美利奴羊毛和袋貂毛毛衣等商品，是一家有各种新西兰特色毛衣的针织品专卖店。此外，店里还有受人欢迎的羊皮靴子，以及以新西兰为主题的T恤等各种商品。

✉ 38 The Mall
☎ 03-442-7887
🚶 旅游咨询处步行5分钟
🕘 9:00~22:00
休 无

各种轻便保暖毛衣

首饰
普纳姆珍珠首饰
Pounamu Pearl

MAP-p.115

首饰可以作为旅行的纪念品

　　店里有价格昂贵、产量少的高级黑珍珠，新西兰产绿玉，从鲍鱼壳中取出来的蓝珍珠等各种新西兰产的珍贵珠宝。新西兰艺术家的独特设计也很吸引人。特别是蓝珍珠只有在新西兰才能买到，世界各地的游客都慕名而来。绿宝石吊坠的价格是NZ$50。

✉ 41 Beach St.
☎ 03-442-9761
🚶 旅游咨询处步行3分钟
🕘 9:00~22:00

用鲍鱼壳制作的首饰

波利尼西亚风格的店内装饰

时尚
全球时尚
Global Culture

MAP-p.115

简单、优雅的服装

　　一进入店内就能看到巨大的几维鸟玩偶。店里主要经营原创T恤和羊毛衣。用鲍鱼壳装饰的色彩柔和的T恤，以及红色、黄色等色彩鲜艳的羊毛衣等都是很时髦的商品。

✉ Cnr. Beach&Camp Sts.
☎ 03-442-6278
🚶 旅游咨询处步行3分钟
🕘 9:00~21:00 休 无

T恤NZ$25左右，羊毛衣NZ$150左右

橄榄球相关商品
精英世界
Champions of The World

MAP-p.115

新西兰著名的精品店

　　店里除了有全黑队的球衣、运动帽外，也有新西兰很受欢迎的球队——十字军、布鲁斯的球衣。此外，还有很多夺得美洲杯冠军的新西兰球队的相关商品。

✉ 11 The Mall ☎ 03-441-1122
🚶 旅游咨询处步行2分钟
🕘 9:00~22:00（冬季至20:00）
休 无

全黑队的T恤是店里的常备商品

杂货
粉红杂货店
In the Pink

MAP-p.115

店里都是粉红色的商品

　　一家经营各种粉红色小物件的独特商店。店里有很受女性顾客喜欢的首饰、文具、室内装饰品等各种可爱的商品。

✉ 31 Camp St.
☎ 03-441-1525
🚶 旅游咨询处步行1分钟
🕘 10:00~19:00
休 无

到这里来寻找各种可爱的小商品

时尚	名牌	时尚
女神	**路易威登**	**羊毛世界**
Goddess	Louis Vuitton	Wool Press

MAP-p.115　订购
发现便宜的商品
　　是一家经营库珀（Trelise Cooper）、罗宾·马西森等新西兰国内顶级时装的服装店。店里既有很多适合少女穿的服装，也有不少适合成年女性的知性设计款。是一家充满淘宝氛围的商店。

✉ 18 The Mall　☎ 03-442-6696
🚌 旅游咨询处步行2分钟
🕙 10:00~18:00　休 无

MAP-p.115　免
只有国外才有的价格
　　由于到昆斯敦来旅游的亚洲游客超过新西兰国内游客，所以店里有会说各国语言的员工，可以安心购物。店里的商品都是免税出售的，因此要到机场进行商品的交付。

✉ 12 The Mall
☎ 03-441-8002
🚌 旅游咨询处步行2分钟
🕙 10:00~21:30　休 无

MAP-p.112-B　免
100%新西兰产毛衣
　　商店经营袋貂毛和美利奴羊毛制作的毛衣、皮夹克等新西兰国内知名品牌的服装。同时还是新西兰时尚品牌Te Huia、ICON的连锁店。

✉ 40Buckingham St., Arrowtown
☎ 03-442-1355
🚌 昆斯敦乘坐巴士25分钟
🕙 9:00~17:30　休 无
🌐 www.thewoolpress.com

店里挂满了各种颜色鲜艳的服装

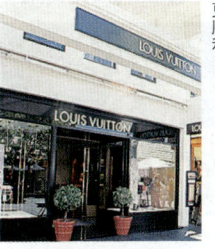
知道回国航班的话，购物会更顺利

店里的员工

户外商品	葡萄酒
户外运动品店	**品酒会**
Outside Sports	Wine Tastes

MAP-p.115　订购
出门前到这里来看看户外商品
　　店里除了有国外的户外商品品牌外，也有Fairydown、Icebreaker等各种新西兰国内品牌的商品。用100%的美利奴羊毛制作的衣服既轻便又保暖，还容易晾干，很适合徒步旅行时穿着。

✉ 36-38 Shotover St.　☎ 03-441-0074　🚌 旅游咨询处步行1分钟　🕙 10:00~21:00　休 无

MAP-p.115
品种多样的新西兰产葡萄酒
　　店里有800多种葡萄酒。而且可以品尝到以中奥塔哥为主要产地的80多种葡萄酒。喜欢葡萄酒的游客一定要到这家店来看看。当地的中奥塔哥因出产高品质的黑比诺葡萄酒而闻名。坐在店里的皮沙发上，一边吃奶酪等小吃，一边品尝美味的新西兰葡萄酒，这样的经历定会成为旅行的美好回忆。

✉ 14 Beach St.
☎ 03-409-2226
🚌 旅游咨询处步行3分钟
🕙 10:00至深夜　休 无
🌐 www.winetastes.com

便装的种类也很多

订购 可以订购　免 免税

餐馆
Restaurants

会成为旅行美好回忆的各种美食

昆斯敦有很多餐馆。而且很多餐馆不仅饭菜做得好吃，服务也无可挑剔。

新西兰料理
码头19
Pier 19

MAP-p.115

在露天席上进餐

餐馆位于厄恩斯洛号的出发地——汽船码头。顾客可以坐在开放式的露天席上一面欣赏瓦卡蒂普湖的美景，一面进餐。使用卡德罗纳产的羊肉等中奥塔哥的当地食材烹饪的美食很受顾客欢迎。

✉ Steamer Wharf
☎ 03-442-4006
🚶 旅游咨询处步行4分钟
🕐 至深夜
休 无
🌐 www.pier19.co.nz

菜品分量十足

新西兰料理
巴斯之家
Bath House

MAP-p.112-F

位于湖边的餐馆

餐馆位于昆斯敦花园附近的湖畔。这家餐馆是1911年为了纪念乔治五世的加冕礼而建的，屋顶是王冠的形状。餐馆的露天席面对着瓦卡蒂普湖，在这里吃午餐可是别有一番风味哦。

✉ 2 Marine Parade
☎ 03-442-5625
🚶 旅游咨询处步行5分钟
🕐 9:00至深夜
休 周一
🌐 www.pathhouse.co.nz

餐馆的法国菜非常美味

咖啡馆
布德拉塔咖啡
Vudu & Larder

MAP-p.115

味道不错的咖啡

是一家在昆斯敦很受人欢迎的咖啡馆。咖啡馆位于湖边，是一座两层的建筑。二楼是厨房，刚做好的蛋糕和烤制点心不断地从这里运下来。从早上开始，就有很多老顾客来店里喝咖啡。

✉ 16 Rees St.
☎ 03-441-8370
🚶 旅游咨询处步行3分钟
🕐 7:30~18:00
休 无

店里独特的咖啡拉花艺术

酒馆
河童酒馆
Kappa

MAP-p.115

到这里来吃各种酒馆料理

有卷寿司、盖饭、炸肉饼、饺子等酒馆料理。餐馆有天妇罗、生鱼片、炸豆腐、蘸上酱油和料酒烤的鸡肉，以及分量非常多的河童经典套餐（35新西兰元），这些都是很值得品尝的料理哦。

✉ 36 The Mall
☎ 03-441-1423
🚶 旅游咨询处步行5分钟
🕐 12:00~14:30、17:30至深夜
休 节假日
💰 NZ$13~

使用当地食材烹饪的各种日本料理

泰国料理
泰国餐馆
@Thai

MAP-p.115

合理的价格，正宗的泰国味

餐馆里的泰国料理菜品丰富又健康，而且价格实惠，是一家很受当地人欢迎的餐馆。餐馆还有外卖，可以把菜品带回酒店吃哦。

✉ Level3, 2 Church St.
☎ 03-442-3683
FAX 03-442-3683
🚶 旅游咨询处步行5分钟
🕐 12:00至深夜
休 无
💰 NZ$10~

玻璃结构的餐馆，舒适的气氛

中国菜、日本料理
香港记忆
Memory of Hong Kong

MAP-p.115

正宗的广东菜

餐馆主要是广东菜，此外也有寿司、生鱼片等日本料理，是一家生意很好的餐馆。晚餐的菜单有90多道菜。除了大量使用当地的海鲜烹饪中国菜外，曾在银座积累了丰富经验的日本厨师制作的寿司也是餐馆的美味。午餐可以吃到点心，并且可以喝到中国茶哦。

✉ 24 Beach St., Level1, Stratton House ☎ 03-441-8868
🚇 旅游咨询处步行3分钟
🕐 11:00~14:00、17:00至深夜
休 无 NZ$20~

在寿司柜台边和厨师交谈边吃寿司

寿司拼盘NZ$19~。
半个生布拉夫牡蛎 NZ$18

自助餐
天际线餐馆
Skyline Restaurant

MAP-p.112-C

旅行中留下值得回忆的一晚

餐馆位于鲍伯山的山顶，透过餐馆的玻璃窗可以看到如画般的瓦卡蒂普湖，是一家视野非常开阔的餐馆。餐馆的自助餐有鱼类、贝类、鹿肉、羊肉、甜点等料理。

✉ Brecon St. ☎ 03-441-0101
🚇 旅游咨询处步行5分钟
🕐 12:00~14:00、17:45至深夜
休 5、6月的午餐
NZ 晚餐 NZ$55

从餐馆俯瞰昆斯敦

泰国料理
塔姆纳克泰国餐厅
Tham Nak Thai

MAP-p.115

尝尝正宗的泰国料理

在新西兰亚洲料理也越来越受欢迎，高级泰国餐馆也越来越多。这家餐馆的厨师是泰国人，因此可以吃到很正宗的泰国料理，而且价格也很实惠。餐馆还有专为素食主义者准备的菜单。

✉ 7 Beach St. ☎ 03-441-3585
🚇 旅游咨询处步行1分钟
🕐 11:30~14:30、17:00~22:00
休 无 NZ$10~

像咖啡馆一样的室内设计

海鲜
鱼骨海鲜馆
Fishbone

MAP-p.115

品尝新西兰大海的美味

环境优雅的海鲜餐馆。2人份的海鲜拼盘（大盘子里有各种海鲜）和龙虾（时价）是很受欢迎的菜品。生牡蛎片、鳕鱼片、烤鲽鱼丸等海鲜菜品非常丰富。

✉ 7 Beach St. ☎ 03-442-6768
FAX 03-442-6768
🚇 旅游咨询处步行1分钟
🕐 17:00~22:00
NZ$18.50~

到这里来吃海鲜

咖啡馆
布德咖啡
Vudu Cafe

MAP-p.115

各种独创咖啡

是一家以蛋糕和咖啡为傲的咖啡馆，在昆斯敦很受当地人的欢迎，白天店里总是坐满了客人。此外，店里除了咖啡豆等商品外，还有意大利面和葡萄酒。

✉ 23 Beach St. ☎ 03-442-5357
🚇 旅游咨询处步行2分钟
🕐 7:30~17:00 休 无
NZ$10

店里的咖啡多种多样

要预约　外卖

土耳其料理
土耳其烤羊肉
Turkish Kebabs

MAP-p.115

湖边散步时,可以带上这儿的料理

　　店里的烤肉串有外卖。羊肉、鸡肉、沙拉,再加上店里自制的调味汁,搭配在一起,味道很不错。另外,店里的土耳其汉堡也很美味。

✉ 31 Beach St.
☎ 03-441-3180
FAX 03-441-3180
🚌 旅游咨询处步行2分钟
🕐 10:00至深夜
休 无
💰 NZ$9~

店里还有专为素食主义者准备的素食菜单

日本料理
南十字星日本餐厅
Minami-Jujisei

MAP-p.115　预

有榻榻米单间的日式餐馆

　　一家受到当地居民好评的日本餐馆。店里除了有新西兰的葡萄酒外,还有日本啤酒等各种酒类。料理有寿司生鱼片拼盘(NZ$28)、鹿肉松饼(NZ$15)、盒饭套餐(NZ$35)等。

✉ 45 Beach St. ☎ 03-442-9854
🚌 旅游咨询处步行2分钟
🕐 11:30~14:00、17:00~22:00
休 无　晚餐　NZ$30~

用新西兰食材烹饪的日本料理是店里的特色

新西兰料理
契柯斯新西兰餐厅
Chico's

MAP-p.115

在当地很受欢迎的餐馆

　　值得一尝的料理是来自智利的新鲜筋肉(NZ$18),有椰子风味的。二楼有壁炉,并且十分安静、舒适。每晚从22点开始二楼有现场音乐(Live music)的表演。

✉ The Mall ☎ 03-442-8439
🚌 旅游咨询处步行3分钟
🕐 18:00至深夜
休 无　午餐NZ$10~、晚餐NZ$30~

一楼是酒吧和咖啡馆

韩国料理
金氏韩国餐馆
Kim's Korean Restaurant

MAP-p.115

很受欢迎的韩国烤肉店

　　店里有韩式烤排骨(19.50新西兰元)、韩式烧烤套餐(18新西兰元)、石锅拌饭(18新西兰元)等在国内常见的韩国料理。

✉ 28/30 The Mall
☎ 03-442-5457
FAX 03-442-5433
🚌 旅游咨询处步行1分钟
🕐 17:30至深夜
休 无　NZ$18~

吃韩国料理,消除旅途疲劳

混搭式新西兰料理
启发餐馆
Inspire

MAP-p.115　预

名厨烹饪的料理

　　是一家高级餐馆,厨师是新西兰国内屈指可数的名厨——雷克斯·摩根和他的团队。店里采用应季的新西兰产食材烹饪出正宗的高级料理,来这里吃一顿晚餐非常值得哦。

✉ 3-5Church Lane
☎ 03-441-0004
🚌 旅游咨询处步行8分钟
🕐 18:30至深夜
休 周日、周一
💰 NZ$65~

店内的高雅氛围

新西兰料理
阿凡提新西兰餐厅
Avanti

MAP-p.115

店里的意大利面和比萨很好吃

　　在变化如此迅速的昆斯敦,这却是一家长年来生意一直很好的餐馆。店里环境优雅舒适,可以悠闲地用餐。海鲜汤、三文鱼和鳄梨意大利面等是店里的经典料理。

✉ 20 The Mall
☎ 03-442-8503
🚌 旅游咨询处步行5分钟
🕐 9:00~22:00　休 无
💰 NZ$10~

除了意大利料理外,还有很多其他料理

海鲜
大不列颠海鲜馆
Britannia

MAP-p.115

海上餐馆
餐馆外观像是在大海中行驶的船一样，非常有特色。店里主要经营海鲜料理，除此之外，还有羊肉、鹿肉、猪肉等各种肉类料理。顾客可以自由选择龙虾、对虾等料理的分量。

- The Mall　03-442-9600
- FAX 03-442-6299
- 旅游咨询处步行2分钟
- 18:00～21:30
- 休 无　NZ$24～

狭长的餐馆确实很像一艘船

法国料理
索莱拉维诺法国餐厅
Solera Vino

MAP-p.115　预

午餐很实惠
将鹿肉、羊肉等新西兰的特有食材做出法国风味的餐馆。雅致的环境，播放着爵士音乐，氛围宁静、舒适。特色午餐可以从三文鱼和鸡肉中任选一种，价格很实惠。

- 25 Beach St.　03-442-6082
- 旅游咨询处步行3分钟
- 11:30～14:00，18:00至深夜
- 休 无　午餐NZ$10～、晚餐NZ$30～

三文鱼特色午餐

汉堡
菲格汉堡
Ferg Burger

MAP-p.115

最受欢迎的汉堡包
是一家在当地很受欢迎的汉堡包店。店里使用肉、蔬菜、调味汁等考究食材制作的特大汉堡，不仅分量足够，而且味道也相当不错。

- 42A Shotover St.　03-441-1232
- FAX 03-441-3529
- 旅游咨询处步行1分钟
- 10:00至第二天早上5:00
- 休 无　NZ$8.50～

夹在汉堡里多汁的鹿肉和蔬菜

咖啡酒吧
温妮美食比萨酒吧
Winnie's Gourmet Pizza Bar

MAP-p.115

晚上到这里来娱乐
可以在这里吃、喝、玩乐的咖啡酒吧。除了周三的晚上有台球外，周五和周六的晚上还有DJ。店里有泰式鸡肉和水果、奶油乳酪等各种比萨。

- The Mall
- 03-442-8635
- 旅游咨询处步行3分钟
- 12:00～2:30　休 无
- NZ$20～

当地年轻人经常光顾的夜间娱乐场所

新西兰料理
梅格餐馆
Roaring Megs Restaurant

MAP-p.115

昆斯敦的老店
猪肉、羊肉、鹿肉、三文鱼等主要食材都是常规做法，但把三文鱼和茶树油一块用烟熏出来的味道非常独特，也曾多次在新西兰国内获奖。

- 53 Shotover St.
- 03-442-9676
- FAX 03-442-6522
- 旅游咨询处步行2分钟
- 18:00～22:00
- 休 周一　NZ$30～

店里的气氛让人想起淘金时代

咖啡馆
乔治车库咖啡
Joe's Garage

MAP-p.112-B

在阿罗敦很受欢迎的咖啡馆
曾获得过新西兰年度最佳咖啡馆的荣誉称号，是一家生意非常好的咖啡馆。现在，除了阿罗敦以外，在惠灵顿、克莱斯特彻奇也有它的分店。

- Arrow Lane, Arrowtown
- 03-442-1116
- 昆斯敦市中心开车25分钟
- 7:00～15:30
- 休 无
- NZ$5～

店里的三明治和奶酪面包卷也很好吃

预 要预约　外卖

新西兰料理
藏红花餐馆
Saffron

MAP-p.112-B　预

采用当地食材做的料理，味道相当棒

店里用新西兰食材烹饪料理，如采用当地的蘑菇、林边斯垭口的兔子肉、西海岸的野猪肉等食材制作的一些平时吃不到的料理。并且味道非常好，在新西兰国内还获过奖。

- 18 Buckingham St., Arrowtown
- 03-442-0131
- 昆斯敦开车15分钟
- 12:00~15:00、18:30至深夜
- 休无　NZ$30

阿罗敦最有名的餐馆

日本料理
沙拉餐馆
Sala-Sala Restaurant

MAP-p.112-B　预

度假村内很受欢迎的餐馆

是克莱斯特彻奇沙拉餐馆的姐妹店。餐馆是一家山中小屋式的建筑，周围被绿色环绕。宽敞的餐馆内采用日式和西式的混合装饰，非常有特色。有生鱼片、寿司、天妇罗等料理，味道也很不错。

- Millbrook Resort Malaghans Rd., Arrowtown　03-442-0052
- 昆斯敦开车20分钟
- 18:00~21:30（周二至周日）
- 休周一　NZ$20~

各种正宗的日本料理

咖啡馆
哈罗咖啡
Halo

MAP-p.115

早上来这里喝杯咖啡

店里有早餐、午餐，晚上还可以一边喝葡萄酒一边用餐，非常方便。咖啡馆是玻璃结构，里面宽敞、明亮。入口处有露天席，可以在这里吃松饼、三明治和咖啡早餐。

- Camp St.
- 03-441-1411
- 旅游咨询处步行5分钟
- 7:00~22:00
- 休无　NZ$12~

汉堡包的分量足够

意大利料理
贝拉意大利餐馆
Bella Cucina

MAP-p.115

正宗的意大利料理

贝拉餐馆是一家正宗的意大利餐馆，位于索菲特酒店的对面。餐馆里有炭烧比萨和手工意大利面等料理，有时因为采购的原因，每天的菜谱还会不一样。店内十分宽敞，到店里来用餐的当地顾客也非常多。

- 6 Brecon St.　03-442-6762
- 旅游咨询处步行2分钟
- 17:00至深夜　休无　NZ$26~
- HP www.bellacucina.co.nz

餐馆与傲星小酒馆并列

小酒馆
彼格小酒馆
Pig & Whistle Pub

MAP-p.115

顾客众多的小酒馆

酒馆位于邮局的旁边，是一家英式风格的酒馆。店外有带遮阳伞的桌子，到这里来喝啤酒和晒日光浴的顾客特别多。啤酒有新西兰产的，也有英国产的。在这里喝酒，会让你有自己是当地人的感觉。

- 41 Ballarat St.　03-442-9055
- FAX 03-442-6824
- 旅游咨询处步行1分钟　11:00至深夜
- 休无　大约NZ$10~20

最适合到这里来度过悠闲的一天

小酒馆
傲星小酒馆
Lone Star

MAP-p.115

充满美式氛围的酒馆

酒馆的室内装饰让人想起得克萨斯州，而且还播放二十世纪六七十年代的音乐，是很受当地人喜欢的夜间娱乐场所。酒馆内不仅有酒水，还有各种美食，分量足够的烤猪排骨是酒馆的代表性料理。

- 14 Brecon St.　03-442-9995
- FAX 03-442-9996
- 旅游咨询处步行1分钟　16:30至深夜
- 休无　NZ$25~

怀旧的音乐加上众多的顾客，让这里成为一处很有吸引力的夜间娱乐场所

预 要预约　外卖

在昆斯敦品尝美酒
昆斯敦酒吧游

昆斯敦是高级度假区，随着城市发生的巨大变化，各种酒吧也接连不断地出现。现在就让我们在这些富丽堂皇的酒吧里，度过旅行中难忘的一晚吧！

爱卡德酒吧
MAP●p.115
Eichardt's House Bar

一边观看落日、欣赏湖景、一边品尝鸡尾酒

爱卡德酒吧是精品酒店——爱卡德酒店的餐馆酒吧，位于瓦卡蒂普湖的对面。这里是专为成年人准备的娱乐场所，很多当地顾客都到这里来喝葡萄酒和鸡尾酒。透过酒吧的玻璃窗，可以看到深蓝色的瓦卡蒂普湖和华特山，如此美妙的景色，让人很想早点来这里喝上一杯。

✉ Marine Parade　☎ 03-441-0450　FAX 03-441-0440
✈ 旅游咨询处步行5分钟
🕒 7:30~24:00　休 无　露天席：无

拥有5年调酒经历的山姆不怎么爱说话，被称为酒吧里的几维男孩

酒吧内优雅的环境

值得品尝的鸡尾酒　Painted Apple Moth (NZ $18)
柑橘伏特加酒中突出酸橙和薄荷味道的鸡尾酒

133

昆斯敦

很受顾客欢迎的高级酒吧

瑞恩·马丁普获得调酒师锦标赛"42Below World Cup"的冠军。他技艺高超，调制的鸡尾酒味道非常好。

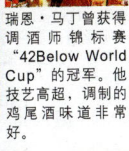

尖峰酒吧
MAP●p.115
The Spire

品尝精英调制的鸡尾酒

尖峰酒吧属于一家高级的精品酒店，是一家高级酒吧。酒吧里的鸡尾酒味道正宗，环境高雅，与建筑物较新且样式时尚的教堂巷（Church Lane）非常协调。在这里不仅可以喝到由获得酒吧锦标赛冠军的调酒师调制的鸡尾酒，还可以吃到酒店餐馆里的名厨雷克斯·摩根烹制的酒吧食品。周五和周六的晚上，酒吧里有爵士音乐现场演奏。

✉ 3 Church Lane
☎ 03-441-0004
FAX 03-441-0003
✈ 旅游咨询处步行4分钟
🕒 17:00至深夜　休 周日、周一　露天席：有

值得品尝的鸡尾酒　Fidel's Fig Cohiba (NZ $18)
兰姆酒中姜汁汽水和酸橙的清爽味道让人印象深刻

酒吧内设有长长的柜台席和舒适的沙发

酒吧位于胡同后面

巴鲁德酒吧
MAP ● p.115
Bardeaux

享受坐在暖炉边聊天的时光

酒吧内有很大的暖炉，所以冬天室内很暖和，很多顾客都因取暖光顾这里。酒吧的原创鸡尾酒很有名，以店内的伏特加为基酒，放入苹果切片和肉桂等苹果系列的鸡尾酒很受顾客的欢迎。到这里来的顾客年龄各异，有游客也有当地人，再加上店里选的背景音乐也很适合这样的氛围，更加令人心情舒畅。此外，酒吧里还有各种当地产的葡萄酒。

✉ 11 Eureka Arcade, off The Mall
☎ 03-442-8284 FAX 03-442-8296
交 旅游咨询处步行3分钟
营 16:00至次日4:00 休 无 露天席：有

值得品尝的鸡尾酒
Berry Another (NZ $ 16.50)
冰镇伏特加中加入了树莓汁和蓝莓汁，是酸酸甜甜的清爽味道

碉堡酒吧
MAP ● p.115
The Bunker

一直营业到黎明的酒吧

以前是一家餐馆，以"与世隔绝"而闻名。现在则既是餐馆也是酒吧，而且知名度很广。从餐馆旁的过道上楼就是酒吧了，因此乍一看这里并不像什么酒吧。酒吧内部与餐馆差不多，虽然在环境上没有什么特别之处，但由于酒吧一直营业到早上4点，所以很适合晚上玩累的客人到酒吧舒适的环境中度过悠闲的时光。

✉ Cow Lane
☎ 03-441-8030
FAX 03-441-8032
交 旅游咨询处步行3分钟
营 17:00至第二天凌晨4:00 休 无 露天席：有

有5年调酒经验的伊恩。调酒时酷酷的姿势让人印象深刻

和调酒师交谈

值得品尝的鸡尾酒
Cosmopolitan (NZ $ 16)
据说这是美国电视剧《欲望都市》中的女主角经常喝的鸡尾酒

昆斯敦的其他酒吧

蒙蒂酒吧 & 餐馆 Monty's Bar and Restaurant
酒吧里有各种蒙蒂牌啤酒。
MAP ● p.115
✉ 12 Church St. ☎ 03-441-1081 交 旅游咨询处步行5分钟
HP www.montysbar.co.nz

波格·麦霍恩爱尔兰酒吧 Pog Mahone's Irish Bar
昆斯敦很受欢迎的爱尔兰酒吧。
MAP ● p.115
✉ 14 Rees St. ☎ 03-442-5382 交 旅游咨询处步行5分钟 营 11:30至深夜 休 无
HP www.pogmahones.co.nz

百慕大酒吧 Barmuda
屋外的阳台上有巨大的暖炉，是一家很时尚的酒吧。
MAP ● p.115
✉ Searle Lane ☎ 03-442-7300
交 旅游咨询处步行4分钟 营 15:00至深夜 休 无

迷你酒吧 Mini Bar
是昆斯敦最小的酒吧。酒吧里有产自世界各国的100多种啤酒。
MAP ● p.115
✉ Searle Lane ☎ 03-441-3212 交 旅游咨询处步行4分钟 营 16:00至深夜 休 无

哈里酒吧 Harrys Pool Bar
酒吧里有八张台球桌和巨大的屏风。此外，酒吧里还有各种龙舌兰酒。
MAP ● p.115
✉ 8 Brecon St. ☎ 03-441-1325 交 旅游咨询处步行3分钟 营 11:00至深夜 休 无

斯佩特之家 The Speight's Ale House
利用石造建筑改装而成的酒吧。酒吧里有各种在南岛很受欢迎的斯佩特啤酒。
MAP ● p.115
✉ Cnr Stanley & Ballarat Sts. ☎ 03-441-3065 交 旅游咨询处步行2分钟 营 11:00至深夜 休 无
HP www.speightsalehousequeenstown.co.nz

酒店
Hotels

一网打尽昆士敦的著名酒店、旅馆

很少有城市像昆斯敦一样有那么多的酒店。昆斯敦的酒店类型多种多样，游客可以根据自己的需要自由选择。

酒店
昆斯敦诺富特花园酒店
Novotel Gardens Queenstoun

MAP-p.112-F

酒店环境优雅

位于瓦卡蒂普湖的对面，地理位置优越。酒店周围是鲜花和葱郁的树木，像是建在花园中一样。酒店内部环境优雅，与周围喧闹的繁华街区形成鲜明的对比。在进行了大规模的改装工程后，酒店现在的客房数也增加到了273间。

✉ Cnr. Earl & Marine Pde.
☎ 03-442-7750　FAX 03-442-7469
🚶 旅游咨询处步行4分钟
NZ$ S、T／NZ$155～　室 273间
HP www.accorhotels.co.nz

在美丽的庭院中喝茶

宽敞、舒适的客房

酒店
千禧年酒店
Millennium

MAP-p.112-F

拥有美丽庭院的高级酒店

走过酒店的拱形入口，就是宽敞的大厅。大厅是玻璃结构，所以非常明亮。千禧年虽然是一家4星级的酒店，但是价格却不贵。酒店有美丽的庭院，客人在这里可以度过轻松、舒适的假期时光。

✉ Cnr. Frankton Rd. & Stanley St.　☎ 03-441-8888　FAX 03-441-8889
🚶 旅游咨询处步行5分钟　NZ$ S、T／NZ$390～
室 220间
HP www.millenniumhotels.co.nz

酒店的欧式建筑非常漂亮

酒店
昆斯敦隐士饭店
The Heritage Queenstown

MAP-p.112-A

昆斯敦首屈一指的高级酒店

昆斯敦隐士饭店位于Fernhill的山丘上。饭店里所有的客房都有CD播放机，套房还配有录像机、厨房和洗衣房。

✉ 91 Fernhill Rd.　☎ 03-442-4988　FAX 03-442-4989
🚶 旅游咨询处步行10分钟
NZ$ S、T／NZ$465～
室 213间
HP www.heritagehotels.co.nz

从酒店俯视瓦卡蒂普湖

酒店
圣莫里茨豪华美居酒店
Grand Mercure Hotel St.Moritz

MAP-p.112-E

从酒店的客房可以欣赏美丽的景色

酒店位于瓦卡蒂普湖的湖畔，距离汽船码头大约有200米的距离。除了有酒店式客房外，还有公寓式客房（有1～2张床的房间）。酒店还有图书室等设施。

✉ 10-18 Brunswick St.
☎ 03-442-4990
FAX 03-442-4667
🚶 旅游咨询处步行7分钟
NZ$ S、T／NZ$203～　室 144间
HP www.accorhotels.co.nz

酒店内的餐馆很受欢迎

🍴 餐馆　☕ 咖啡休息室　🍷 酒吧休息室　🏊 泳池　💼 商务中心　🏋 健身　♨ 温泉

南岛　昆斯敦　135

高级旅馆
常绿小屋 Evergreen Lodge

MAP-p.112-A

在旅馆度过愉快的假期
　　是位于山丘上的高级旅馆，距离城市大约3千米。旅馆3间客房的室内装饰各不相同，很有个性。旅馆还收集了600张CD，旅客可以在阳台读书，听自己喜欢的CD，在旅馆度过一个愉快的假期。

✉ 28 Evergreen Place Sunshine Bay　☎ 03-442-6636
FAX 03-442-6637　交 旅游咨询处开车3分钟
NZ$ NZ$895~　室 3间
HP www.evergreenlodge.co.nz

酒店
米尔布鲁克度假村 Millbrook Resort

MAP-p.112-B

在美丽的度假村度过愉快的假期
　　米尔布鲁克度假村被美丽的大自然所环抱。在度假村广阔的用地内建有高尔夫球场、餐馆、咖啡馆、温泉、体育馆等设施。度假村的客房有2人住的乡村酒店和全家人住的别墅等。

✉ Malaghan Rd., Arrowtown
☎ 03-441-7000　FAX 03-441-7007
交 昆斯敦开车15分钟（有免费的巴士。机场接送单程NZ$10）
NZ$ NZ$435~　室 167间
HP www.millbrook.co.nz

酒店的乡村风格室内装饰

在旅馆度过愉快的假期

酒店
国尊湖畔度假村 Copthorne Lakefront Resort

MAP-p.112-F

环境舒适，服务周到
　　度假村位于千禧年酒店的对面。虽然两家酒店都是由同一家公司经营，但比起千禧年来，国尊湖畔度假村要更加舒适，而且建筑采用的是旅馆式的风格。从度假村的餐馆可以欣赏瓦卡蒂普湖的美景，并且度假村还有婴儿托管等服务，很适合长期逗留。

✉ Cnr Adelaide St. & Frankton Rd.
☎ 03-442-8123　FAX 03-442-7472
交 旅游咨询处步行5分钟
NZ$ S、T／NZ$320~　室 241室
HP www.copthornelakefront.co.nz

很多游客都选择在这里住宿

酒店
皇冠假日酒店 Crowne Plaza Hotel

MAP-p.115

受人欢迎的秘密是交通便利
　　酒店位于瓦卡蒂普湖的湖畔，于1974年开始营业，是昆斯敦一家历史比较久的酒店。酒店所有的客房都有阳台，可以欣赏美丽的湖景。

✉ Beach St.
☎ 03-441-0095
FAX 03-442-8895
交 旅游咨询处步行5分钟
NZ$ S、T／NZ$179~　室 139间
HP www.crowneplazaqueenstown.co.nz

白色阶梯状的酒店令人印象深刻

酒店
昆斯敦雷吉斯酒店 Rydges Queenstown

MAP-p.112-E

观光和商务都很方便的酒店
　　酒店有昆斯敦最大的会议室。此外，酒店还有温泉、桑拿浴、滑雪干燥室、泳池等各种设施。最近几年还对酒店6楼的"本·洛蒙德"餐馆进行了改装。

✉ 38/54 Lake Esplanade
☎ 03-442-7600
FAX 03-442-9653
交 旅游咨询处步行5分钟
NZ$ S、T／NZ$149~
室 255间
HP www.rydges.com

酒店还有按摩服务

酒店
昆斯敦美居度假酒店
Mercure Resort Queenstown

MAP-p.112-A

酒店位于高地上，可以俯视瓦卡蒂普湖

　　酒店位于费恩希尔的山腰处。由于步行到酒店会非常累，所以有免费的巴士来往于城里和酒店之间。酒店有温泉和桑拿等各种设施，非常方便。由于酒店特别舒适，所以很多游客都选择在这里住宿。

✉ Sainsbury Rd., Fernhill
☎ 03-442-6600
FAX 03-442-7354
交 旅游咨询处步行10分钟
NZ S／NZ$119~
室 148间
HP www.accorhotels.co.nz

氛围宁静的酒店入口处

酒店
昆斯敦景区套房
Scenic Suites Queenstown

MAP-p.112-F

面向长期逗留者的公寓式客房

　　酒店有单间公寓的客房、带有厨房的单人间和双人间。酒店位于斯坦利街的高地上，离市中心非常近。从酒店的阳台上可以眺望瓦卡蒂普湖和南阿尔卑斯群山的景色。

✉ 27 Stanley St.
☎ 03-442-4718
FAX 03-442-4715
交 旅游咨询处步行5分钟
NZ S／T NZ$315~
室 84间
HP www.scenic-circle.co.nz

酒店所有的客房都有阳台

汽车旅馆
湖畔汽车旅馆
Lakefront Apartments

MAP-p.112-E

环境舒适，宾至如归

　　虽然只有21间客房，但是一间客房可以住4到7个人，并且十分宽敞。所有的客房都有洗碗机、洗衣机、干燥机、音响，让客人有宾至如归的感觉。从客房还可以看到美丽的景色。

✉ 18 Lake Esplanade
☎ 03-441-8800　FAX 03-441-8806
交 旅游咨询处步行4分钟
NZ T／NZ$130~　室 21间
HP www.queenstownaccomodation.co.nz

旅馆建筑风格质朴

酒店
舍伍德庄园酒店
Sherwood Manor Hotel

MAP-p.112-A

让旅客有回家的感觉

　　舍伍德庄园酒店是一家位于弗兰克顿街的大型酒店。酒店有6种类型的客房，可以根据人数和预算来选择适合自己的客房。虽然所有的客房都有电视机和电热毯等设施，但是由于客房不同，室内设施也有差异。如果希望客房内有厨房和浴缸的话，可以向酒店提出要求。
　　酒店的附近有餐馆和酒吧，不但早上可以吃到欧式早餐，而且可以免费使用酒店的温泉泳池、桑拿浴和室外泳池。由于酒店设施完善，服务周到，价格合理，所以冬天有很多长期逗留的游客为了享受滑雪的乐趣而住在这里。

✉ 554 Frankton Rd.
☎ 03-442-8032
FAX 03-442-7915
交 旅游咨询处开车2分钟
NZ S、T／NZ$150~　室 78室
HP www.sherwoodmanorhotel.co.nz

高级、舒适的客房　　院子里有游泳池

酒店
皇后镇索菲特酒店
Sofitel Queenstown

MAP-p.115

城市中的豪华酒店

　　酒店位于离缆车乘坐点不远的市中心，是一家非常豪华的酒店。所有的客房都有等离子电视机、DVD播放机、咖啡机，而且室内设计也很奢华。

✉ 8 Duke St.
☎ 03-450-0045
FAX 03-450-0046
交 旅游咨询处步行3分钟
NZ S/T NZ$289~
室 82室
HP www.accorhotels.co.nz

客房有浴室和等离子电视机

汽车旅馆
哈特兰德酒店
Heartland Hotel

MAP-p.112-D

位于山坡上的汽车旅馆

旅馆地理位置优越，价格实惠，三角式屋顶是旅馆的标志。旅馆除了有温泉、桑拿浴、健身房等设施外，还有带有厨房的客房，适合长期在这里住宿。而且，还提供送餐到客房的服务，非常方便。

27 Stanley St.
03-442-7700 FAX 03-442-4715
旅游咨询处步行3分钟
NZS、T／NZ$248～ 165间
HP www.scenic-circle.co.nz

走下山坡就是繁华的街区

B&B
维洛布鲁克B&B
Willowbrook B&B

MAP-p.112-B

在旅馆体验乡村生活

这是一家由夫妻经营的B&B。老板是英国人，老板娘是日本人。旅馆是1914年由农舍改装而成的，所有的客房都有浴室。院子里还有温泉，可以一边泡温泉一边欣赏美丽的群山，度过愉快的假期时光。

Malaghan Rd.,R.D.1
03-442-1773
FAX 03-442-1780
旅游咨询处开车15分钟
T、D／NZ$165～ 3间
HP www.willowbrook.net.nz

在休息室里和店主交流

在与城里不一样的旅馆度过假期时光

汽车旅馆
蓝峰旅店
Blue Peaks Lodge

MAP-p.112-F

旅店位于城里，设施完善，受人欢迎

旅店位于非常繁华的莫尔街入口处，地理位置优越。旅店的59间客房中，有47间带有厨房。提前预订早餐的话，还可以为住客送到客房。此外，旅馆还有专为孩子准备的游乐场，很适合全家人住宿。

Cnr Stankey & Sydney St.
03-442-9224 FAX 03-442-6847
旅游咨询处步行2分钟
S／NZ$145～、T／NZ$145～ 59间

停车场很宽阔，停车很方便

汽车旅馆
小旅社
The Lodges

MAP-p.112-E

感觉很高档的小型旅馆

旅馆公寓式的客房可以住1到6个人，而且还有2间浴室和洗手间，很适合团体游客住宿。客房里还有烤箱、洗碗机、摄像机。此外，旅社也有面向人数少的团体提供的客房。

8 Lake Esplanade
03-442-7552 FAX 03-442-6493
旅游咨询处步行3分钟
S、T／NZ$196～ 19间
HP www.thelodges.biz

透过旅馆巨大的玻璃窗可以看到外面美丽的景色

汽车旅馆
洛蒙德旅馆
Lomond Lodge Motor Inn

MAP-p.115

地理位置优越，价格实惠

旅馆离城市很近，而且价格实惠，旅客可以从各种类型的客房中选择适合自己的客房。旅馆可以看到湖景的风景单元间和面向院子的花园单元间。此外，6人间的公寓式客房还带有厨房，可以自己做饭。

33 Man St. 03-442-8235
03-442-7375
旅游咨询处步行2分钟
S、T／NZ$100～ 12间
info@lomondlodge.com
HP www.lomondlodge.com

旅馆朴素、温暖的氛围很受人欢迎

汽车旅馆
四季汽车旅馆
Four Seasons Motel

MAP-p.112-F

适合长期住宿的汽车旅馆

所有的客房都备有厨房、录像机、电热毯、吹风机、熨斗，夏天有游泳池，冬天有滑雪干燥室。设施完备，价格实惠。而且旅馆离街道只有2分钟的路程，交通很便利。

- 12 Stanley St. ☎03-442-8953
- FAX 03-442-7233
- 旅游咨询处步行2分钟
- S、T／NZ$155~
- 15间
- fourseasons@queenstown.co.nz

宾至如归的感觉

汽车旅馆
殖民村汽车旅馆
Colonial Village Motel

MAP-p.112-A

远离城市的汽车旅馆，非常实惠

沿着弗兰克顿街有很多价格实惠的汽车旅馆，殖民村就是其中之一。从旅馆的客房可以看到瓦卡蒂普湖，而且每间客房都带有厨房。此外，客房里还有电热毯。旅馆里还有桑拿浴和温泉，可以在这里度过舒适的假期时光。

- 136 Frankton Rd. ☎03-442-7629
- FAX 03-442-7650
- 旅游咨询处步行15分钟
- S／NZ$115、T／NZ$130~ 11间
- www.colonialvillage.co.nz

旅馆黄色的墙壁很有时尚感

B&B
落叶松山屋
Larch Hill House

MAP-p.112-A

可以眺望瓦卡蒂普湖，环境幽雅的B&B

是莱斯利和克里斯夫妇经营的一家B&B，服务热情周到。旅馆地理位置优越，可以看到瓦卡蒂普湖和南阿尔卑斯山。宽敞的起居室里有火炉，此外旅馆还有图书室和花园，非常舒适。早餐的面包是店主手工制作的，很受旅客的欢迎。虽然旅馆离城里有点远，但有时旅馆会提供接送服务，旅客可以事先和店主谈好。

- 16 Panners Way
- ☎03-442-4811
- FAX 03-441-8882
- 旅游咨询处开车3分钟
- S／NZ$115~、T／NZ$120、D／NZ$140~160
- 4室
- www.larchhill.com

所有的客房都有阳台，可以观赏到湖景

价格实惠的旅馆

酒店 MAP-p.115
阿布斯鲁特酒店
Absoloot

- 50Beach St. ☎03-442-7180
- FAX 03-441-8417
- 旅游咨询处步行2分钟
- D/NZ$98~、多人间／NZ$29
- absoloot.co.nz

酒店位于闹市区

青年旅馆 MAP-p.112-E
昆斯敦青年旅馆
Queenstown YHA

- 88/90 Lake Esplanade
- ☎03-442-8413 FAX 03-442-6561
- 旅游咨询处步行5分钟
- T/NZ$90~、多人间／NZ$30~

在新西兰国内也很受欢迎的青年旅馆

背包客旅馆 MAP-p.112-E
班布鲁斯旅馆
Bambles Hostel

- Cnr.Lake Esplanade&Brunswick St. ☎03-442-6298
- 旅游咨询处步行5分钟
- T/NZ$70~、多人间／NZ$29~

旅馆的前面是湖泊

背包客旅馆 MAP-p.112-F
黑羊旅馆
Blacksheep Lodge

- 13 Frankton Rd. ☎03-442-7289
- FAX 03-442-7361
- 旅游咨询处步行5分钟
- T/NZ$75~、多人间／NZ$28

有23间客房的大型背包客旅馆

享受女王般的待遇
昆斯敦水疗

被群山和湖泊所环绕的度假胜地——昆斯敦，是一座小城市，在这里聚集了众多日间水疗中心。这些水疗中心为游客驱除旅行的疲劳，为追求时尚的女性们提供奢华的享受。快到这些日间水疗中心享受一段愉快、奢华的时光吧！

米尔布鲁克水疗中心
MAP●p.112-B
The Spa @ Millbrook

在阿罗敦的高级度假村当一回公主

米尔布鲁克水疗中心是米尔布鲁克度假村里的水疗专用设施，水疗中心周围是葱郁的树林，环境非常优雅舒适。进入水疗中心后，周围都弥漫着怡人的香味，好像进入了梦幻般的世界一样。9间按摩室中，都设有淋浴室、美甲修脚专用室和发廊。想把美丽作为礼物犒劳一下自己的话，这里绝不能错过。水疗中心还设有专门的休闲室，因此可以完全放松身心，彻底驱除疲劳。此外，水疗中心还有面向情侣和女性朋友的专门疗养项目。情侣可以在这里享受美好的2人世界。

✉ Malaghans Rd., Arrowtown（米尔布鲁克）
☎ 03-441-7000、0800-800-604（国内通话免费）
FAX 03-441-7920
🚗 昆斯敦开车20分钟
🕘 9:00~19:00　休 无
HP http://www.millbrook.co.nz

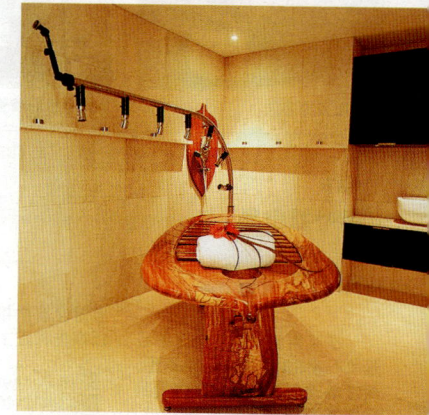

推荐疗养项目

去角质
（所需时间45分钟、NZ$140）
属于水压按摩疗养项目。采用广受欢迎的法国维其浴进行按摩，使肌肤变得如绸缎般光滑。按摩时使用海盐、磨砂膏和精油对皮肤进行护理。

改善肌肤（Optimizer）
（所需时间75分钟、NZ$155）
使用法国的纯天然化妆品雍卡进行面部按摩。使用玫瑰果和骨胶原使肌肤变得富有弹性和光泽。

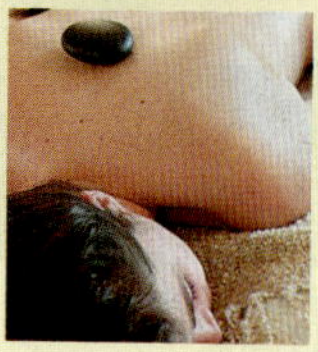

宁静温泉疗养
MAP●p.112-D
Hush Spa

当地顾客很多的都市型疗养沙龙

位于城市的中心，是一家很受当地顾客欢迎的疗养中心。在都市氛围的芳香沙龙中，除了有全身护理项目外，还有面部按摩、手脚护理、美甲、化妆和晒伤治疗等疗养项目，可以满足顾客的不同需求。除了普通的按摩外，还有专为滑雪运动员、单板滑雪运动员等准备的特别疗养。此外，还有面向青少年的面部按摩和烫睫毛项目。

疗养中心也有很多面向男性的服务项目，情侣同去是不错的选择哦。

推荐疗养项目
身心放松疗养
（所需时间60分钟、NZ$140）

针对腰间和足部的按摩，很适合滑雪徒步旅行后的放松。使用温热的精油和热乎乎的大麦包消除身体的疲劳，并且还有可以带走的乳霜哦。

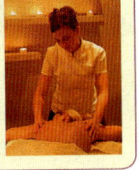

📧 1st Floor. The Mountaineer, 32 Rees St.
☎ 03-409-0901
🚶 旅游咨询处步行3分钟 🕘 9:00~18:00，周二、周三、周四9:00~21:00 休 无
HP www.hushspa.co.nz

护理密室
MAP●p.115
Body Sanctum

有独特的疗养项目，是最受欢迎的疗养中心

这是一家氛围优雅的温泉疗养中心，从护理密室的窗户可以看到瓦卡蒂普湖和南阿尔卑斯山。除了有其他温泉疗养中心的疗养项目外，这里还有昆斯敦罕见的印第安头部按摩项目。

此外，这里还有新西兰的独特疗养项目麦卢卡蜂蜜疗养，以及使用、椰子油等斐济原料进行的身体护理等项目。独具特色的疗养项目是这家温泉疗养中心的特点。

推荐疗养项目
热带天堂护理
（所需时间45分、NZ$90）

用椰子甘蔗磨砂膏除去全身的角质，让皮肤恢复弹性，光泽照人。做完疗养项目后，你的皮肤将变得柔滑、细腻、水灵动人。

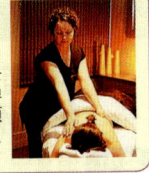

📧 Level 2, Chambers Suites, 50 Stanley St.
☎ 03-442-8006
🚶 旅游咨询处步行8分钟 🕘 9:00~21:00
休 无
HP www.bodysanctum.co.nz

瓦纳卡的豪华水疗度假村

瓦纳卡是一座位于湖边的小城市，从昆斯敦机场开车去大约50分钟。和滑雪胜地昆斯敦一样，瓦纳卡也有众多的水疗中心。

圣地日间水疗中心
MAP●p.106
The Sanctuary Day Spa

在水疗度假村享受不一样的疗养

圣地日间水疗中心是一家既可以住宿，又可以进行疗养的住宿型水疗度假村。面部按摩和身体按摩时使用的护理品是在世界42个国家都很受欢迎的"德美乐嘉"。除了有烫石按摩和深度按摩等按摩项目外，这里的美甲项目也很受欢迎。在豪华的水疗设施中按摩了全身后，可以到屋外的水疗泳池去放松身心。水疗泳池开放到晚上10点，因此在泳池里还可以看到美丽的星空。

推荐疗养项目
Haven Of Relaxation
（所需时间60分钟、NZ$95）

使用蒸汽和中药面膜给皮肤补水、保湿。弥漫着香味的空间使你充分放松身心的同时，还可以尽情享受15分钟的脸部和头部按摩。

📧 Cnr. Cardrona Valley & Studholme Rds., Wanaka
（瓦纳卡湖橡树岭度假村内，Oakridge Resort Lake Wanaka）☎ 03-443-7707 FAX 03-443-7750
🚶 旅游咨询处步行20分钟，开车5分钟
🕘 8:00~19:00 休 无
HP www.oakridge.co.nz

冬天尽情享受
双板和单板滑雪的乐趣

新西兰双板&单板滑雪的魅力

魅力1　盛夏中飞往银色的世界

新西兰滑雪的最大魅力在于当中国处于盛夏时节时，在新西兰却可以尽情地享受双板和单板滑雪的乐趣。新西兰位于南半球，季节刚好与中国相反，每年的6～10月是新西兰的滑雪季节。在冬天学会的滑雪技巧，在南半球的滑雪场马上就可以派上用场了。

魅力2　干爽的粉状雪

即便滑雪练习场有完善的设施，但如果雪质不好的话，还是没法滑雪。在新西兰不用担心会发生这种状况。由于这里的湿度很低，所以雪不会凝结成块，可以在干爽的粉状雪中尽情地享受滑雪的乐趣。

魅力3　直升机滑雪，价格实惠

一定不能错过的是直升机双板滑雪和直升机单板滑雪。不用乘坐登山索道，而是搭乘直升飞机，寻找条件较好的斜坡进行滑雪。

魅力4　滑雪后还有各种活动

在新西兰，雪只是下在山上，虽然听起来觉得不可思议，但这却是事实。在新西兰，平地上的雪很快就会融化，很难形成积雪。因此滑雪后下山的话，还可以进行其他的旅游活动，在昆斯敦和瓦纳卡有很多受人欢迎的旅游活动，所以，即便山里的天气不好，也可以玩得很开心。

最佳的滑雪季节是6～8月

虽然滑雪的最佳区域因当年的下雪状况而异，但最佳的滑雪和单板滑雪季节是每年的6～8月。这段时间因为是普通观光游的淡季，所以不仅机票有打折，而且还有专业双板和单板滑雪的旅行团，价格还非常便宜。此外，有很多酒店和旅馆对长期住宿的旅客还有打折优惠，去之前注意确认。

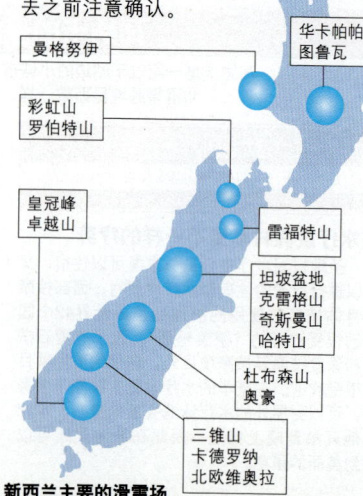

曼格努伊
华卡帕帕图鲁瓦
彩虹山 罗伯特山
皇冠峰 卓越山
雷福特山
坦坡盆地 克雷格山 奇斯曼山 哈特山
杜布森山 奥豪
三锥山 卡德罗纳 北欧维奥拉

新西兰主要的滑雪场

从昆斯敦去滑雪场

皇冠峰滑雪场　MAP p.112-B

新西兰国内唯一一个有夜间滑雪设施的滑雪场。滑雪场内有降雪机，保证所有滑道都处于最佳状态。皇冠峰的南面是宽阔的滑雪练习场。滑雪练习场的最高点与最低点相差462米，最长的滑走距离达2.4千米。虽然滑雪场内的大多数滑道都是面向中级滑雪者的，但是在面积达280公顷的广大区域中，也有冰道、道外滑雪等各种不同的滑道。

🏠 皇冠峰　☎ 03-442-4620
FAX 03-442-4637　HP www.coronetpeak.co.nz

卓越山滑雪场　MAP p.112-B

卓越山滑雪场于1985年开始营业。滑雪练习场呈碗状，在盆地阴面长长的坡道上有3种不同的滑道。整体而言，斜面的坡度不大。除了有面向初学者和中级者的比较平缓的滑道外，也有面向高级滑雪者的滑道。"Homeward Run"是可以尽情地享受道外滑雪乐趣的项目。

🏠 卓越山　☎ 03-442-4615
FAX 03-442-4619　HP www.theremarkables.co.nz

●交通

在滑雪时节每天都有巴士穿梭于昆斯敦和各滑雪场之间。周末还有专门的夜间滑雪巴士。

🚌 昆斯敦出发，8:00~12:00，每15~30分钟运行一趟；滑雪场出发，13:00~16:30
NZ$ 往返NZ$12

从瓦纳卡去滑雪场

三锥山　MAP p.42-F

三锥山滑雪场的海拔相差828米，面积550公顷，最长滑走距离是4千米，雪的平均深度是3.25米，是一个规模很大的滑雪场。滑雪场内有新西兰很少见的能乘坐6人的上山吊椅，可以快速地到达自己中意的滑雪练习场。在山上还可以看到瓦纳卡湖和阿斯帕林山的绝美风景。

滑雪练习场有面向高级滑雪者、中级滑雪者、初学者等坡度不同的滑道。

🏠 三锥山　☎ 03-443-7443
HP www.treblecone.com

卡德罗纳滑雪场　MAP p.112-B

该滑雪场有平缓的"Foot Rot Flats"，面积广阔的面向中级滑雪者的"Gold Rush Downhill"，岩石地的斜坡有"阿卡迪亚"、"爱尔兰风笛"等滑道外的道外滑雪项目，可以根据自己的水平自由选择。

卡德罗纳是新西兰国内首个设有单板滑雪用的月牙滑雪道的滑雪场，经常会举行滑雪、单板滑雪的各种比赛。现在设有2个国际标准的月牙滑雪道。

🏠 卡德罗纳　☎ 03-443-7341
FAX 03-443-8818　HP www.cardrona.com

有很多世界各地的游客来卡德罗纳的滑雪练习场滑雪

Miles Holden

●滑雪练习场信息

	海拔/海拔差	面积	最长滑走距离	初级	中级	高级	全日通票	T字形滑雪输送机	滑雪季节	营业时间	距离城市
皇冠峰	1649米 462米	280公顷	2.4	20%	45%	35%	NZ$95	3架 3架	6~10月※	9:00~16:00	18
卓越山	1943米 357米	220公顷	1.5	30%	40%	30%	NZ$89	3架 4架	6~10月	9:00~16:00	26
卡德罗纳	1860米 600米	345公顷	4.0	25%	50%	25%	NZ$89	4架 4架	6月下旬~10月上旬	9:00~16:00	34
三锥山	2088米 828米	550公顷	4.0	10%	45%	45%	NZ$91	2架 2架	6月下旬~10月上旬	9:00~16:00	29

※7月中旬~9月中旬的周五、周六有夜间滑雪（16:00~21:00），全日通票的价格是2010年的价格

米尔福德峡湾

Milford Sound

MAP-p.42-E

前往米尔福德峡湾

从昆斯敦乘坐Great Sights巴士大约6小时，每天运行一趟（上午），车费NZ$80。从蒂阿瑙乘坐Great Sights巴士大约3小时，每天运行一趟（上午），车费NZ$39。

米尔福德峡湾名称的由来

米尔福德峡湾是一个英国地名，"Mill"表示水车，"Ford"表示渡口，"Sound"是海湾的意思。直译就是"有水车小屋的海湾渡口"。

▼区域概况

米尔福德峡湾是位于蒂瓦希乌纳穆地区的峡湾之一，已被联合国教科文组织列为世界自然遗产。米尔福德峡湾呈细长状，夹在陡峭的山脉之中，乘坐游轮游览峡湾是很受游客欢迎的旅游项目，因此成为新西兰首屈一指的观光胜地。

提起耸立在大海中的山脉，这里的麦特峰（1649米）可以说是新西兰的代表性风景区之一。这里全年多雨，遇上海豚、海狗、企鹅也是常有的事，是可以尽情享受新西兰美丽大自然的旅游景点。

一般都是乘坐昆斯敦或是蒂阿瑙出发的观光巴士前往米尔福德峡湾。通常都是早上7点左右从昆斯敦出发，10点左右在经过地蒂阿瑙休息一会儿，午后到达米尔福德峡湾。参加完2个小时的巡航之后，再原路返回。

天气晴朗时，米尔福德的景色十分迷人

旅行信息

感受米尔福德的真正魅力

由于是很受欢迎的观光地，所以夏天会有很多巴士开往米尔福德峡湾。但是，从昆斯敦出发的话，单程需花上5个多小时才能到，所以同一时间段内游客非常多。到了午后，港口中游客很多，比较嘈杂，很难想象这里是广阔的国家公园。而且，由于这里位于内地，富于变化的旅游项目很少，总觉得没什么事可做。米尔福德真正的魅力是它那宁静、神秘的氛围，如果想亲身体验一下这种氛围，不妨试一试下面的方法。

● 前一天在蒂阿瑙住宿，可以参加蒂阿瑙出发的旅游项目，也可以租车前往米尔福德。上午或是下午参加巡航游览。
● 住在米尔福德峡湾的旅馆。
● 在船上住一晚，参加"夜间巡游"项目。
● 乘坐塞斯纳飞机往返既可以缩短时间，又可以从空中欣赏峡湾的美丽景色。

酒店住宿 MAP-p.145

米尔福德峡湾旅馆
Milford Sound Lodge

离米尔福德港口大约1千米的距离。可以在旅馆搭帐篷，进行汽车露营。旅馆内有咖啡馆、餐馆和洗衣店，非常方便。

✉ Milford Sound ☎ 03-249-8071 🚌 离港口1千米（有接送）🛏 宿舍/NZ$33，T, D/NZ$85，汽车露营/NZ$22
🌐 www.milfordlodge.com

米尔福德旅游景点

米尔福德的魅力不仅仅在于美丽的大海。从蒂阿瑙到米尔福德峡湾的沿途就有很多美丽的景点。

1 蒂阿瑙唐斯
TeAnau Downs

蒂阿瑙唐斯是一个平静的海港，也是米尔福德徒步旅行的出发点。海港附近有背包客旅馆和酒店，可供游客歇脚。
🚌 蒂阿瑙开车25分钟

2 镜湖
Mirror Lake

湖面像镜子一样映出群山的美丽姿态。反写在牌子上的字从湖面映出来就是"Mirror Lake"。
🚌 蒂阿瑙开车35分钟

镜湖像镜子一样映出周围美丽的景色

3 山毛榉隧道
Beech Forest

有银山毛榉、红山毛榉，是生长着茂密山毛榉的美丽山路。隧道的尽头可以看到被白雪覆盖的阿尔卑斯山。
🚌 蒂阿瑙开车40分钟

4 罗布斯布莱特
Knob's Flat

DOC的员工常驻在这里，有关于国家公园自然环境的展示。里边还有洗手间。周围广阔的草原与远处耸立的山脉形成一道美丽的风景。
🚌 蒂阿瑙开车45分钟

5 古恩湖
Lake Gunn

湖的名字来自峡湾探险家德比·古恩。湖里生长着三文鱼和鳟鱼。湖的周围有散步道，这里是新西兰野生鸟类和植物的宝库。
🚌 蒂阿瑙开车50分钟

6 分界线
The Divide

"Divide"指的是分水岭，但这里是南阿尔卑斯山中海拔最低的分水岭，所以用了"The Divide"。这里也是路特本徒步旅行的出发点。
🚌 蒂阿瑙开车60分钟

途中有很多瞭望台

7 霍默隧道
Homer Tunnnel

为了开发米尔福德而挖的全长1219米的隧道。隧道里随处有岩石露出地面，而且由于没有通电，所以隧道里很黑。因此，穿越霍默隧道会是一次非常刺激的体验。
🚌 蒂阿瑙开车1小时20分钟

8 断层
The Chasm

有可以看到克雷道河（Cleddau River）和奇形怪状的岩石的瞭望台。水和沙砾从裂开的岩石缝隙中流过，岩石的形状因日复一日的侵蚀而改变。在这里你可以看到由岩石和流水所创造出来的艺术品。
🚌 蒂阿瑙开车1小时40分钟

米尔福德路旅行线路图

米尔福德峡湾
巡航

结束了从昆斯敦和蒂阿瑙出发的汽车远游后,下一站的目的地就是米尔福德峡湾,再接下来就是期待已久的米尔福德峡湾巡航,请尽情欣赏世界自然遗产的美丽吧。

从船上可以观赏到很多景点

巡航开始后,首先看到的是博恩瀑布。水从160米的高处落下来,溅起层层水花。瀑布的对岸是迈特峰和菲利特山(1469米),两座山的中间是辛巴达溪谷。耸立在溪谷后面的是拉莱尼峰。由于冰河的侵蚀使辛巴达山谷变成了美丽的U字谷。瀑布的右边有狮子岩,后面有大象岩。由于山的形状很像大象的头,因此取名为大象岩。

戴尔山崖(Dale Point)位于米尔福德峡湾的入口处,548米的宽度是峡湾中最窄的地方。右岸有彭布罗克山(2000米)。斯坦林瀑布位于哈里森湾的前面,是一个很大的瀑布。水从146米的高处落下,简直像是大水桶在往下倒水一样,景色非常壮丽。

夜间巡游于傍晚17点出发,第二天早上9:15回港。夏天天黑得很晚,可以在米尔福德海上划皮艇,边欣赏美景,边享受划皮艇的乐趣。

巡航公司
真实之旅　Real Journeys
昆斯敦　☎03-442-7500
FAX 03-442-7504
蒂阿瑙　☎03-249-7416　FAX 03-249-7022
HP www.realjourneys.co.nz
昆斯敦出发／NZ＄230～(夜间巡游NZ＄267～)、蒂阿瑙出发NZ＄159～(夜间巡游NZ＄222～)
＊都包括巴士和巡航费。此外,还有轻型飞机游览计划。

夜间巡游

最近,在船上住一晚的夜间巡游很受游客的欢迎。参加者限定在12人以内,晚餐和早餐都是在船上吃。虽然睡的是双层床,但是船上非常整洁、干净,住宿环境很舒适。

在岩石上午睡的海狗

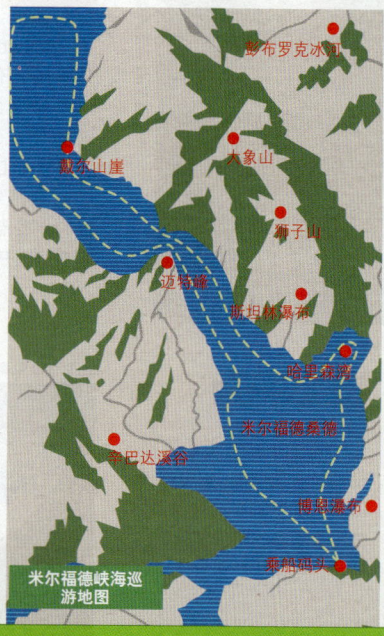

米尔福德峡海巡游地图

新西兰
不可错过的
米尔福德徒步旅行
Milford Track

5天4夜
全程55千米
最高点海拔1010米

米尔福德有"世界上最美丽的散步道"之称，这里有新西兰的代表性徒步旅行项目。鳟鱼在波光闪闪的河流中游来游去，U字形山谷的草地上盛开着美丽的鲜花，而且在苔藓茂密的原生林中还会遇上各种野生的鸟类，等等。总之，在这里你可以尽情地感受大自然的魅力。

米尔福德徒步旅行

旅游旺季时会限制上山，因此要预约山中小屋。虽然是很受欢迎的徒步旅行，但是有很多限制，例如不可以露营，即便因天气不好中断徒步旅行时，也不允许在山中小屋多住等规定。另外，旅游淡季时，没有船可以乘坐。

第1天 横渡蒂阿瑙湖，到达米尔福德

在蒂阿瑙的DOC办事处拿到山中小屋的票后，就乘坐巴士前往蒂阿瑙唐斯。到了蒂阿瑙唐斯后，换乘轮船，大约1小时15分钟后到达徒步旅行的出发点。山毛榉林中的道路平坦、宽阔，步行起来也不累。有导游陪同时，大约走20分钟就能到住宿地格莱德之家。自助游时，要走过途中最大的吊桥，然后再沿着克林顿河走大约1个小时，到达克林顿小屋。

第2天 穿过美丽的山毛榉森林，进入U字形山谷

沿着河流继续往前走。道路都是在茂密的山毛榉林中。天气晴朗时，太阳从树叶的缝隙中照下来，可以充分地享受步行的愉悦。穿过茂密的山毛榉林后终于进入U字形山谷。山谷两边是悬崖峭壁，周围则是茂密的野草，风景十分美丽。

在导游的陪同下向庞坡洛纳小屋走去。自助游时则要步行1个半小时到达民塔罗小屋。

第3天 在麦金诺山顶眺望周围的壮丽景色

越过海拔1010米的麦金诺山。随着海拔的增加，途中可以看到库克山百合、山菊花等高山植物。

从山顶下来，再次走入森林。在导游的陪同下很快就能到达昆廷小屋。从这里去萨瑟兰瀑布来回大概需要1个半小时，但是落差580米的瀑布实在是很值得一看。自助游时则需要再走1小时到达饺子小屋。

第4天 穿过瀑布众多的森林，到达终点

最后一天会有接送客的船只。因此，必须在接送船只返回之前到达乘船点，最好还是早点出发。道路很平坦，主要是在蕨类植物茂盛的森林中步行。途中有麦凯瀑布、巨门瀑布，以及里面有空洞的响铃岩等很多旅游景点。

南岛

米尔福德峡湾

米尔福德步道
Milford Track

📛 终极远足 Ultimate Hikes
☎ 03-450-1940 FAX 03-450-1941
HP www.ultimatehikes.co.nz 💰 5天4夜NZ$1830~、一日游NZ$195~ 📅 11~4月下旬的每一天
☎ 03-3562-7878

道尔福峡湾
Doubtful Sound

MAP-p.42-E

前往道尔福峡湾

没有巴士开往道尔福峡湾，基本上都是以组团的形式前往。道尔福的旅游团都从昆斯敦、蒂阿瑙、玛纳波里出发。

真实之旅
HP www.realjourneys.co.nz
昆斯敦／☎ 03-442-7500
　　　　FAX 03-442-7504
蒂阿瑙／☎ 03-249-7416
　　　　FAX 03-249-7022
玛纳波里／☎ 03-249-6602
　　　　　FAX 03-249-6603
NZ$ 昆斯敦出发NZ$350、蒂阿瑙出发NZ$287、玛纳波里出发NZ$265~

玛纳波里 Manapouri

玛纳波里是一座只有400人左右的小城镇，从蒂阿瑙开车大约20分钟就到了。玛纳波里湖在毛利语中是"悲伤的心"的意思，在湖的一角有背包客旅馆，还有皮划艇、徒步旅行、喷气船等旅游活动。玛纳波里湖深433米，仅次于新西兰最深的湖泊豪罗卡海（Lake Hauroko）（玛纳波里湖在面积上是新西兰的第七大湖）。被茂密的森林所围绕的湖中漂浮着35座小岛，梦幻般的景色给人留下了深刻的印象。

▼区域概况

道尔福峡湾有神秘的峡湾景色和美丽的自然风光，是游轮巡航的观光胜地。虽然没有米尔福德峡湾那样出名，但是从玛纳波里到道尔福峡湾的途中景色变化多样，并且由于来观光的游客很少，所以这里基本上还保留着原有的面貌。

1770年，库克船长来到道尔福峡湾后，觉得峡湾周围的气氛不同寻常，因此在进入峡湾时很犹豫，并将这个峡湾取名为"Doubtful Sound"（意为神秘的峡湾）。虽然19世纪道尔福峡湾曾大肆捕捉海狗和鲸鱼，但从那以后很少有人到这里来，因此自然环境没有受到什么破坏，有很多的海豚、海狗、企鹅生活在这里。现在，我们在这里所见到的景色，大概与库克船长当时见到的景色没有太大的差异。

玛纳波里湖周围宁静、神秘的气氛

前往道尔福峡湾的神秘世界

从距离蒂阿瑙西南19千米的玛纳波里出发去道尔福峡湾旅行。

从玛纳波里湖边的码头乘船，横渡玛纳波里湖大约需要40分钟。玛纳波里湖在毛利语中是"悲伤的心"的意思，是根据传说而取的名字，但是事实却并不是如此。由于欧洲的调查官在地图上做标记时，将离这里70千米、位于北边的北玛佛拉湖（Lake North Mavora）与玛纳波里湖给弄反了，因此玛纳波里湖应该是北玛佛拉湖的名字。

渡过有众多小岛的玛纳波里湖后，就到了码头。在这里换乘巴士，经过威尔莫特山口继续向道尔福峡湾前进。从这里开始到道尔福峡湾，可以享受全程22千米的汽车兜风。山口道路是花2年时间修成的，从道路上可以看到茂密的山毛榉森林。而且，途中覆盖在山崖上的颜色各异的苔藓非常漂亮，简直像是进入了苔藓公园一样。从高处可以看到道尔福峡湾的绝佳景色。

可以近距离地观察成群的海狗

骚动，很多游客拿着相机不断地按快门。连续不断跳跃的海豚也是途中的一大看点。

过一会儿，船内广播会让游客们安静下来。据说会暂时关闭引擎，让游客感受一下寂静的世界。引擎声停止后，游客们也停止了交谈。大家都在享受这平时很少有的寂静时刻。

返回时有参观地下发电厂的项目。这并不是新西兰最大的水力发电厂，只是这个发电厂没有建造堤坝拦截河流，而是让湖水流入地下带动轮机转动来发电，是一个很值得参观的地方。这种发电厂恐怕也只有在新西兰这样水利条件得天独厚的国家才有。

途中颜色各异的苔藓

发电厂就是一个地下根据地

邂逅海狗、企鹅、海豚

在去往塔斯曼海的峡湾的巡航途中，可以看到达娜厄山（1509米）、鸟爪山（1695米）的美丽景色。睡在岩石上的海狗和头上长着黄色羽毛的峡湾企鹅非常可爱，海豚也十分活泼有趣。此时甲板上一阵

道尔福峡湾巡航和皮划艇
皮划艇、巡航冒险
☎ 03-249-6626　FAX 03-249-6923　NZ$239~
HP www.fiordlandadventure.co.nz

还有夜间巡游项目

跳跃的海豚

蒂阿瑙

Te Anau

MAP-p.42-E

前往蒂阿瑙
🚌 从昆斯敦乘坐Newmans巴士大约3小时，一天两趟，车费NZ$28

旅游咨询处
Fiordland Visitor Information Centre
MAP p.150-A　Lake Front Drive
☎ 03-249-8900　🕗 8:30～17:30
休 无

导游信息 蒂阿瑙

娱乐	
活动	★★
景点	★★
休闲	★★★★★
交通工具	
步行	★★★★★
自行车	★★★★
区域范围	

住宅区很大，但观光的话步行就可以。在湖边散步是很好的休闲方式。

▼区域概况

蒂阿瑙位于南岛最大的湖——蒂阿瑙湖的湖畔，是一座有大约2000人的小城市。由于是前往米尔福德峡湾等峡湾国家公园的门户，因此，夏天有很多游客和登山运动员都到这里来，非常热闹。

延伸到湖边的米尔福德街是城市的主街。湖边的湖畔街、蒂阿瑙露台周边有很多住宿设施。城市的对面有勒克斯莫尔山（1471米），山下有"Great Walk"徒步之旅指定的凯普勒步道，可以进行一天的远足。在湖边的散步道散步，倾听城中鸟儿的鸣叫，游客可以在这里度过悠闲的假期。

景点
MAP-p.150-B

野生动物中心
Wildlife Centre

野生动物中心是巨水鸡等新西兰特有鸟类的保护中心。这里饲养着蜜雀、食肉鹦鹉等各种鸟类。尤其是濒临灭绝的巨水鸡，在其他地方一般是不让游客观看的，因此到了这里的话，一定要去看一看。在峡湾国家公园内有一个区域专门用于巨水鸡的繁殖，而且为了保护巨水鸡的宝贵生命，这个区域是禁止公园以外的人员进入的。

✉ Manapouri-Te Anau
☎ 03-249-7924
🚶 旅游咨询处步行15分钟
休 无

蒂阿瑙中心地区
Te Anau Central

0　　400m

蒂阿瑙出发的当地游

划皮艇、远足等很多能欣赏到大自然美丽的旅游活动。

洞穴独特的结构让人印象深刻

观看萤火虫之旅

乘船横渡蒂阿瑙湖，参观有萤火虫栖息的洞穴。在听了有关萤火虫和洞穴的说明之后，再分成几个小组进入洞中。蒂阿瑙（在毛利语中是"漩水溶洞"的意思）的名称就来自这些洞穴。洞穴的内部至今还有地下水的侵蚀。坐在划桨的小船上，一边观看萤火虫发出的微弱的光，一边往前划。在洞穴中有一种像是在仰望星空一样的不可思议的感觉。

■ 真实之旅
✉ Cnr.Town Centre & Mokonui Sts.
☎ 03-249-7416　FAX 03-249-7022
出发 14:00、17:45（11月至次年4月）、19:00、20:15（10至次年4月中旬）　NZ$67
HP www.realjourneys.co.nz

远足

不仅有米尔福德、路特本等有名的徒步旅行，还有很多地方可以进行当天往返的远足旅行。爬钥匙峰（Key Summit）时，可以享受在峡湾山毛榉森林步行的惬意，欣赏南阿尔卑斯山的雄姿，是很受游客欢迎的远足旅行。

■ Tutoko Outdoor Guides
☎ 03-249-9029（10月至次年4月）
FAX 03-249-9069（10月至次年4月）
NZ 需要咨询　HP www.tutokoguides.co.nz/
■ Trips Tramps　☎ 03-249-7081
FAX 03-249-7089　NZ NZ$170~
HP www.tripsandtramps.com

旅行信息

峡湾国家公园旅游咨询处

这里有很多关于峡湾国家公园的远足旅行信息。除了可以买到山中小屋的票、地图和相关资料外，还可以预约米尔福德和路特本等地的"Great Walk"徒步旅行。

■ Fiordland National Park Visitor Centre
MAP p.150-B　✉ Lakefront Drive　☎ 03-249-7924　交 旅游咨询处步行5分钟　营 8:30~17:00、冬季8:30~16:30　休 无

飞机游

不是乘船在湖面划过，而是乘坐水上飞机进行飞行游览。不仅可以飞过蒂阿瑙的上空，还可以从上空观赏到米尔福德、道尔福等峡湾的风景，是非常豪华的旅行。
此外还有乘坐飞机和喷气船从河流上游到下游的旅游项目。

■ 飞行游 Wings Walk
☎ 03-249-7405　FAX 03-249-7939　NZ NZ$95~

皮划艇游

乘坐皮划艇游览道尔福、米尔福德、达斯奇等峡湾。有从1日游到5日游等很多不同的旅游项目。

■ Fiord Land Wilderness Experience
☎ 03-249-7700　FAX 03-249-7089
NZ NZ$135~（米尔福德峡湾1日游）
HP www.fiordlandseakayak.co.nz

蒂阿瑙湖巡航

想悠闲地在蒂阿瑙度假的游客可以选择蒂阿瑙湖巡航。可以乘坐帆船游览蒂阿瑙湖，还可以在湖边的路上进行远足，游览湖边的风景名胜。在湖边点起篝火，既可以选择在湖边露营，也可以选择在船上度过一晚。

■ 蒂阿瑙巡航　☎ 03-249-8005
FAX 03-249-8009　NZ NZ$90~
（蒂阿瑙湖风景巡航游）

餐馆
Restaurants

蒂阿瑙虽然是一座小城市，但餐馆的种类却有很多

米尔福德路有很多餐馆和咖啡馆，而且种类丰富，游客有多种选择。

新西兰料理
麋鹿餐馆酒吧
The Moose Restaurant & Bar

MAP-p.150-A

受人欢迎的豪华餐馆

一家位于湖边的餐馆，有肉菜、海鲜等多种料理，而且价格实惠。餐馆有向阳的阳台，餐馆的酒吧有台球桌，并且酒吧内还有现场音乐演奏，从游客到当地人都很喜欢到这里来。

✉ 84 Lakefront Drive
☎ 03-249-7100　FAX 03-249-7560
交 旅游咨询处正面
营 11:00至深夜　休 无　NZ 午餐/NZ$10~、晚餐/NZ$14~

Moose（麋鹿）招牌是餐馆的标志

国际料理
橄榄树咖啡馆
Olive Tree Cafe

MAP-p.150-A

氛围舒适，豪华的咖啡馆

咖啡馆有很多价格便宜的料理，例如汤和佛卡夏面包组成的套餐（NZ$7.50）等。而且每天从17点开始就可以订购比萨。虽然咖啡馆有很多意大利料理，但是在这里也可以吃到马来西亚、泰国等亚洲国家的料理。

✉ 52 Town Centre
☎ 03-249-8496
FAX 03-249-7497　交 旅游咨询处步行2分钟　营 7:00~22:00
休 无　NZ NZ$8~

咖啡馆内温馨的室内装饰

咖啡馆
天然港湾咖啡馆
Naturaly Fiorldland

MAP-p.150-A

咖啡馆的环境很温馨，比萨也很好吃

手工制作的、用石头烤出来的比萨很受顾客的欢迎。素食和烤鸡肉等15种比萨有大（直径30厘米）小（直径23厘米）之分。比萨的分量很足，女性的话小比萨就能吃饱。

✉ 62 Town Centre
☎ 03-249-7111　交 旅游咨询处步行3分钟　营 11:00至深夜
休 无　NZ NZ$10~

用石头烤出来的比萨

新西兰料理
牧场餐馆
The Ranch

MAP-p.150-A

享受餐馆的娱乐氛围

餐馆的内部装饰让人联想起西部剧里的情景。在餐馆不仅可以打台球，还可以喝到新西兰国内外的啤酒和葡萄酒。店内有卫星电视，每当播放橄榄球比赛时，直到深夜店里还挤满了顾客，非常热闹。

✉ 111 Milford Rd.　☎ 03-249-8801　交 旅游咨询处步行3分钟　营 12:00至深夜
休 无　NZ NZ$20~

城里的夜间娱乐场所

中国菜
明苑中餐厅
Ming Garden

MAP-p.150-A

吃中国菜是驱除旅途疲劳的最好方式

明苑是一家位于市中心的中国餐馆。在这里能吃到熟悉的中国菜，在小城市蒂阿瑙这是一件很难得的事。此外，店里还有使用新西兰食材羊肉、鹿肉烹饪出的中国菜，很值得品尝。

✉ Loop Rd.　☎ 03-249-7770
FAX 03-249-7043　交 旅游咨询处步行3分钟　营 17:30~21:00
休 无　NZ NZ$12~

宽敞的店内，每晚都迎来很多顾客

酒店
Hotels

湖畔有很多很有特色的住宿设施

由于蒂阿瑙是去往米尔福德峡湾的"门户"，所以这里有很多不同类型的住宿设施，价格也各不相同。

酒店
蒂阿瑙酒店别墅
Te Anau Hotel&Villas

MAP-p.150-B

代表蒂阿瑙的大型酒店

位于旅游咨询处附近，是蒂阿瑙最大的酒店。客房有公寓式和别墅式，游客可以根据自己的预算和喜好来选择。此外，酒店还有住宿者专用的泳池、桑拿房和温泉，可以帮助游客驱除旅行的疲劳。

✉ 64 Lakefront Drive ☎ 03-249-9338
🚶 旅游咨询处步行1分钟
💰 T、D／NZ$160~ 🛏 112间
🌐 www.teanauhotel.co.nz

酒店位于湖边，旁边就是街道，交通很方便

酒店
勒克斯莫尔酒店
Luxmore Hotel

MAP-p.150-A

环境舒适、交通便利、很受欢迎

以勒克斯莫尔山命名的酒店。酒店内的咖啡馆、酒吧"百利"很受当地人的欢迎。二楼的"Highlights"餐馆只有早上和晚上才营业，可以在这里吃自助餐。

✉ Town Centre ☎ 03-249-7526
📠 03-249-7272
🚶 旅游咨询处步行3分钟
💰 S、T／NZ$225~
🛏 151间

酒店宁静、优雅的客房

南岛
153
蒂阿瑙

汽车旅馆
湖畔汽车旅馆
Lakefront Lodge

MAP-p.150-B

外观朴素，设施完善

朴素的外观让人认为这是一家用原木建设的汽车旅馆。每一间客房都是带有厨房的单间公寓，室内装饰也很优雅。所有的客房都有阳台，让人感觉很舒适。此外，旅馆还有带有温泉的客房。

✉ 58 Lakefront Drive
☎ 03-249-7728 📠 03-249-7124
🚶 旅游咨询处步行2分钟
💰 T／NZ$179~ 🛏 13间

旅馆庭院中盛开的各种鲜花

汽车旅馆
蒂阿瑙湖度假公园汽车旅馆
TeAnau GreatLakes Holiday Park

MAP-p.150-A

以盛开的鲜花而著称的旅馆

以前是一家位于去往米尔福德峡湾途中的旅馆，后来因为洪水的缘故，就搬到城里来了。旅馆客房的价格合理，而且所有的客房都可以看到山景。旅馆内还有餐馆和咖啡馆，非常方便。

✉ Cnr .Milford Rd.& Luxmore Dr.
☎ 03-249-8538 🚶 旅游咨询处步行3分钟 💰 S、T／NZ$58~
🛏 31间 🌐 www.greatlakes.co.nz

客房价格合理，很受旅客的欢迎

汽车旅馆
峡湾湖景汽车旅馆
Fiordland Lake View

MAP-p.150-B

宽敞的客房、完善的设施、美丽的风景

一年四季都被鲜花环绕，是路旁一道美丽的风景。所有的客房都是单人间和带有厨房餐厅的公寓式房间，而且还有浴缸，可以泡澡。另外，从客房里还可以看到湖景和庭院。

✉ 42 Lakefront Drive.
☎ 03-249-7546
🚶 旅游咨询处步行3分钟
💰 S、T／NZ$130~（夏季是NZ$220~） 🛏 10间

客房的室内装饰很受女性的欢迎

达尼丁

Dunedin

MAP-p.42-J

城市概况
留有苏格兰面貌的南岛第二大城市

达尼丁有12万人口,是奥塔哥地区的主要城市。1848年,苏格兰殖民者来到这里,建立了这座城市。现在,达尼丁还留有苏格兰样式的石造建筑,被称为"南海的爱丁堡"。

盛行生态旅游的奥塔哥半岛

达尼丁市中心有一个叫作欧特岗的八角形广场,广场周围有旅游咨询处、美术馆、教堂、车站等公共设施。穿过欧特岗广场的街道是城市的主街。广场的东北侧是乔治街,西南侧是王子街。从欧特岗广场去往海边的道路与主街平行,并与山下的道路交叉,路面比较复杂。而且,大多是单行道,开车时要注意交通安全。

从市中心开车大约30分钟就到了奥塔哥半岛,这里盛行生态旅游,是游客众多的旅游景点。这里有各种特色的旅游项目,除了可以看到有信天翁、企鹅的自然保护区外,还可以看到有野生海狗、海狮的海滨沙滩,在这里可以看到许多珍贵的动物。

达尼丁是一座以生态旅游而著称的城市

达尼丁简介
人口	大约12万人
面积	37 000平方公里
气温	夏季平均最高气温18.9摄氏度,冬季平均最低气温3.1摄氏度
降水量	年平均降水量799毫米

前往达尼丁

✈ 从克莱斯特彻奇乘坐飞机大约1小时。一天8~10个班次,费用NZ$62。

🚌 从克莱斯特彻奇乘坐城际长途巴士大约5小时30分,一天一趟,车费NZ$38。从昆斯敦乘坐城际长途巴士大约4小时,一天一趟,车费NZ$21。

达尼丁市中心
步行游览指南

从欧特岗广场出发开始步行游览达尼丁。有时钟塔的大建筑是市议会大楼,里面有旅游咨询处。旁边是圣保罗大教堂和达尼丁市立美术馆。

首先要参观的是市内的历史建筑。第一教堂建于1873年,高达56米的塔尖是它的标志。乔治街的诺克斯教堂建于1876年,教堂采用的是13世纪的哥特式建筑。教堂的设计师是R.A.罗森,他还参与了新西兰国内一流的学校奥塔哥男子高中的建设,这所学校建于1884年。

达尼丁的火车站也值得游客参观。虽然火车站只是建于1906年的一幢普通的建筑,但是车站中有马洛卡的瓷砖、英国皇家道尔顿的马赛克、彩色玻璃等精美的装饰。二楼是体育博物馆,里面有体育名人堂和克利夫兰生活艺术中心。艺术中心展示并出售当地艺术家的绘画、雕刻等作品。

在历史建筑的尽头可以看到火车站

此外,开拓者博物馆和奥塔哥博物馆也是很受游客欢迎的旅游景点。在开拓者博物馆中除了介绍毛利人文化和欧洲开拓者的历史外,还有从高级豪华车到自行车等交通工具的展示。奥塔哥博物馆有关于野生动物和自然环境的展示。已经灭绝的恐鸟骨骼和恐鸟蛋是不能错过的看点。参观了博物馆之后,可以到旁边的奥塔哥大学的校园内散步,去学校食堂吃价格便宜的饭菜。

参观了历史建筑后,就前往城外住宅区的鲍德温街。这是世界上最陡的一条街,已进入吉尼斯世界纪录。100米的距离就得下降46米,是非常惊人的坡度。虽然街的入口处有"重型车辆禁止进入"的标志,但还是有很多车来挑战能否爬上坡的最顶端。游客可以沿着道路旁边的阶梯试着爬爬这世界上最陡的街道。

吉尼斯认定的世界上最陡的街道

旅游咨询处
Dunedin Visitor Centre
MAP p.156-C
48 The Octagon
03-474-3300
FAX 03-4743311
周一至周五8:30~17:00(周六、周日9:00起),冬季的周一至周五8:45~17:00(周六、周日9:00起)

导游信息
达尼丁

娱乐	
活动	★★★★
景点	★★★★
休闲	★★★
交通工具	
步行	★★★★★
巴士	★★
租车	★★★
区域范围	

达尼丁是南岛仅次于克莱斯特彻奇的第二大城市,面积广阔,观光景点也很多。由于城市里有不少的陡坡,所以最好是租车游览或是参加旅游团。

租车
王牌租车公司
Ace Rent-a-Car
HP www.acerentalcars.co.nz
0800-50-2277 NZ 一天 NZ$35~

爱博租车公司
Able Rentals
HP www.ablerentals.co.nz
0800-225-373 NZ 一天 NZ$34~

不可错过的景点

达尼丁火车站
拉纳克古堡
企鹅广场

达尼丁市内旅游景点

景点　MAP-p.156-C
达尼丁市立美术馆
Dunedin Public Art Gallery

　　市立美术馆里有很多近代的作品，而且美术馆本身就是一座艺术建筑。一楼的商店有各种只有在美术馆才能见到的小物品。美术馆里面还有豪华的"诺威"咖啡馆。

✉ 30 The Octagon　☎ 03-474-4000　FAX 03-474-3250
🚌 旅游咨询处步行1分钟
🕘 10:00~17:00
休无　NZ$ 免费

景点　MAP-p.156-B
奥塔哥大学
University of Otago

　　达尼丁之所以被称为"大学城"是因为这里有新西兰国内历史最悠久的大学——奥塔哥大学。奥塔哥大学建立于1869年，不仅有美丽的教学楼，更有医学、牙科学、海洋学等权威学科。

✉ Castle st.
🚌 旅游咨询处步行15分钟

景点　MAP-p.156-C
第一教堂
First Church of Otago

　　56米高的塔尖显示了教堂的庄严。教堂于1873年建成，是建筑师R.A.罗森设计的长老会的教堂。

✉ 415 Moray Pce.　☎ 03-477-7118　🚌 旅游咨询处步行1分钟　🕘 8:00~18:00（冬季~17:00）

景点　MAP-p.156-C
斯佩特啤酒厂
Speight's Brewery

　　喜欢啤酒的游客一定要去参观斯佩特啤酒厂。斯佩特啤酒厂于1876年开始营业，是新西兰的代表性啤酒生产厂家。各种不同味道的啤酒和厂家独特的电视广告，使得斯佩特啤酒很受欢迎。

　　虽然每天都有啤酒厂参观项目，但是必须事先预约。参观费用是22美元，虽然价格并不便宜，但是在导游的陪同下，可以看视频、听音乐、操作照明设备等，像是进入了主题公园一样，非常有趣。当然，参观结束你还可以试饮工厂的啤酒。

　　工厂采用的是从上层到下层依次完成啤酒酿造的结构。看了以水和麦子为原料酿造的啤酒后，再学习如何把它们装到瓶子和罐子里也很有趣。工厂内提高工作效率的崭新设计也让人耳目一新。

✉ 200 Rattray St.　☎ 03-477-7697　FAX 03-477-9489
🚌 旅游咨询处步行5分钟
🕘 每天都不一样
休无　NZ$ NZ$22
HP www.speights.co.nz

景点　MAP-p.156-C
圣保罗大教堂
St.Paul's Anglican Cathedral

　　教堂位于旅游咨询处的左边，是1919年完工的英国教会的教堂，用产自奥玛鲁的石灰石建造而成。教堂的两个尖塔和艺术造型的入口很有魅力，非常吸引人的眼球。

✉ Octagon　☎ 03-477-2336
🚌 旅游咨询处的旁边
🕘 8:30~16:00　NZ$ 免费

景点　MAP-p.156-D
达尼丁火车站
Dunedin Railway Station

　　连接克莱斯特彻奇和因弗卡吉尔的南方号经过这里，同时达尼丁火车站也是运行在内地的泰伊里峡谷铁路的始发站和终点站。

✉ Railway Station Anzac Ave.
🚌 旅游咨询处步行5分钟

景点　MAP-p.156-D
体育名人堂
Sports Hall of Fame

　　位于火车站二楼的一家关于体育的博物馆。馆内有全黑队每次比赛的队服和希拉里登珠穆朗玛峰时的线路说明等展品。

✉ Railway Sta. Anzac Ave.
☎ 03-477-7775　FAX 03-477-7762
🕘 10:00~16:00　休无
NZ$ NZ$5

南岛 达尼丁

景点　MAP-p.156-C

奥塔哥开拓者博物馆
Otago Settlers Museum

馆内有关于欧洲人开拓奥塔哥地区的历史和中国移民史的展示。馆内还有很多当时人们所用的物品和人物肖像，是一家很有意思的博物馆。

✉ 31 Queens Gardens
☎ 03-477-5052　FAX 03-474-2727
🚍 旅游咨询处步行5分钟
🕐 10:00~17:00
休 无　NZ$ 免费

博物馆内的各种自行车

博物馆内的自行车和马车展品

景点　MAP-p.156-B

奥塔哥博物馆
Otago Museum

博物馆里的展示涵盖了文化、自然、历史等各个领域。除了有毛利文化的展示外，还有美索不达米亚的书籍、威尼斯的玻璃、中国的陶瓷等世界文化遗产的展示。此外，还有关于自然的展示。其中恐鸟的骨骼和恐鸟蛋是必看的项目。博物馆内还设有科学馆，在世界发现馆中有很多可以用手去抚摸的有趣展品，不管是大人还是小孩都可以玩得很开心。

✉ 419 Great King St.　☎ 03-474-7474　FAX 03-477-5993
🚍 旅游咨询处步行15分钟
🕐 10:00~17:00　休 无
NZ$ 免费（世界发现馆NZ$9.50）
HP www.otagomuseum.govt.nz

博物馆入口的对面是公园

景点　MAP-p.156-A

奥斯维顿住宅
Olveston House

一家位于高地上的豪宅，可以俯视整个城市，也是很受欢迎的旅游景点。这座房子是英国商人大卫·西蒙及其家人的住宅，采用的是17世纪的雅各宾建筑样式。住宅内装饰有主人当年在环游世界时所收集的各种珍贵的古董。虽然只有在导游的陪同下才能参观，但是美丽的住宅和里面的众多宝物实在是很值得一看。

✉ 42 Royal Terrace
☎ 03-477-3320
FAX 03-479-2094
休 无　NZ$ 16
HP www.olveston.co.nz

住宅内优雅的氛围

游览景点时，参加旅游团会大大提高游览效率

参加旅游团，乘坐市内牛顿巴士游览达尼丁市内是很受欢迎的旅游项目。市内牛顿巴士是一种双层巴士，红色的车身很引人注目。此外，有的旅游团不仅可以游览市内的景点，还可以参加奥塔哥半岛的巡航游览。

除了乘坐巴士外，还有乘坐20世纪60年代的古典捷豹车游览达尼丁市内及其周边的豪华旅游团。

想在城里闲逛的游客可以参加步行旅游团。既可以参观历史建筑，又可以了解苏格兰人的移民史和达尼丁的文化。在星期三晚上的夜间旅游中，可以试饮威士忌、吃苏格兰料理和品尝苏格兰羊肉杂碎布丁。

🚌 市内牛顿巴士(City Bus Newton)　☎ 03-477-5577　FAX 03-477-8147
NZ$ NZ$36~　HP www.transportplace.co.nz　＊在旅游咨询处申请

真心导游

租捷豹车旅游
🚗 古典捷豹车豪华个人游
☎ 03-488-5961
FAX 03-488-5962
NZ$ NZ$175
出发 8:00、13:00
HP www.classicjaguar.co.nz

步行旅游
除了有每天早上出发的一日游外，还有夜间步行游项目。
NZ$ 一日游NZ$15~，夜间游NZ$30~
＊在旅游咨询处申请

红色车身的双层巴士很引人注目

达尼丁郊外的旅游景点

景点 MAP-p.42-J
泰伊里峡谷铁路
Taieri Gorge Railway

开往米德尔马奇的观光火车,全程长达77千米。火车像是在深深的峡谷和岩石的裂缝中飞奔一样。火车沿途比较荒凉。普克兰吉是火车经过的最高点,海拔250米。这里栖息着各种野鸟和珍贵的蜥蜴等野生动物。

✉ Railway Station, Anzac Ave.
☎ 03-477-4449 FAX 03-477-4953 出发 每天都不同
NZ$ 往返NZ$91~
HP www.taieri.co.nz

景点 MAP-p.154-B
拉纳克古堡
Larnach Castle

位于奥塔哥半岛的拉纳克古堡是银行家和投资家威廉·拉纳克为自己所建的豪宅,拉纳克死后,这栋宅子就处于荒废的状态,但是经过修复后,宅子又恢复了原来的样子。拉纳克生前取得了巨大的成就,还一度担任过新西兰的财政大臣,但是由于丑闻而在国会议事堂自杀,断送了自己的美好前程。

✉ 145 Camp Rd., Otago Peninsula
☎ 03-476-1616
交 旅游咨询处开车20分钟
营 9:00~17:00 休 无
NZ$ NZ$27

古堡内的螺旋式楼梯

古堡的四角形轮廓给人很深的印象,古堡内有咖啡馆,可以在里面喝茶

奥塔哥半岛是生态旅游的宝库

奥塔哥半岛在新西兰国内是著名的生态旅游胜地。在"黄眼企鹅的保护区"——"企鹅广场",土地的所有者马克格鲁用自己的私人资金运营着野生企鹅观察旅游项目。该旅游项目所获得的收益用来开展企鹅保护活动和拯救濒临灭绝的黄眼企鹅。

这项旅游活动要在保护区导游的陪同下,前往半地下的隧道。企鹅旁若无人般地从面前走过,不禁让人兴奋不已。

奥塔哥半岛的"皇家信天翁中心"已经开展了30多年的信天翁保护活动。这里有观察信天翁在山崖边筑巢的旅游项目。参加"君主野生动物游"的话,可以从海上观察在空中飞来飞去的信天翁和岩石上的海狗、蓝企鹅等奥塔哥半岛的野生动物。

旅行信息

黄眼企鹅保护区
MAP p.154-B ✉ Harrington Point Rd. ☎ 03-478-0286
NZ$ NZ$40 营 10月~次年3月10:15至日落前一个半小时,4~9月15:15至日落
发团 90分钟
HP www.penguinplace.co.nz

皇家信天翁中心
MAP p.154-B ✉ Taiaroa Head ☎ 03-478-0499
NZ$ NZ$45 发团 60分钟
HP www.albatross.org.nz

莫纳克野生动物
MAP p.156-F
✉ Cnr. Wharf & Fryatt Sts.
☎ 03-477-4276 NZ$ NZ$46
营 通过网站确认 发团 60分钟 HP www.wildlife.co.nz

企鹅夫妇和小企鹅可爱的姿态

海狮

餐馆
Restaurants

从咖啡馆到有机餐厅，餐馆多种多样

从豪华的咖啡馆到可以享受奢侈晚餐的高级餐馆，达尼丁当地的美食可以说是种类繁多，风味各异。

酿酒厂的餐馆
斯佩特啤酒之家
The Speight's Ale House

MAP-p.156-C

喝当地产的啤酒，吃美味的料理

　　这是一家由斯佩特啤酒厂开设的餐馆。餐馆的菜谱为各种料理配了不同的啤酒，一定要去尝尝。可以在参观了酿酒厂后，来餐馆进餐。

✉ 200 Rattray St.
☎ 03-471-9050
FAX 03-471-9030
交 旅游咨询处步行5分钟
营 11:45~14:00、17:00~21:00
休 无 晚餐 / NZ$15~

在南岛很受欢迎的斯佩特啤酒

咖啡馆
贝努咖啡酒吧
Bennu Cafe & Bar

MAP-p.156-C

新西兰名人常来光顾的咖啡酒吧

　　店名"Bennu"是不死鸟凤凰的意思。除了可以吃到比萨外，店里还有炸玉米饼等墨西哥料理。酒吧的天花板很高，是一家很时髦的店。全黑队的球员等名人经常来光顾，是一家很有名的酒吧。

✉ 12 Moray Place ☎ 03-474-5055 FAX 03-474-5055 交 旅游咨询处步行1分钟 营 16:30至深夜 休 无 NZ$7

店的中央有凤凰的标志

日本料理
日本地藏咖啡酒吧
Jizo Japanese Cafe & Bar

MAP-p.156-C

难得的美味，优雅的店内装饰

　　一家离欧特岗广场大约50米的日本餐馆。日式的店内装饰与爵士音乐营造出独特的氛围，是一家很受当地人喜欢的餐馆。店里有蘸上酱油和料酒烤的鸡肉和猪排、海鲜等料理。

✉ 56 Princes St. ☎ 03-479-2692
交 旅游咨询处步行2分钟
营 11:30~21:00（周五、周六至21:30）
休 周日 NZ$8~20

所有的料理都可以带走吃

有机食品
品味自然有机餐厅
Taste Nature

Map-p.156-C

品尝在绿色食品店做的午餐

　　一家经营绿色食品的餐厅，同时还外卖午餐。在外面就可以闻到店内厨房飘来的诱人香味。店里有采用有机蔬菜做的沙拉、汤、松饼和比萨等料理。此外，使用应季水果做的奶昔也很好喝。

✉ 131 High St. ☎ 03-474-0219
交 旅游咨询处步行5分钟
营 11:00~14:30（午餐）休 周日 NZ$6~
HP www.tastenature.co.nz

店里也有各种素食

汉堡包
天鹅绒汉堡
Velvet Burger

Map-p.156-C

达尼丁当地的汉堡包

　　一家位于欧特岗广场附近的达尼丁美食汉堡店。有多达20种使用当地新鲜食材制作的汉堡包。店里除了有牛肉饼外，还有鹿肉、羊肉等料理。此外，还有种类丰富、在达尼丁很受欢迎的"Emersons"啤酒。

✉ 150 Lower Stuart St. ☎ 03-477-7089 交 旅游咨询处步行2分钟 营 11:30至深夜 休 无 NZ$9~
HP www.velvetburger.co.nz

品尝店里的炭烤牛肉饼很值得

🟧 外卖

酒店 Hotels

历史建筑摇身一变成为独特的住宿设施

从大型酒店到背包客旅馆，达尼丁有各种不同的住宿设施。此外，独具个性的高级旅馆也很多。

酒店
南十字星酒店
Southern Cross Hotel

MAP-p.156-C

达尼丁的代表性大型酒店

位于高街和王子街的拐角处，是一栋很引人注目的白色建筑。虽然酒店建于19世纪80年代，但里面的装饰却很时尚。酒店里有2间酒吧和餐厅，还有咖啡馆、赌场等设施。

- Cnr. Princes & High Sts.
- 03-477-0752
- FAX 03-477-5776
- 旅游咨询处步行5分钟
- 标间NZ$170~
- 178间

酒店有健身中心

旅馆
弗莱彻旅馆
Fretcher Lodge

MAP-p.156-E

浪漫、舒适的环境

使用1924年建的住宅改建的旅馆。红木和橡树木客房装饰与古色古香的法式家具配合得非常好，是很舒适、优雅的空间。店主是一对英国夫妇。

- 276 High St.
- 03-477-5552
- FAX 03-474-5551
- 旅游咨询处步行10分钟
- S/NZ$200~、T/NZ$275~
- 6间

客房内优雅的装饰

旅馆
拉纳克旅馆
Larnach Lodge

MAP-p.154-B

位于奥塔哥半岛的旅馆

是一家与拉纳克古堡比邻的旅馆。旅馆每一间客房都可以看到美丽的大海。旅客还可以到拉纳克古堡的古典餐厅吃晚餐，并且可以顺便参观古堡哦。

- Camp Rd., Otago Peninsula
- 03-476-1616
- FAX 03-476-1574
- 市内开车15分钟
- 标间/NZ$260~
- 18间

当一回城堡主

B&B
休姆斯旅馆
Hulmes Court Bed & Breakfast

MAP-p.156-C

欧特岗广场附近的B&B

一座建于19世纪60年代的建筑。背包客客房装饰独具风格，很有个性。休息室里有图书和录像机，可以度过悠闲的时光。店主在30多岁时曾担任过两任国会议员，是一个很有故事的人。

- 52 Tennyson St.
- 03-477-5319
- FAX 03-477-5310
- 旅游咨询处步行3分钟
- S/NZ$70~、T/NZ$105~
- 14间

可爱的尖屋顶是这家旅馆的标志

B&B、汽车旅馆
撒哈拉汽车旅馆
Sahara Guesthouse & Motels

MAP-p.156-B

旅馆的室内装饰很受女性的欢迎

使用1863年的建筑改建而成的旅馆，里面弥漫着古香古色的气氛。客房有B&B和带有厨房的汽车旅馆两种类型。B&B的早餐有香肠和带有鸡蛋的欧式早餐。

- 619 George St.
- 03-477-6662
- FAX 03-479-2651
- 旅游咨询处步行10分钟
- S、T/NZ$105~、B&B/NZ$40~
- B&B10间、汽车旅馆10间

旅馆位于主街，地理位置优越

餐馆　咖啡休息室　酒吧休息室

因弗卡吉尔
Invercargill

MAP-p.42-I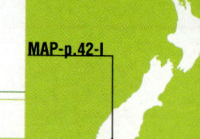

前往因弗卡吉尔

从昆斯敦乘坐城际长途巴士大约2小时45分，每天运行一趟，车费NZ$45。从达尼丁乘坐城际长途巴士大约3小时30分钟，每天运行一趟（下午）。车费NZ$44。

旅游咨询处
Invercargill Visitor Information Centre
MAP p.162-A ☉ Southland Museum & Art Gallery, Victoria Ave.
☎ 03-214-6246 FAX 03-218-4415 🕗 8:00~19:00（冬季至17:00） 休 无

导游信息
达尼丁

娱乐
- 活动　★
- 景点　★★
- 休闲　★★★

交通工具
- 步行　★★
- 租车　★★★★

区域范围
因弗卡吉尔是南部地区最大的城市。城里的道路很宽阔，每一个区的面积都很大。因此，最好是租车游览。

▼ 区域概况

因弗卡吉尔是位于南岛南部地区的一座沿海城市。和达尼丁一样，因弗卡吉尔也是苏格兰殖民者建立的城市，因此具有独特的风情。城市的名字也多用苏格兰式的"Invercargill"来称呼。因弗卡吉尔大约有5万人，是南岛仅次于达尼丁的大城市，但是到这里来的游客却很少。因弗卡吉尔宽阔的街道让人印象很深刻。

市内有很多广阔的公园和历史建筑。尤其是泰街，这里有士兵纪念碑（1908年）、原南威尔士银行（1904年）、市政剧院（1906年）、圣约翰教堂（1913年）、第一教堂（1915年）等众多历史建筑，可以通过它们感受到这个城市的历史。可以自己租车，也可以参加旅游团，不仅可以游览市内，还可以去1号线最南端的布拉夫以及斯图尔特岛游玩。此外，在南边的卡特林斯海岸，还可以看到野生的海狮和企鹅。

参观历史建筑也是很愉快的旅行

因弗卡吉尔中心地区
Central Invercargill

因弗卡吉尔的旅游景点

| 景点 | MAP-p.162-A |

皇后公园
Queens Park

位于市中心的大公园。面积大约80公顷，还有18洞的高尔夫球场和板球场。公园内有鸟园和饲养小动物的地方，此外还有玫瑰园、香草园、日式庭院、咖啡馆等设施。每天都有很多市民到这里来散步和野餐，非常热闹。

交 旅游咨询处步行1分钟
营 从早上到日落

| 景点 | MAP-p.162-A |

南部博物馆＆美术馆
Southland Museum & Art Gallery

皇后公园入口处附近的金字塔建筑就是南部博物馆＆美术馆。旅游咨询处也在这座建筑中。博物馆里除了饲养有恐龙的后代——属于恐龙目的蜥蜴和大蜥蜴外，还可以看到恐鸟脚的骨骼。此外，馆内关于鸟类、亚南极各岛、毛利文化和殖民者生活的展示也很丰富。在美术馆，展示有当地艺术家的作品等。

☎ 03-219-9069
FAX 03-218-3872 交 旅游咨询处内 营 9:00～17:00（周六、周日10:00起） 休 无
NZ$ 免费

活化石大蜥蜴

| 景点 | MAP-p.42-I |

安德森公园
Anderson Park

安德森公园离市内大约7千米。公园内有美术馆、花园、毛利人的聚会场所等，游客可以自由参观。美术馆原来是安德森夫妇的住宅，他们是土地的所有者和公园的建立者。馆内不仅有各种珍藏品，并且花费3万美金，建于20世纪20年代的建筑物本身就很有参观的价值。

安德森公园美术馆
交 旅游咨询处开车10分钟
开 10:30～17:00 休 无 NZ$
免费（但特别展示时要收费）

白色的住宅就是美术馆

| 景点 | MAP-p.162-A |

水塔
Water Tower

1889年建成的水塔是城市的标志性建筑。红色的砖块和拱形窗采用的是罗马式的建筑设计。看起来很像伊斯兰教的清真寺，真是一座很美妙的建筑。
交 旅游咨询处步行5分钟

很有个性的设计

| 景点 | MAP-p.42-I |

布拉夫
Bluff

从北岛雷因格海角出发的国道1号线的终点就是布拉夫，它距离因弗卡吉尔大约27千米，是一座海港城市，去往斯图尔特岛的渡轮也是从这里出发。

布拉夫是欧洲人在新西兰国内最早建立的城市。1824年威廉·斯特林从毛利人手里购买土地，并带来了牛和猪在这里饲养，最初是作为捕鲸基地而建设的。参观了海洋博物馆和有鲍鱼壳装饰的贝壳楼后，再前往有世界各地方向标的斯特林角。此外，还可以在这里的福沃步道享受海边散步的美好。

交 旅游咨询处开车40分钟

北岛的雷因格海角也有世界各地的方向标

| 景点 | MAP-p.42-J |

卡特林斯海岸
Catlins Coast

卡特林斯海岸是最好的兜风去处。这里有遍布古代森林化石的库里欧湾、有众多怪石的纳吉特角、海狮的栖息地苏拉特湾以及退潮时出现岩石隧道的教堂湾等许多观光景点。游客可以参加旅游团，也可以自己租车游览。

交 旅游咨询处开车大约2小时

餐馆和酒店
Restaurants&Hotels

餐馆和酒店虽小，却很有个性

相对它的城市规模，因弗卡吉尔酒店和餐馆的数量并不多。住宿设施大多是汽车旅馆和B&B。

咖啡馆
动物园咖啡馆
Zoo Keepers Cafe

MAP-p.162-B

愉快的氛围、美味的咖啡

"Zoo Keepers Café"看似是一个很有个性的名称，不过，进了店内你就明白了。咖啡馆里的绘画和布偶等装饰全都有动物的身影，连咖啡馆里的餐具都是以动物为主题的。此外，店里做成卷状的吐司三明治很受欢迎。

📧 50 Tay St. ☎ 03-218-3573
🚌 旅游咨询处步行5分钟
🕙 10:00至深夜
休 年初和年末　NZ$ NZ$6~

咖啡馆的外观也有动物的标志

日本料理
盆景日本餐馆
Bonsai Restaurant

MAP-p.162-B

便当很受欢迎，值得一尝

很受日本游客和当地居民欢迎的日本餐馆。可以外卖的便当有蘸酱油和料酒烤的鸡肉、干炸食品、生鱼片、炸猪排等。分量足，味道好，价格也很合理，NZ$10~。

📧 35 Esk St. ☎ 03-218-1292
🚌 旅游咨询处步行10分钟
🕚 11:30至深夜　休 周日、节假日　NZ$ NZ$7.50~　有外卖

用布拉夫的三文鱼做的生鱼片便当

酒店
凯文酒店
Kelvin Hotel

MAP-p.162-A

愉快的氛围、舒适的环境

从游客到商务人员都喜欢住宿的高级酒店。酒店位于闹市区的中心，优越的地理位置最适合购物。酒店里除了有餐馆、酒吧外，还有安装了游戏机的赌场，晚上也有各种娱乐活动。

📧 16 Kelvin Sts. ☎ 03-218-2829　FAX 03-218-2287
🚌 旅游咨询处步行5分钟
NZ$ S、T／NZ$135~　🛏 60间

大城市里位于闹市区的酒店很受欢迎

汽车旅馆
家庭别墅汽车旅馆
Homestead Villa Motel

MAP-p.162-A

在宽敞的客房度过悠闲的时光

位于迪街的一家汽车旅馆。虽然离市区有点远，但是有带厨房的客房，而且附近还有同系餐馆，可以舒适地在这里度过假期时光。晚上8点前把自己想吃的料理告诉餐馆的话，早上就可以在客房吃早餐了。此外，旅馆还有带有温泉的客房。

📧 Cnr Avenal & Dee Sts.
☎ 03-214-0408　FAX 03-214-0478
🚌 旅游咨询处步行10分钟
NZ$ S、T／NZ$105~　🛏 35间

宾至如归的服务

背包客旅馆
南部舒适背包客
Southern Comfort Backpackers

MAP-p.162-A

很受欢迎的背包客旅馆

位于皇后公园附近，是一家对个人住宅重新装修后改建的背包客旅馆。庭院里开满了鲜花，很像B&B的氛围，旅客可以悠闲地在这里度过愉快的时光。背包客不但有宽敞又整洁的公共厨房和休息室，还有女性专用的客房。

📧 30 Thomson St. ☎ 03-218-3838
🚌 旅游咨询处步行2分钟
NZ$ 宿舍／NZ$23、S／NZ$45　🛏 22

离闹市区和餐馆都很近

外卖

斯图尔特岛
Stewart Island

MAP-p.42-I

▼区域概况

斯图尔特岛是新西兰有人居住的最南端的岛屿。美丽的自然风光和野生鸟的天堂使斯图尔特岛成为旅游胜地。岛的中心是半月湾。它的周围有海港、旅馆、餐馆、旅游公司、食品店和旅游咨询处。由于岛上坡道多，所以在半月湾以外的地方住宿时，最好不要步行，采用租车等其他方法比较好。岛上虽然有50家左右的住宿设施，但冬天时大多都停业。

从高处眺望半月湾的美景

景点
MAP-p.165

拉奇欧拉博物馆
Rakiura Museum

一座介绍鸟类历史的小型博物馆。此外，博物馆里还有捕鲸时使用的道具的展示。博物馆位于小学的对面，建筑物前的铁制螺旋桨是博物馆的标志。

✉ Ayr St., Halfmoon Bay
☎ 03-219-1049　FAX 03-219-1022
🚶 旅游咨询处步行1分钟
🕐 周一~周六10:00~12:00、周日12:00~14:00　休 无　💰 NZ$2

博物馆里有很多展示品，值得一看

前往斯图尔特岛

✈ 从因弗卡吉尔机场乘坐去往斯图尔特岛的航班大约20分钟，每天有3次航班（上午1次，下午2次），机票单程NZ$90，往返NZ$155。一些不能提前预约的备用机票，往返NZ$95。用这种优惠的价格可以买到很便宜的机票。

🚢 从布拉夫乘坐前往斯图尔特岛的特快渡轮，大约1小时就可到达。从因弗卡吉尔到布拉夫也可乘坐巴士。每天3趟（上午2趟，下午1趟）。渡轮费NZ$66，巴士+渡轮费NZ$87。

旅游咨询处
Stewart Island Visitor Information Centre
MAP p.165　✉ Main Rd., Halfmoon Bay　☎ 03-219-0009
FAX 03-219-0003　🕐 8:30~16:30
休 无

导游信息
斯图尔特岛

娱乐
活动　★★
景点　★★
休闲　★★★★★

交通工具
步行　★★★
租车　★
摩托车　★★★
山地自行车　★★★

区域范围和交通工具
步行就可以游览半月湾。但到达有些住宿设施可能得走上20多分钟。

租车&摩托车

除了有岛内巴士游（所需时间1个半小时NZ$44）外，还有晚上徒步游览（仅夏天有，所需时间2小时，NZ$50）。

🚗 Stewart Island Experience
✉ Main Rd., Halfmoon Bay
☎ 03-212-7660
💰 租车／一天NZ$115~、摩托车一天NZ$70

半月湾 Halfmoon Bay

商店、餐馆、酒店
Shops&Restaurants&Hotels

个性鲜明的住宿设施和餐馆

斯图尔特岛是一个小岛，岛上的餐馆、住宿设施和商店都不多，但却很有特色。有些住宿设施是提供饭菜的，游客可以到旅游咨询处咨询。

手工艺品店
蕨之家工艺品
The Fernery

MAP-p.165

邂逅艺术

一家收集有新西兰国内艺术家作品的手工艺品店。店里的手工艺品种类繁多，有玻璃工艺品，里面装有各种蕨类植物，还有用鲍鱼壳和绿宝石制作的万花筒等。此外，有关植物和鸟类的照片、绘画、装饰品也多种多样，绝对让顾客眼花缭乱。

✉ 20 Main Rd., Halfmoon Bay
☎ 03-219-1453　FAX 03-219-1453
🚶 旅游咨询处步行8分钟
🕐 10:00~17:00（9月~次年5月）休 6~8月（有预约时才营业）

以自然为主题制作的工艺品

新西兰料理
教堂山咖啡酒吧餐馆
Church Hill Cafe Bar & Restaurant

MAP-p.165　预

新鲜的食材、美味的料理

位于高地上的一家餐馆，可以俯瞰整个半月湾。店里有名的海鸥烤肉（NZ$41~）味道很好。7~12月有新鲜的龙虾和牡蛎，一定要去尝一尝。

✉ 36 Kamahi Rd., Halfmoon Bay
☎ 03-219-1323
🚶 旅游咨询处步行2分钟
🕐 10:30至深夜　休 无　NZ$15~

店主艾伦性格开朗

旅馆
斯图尔特岛旅馆
Stewart Island Lodge

MAP-p.165

在高级旅馆度过愉快的时光

用自家生产的蔬菜、水果以及当地的新鲜海鲜制作的料理很受顾客的欢迎。旅馆的客房有单人间和双人间。客房有羽绒被和电热毯，可以舒适地休息。此外，每天还可以吃到店主亲自制作的饼干。服务很热情。

✉ 14 Nichol Rd.,Halfmoon Bay
☎ 03-219-0079　FAX 03-219-0085
🚶 旅游咨询处步行3分钟（港口、机场接送）　S、T／NZ$290~
室 5间

旅馆位于高地上，可以看到很美的景色

酒店
南海酒店
South Sea Hotel

MAP-p.165

怀旧的海边酒店

酒店位于城市中心的海边，乡村风格的建筑让游客印象深刻。酒店内有以海鲜料理出名的餐馆和酒吧。带有厨房的单元房（unit）离主馆大约50米远，宁静、舒适，很受旅客的欢迎。

✉ 26 Elgin Tce.,Halfmoon Bay
☎ 03-219-1059　FAX 03-219-1120
🚶 旅游咨询处步行1分钟
NZ 标间/NZ$65~、带有厨房的单元间NZ$159　室 28间

怀旧式的海边酒店

预 要预约

北岛

蔚蓝的天空和大海,温泉、历史名胜等旅游景点数不胜数

North Island

奥克兰	p.170
北地	p.210
派希亚	p.212
拉塞尔	p.214
怀唐伊	p.215
凯里凯里	p.216
凯塔亚	p.218
科罗曼德尔半岛	p.222
泰晤士	p.223
科罗曼德尔镇	p.224
水星湾	p.225
罗托鲁阿	p.226
怀托摩	p.246
陶波	p.248
东加里罗国家公园	p.250
纳皮尔	p.254
惠灵顿	p.258

奥克兰
Auckland

MAP-p.168-E

奥克兰简介
人口：大约146万
面积：1086平方公里
气温：夏天平均最高气温是23.3摄氏度，冬天平均最低气温是7.1摄氏度。
降水量：年降水量1239毫米。

前往奥克兰
✈ 从克莱斯特彻奇乘坐飞机大约1小时20分钟，新西兰航空每天有15~20次航班，机票（单程）NZ$61~。从惠灵顿乘坐飞机大约1小时，新西兰航空每天有18次以上的航班，机票NZ$59~。
🚆 从惠灵顿乘坐火车大约12小时，每天运行一趟，车费NZ$49~。
🚌 从派希亚乘坐巴士大约3小时30分钟~，每天运行1~2趟，车费NZ$23~。从罗托鲁阿乘坐巴士大约3个半小时，每天运行7趟，车费NZ$16~。从惠灵顿乘坐巴士大约10小时30分钟~11个小时。每天运行1~6趟，车费NZ$29~。
＊巴士经过的地点不同，所以所需时间有差异。

奥克兰博物馆

北岛最大的城市——奥克兰
城市概况

奥克兰是新西兰最大的城市和经济中心。主街皇后街有来自世界各地的外国人，是一条充满活力的大街，也让人真切地感受到新西兰是一个移民国家。奥克兰有"帆船之都"的美誉，乘坐帆船等交通工具可以游览海边的许多旅游景点。

美丽的港口城市，新西兰最大的城市和经济中心

奥克兰市覆盖的范围非常广阔，奥克兰北部的北地有很多美丽的海滩，南部有麦卢卡市，这里有过去毛利人的瓦卡（战斗用的独木舟）经常往来的海湾，西部的怀塔科里市有广阔的大森林，东侧的豪拉基湾有许多风光明媚的小岛，其中还有专门的岛屿用于保护濒临灭绝的几维鸟。现在，在新西兰的国内生产总值中，有三分之一都来自于奥克兰，奥克兰是新西兰的第一经济中心。同时，在新西兰的旅游城市中，奥克兰接待了来自世界各地72%的游客。

世界上人均船只拥有量最多的城市

1999年的APEC、2003年的美洲杯帆船赛都是在奥克兰举办的。由于奥克兰的人均船只拥有量位于世界第一，因此有"帆船之都"的美誉。与其他的城市相比，奥克兰的最大特征是有来自欧洲、亚洲、南太平洋各国，以及毛利人等各种背景的人生活在这里，大约37%的奥克兰市民都出生在国外。奥克兰还以坡路多而著称，因为这是一座建在火山口上的城市。独木岭、伊甸山、中央公园、阿尔伯特公园等看起来好像是建在丘陵上，其实这些地方原来都是火山口，其中有一部分火山还是活火山。最后一次发生火山爆发是在朗伊托托岛，距今已经600多年了。

在奥克兰周围有波利尼西亚人（毛利人）在沿岸地区居住的痕迹，他们以狩猎和采集为生。1769年随着库克船长来到奥克兰沿岸，欧洲殖民者也随即来到这里。在1865年迁都惠灵顿之前，奥克兰一直是新西兰的首都。

奥克兰国际机场→p.289
HP www.auckland-airport.co.nz

换乘新西兰国内线时的注意事项
奥克兰机场内有国际航站楼和国内航站楼。虽然两座航站楼之间的距离不远，步行就可以到达，但是行李多的时候还是乘坐免费的穿梭巴士"Interterminal Shuttle"比较方便。该巴士的乘车点与机场巴士一样，但车身是白色的，正面司机的坐席上写有"Interterminal"的字样，很容易辨认。每天早上5:00开始发车，每20分钟运行一趟，一直运行到晚上22:30。

穿梭巴车

机场巴士
☎ 0800-103-080
HP www.airbus.co.nz
白天每15分钟运行一趟，晚上每30分钟运行一趟。车费：成人单程NZ$16、往返NZ$23。

巴士公司
Super Shuttle
☎ 0800-748-885
HP www.supershuttle.co.nz

出租车公司
Auckland Coop Taxis
☎ 09-300-3000
HP www.cooptaxi.co.nz
Alert Taxis
☎ 09-309-2000
HP www.alerttaxis.co.nz

长途巴士站
在新西兰的各个城市可以乘坐城际长途巴士（Intercity）到奥克兰。市内的长途巴士站位于霍布森街（MAP.p.176-F）闹市区天空塔的后面。车站还设有预约柜台和咖啡馆。

从机场到市内的交通

从奥克兰国际机场到奥克兰市中心的距离大约是22千米，开车30~40分钟就可以到达。除了有机场巴士来往于机场和市中心之外，还可以乘坐出租车和接送巴士。

◆机场巴士
不管乘坐的是国际线还是国内线，只要一出机场的航站楼眼前就有机场巴士（Air Bus）的站牌。机场巴士主要经过机场和市中心之间的主要住宿设施，并且只要是机场巴士经过的地方，告诉司机一声"××街和××街的拐角处"，就可以在那里下车。开往市中心的巴士车身上写有"City"字样，开往机场的巴士车身上写有"Airport"字样。乘坐机场巴士从机场到市中心大约是1小时，不需要预约，只需从司机那里买票（单程NZ$16、往返NZ$23）就可以乘坐。

◆接送巴士
乘坐国际线时，出了航站楼向左转，不远处就有接送巴士（Shuttle Bus）的站牌。乘坐国内线时，接送巴士的站牌位于航站楼的对面。乘坐迷你面包车，即"公共出租车"时，虽然和自己同坐一辆出租车的人很多，看似很费时间，但是到达市中心最多只要1个小时。到市中心的车费是每人单程NZ$30，搭乘的人数越多，价格也会越便宜。接送巴士的价格比出租车便宜，会把旅客送到目的地，使用起来很方便。

◆出租车
乘坐出租车与乘坐接送巴士在同一个地方。乘坐国际线时出租车站位于航站楼左侧不远处，国内线时位于航站楼对面。乘出租车到市中心大约需要40分钟，车费NZ$50~65，是按里程来计费，不需要向司机买票，也不需要额外支付行李的费用。

火车站到市内的交通

在新西兰的各个城市，都可以乘坐Tranz Rail到达奥克兰。终点站是位于伊丽莎白二世广场旁边的布里托马特（Britomart）车站。

以前的终点站是奥克兰火车站，这里距离闹市区步行大约10分钟，十分便利。不过，布里托马特车站周围也是巴士站的集中点，而且渡轮乘坐点也位于附近，所以从车站出发到目的地也很方便。

市内交通

步行就可以游览市内的闹市区,但是去稍微远一点的地方,例如帕内尔、纽马克特、庞森比等地区时最好是乘坐巴士,价格便宜又有效率。此外,还有巴士专门用于游客游览各个旅游景点。

◆市内巴士

市内巴士称作"Metrolink",藏青色和银色的车身上写有白色的"Metrolink"字样。车站位于布里托马特的周围。穿梭于市内和郊外的市内巴士基本上都是从这里出发的。各个旅游咨询处有巴士的运行时间表。需要注意的是周末和节假日的运行时间比平时要短,车辆的运行次数也会减少。

布里托马特车站入口

◆联合巴士

穿梭于市中心各处的是联合巴士(The Link)。鲜艳的绿色车身是联合巴士的标志,联合巴士不仅穿梭于闹市区,还来往于帕内尔、纽马克特、庞森比地区,大都是以顺时针或逆时针的方向在运行。平时白天每隔10分钟、晚上每隔15分钟运行一趟,车费NZ$1.8。联合巴士和市内巴士共用一个巴士站牌。

巴士、火车、渡轮咨询
麦克斯Maxx
☎09-366-6400　0800-103-080
HP www.maxx.co.nz

市内巴士(Metrolink)费用
闹市区　50¢
1区　NZ$1.80
2区　NZ$3.40
3区　NZ$4.50
4区　NZ$5.60
5区　NZ$6.80
6区　NZ$7.90
7区　NZ$9.00

奥克兰票
可以随意乘坐市内巴士、联合巴士、北岸市闹市区之间的渡轮的全日通票。NZ$14.50。

Metrolink(市内巴士)

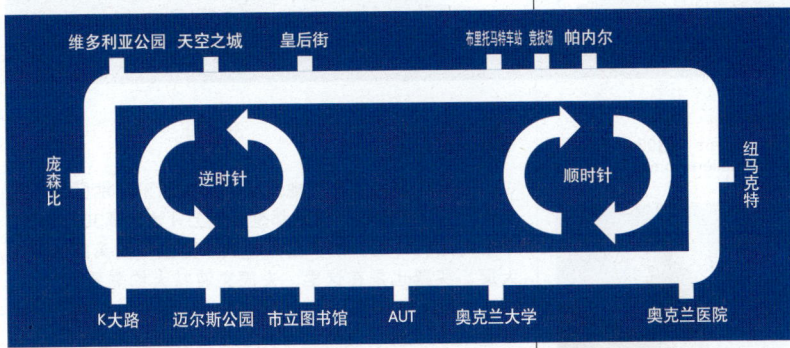

◆出租车

闹市区的出租车站位于皇后街、码头街、海关街等主要的街道。如果在附近找不到出租车站的话,可以到大型酒店前拦出租车,也可以通过电话告诉对方自己所在的地点,叫出租车来接。各个出租车公司都是按里程计价,但是不同出租车公司的初始计价会有差异。基本上每一家公司的初始计价都是NZ$3。

出租车公司
Auckland Coop Taxis
☎09-300-3000
Alert Taxis
☎09-309-2000

出租车站的站牌

市区环游巴士的站牌

◆市区环游巴士

市区环游巴士（Explorer Bus）是穿梭于市内主要旅游景点之间的双层巴士。从早上9:00（冬季是10:00）运行到下午16:00，每30分钟运行一趟（冬季每1小时运行一趟）。位于闹市区码头街的渡轮大厦是市区环游巴士的发车点。车票从司机那里直接购买，全日通票NZ$35，一日之内可以任意乘坐。该巴士与奥克兰博物馆前的红色卫星巴士（仅夏天运行）相连接（用市区环游巴士的车票可以乘坐）。

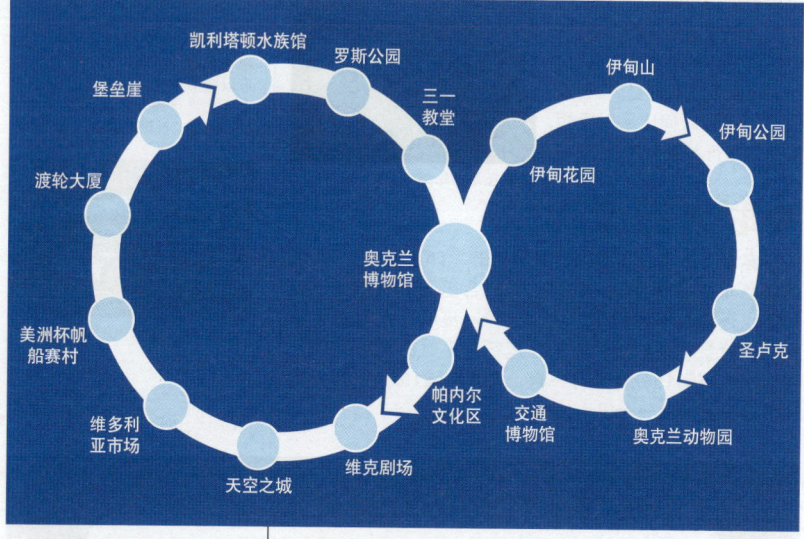

凯利塔顿水族馆・罗斯公园・堡垒崖・三一教堂・伊甸山・伊甸公园・渡轮大厦・伊甸花园・奥克兰博物馆・美洲杯帆船赛村・圣卢克・维多利亚市场・帕内尔文化区・交通博物馆・奥克兰动物园・天空之城・维克剧场

渡轮咨询处
福乐斯Fullers ☎09-367-9111
HP www.fullers.co.nz

渡轮大厦

◆渡轮

去往怀赫科岛、北地的德文波特和东部地区时要乘坐渡轮。不论去哪，渡轮都是从早上开始每隔30分钟到2个小时运行一趟。闹市区的出发点是位于码头街的渡轮大厦，买票也是在这里。去德文波特大约需要10分钟，往返票是NZ$10.50；去怀赫科岛大约需要35分钟，往返票是NZ$33.50。渡轮里有卖零食和饮料的店铺，可以体验一下乘船旅行的乐趣。

◆火车

随着布里托马特车站的开通，开往郊外的火车增多了，旅客也多了起来。铁路线覆盖了东部的帕帕库拉、南部的普基科希和西部的怀塔科里3个地区。

奥克兰市中心
步行游览指南

奥克兰的闹市区以皇后街为中心,范围延伸到北边的码头街、南边的市长大道(Mayoral Dive)、东边的基奇纳街(Kitchener Street)和西边的霍布森街(Hobson Street),非常广阔。

●闹市区
沿皇后街有很多店铺,而且随处都可以看到19世纪末的历史建筑。位于皇后街东边,与其平行的高街周围以引领时尚而著名。这一带有咖啡馆和精品店等店铺,到处弥漫着奢华的氛围。此外,该地区不仅是购物中心,也是商务中心。

●帕内尔地区
从闹市区乘坐巴士大约10分钟就到了帕内尔路,这里有众多的咖啡馆和餐馆,商店也非常多,尤其是帕内尔文化区周边,很多游客到这里来购物休闲。

●纽马克特地区
从闹市区乘坐巴士大约15分钟,从帕内尔乘车大约5分钟就到了以百老汇为中心的购物中心。这一带离高级住宅区很近,随处可见环境高雅的店铺。

●庞森比地区
从闹市区乘坐巴士大约10分钟就到了全长约1.5千米的庞森比路,这里各种餐馆和商店鳞次栉比,在露天咖啡馆喝咖啡的人群中,还可以经常碰到当地的名人。到了周末,庞森比路和卡朗加哈皮路(简称K大路)挤满了夜游的人群,非常热闹。

●德文波特地区
从闹市区乘坐渡轮大约10分钟,就到了德文波特,这是一个很悠闲的地区。沿着维多利亚街建设的商店、餐馆、咖啡馆都是美丽的维多利亚式建筑,让人不禁想起维多利亚时代。

从空中俯视闹市区及其周边

导游信息
奥克兰

娱乐	
旅游景点	★★★★
休闲	★★★
自然景观	★★★
交通工具	
步行	★★★★
巴士	★★★
出租车	★★★

区域范围和交通工具
市中心的旅游景点步行就可以游览。去稍微远一点的庞森比、帕内尔、纽马克特等地区的话,乘坐巴士10分钟左右即可到达。去德文波特时乘坐渡轮大约需要10分钟。

旅游咨询处
Auckland i-SITE Visitor Centre Skycity Atrium
MAP p.176-F ✉ Atrium,Skycity.
☎ 09-363-7182 FAX 09-363-7181
营 8:30~18:00 休 无
i-SITE Visitor Centre Prince Wharf
MAP p.177-C ✉ 137 QuaySt.
☎ 09-307-0615
营 9:00~17:30 休 无

不可错过的景点
● 奥克兰博物馆
● 天空塔
● 奥克兰美术馆
● 独木岭

旅行 信息

移动的旅游咨询处
闹市区、帕内尔、纽马克特地区有被称为奥克兰大使(Auckland City Ambassador)的工作人员,他们随时为游客做各种指导,是"移动的旅游咨询处"。如果迷路了,或是有什么问题,都可以向他们寻求帮助。

城市中随处可见的"奥克兰大使"

市内1日游旅游线路介绍

奥克兰 旅游计划

游览从市中心到郊外的旅游景点的最佳观光路线。
灵活运用联合巴士和市内环游巴士，高效率地来往于各个景点之间。

天空塔→p.179
奥克兰的标志性建筑，可以从天空塔俯视整个城市。

天空塔蹦极→p.179
从高达192米的高处往下跳。天空塔蹦极绝对是惊险刺激的活动。

维多利亚公园市场→p.181
这是一条聚集了各种当地商品的购物街，可以到这里来购买各种礼物。

奥克兰博物馆→p.179
每天多次举行的毛利人表演是不可错过的看点。可以买一些食物在广场上吃午餐。

伊甸山→p.189
海拔196米处的风景十分美丽。也是一个很适合拍照留念的地方。

奥克兰动物园→p.190
新西兰国内最大的动物园，可以看到各种珍贵的动物。

还可以看到几维鸟的雏鸟

受人欢迎的"生三文鱼沙拉"

Cin Cin on Quay→p.198
一边欣赏港口的美丽景色，一边吃晚餐。

餐馆的菜品十分丰富

旅行线路 Recommemded Route

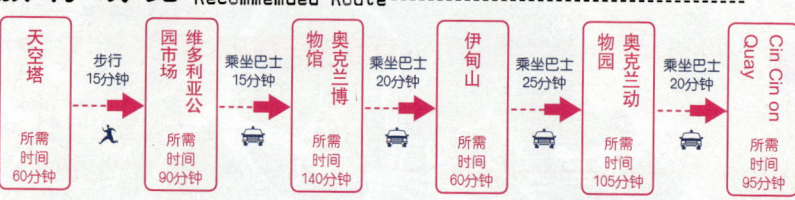

天空塔 所需时间60分钟 → 步行15分钟 → 维多利亚公园市场 所需时间90分钟 → 乘坐巴士15分钟 → 奥克兰博物馆 所需时间140分钟 → 乘坐巴士20分钟 → 伊甸山 所需时间60分钟 → 乘坐巴士25分钟 → 奥克兰动物园 所需时间105分钟 → 乘坐巴士20分钟 → Cin Cin on Quay 所需时间95分钟

NORTH ISLAND

奥克兰市内旅游景点

景点　MAP 剪切地图-11, p.176-F
天空塔
Sky Tower

　　天空塔高达328米,是南半球最高的塔。从塔上的瞭望台可以看到怀塔科里山脉和豪拉基湾诸岛的全景。主观景层(main observation level)有语音向导,可以看看有没有中文解说,同时还设有双筒望远镜。瞭望台上有一部分地板是玻璃的,站在上面两腿会发软哦。

✉ Sky City, Cnr. Victoria and Federal Sts. ☎ 09-363-6000
🚌 奥提广场 (Aotea Square) 步行5分钟　🕐 8:30~22:30 (周五、周六至23:30)　休 无
💲 NZ$25
🌐 www.skycity.co.nz

景点　MAP 剪切地图-19, p.177-G
奥克兰美术馆
Auckland Art Gallery - Toi o Tamaki

　　奥克兰美术馆里面有很多17世纪意大利的绘画作品和18世纪英国的绘画作品。馆内主要收藏了有关毛利人生活的绘画作品以及南太平洋诸岛的现代艺术作品。此外,美术馆还会举行特别展和巡回展,有机会的话一定要去看看。

✉ Cnr. Wellesley and Kitchener Sts. ☎ 09-379-1349（咨询热线）、09-307-7700
🚌 奥提广场步行5分钟
🕐 10:00~17:00　休 无
💲 免费
🌐 www.aucklandartgallery.com

景点　MAP 剪切地图-27, p.177-L
奥克兰博物馆
Auckland Museum

　　博物馆里有毛利人和南太平洋各国的文化、新西兰的大自然、过去的战争和和平活动等的相关展示。每天都有毛利人的表演。

✉ Auckland Domain　☎ 09-306-7067
🚌 市中心乘坐巴士10分钟　🕐 10:00~17:00
休 无　💲 捐赠制
🌐 www.aucklandmuseum.com

景点　MAP 剪切地图-4, p.176-B
维达港
Viaduct Harbour

　　这里是最高级的帆船比赛——美洲杯帆船比赛时,各个参赛队的根据地。维达港每天都有众多的游客,餐馆、咖啡馆、小酒店内全是游客的身影。

✉ Viaduct Basin
🚌 布利托马特车站步行5分钟
🕐 全天　休 无　💲 免费
🌐 www.viaduct.co.nz

北岛　179　奥克兰

Auckland

景点 MAP 剪切地图-4, p.176-B
国家海洋博物馆
New Zealand National Maritime Museum

馆内除了有保存完好的毛利和南太平洋诸岛的独木舟、移民船的船舱等展品外，还有帆船设计的展示，帆船的设计对帆船比赛的胜负有很关键的作用哦。想亲自乘坐帆船的游客可以参加遗产巡航。含入场费的巡航套餐NZ$26，可以乘坐双桅帆船泰德·阿什比号。

✉ Cnr. Quay and Hobson Sts.
☎ 09-373-0800
🚃 布里托马特车站步行5分钟
営 9:00~17:00（入场截止到16:00）
休 無 NZS NZ$16
HP www.maritimemuseum.co.nz

景点 MAP 剪切地图-12/19, p.177-G
奥克兰大学
University of Auckland

奥克兰大学是1883年创立的大学，也是新西兰规模最大的大学。宽敞的校园内有许多观光点，其中建于1926年的"钟楼"是奥克兰大学的标志。综合图书馆后面的石头墙壁，是由当时驻扎在阿尔伯特公园的英国军队建的。此外，总督府和旧合唱礼拜堂也是不可错过的景点。

✉ Princes St.
☎ 09-373-7999
🚃 奥提广场步行10分钟
営 全天 休 無 NZS 免费
HP www.auckland.ac.nz

景点 MAP 剪切地图-12, p.177-G
阿尔伯特公园
Albert Park

阿尔伯特公园是一座建于19世纪80年代的维多利亚式公园。公园内有喷泉、雕像和花坛，一年四季都鲜花盛开。在欧洲人迁来之前，有约360个毛利人住在这里。成为英国殖民地以后，这里建立了阿尔伯特军营，用于抵御毛利人的攻击，保护城市。

✉ Albert Park
🚃 奥提广场步行10分钟
営 全天
休 無 NZS 免费

景点 MAP 剪切地图-13, p.177-H
维克多竞技场
Vector Arena

维克多竞技场位于市中心的西侧，斯特兰德车站的附近，是新西兰第一座带有屋顶的大型竞技场，于2007年建成。竞技场可容纳1.2万人，主要用于举行运动会、摇滚音乐会、歌剧等各种规模不等的活动。

✉ 34 Mahuhu Cres., Parnell
☎ 09-358-1250
🚃 布里托马特车站步行10分钟
営 休 NZS 因活动而异
HP www.vectorarena.co.nz

周末去逛逛市场

在周末的市场上，不仅有古玩，还有艺术品、民间工艺品、生活杂货、服装、蔬菜、水果等丰富多彩的各种商品。到市场了解当地人的生活也是一件乐事。参照p.186。

奥克兰城市市场
Auckland City Market
位于闹市区的市场。有各种时装、小物件和家具等。
営 周六、周日10:00~18:00
✉ Cnr. Victoria & Elliot Sts.
MAP ● 剪切地图-11, p.179

城市农贸市场
The City Farmer's Market
在布里托马特车站的后面，市场上有蔬菜等商品。
営 周六8:30~12:30
✉ Cnr. Galway and Gore Sts.
☎ 027-346-1762
MAP ● 剪切地图-5, p.177-C
HP www.cityfarmersmarket.co.nz

帕内尔农贸市场
Parnell Farmer's Market
在市场上可以买到有机蔬菜和植物幼苗，是很受欢迎的市场。
営 周六8:00~12:00
✉ 545 Parnell Rd., Parnell
☎ 09-379-2095
MAP p.171-A

塔卡普纳市场
市场上有新鲜的蔬菜、水果、鲜花以及手工杂货，时装等各种商品，是北岸很受欢迎的市场。
営 周日6:00~12:00
✉ Cnr. Lake Rd. & Anzac St., Takapuna
MAP p.171-A

阿塔拉市场
Otara Market
波利尼西亚异国情调浓郁的市场。市场上有艺术品、生活用品、食物等各种商品。
営 周六6:00~12:00
✉ Newbury St., Otara
☎ 09-274-0830
MAP p.171-F

古玩市场

NORTH ISLAND

景点 MAP 剪切地图-27, p.177-L
奥克兰中央公园
Auckland Domain

建于1845年，是市内历史最悠久的公园。公园的总面积达81公顷。公园内有广阔的草地和随处可见的树荫，是市民们休息的好去处。19世纪中期给这座城市供水的鸭池现在依然有泉水冒上来。

✉ Auckland Domain
🚌 闹市区乘坐公交大约10分钟

景点 MAP 剪切地图-27, p.177-K
冬季花园
Wintergarden

花园内有两个种有热带植物和鲜花的温室，并且还有莲池和生长着100种蕨类植物的植物园。一到周末，在花园里随处可见悠闲地吃着午餐的人们。此外，花园不仅仅是人们休闲的场所，也是婚纱摄影的好地方。

✉ Wintergarden, Domain
🚌 闹市区乘坐巴士10分钟
🕐 11月至次年3月9:00~17:30（周日至19:30）、4~10月9:00~16:30
休 无　NZ$ 免费

景点 MAP 剪切地图-28, p.177-L
三一大教堂
Cathedral of the Holy Trinity

这是一座具有新西兰特色的教堂，教堂中央的顶棚是使用新西兰的原生木白松修建的，由于受毛利文化的影响，教堂的屋顶向外延伸，仿照"马拉埃"（毛利人的聚会场所）的建筑样式。在教堂的前面，留有广阔的空间。在被称为大窗口的彩色玻璃上绘有波利尼西亚人、欧洲人以及新西兰的原生和外来动植物的图案，一眼便可以看出新西兰整个国家的构成。教堂里有4309根管道的管风琴、圆窗和马斯顿礼拜堂是不能错过的看点。此外，在同一区域内还有建于1886年的圣玛利亚大教堂。该教堂是在1982年从街的另一面移到现在这个位置的。圣玛利亚大教堂是在世界上享有盛誉的木造哥特式建筑，经常有婚礼在这里举行。

✉ 9 St. Stephen's Ave.
☎ 09-303-9500
🚌 闹市区乘坐巴士8分钟
🕐 10:00~16:00（周日12:00起、冬季至15:30）　休 无　NZ$ 捐赠制
🌐 www.hdy-trinity.org.nz

景点 MAP p.171-A
帕内尔玫瑰园
Parnell Rose Garden

游览帕内尔玫瑰园的最佳时节是每年的10月到次年4月，这时可以看到5000种盛开的玫瑰。此外，历史悠久的圣玛利亚礼拜堂也位于玫瑰园内。

✉ 85 Gladstone Rd., Parnell
🚌 闹市区乘坐巴士10分钟
休 无
NZ$ 免费

景点 MAP 剪切地图-10, p.176-F
维多利亚公园市场
Victoria Park Market

这里有众多的商店，高约38米的烟囱是20世纪初期焚烧垃圾所留下的遗迹。此外，市场内还有用来搬运货物的马的马舍和发电厂。

✉ 210 Victoria St. West
☎ 09-309-6911　🚌 闹市区乘坐巴士10分钟　🕐 9:00~17:00　休 无　🌐 www.victoria-park-market.co.nz

北岛　181　奥克兰

游览历史建筑
回忆美好时代

新西兰虽然历史比较短，但是却有很多修建于100多年前但现在仍在使用的建筑。这些珍贵的历史建筑由"新西兰古迹信托"（New Zealand Historic Place Trust）（☎ 04-472-4341）管理。里面的室内装饰和生活用品都保留着当时的状态。此外，还有介绍这些历史建筑的小册子，有了这个小册子就可以轻松地步行游览这些历史建筑了。

位于奥克兰郊外的阿尔伯特住宅

美食之岛
怀赫科岛

从奥克兰乘坐渡轮35分钟就可以到达度假胜地怀赫科岛。

怀赫科又称为"葡萄酒之岛"。在这里可以品尝波尔多风格的红葡萄酒、吃各种美食,度过舒适、优雅的假期时光。

独特的建筑和美味的食物
马德布里克酒庄&餐馆
MAP●p.183
Mudbrick Vineyard & Restaurant

可以看到豪拉基湾和朗伊托托岛,是怀赫科岛内最美丽的酒庄。酒庄内有土造地窖和餐馆,还有小花园。酒庄气氛高雅,让人联想到欧洲的高级酒庄。与酒庄酿造的香醇的红葡萄酒相配的是独具匠心的美食。餐馆的拼盘像艺术品一般,食物非常美味。餐馆总是挤满了来用餐的顾客。

获得金奖的梅洛赤霞珠2008(NZ$37)

↑销售经理鲍伯
→用红葡萄酒做的肉

✉ 126 Church Bay Rd.
☎ 09-372-9050
交 玛蒂亚码头开车10分钟
营 11:00~17:00、18:00至深夜
休 无
HP www.mudbrick.co.nz

品尝美酒,欣赏美景
德芙哈酒庄&咖啡馆
MAP●p.183
Te Whau Vineyard & Café

一家很受欢迎的"美景酒庄餐馆",地理位置十分优越,不但可以看到豪拉基湾和朗伊托托岛,还可以看到更远处的奥克兰摩天大楼。酒庄只有一种独创的混合葡萄酒。这款珍贵的葡萄酒和厨师所做的新西兰美食是绝妙的搭配。此外,还可以点岛上其他酒庄生产的葡萄酒。

2006年出产的"The Point"葡萄酒因赶上了好天气,品质优良,是老板向顾客推荐的一款葡萄酒

↑服务员凯莉
→柠檬和胡椒风味的烤羊肉

✉ 218 Te Whau Drive, Te Whau Peninsula
☎ 09-372-7191
交 玛蒂亚码头开车25分钟
营 11:00~17:00(冬季周五、周六、周日的午餐11:00~16:30、周六的晚餐18:30~23:00)
休 周二的午餐
HP tewhau.co.nz

在山丘上品尝传说中的高级红葡萄酒

斯托尼里奇酒庄
MAP ● p.183
Stonyridge Vineyard

老板曾在波尔多地区酿造过葡萄酒，而且在这个岛上也成功地酿造出了波尔多风格的葡萄酒。混合赤霞珠"香格里拉玫瑰"的诞生让这个酒庄和怀赫科岛一举成名。在明亮的餐馆里坐满了前来品尝葡萄酒和用餐的顾客，非常热闹。在这里，可以一边欣赏山坡上广阔的葡萄园，一边品尝高级葡萄酒和美味佳肴，真是绝佳的享受。

世界著名的"香格里拉玫瑰"，是很难买到的葡萄酒（NZ$190）

↑传奇的酿酒商史蒂夫

→口感柔和的甜虾和羊腿拼盘

✉ 80 Onetangi Rd.
☎ 09-372-8822
🚗 玛蒂亚码头开车20分钟
🕐 11:00~17:00
HP www.stonyridge.co.nz

怀赫科岛地图
玛蒂亚码头渡轮乘坐点
克里夫之巅
庄&德布里克酒庄&餐馆
德芙哈酒庄&咖啡馆
斯托尼里奇酒庄

岛内步行游览 真心导游

想游览3家以上的酒庄，又要效率高的话，建议租车游览。岛上有30多家酒庄，有些酒庄旅游团不去，如果自己想去游览的话，租车是最好的方法。另外，想悠闲地在酒庄用餐的话，选择乘出租车也不错。

从闹市区的渡轮乘坐点出发，单程需要35分钟，每天运行14~20趟，往返的费用是NZ$33.50。福乐公司有游览3家酒庄的"怀赫科酒庄之旅"（NZ$115）游览项目。

📧 福乐公司Fullers
☎ 09-367-9111
HP www.fullers.co.nz

怀赫科汽车出租（渡轮站内）
☎ 09-372-8998
🕐 1小时NZ$15~

在渡轮站的旅游咨询处内获得旅游信息

旅行信息

喝葡萄酒，吃美味佳肴在B&B参加烹饪课堂

是著名酒庄的老板亲自经营的一家B&B。当地有名的厨师萨拉·托杰会在这里举办烹饪培训，她也是酒庄所有者之一。酒庄里有各种不同的葡萄酒品牌。对于喜欢美食的人来说，可以在这里度过以葡萄酒和美食为主题的快乐时光。

↑很受当地主妇们欢迎的烹饪课堂
←豪华的室内装饰

克里夫之巅 MAP p.183
Clifftops Waiheke Island
✉ 338 Seaview Rd.,Onetangi
☎ 09-372-9539
🚗 玛蒂亚码头开车20分钟
💰 NZ$230（1人的费用，包括早餐）
HP www.clifftops.co.nz
🏊 泳池、图书馆、烹饪课堂（10人以上才举办，每人NZ$135）
🛏 4间

鸟儿的天堂
缇里缇里马塔基岛

在导游的陪同下，步行观赏鸟类
详细了解新西兰特有的鸟类和植物

该岛的名称在毛利语中是"观风向""摆动的风"的意思。该岛由自然环境保护局（DOC）管理，从奥克兰的闹市区乘坐一天往返一次的渡轮不到2个小时就到了。岛上有面积广阔的原生林，森林里面全是鸟儿欢快的鸣叫声和风吹动树叶发出的声音。参加大约1小时的步行游览旅游项目时，在导游的陪同和解说下，可以很清楚地了解岛上的稀有鸟类、昆虫和植物。

野生动物游

- 360Discovery
- 09-307-8005、0800-888-006（新西兰国内通话免费）
- 09-424 6193　www.360discovery.co.nz
- 出发 奥克兰9:00、海湾港9:50
- 时间 大约8小时　发团 周三至周日、节假日
- 往返NZ$66（导游陪同另加NZ$5）

在岛上可以看到的珍贵鸟类

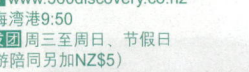

新西兰鸲鹟 New Zealand Robin
吃地上的小虫子，不怕人，会走得离人很近。

紫水鸡 Pukeko
秧鸡的原种，发出好像是人在呼唤的鸣叫声。

巨水鸡 Takahe
在1948年被再次发现之前，以为它已经灭绝了。

蜜雀 Tui
能够模仿其他鸟类和动物的声音。

下了渡轮以后，走过长长的栈桥，就来到了岛上。在入口处的沙滩上，有DOC的职员为游客说明各种注意和禁止事项。

森林中建有专门的步行道，走起来很轻松。在充满负离子的环境中，倾听鸟儿们欢快的鸣唱。

很多地方都放有装有糖水的饵料箱。在食物缺乏的冬天，这些饵料箱提供给小鸟们足够的食物。

白色的沙滩，清澈的海水，鲍勃沙滩的景色十分美丽。志愿者们会定期到这里来捡垃圾。

沙滩旁边的树丛中带有玻璃天窗的石洞。这是傍晚从海边回来的小蓝企鹅的家。

志愿者保护的海岛

岛上可以向游客开放各种独有的珍贵鸟类，离不开众多志愿者的辛勤工作。他们来到这个岛上，无偿地担任导游、捡垃圾，以自己的方式保护着鸟儿的乐园。

旅行信息

还可以在岛上住宿
在岛上住宿的话，可以看到几维鸟，它们属于夜行性鸟类，是新西兰的国鸟。并且可以看到活化石大蜥蜴，以及世界上最小的企鹅等各种野生动物。

精挑细选　　　当地团体游

城市起航
City & Sails
- Great Sights　☎09-306-7633
- FAX 09-379-6649　出发 8:45~
- 发团 每天　NZ$183
- HP www.greatsights.co.nz
- ＊在主要宾馆可以乘坐旅游团的巴士

游览凯利塔顿海底世界等奥克兰的代表性旅游景点后，游客可以体验一下在"帆船之都"才有的乐趣。乘帆船巡游、享用晚餐，是奥克兰非常有特色的旅游项目。

所需时间 6 小时 30 分钟

冲浪之旅
Surf Tour
- New Zealand Surf Tours　☎09-828-0426　出发 7:30~12:30（会因潮水的状况而有变化）　发团 每天
- NZ NZ$120（含冲浪板、潜水衣、2门课程）
- HP www.newzealandsurftours.com

有面向初学者的冲浪课程，教练会热心地教授，直到冲浪者能站在冲浪板上。奥克兰的冲浪很受欢迎，也有很多的冲浪点，游客可以在这里试试自己的身手。还有面向高级冲浪者的冲浪之旅哦。

所需时间 7 小时

新西兰花园半日游
New Zealand Gardening Experience
- Mike's Garden Tours
- ☎09-846-5350　FAX 09-846-5315
- 出发 9:00~　发团 每天　NZ NZ$95~
- ＊在主要宾馆可以乘坐旅游团的巴士

游览了奥克兰市内的著名私人庭园后，就前往麦克家学习有关园艺的基础知识。此外，还可以亲自编织吊篮，上烤饼烹饪课，体会生活的情趣。

所需时间 3 小时 30 分钟

两处自然美景之旅
Best of Both World Tour
- Bush and Beach Ltd.
- ☎09-837-4130　FAX 09-837-4193
- 出发 9:30~　发团 每天
- NZ NZ$199
- ＊在主要宾馆可以乘坐旅游团巴士

游览奥克兰西部怀塔科里的葱郁大森林和美丽沙滩，只需 1 天的时间就可以体验奥克兰大都市的魅力。上午游览市内的旅游景点，下午便前往怀塔科里。

所需时间 8 小时 30 分钟

山地自行车冒险
Mountain Bike Adventure
- Auckland Adventures Ltd.
- ☎09-379-4545　FAX 09-379-4543
- 出发 9:30~　发团 每天　NZ NZ$120
- ＊在主要宾馆可以乘坐旅游团的巴士
- HP www.aucklandadventures.co.nz

眺望了奥克兰的全景之后，便前往酒庄试饮葡萄酒，游览果园，在怀塔科里地山地自行车旅行，而且还可以步行游览，途中有很多旅游景点和旅游活动。

所需时间 8 小时

野外体验
Wilderness Experience
- Bush and Beach　☎09-837-4130
- FAX 09-837-4193　出发 12:30~
- 发团 每天　NZ NZ$135~
- HP www.bushandbeach.co.nz
- ＊在主要宾馆可以乘坐旅游团的巴士

欣赏了怀塔科里的大森林以及塔斯曼海的美景之后，便前往附近的徒步旅行线路，穿越高大的贝壳杉和巨大的蕨类植物，体验丛林漫步，还可以在到处都是黑色沙砾的沙滩上散步。

所需时间 5 小时

怀托摩和罗托鲁阿豪华一日游
Waitomo Glow-Worm Caves and Rotorua Geothermal Deluxe Day Tour
- Gray Line　☎09-307-7880
- FAX 09-307-7977　出发 7:30~
- 发团 每天　NZ NZ$242
- ＊在主要宾馆可以乘坐旅游团的巴士
- HP www.grayline.com

只需 1 天的时间便可以游览怀托摩的钟乳洞和罗托鲁阿两处旅游景点，是一次豪华之旅哦。在罗托鲁阿可以看到几维鸟等新西兰的特有鸟类，还可以参观农场，游览地热地带和毛利人居住的村庄。

所需时间 13 小时

北岛

185

奥克兰

丰富的有机美食！
玛塔卡纳农贸市场

在新西兰，所到之处都有农贸市场。其中最有名的农贸市场要数在北岛玛塔卡纳周六早上举行的农贸市场了。现在就去看看那些美味食材吧！

在著名的葡萄酒产地举办的
当地最有人气的美食市场

从奥克兰开车往北大约1小时30分就到了玛塔卡纳。玛塔卡纳是一座小城市，是著名的高级葡萄酒产地。闻名于世的"普罗维登斯"就产自这里。

除了葡萄酒以外，玛塔卡纳还有奶酪、蜂蜜等各种美味的食材，是难得的美食旅游地。在每周六举办的农贸市场上，很多人都开车来到这里。

该市场还登上了《纽约时报》。农贸市场上有30多家美食商店，出售新鲜的有机蔬菜和水果及用橄榄油烤的面包等。

玛塔卡纳农贸市场
Matakana Village Farmers Market
🏠 2 Matakana Valley Rd.,
　　Matakana, Warkworth
🕗 周六8:00~13:00（冬季9:00~）
MAP● p.168-E
🌐 www.villageatmatakana.co.nz

前往玛塔卡纳
从奥克兰市中心开车往北大约1小时。沿1号线北上，从沃克沃斯进入玛塔卡纳路。

纽约泰晤士

可以买到当地酒庄Heron's Flight Vineyard产的葡萄酒

1. 应季水果
2. 手工制作的果酱
3. 有机护肤品
4. 可以试饮葡萄酒
5. 酸辣酱和咸菜
6. 热乎乎的可丽饼很受欢迎

在市场上买的东西

环保包NZ$5
只有在这里才能买到的有玛塔卡纳农贸市场商标的环保包包

葡萄汁NZ$5
用酿造桑娇维赛葡萄酒的葡萄所制作的浓葡萄汁

麦卢卡蜂蜜NZ$7
当地家庭养蜂场生产的手工麦卢卡蜂蜜

听着现场的音乐演奏，吃着玛塔卡纳当地的美食，感受节日的气氛

美食远不止这些

新西兰国内的农贸市场

奥克兰（参考p.180）
The City Farmer's Market at Britomart
✉ Behind the Britomart Trainstation, Gore Street
🕐 周六8:30~12:30

Parnell Trust Farmer's Market
✉ Jubilee Bldg., Carpark, PanerII
🕐 周六8:00~12:00

纳皮尔
Napier Farmer's Market
✉ Behind Daily Tlegraph Bldg., Off Tennyson Street
🕐 周六8:30~12:30

纳尔逊
Farmer's at Founders
✉ Founders Heritage Park, Atawat Drive
🕐 周五15:00~18:00

克莱斯特彻奇
Canterbury Farmer's Market at Riccarton House & Bush
✉ 16 Kahu Road., Riccarton
🕐 周六9:00~12:00

达尼丁
Otago Farmer's Market
✉ Carpark of Dunedin Railway Station
🕐 周六8:00~12:30

里卡顿农贸市场（克莱斯特彻奇）

北岛　奥克兰

奥克兰郊外
步行游览指南

狮子山，位于皮哈沙滩，是一块高达101米的巨大岩石

去旅游景点众多的近郊时要乘坐巴士或是租车前往

奥克兰的闹市区以外，还有很多旅游景点。只需乘坐市内巴士即可到达这些旅游景点。有些旅游景点，只需乘坐市内环游巴士、红色卫星巴士（参考p.174）等专门面向游客的巴士，即可轻松前往。

奥克兰近郊的怀塔科里是很受欢迎的旅游胜地。从奥克兰市区开车向西大约50分钟即可到达。怀塔科里有葱葱郁郁的原生木森林、面向塔斯曼海的皮哈沙滩，以及有塘鹅栖息地的穆里怀沙滩。这些地方每天都会迎来大批的游客。皮哈沙滩往南大约5千米有凯里凯里沙滩，这里因是奥斯卡获奖电影《钢琴课》的拍摄地而闻名。

导游信息
奥克兰郊外

娱乐	
旅游活动	★★★
旅游景点	★★★★
休闲	★★
交通工具	
租车	★★★
巴士	★★★
出租车	★★★
区域范围	

如果游览奥克兰市内的旅游景点，乘坐巴士20~30分钟即可到达。但是去怀塔科里、怀维拉等地旅游时，最好是参加各种旅游团，或是租车前往。

景点　　　　　　　　　　　MAP-p.171-A
凯利塔顿海底世界
Kelly Tarlton's Antarctic Encounter and Underwater World

在"南极冒险"展馆中，真实还原了英国南极探险家库克队长住的小屋等与南极探险相关的物品，可以回顾人类的南极探险史，并且可以乘坐小型的观光车看企鹅哦。在"海底世界"展馆，除了可以看到巨大的鳗鱼、海马、水虎鱼等水生生物外，在海底通道中步行时，还可以看到巨大的鲷鱼、鲔鱼、鲨鱼在头上游过。

✉ 23 Tamaki Dr., Orakei
☎ 09-531-5065
🚌 从闹市区乘坐巴士大约10分钟
⏰ 9:30~17:30（入场截止到16:30）
休 无
NZ NZ$33.90
HP www.kellytarltons.co.nz

从车上观赏企鹅

堡垒崖

景点　　　　　　　　　　　MAP-p.171-A
堡垒崖
Bastion Point

是埋葬前首相萨维奇的地方。在这里可以远望天空塔和闹市区，俯瞰波光闪闪的怀特马塔湾和朗伊托托岛的美丽景色。在1978年提出在这里修建高级住宅区时，受到了毛利人的强烈反对，虽然有很多人被逮捕，但该计划最终还是被取消了。现在，在绿油油的草地对面是宁静的毛利人聚会场所——马拉埃。

✉ Michael Joseph Savage Memorial Park, Mission Bay
🚌 从闹市区乘坐巴士大约10分钟

不可错过的景点

- 凯利塔顿海底世界
- 伊甸山
- 独木岭

奥克兰郊外的旅游景点

米申湾
Mission Bay
MAP-p.171-A

米申湾有美丽的沙滩，在这里可以远望朗伊托托岛。天气晴朗的时候，有很多家庭和情侣在海边的草地上吃午餐。道路的对面有许多设有露天席的咖啡馆和餐馆，一到周末这里到处都是游客，非常热闹。夏天，这里有四轮滑冰鞋出租，还可以看到穿着比基尼的美女在沙滩上悠闲地走来走去。

✉ Mission Bay
🚌 从闹市区乘坐巴士大约10分钟

康沃尔公园
Cornwall Park
MAP-p.171-C

公园与独木岭相毗邻。公园内有农场，农场里养着羊、牛和鸡。这里还有能让你回想起19世纪中期普通人生活的相思小屋。

✉ Cornwall Park, Greenlane
☎ 09-630-8485
🚌 从闹市区开车25分钟
🕐 7:00至日落（但是日落后汽车不能进入公园）
休 无　NZ 免费
🌐 www.cornwallpark.co.nz

StarDome天文台
The StarDome Observatory
MAP-p.171-C

可以在天文馆观察奥克兰的星空。天文台还有波利尼西亚人的航海术表演，他们在航海时依靠星星指示方向。

✉ One Tree Hill Domain, Royal Oak　☎ 09-624-1246
🚌 从闹市区乘坐巴士25分钟
🕐 天文馆表演（周二至周日）表演时间/夏季20:00、21:00，冬季19:00、20:00
休 无　NZ NZ$16
🌐 www.stardome.org.nz

伊甸山
Mt. Eden
MAP-p.171-C

是城里海拔最高的圆锥形火山。爬到山顶上的话，不但可以看到漂亮的火山口，还可以眺望远处的闹市区。

✉ Mt. Eden, Mt. Eden
🚌 从闹市区乘坐巴士25分钟

伊甸花园
Eden Garden
MAP-p.171-C

鲜花盛开、树木葱郁的花园里还有以瀑布为中心的水生植物园。

✉ 24 Omana Ave., Epsom
☎ 09-638-8395　🚌 从闹市区开车大约20分钟
🕐 9:00~16:30（冬季至16:00）
休 无　NZ NZ$8
🌐 www.edengarden.co.nz

独木岭
One Tree Hill
MAP-p.171-C

独木岭于大约2万年前喷发，是城中最古老的火山之一。名称的由来是因为山上的一棵松树。这棵松树因其纪念价值（据说是欧洲人种植的）受到当地毛利人的多次攻击，以至于就快倒了。在2000年10月，这棵松树被砍掉。18世纪初期，山顶上有毛利人的"PaPa"（既是要塞也是村子）。现在，山顶上建有纪念牌。

✉ One Tree Hill Domain, One Tree Hill　☎ 09-379-2020
🚌 从闹市区乘坐巴士25分钟

维多利亚山
Mt. Victoria
MAP-p.171-A

以前，澳洲殖民者为了早一刻知道家乡的信息，便聚集在这个小山丘上，焦急地等待着运送家书的船只。这里的景色也十分美丽。

✉ Mt. Victoria, Devonport
☎ 09-446-0677　🚌 从闹市区乘坐渡轮大约10分钟
🕐 全天（但是只有6:00~18:00才允许汽车上山）

北岛　奥克兰

Auckland

景点 MAP-p.171-D
豪伊克历史村
Howick Historical Village

是一座再现了19世纪40年代到19世纪80年代生活的村庄。除了有新西兰国内最古老的法院和学校外，还有商店、教堂和磨坊等设施。此外，还可以看到各种器具的实际操作。

📧 Bells Rd., Pakuranga ☎ 09-576-9506 🚌 从闹市区乘坐巴士大约40分钟 🕐 10:00～17:00（入场截止到16:00）休 无 NZ$14
🌐 www.fencible.org.nz

景点 MAP-p.171-A
奥克兰动物园
Auckland Zoo

动物园里有些地方拆除了围栏和栅栏，游客可以看到接近真实的自然环境中的动物的生活状态，是一个开放性的动物园。在这里，时常可以遇到在园内走来走去的大象，即使是狮子，也是只隔着一层玻璃就能看到。当然，在这里也可以看到新西兰特有的动物。可以进入巨大的鸟屋中，观看喂给恐鸟喂食。此外，在保持黑暗的室内，可以观察大蜥蜴，它们是恐龙时代的幸存者。

📧 Motions Rd., Western Springs ☎ 09-360-3819（咨询热线）、09-360-3800 🚌 从闹市区乘坐巴士大约15分钟
🕐 9:30～17:30（冬季～17:00。入场截止到16:15）
休 无 NZ$20
🌐 www.aucklandzoo.co.nz

景点 MAP-p.171-F
彩虹之巅
Rainbow's End

是一座主题公园，里面有过山车、自由落体等娱乐设施。

📧 Cnr. Great South & Wiri Station Rds., Manukau ☎ 09-262-2030 🚌 从闹市区开车大约20分钟 🕐 10:00～17:00 休 无 NZ$47（通票价格）
🌐 www.rainbowsend.co.nz

景点 MAP-p.168-D
怀维拉地热中心
Waiwera Thermal Resort

19世纪70年代开始因为"能治百病"的传说，使很多人都骑马来这里泡温泉。现在，在屋外有26个泳池，屋内有8个水滑梯。此外，还有温泉疗养、桑拿等，这里还可以进行按摩哦。

📧 Waiwera Rd., Waiwera ☎ 09-427-8800 🚌 从闹市区开车40分钟 🕐 10:00～21:00（周五、周六截止到22:00）休 无 NZ$26
🌐 www.waiwera.co.nz

景点 MAP-p.171-C
西部温泉公园
Western Springs Park

在1907年前这里是整个城市的水源。现在的温泉公园到处是碧绿的草地，黑天鹅等动物悠闲地在池塘里游来游去，景色非常优美。

📧 Western Springs Park, Western Springs
🚌 从闹市区乘坐巴士15分钟

景点 MAP-p.171-C
交通科学博物馆
Museum of Transport & Technology

一家展示新西兰陆上交通、农林业、医疗器具、早期航空学的博物馆。馆内有很多汽车、火车头等大型展品。此外，博物馆里还有新西兰殖民早期物品的展示。

📧 Great North Rd., Western Springs ☎ 0800-668-286（咨询热线）、09-815-5800 🚌 从闹市区乘坐巴士15分钟
🕐 10:00～17:00（入场截止到16:30）休 无 NZ$14
🌐 www.motat.org.nz

博物馆与奥克兰动物园毗邻

旅行信息 专题版

在新西兰找古董

德文波特的埃利亚斯古董

新西兰是很受古董迷喜爱的国家,在移民带来的传家宝和进口家具中可以找到意外的珍品。

融入日常生活的古董

新西兰国民十分珍惜身边的物品。在这里,古董经常存在于人们的日常生活之中,被当作生活用品来使用。另外,在年轻人之间也渗透着把祖祖辈辈代代相传的古董再传给下一代的想法。

奥克兰市内有40多家古董商店。在市中心,皇后街有"楼上古董"(Upstairs Antiques ☎09-379-0887 MAP●剪切地图-5、p.179)等商店,这里聚集了各种陶瓷器、珠宝首饰、玩偶等小商品。

爱普生地区离闹市区不远,这里的麦卢卡街有众多的古董商店。其中的伦敦古董店(London Antique Shop ☎09-630-7192 MAP p.171-C)是一家家具商店,里面有各种家具。

在留有众多维多利亚式建筑的德文波特(MAP p.171-A)有一家埃利亚斯古董店(Antiquarius ☎09-445-8966)。在狭小的店内摆满了陶器和各种碟子。还有苏西・库伯和韦奇伍德等商品,很受游客的欢迎。

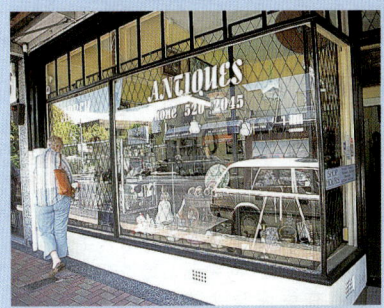

位于雷谬艾拉(Remuera)的阿比古董是一家珠宝商店

阿比古董 MAP p.171-C
☎ 09-520-2045

发现的古董

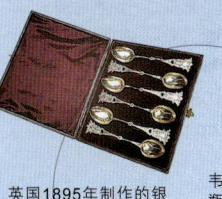

英国1895年制作的银制勺子(NZ$285)。勺柄上雕有徽章。

韦奇伍德陶瓷水瓶(NZ$220)。用很合适的价格就可以买到19世纪50年代到70年代的东西。

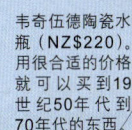

19世纪末期到20世纪初期制作的黄水晶项链(NZ$1850)。

20世纪前半期制作的刺绣钱包(NZ$45)。参加宴会时可以使用。

北岛 奥克兰

旅游活动指南
GUIDE
奥克兰篇

在"帆船之都"奥克兰有丰富多彩的海上活动

帆船航行　　Sailing

乘坐15米的单体船或18米的双体船，从国家海洋博物馆出发，沿途可以欣赏从怀特马塔湾到闹市区以及北岸的美丽风光，从帆船上观赏这座城市不一样的风景。掌舵的是经验丰富的船长，不过有时也会让乘客掌舵。有绕海湾一周、咖啡巡航、午餐巡航、晚餐巡航等旅游项目。还有免费海洋博物馆的优惠。

Explore NZ　☎0800-397-567
HP www.explorenz.co.nz
NZ$ NZ$75~

其他旅游项目
有帆船航行巡航项目的旅游公司

North Port Yacht Charters　☎09-376-4603
FAX 09-378-7659　NZ$ NZ$600~
✉ enquiries@aucklandyachtcharters.co.nz
HP www.aucklandyachtcharters.co.nz

Ranui South Pacific Charters Ltd.
☎ 09-361-0331
FAX 09-361-2053
✉ bookings@ranui.co.nz
HP www.ranui.co.nz　NZ$ NZ$1500~
＊可以租船，4小时起

观赏鲸鱼和海豚　　Whale&Dolphin Safari

从闹市区的码头街出发前往豪拉基海洋公园。在这里可以看到宽吻海豚、可爱的海豚自由地在水中游来游去逆戟鲸、鲸鱼和蓝企鹅等种类丰富的海洋生物和鸟类。奥克兰两所大学的海洋研究员也会一同乘船，给游客做简单易懂的有关海洋生态体系的解说。对于时间充裕的游客，还可以参加有2小时美洲杯帆船比赛体验的旅游套餐（NZ$235）。

Explore NZ
☎ 0800-397-567
HP www.explorenz.co.nz
NZ$ NZ$155~
时间 4小时30分钟

海上划皮艇 Sea Kayak

乘坐皮艇游览怀特马塔湾和豪拉基湾的诸岛。无人岛布朗岛只有乘坐皮艇和小船才能游览,环绕该岛一边划动皮艇,一边听导游解说该岛的历史的感觉相当不错。还可以划皮艇或步行游览朗伊托托岛,在美丽的波浪和舒适的海风中眺望闹市区和诸岛。夜间皮艇游项目可以远望夜幕降临时寂静、神秘的岛屿和灯火通明的闹市区。

不论是初学者,还是专业人士都可以玩得很开心

Outdoor Discoveries ☎09-443-5720
www.nzkayak.co.nz
NZ$75~

奥克兰海港大桥蹦极 Auckland Harbour Bridge Bungy

与奥克兰相连的海港大桥有蹦极点。蹦极时是从桥下所设的离海面40米的跳台,面对着大海往下跳。而且步行到蹦极点的路程也充满了惊险刺激。一边欣赏着怀特马塔海港的美丽景色,一边挑战一下不一样的惊险吧。

AJ Hackett
☎0800-462-8649
www.AJHackett.com
NZ$150~

面对着大海,往下跳

登上奥克兰海港大桥 Auckland Bridge Climb

可以从步行道攀爬奥克兰的标志性建筑——海港大桥的桥拱。在专业导游的陪同下,大约1小时30分的行程中还可以听到有关该桥的解说。在距离海面65米的桥拱最高点所看到的全景一定会给游客带来一次难忘的旅行经历。

AJ Hackett ☎0800-462-5462
NZ$120

从桥上可以看到不一样的景色

其他旅游活动

● 骑马
Muriwai Beach Riding Centre ☎09-411-8480
NZ$70~ www.aucklandhorsehire.org.nz
Pakiri Beach Horse Rides ☎09-422-6275
FAX 09-422-6277
NZ$60~ www.horseride-nz.co.nz

● 峡谷漂流
Canyonz ☎0800-422-696
www.canyonz.co.nz NZ$195~
AWOL Adventures ☎09-834-0501、0800-462-965
NZ$175~ www.awoladventures.co.nz

● 直升机游
Helilink Ltd ☎09-377-4406 FAX 09-377-4597
NZ$160~ www.helilink.co.nz

● 高空跳伞
NZ Skydive Auckland ☎0800-865-867、09-373-5778 FAX 09-233-6737
NZ$245~ www.nzskydive.co.nz

● 热气球
Balloon Safaris ☎09-415-8289 FAX 09-415-6880 NZ$345~ www.balloonsafaris.co.nz

● 滑翔机游
Aqua Air Adventure ☎0508-438-4444
FAX 09-528-7694 NZ$200~
www.gethigh.co.nz

● 逆向蹦极
Sky Screamer ☎09-377-1328 NZ$40~
www.skyscreamer.co.nz

● 越野车游
4 Track Adventures ☎0800-487-225、09-420-8104 NZ$155~
www.4trackadventures.co.nz

商店 Shops

各种新西兰产的商品琳琅满目

使用新西兰的特有材料制作的商品，是游览新西兰最好的纪念品。

礼品店　闹市区
新西兰奥提纪念品店
Aotea New Zealand Souvenirs

MAP● 剪切地图-5、p.179

各种保健品

店里的礼品多种多样。作为礼品的T恤和绵羊油是店里的热销商品。此外，在这里还可以买到与冲浪有关的装备（BICO）。

✉ Lower Albert St.
☎ 09-379-5022
FAX 09-366-1679
交 布里托马特车站步行3分钟
营 10:00~22:00　休 无
HP www.omiyage.co.nz

羊毛毛衣(NZ$150~)是店里很受欢迎的商品

礼品店　闹市区
OK礼品店
OK Gift Shop

MAP● 剪切地图-5、p.179

店里有很多独家经营的商品

礼品店的宗旨是"便宜的价格，优质的商品"。美利奴羊皮、水貂皮手袋、毛衣、猫眼石、蜂胶和羊毛脂霜等商品应有尽有。

✉ Cnr. Albert & Customs Sts.
☎ 09-303-1951
FAX 09-303-1800
交 布里托马特车站步行3分钟
营 8:00(周六、周日、节假日 10:00)~22:00
休 无

礼品店从很早就开始营业

名牌　闹市区
古奇精品店
Gucci

MAP● 剪切地图-5、p.179　免

新西兰国内首家古奇直营精品店

2008年4月开始营业的一家古奇精品店。店内有鞋子、箱包、手表、首饰等各种商品。店铺是由欧洲著名设计师设计的，弥漫着高雅的气氛。

✉ 48 Queen St.
☎ 09-368-1138
交 布里托马特车站步行3分钟
营 10:00~19:00
休 无
HP www.gucci.com

店铺入口处奢华的氛围

免税店　闹市区
DFS广场店
DFS Galleria

MAP● 剪切地图-5、p.179　免

历史建筑中的免税商店

4层楼上有箱包、化妆品、珠宝、时钟等世界一流品牌的最新商品和新西兰当地的各种礼品。除了可以在免税店购物外，还有从室内主要酒店到商场间的免费接送。

✉ Cnr. Customs & Albert Sts.
☎ 0800-388-937
FAX 09-308-0715
交 布里托马特车站步行3分钟
营 11:00~22:00　休 无
HP www.dfsgalleria.com

法国文艺复兴时期的建筑很引人注目

名牌　闹市区
路易·威登
Louis Vuitton

MAP● 剪切地图-5、p.179　免

在新西兰只有这家店才有路易·威登的鞋子

这家路易·威登是新西兰所有路易·威登店中进货最快、商品样式最新的店铺。除了有箱包外，还是国内唯一一家出售路易·威登鞋子的商店。店里的很多商品很受中国顾客的欢迎。

✉ 56 Queen St.
☎ 09-358-5080
FAX 09-357-5083
交 布里托马特车站步行3分钟
营 10:00~21:30　休 无
HP www.louisvuitton.com

这里有中国顾客特别喜欢的商品

礼品、手工艺品　闹市区
太平洋画廊
Gallery Pacific

MAP●剪切地图-12、p.179　　送　免

使用新西兰特有材料制作的珠宝首饰

当地艺术家用鲍鱼壳和绿玉等材料制作的首饰很受顾客的欢迎。尤其是用珍珠和猫眼石制作的首饰只需NZ$300~。这些高品质的商品最适合当作旅游纪念品。

✉ 34 Queen St.　☎ 09-308-9231
FAX 09-308-9231
🚌 布里托马特车站步行5分钟
營 10:00~17:30、周六至17:00、周日12:00~17:00　休 无

墙壁上制作精美的绿玉饰品

礼品、工艺品　纽马基特
得克萨斯艺术店
Texan Art Schools

MAP-p.171-C　　订购

各种时尚礼品

这里有首饰、镜子、时钟、陶器等丰富多彩的新西兰的独特商品，只是看看这些商品就让人兴奋不已。而且这些商品都是由当地背景各异的艺术家制作的。

✉ 366 Broadway, Newmarket
☎ 09-529-1021
🚌 从布里托马特车站乘坐巴士10分钟
營 9:30~18:00（周六至17:30、周日至17:00）　休 无

店里的首饰和艺术品很受顾客的欢迎

礼品店　闹市区
沃尔特之宝
The Vault

MAP●剪切地图-12、p.179

店里有来自世界各地的商品

店里摆满了来自世界各地的商品。店里有很多独具个性的首饰、充满艺术感的小物件等，每一件都很吸引人。

✉ 13 High St.
☎ 09-377-7665
FAX 09-309-6297
🚌 布里托马特车站步行5分钟
營 9:30~17:30（周五至19:00）、周六10:00~17:00、周日11:30~16:30　休 无
HP www.thevaultnz.com

店里摆满了各种惹人喜爱的商品

北岛
195
奥克兰

时装　闹市区
桑比西时装店
Zambesi

MAP●剪切地图-12、p.179　订购　免

前卫而又充满魅力的时装

引领新西兰国内时尚界的著名设计师E.芬德雷的精品专卖店。融合了各种不同材料和形状的前卫服装是店里最受顾客欢迎的商品。在纽马基特也有店铺。

✉ Vulcan Lane & O'Connell St.
☎ 09-303-1701　FAX 09-303-3181
🚌 布里托马特车站步行5分钟
營 9:30~18:00（周五至19:00）、周六10:00~17:00、周日11:00~16:00　休 无

风格独特的服装不论什么年纪都可以穿

购物中心　闹市区
琼萨利购物中心
Chancery

MAP●剪切地图-12、p.179

汇集众多名店的购物中心

　位于高街的综合购物中心。这里豪华的商店和咖啡馆鳞次栉比。除了有国内外的知名品牌外，这里还聚集了咖啡馆、餐馆和酒吧等设施，是受人欢迎的旅游景点之一。有大家都非常熟悉的品牌，斯卡帕（意大利进口的箱包和鞋子）、MAC化妆品、欧舒丹（香水）、金佰利（女性服装专卖店）等各种商店。

✉ Cnr. Chancery St.& Courthouse Lane　🚌 布里托马特车站步行10分钟
營 10:00~18:00（不固定）　休 无
HP www.chancery.net.nz

购物中心独特的屋顶

随处可见的豪华商店

送 送货到宾馆　订购 可以订购　免 免税

户外装备　纽马基特
麦克派克户外装备
Macpact

MAP-p.177-L

新西兰的户外装备品牌
　　一家于1973年创立的新西兰户外品牌店。店里有背包、服装等各种防水、耐磨的高品质户外商品。

✉ 6 Morrow St., Newmarket
☎ 09-520-1439
FAX 09-912-1245
🚌 从闹市区乘坐巴士10分钟
🕘 9:00～17:30、周六10:00～17:00、周日10:00～16:30
休 无
HP www.macpac.co.nz

在新西兰可以最先买到新款

化妆品　闹市区
鲁诗化妆品店
Lush

MAP● 剪切地图-12、p.179

诱人的芳香
　　鲁诗是一家经营香皂和基础化妆品的商店,店内的商品原产于英国,很受欢迎。位于皇后街的这家鲁诗店是新西兰的1号店。店里丰富多彩、芳香各异的香皂最适合当礼品送人。

✉ 189 Queen St. ☎ 09-357-6759
🚌 奥提广场步行5分钟
🕘 9:30～18:30（周四、周五至19:00）、周日10:00～16:30
休 无

像点心一样的热卖香皂

图书、CD　闹市区
博达斯图书音乐茶座
Borders Books Music Cafe

MAP● 剪切地图-18、p.176-F

当地的书店
　　一家面向年轻人的商店。里边有很多画集和照片集,即使不懂英语也可以看懂。该店的商品是这条街上最齐全的,最令人高兴的是商店营业到深夜。此外,店里还出售CD,并且设有咖啡馆。

✉ 291-297 Queen St. ☎ 09-309-3377 FAX 09-309-5815
🚌 奥提广场步行1分钟
🕘 9:00（周日10:00）～21:00（周五、周六至22:00） 休 无

晚上看完电影后,可以到这里来放松一下

运动服　闹市区
精英世界
Champions of the World

MAP● 剪切地图-5、p.179　订购

拿橄榄球T恤当礼品
　　店里有全黑队和超级橄榄球联赛的相关商品,如T恤等。除此之外,还有很多关于足球、板球等运动的服装和小物件。深受游客的喜爱。

✉ 45 Queen St.
☎ 09-307-2357
FAX 09-307-2621
🚌 布里托马特车站步行1分钟
🕘 夏季9:00～20:00（冬季至19:00） 休 无
HP www.champions.co.nz

全黑队的商品很受顾客的欢迎

波利尼西亚商品　闹市区
鲍鱼壳首饰
Pauanesia

MAP● 剪切地图-12、p.179

朴素明快的风格
　　闪闪发光的鲍鱼壳首饰、镜子、相框等独创商品很受顾客的欢迎。店里的商品都是波利尼西亚风格,每件商品都色彩明快、朴素中透着奢华。

✉ 35 High St.
☎ 09-366-7282
🚌 布里托马特车站步行8分钟
🕘 9:30～18:00（周五至19:30、周六至17:30）周日11:00～16:30 休 无
HP www.pauanesia.co.nz

店里的商品色彩明快,令人赏心悦目

民族商品　闹市区
布阿娜萨图民族商店
Buana Satu

MAP● 剪切地图-25、p.176-J

种类繁多的民族商品
　　从服装、首饰、装饰用品、乐器到家具等应有尽有,并且都是充满异国情调哦。陈列窗和店里的摆设,甚至是店里播放的音乐都是精心设计和挑选的。喜欢打扮的顾客都会经常光顾。

✉ 229 Karangahape Rd.
☎ 09-358-5561 FAX 09-358-5561
🚌 从闹市区乘坐巴士7分钟
🕘 10:00～17:30（周六至17:00）周日12:00～16:00） 休 无

各种丰富多彩的装饰小物件

葡萄酒	闹市区
Al Dente Wine	

MAP● 剪切地图-5、p.179 免

新西兰葡萄酒专卖店
　　专卖店里全是精挑细选的新西兰国产葡萄酒。只需告诉店员自己的喜好，他们就会帮你挑选适合你的葡萄酒，服务非常热情。专卖店位于闹市区的购物中心，交通很方便。

📧 11 Customs St. West
☎ 09-357-6868
🚌 布里托马特站步行2分钟
🕐 11:00～21:00（周日至19:00）
休 无
HP www.aldentewine.co.nz

时装	纽马基特
萨克斯时装 Saks	

MAP-p.171-C 免

这里有在中国很受欢迎的品牌
　　店里有范思哲、麦斯玛拉等欧洲设计师设计的品牌服装。店里还出售在中国尚未发售的产品，可以去看看有没有你中意的品牌和服装。

📧 254 Broadway, Newmarket
☎ 09-520-7630
🚌 从闹市区乘坐巴士10分钟
🕐 9:00～17:30 ｜ 周六10:00～17:00、周日至16:00）
休 无

食品	闹市区
奥克兰鱼市 Auckland Fish Market	

MAP● 剪切地图-3、p.176-B

各种新西兰产的鲜鱼
　　原本是在美洲杯帆船赛中Syndicate队使用的仓库，改装后成为鱼市。这里主要售卖近海的鱼类和贝类，此外还出售面包、蜂蜜和橄榄油等调味料。

📧 Cnr Daldy St. & Madden St.
☎ 09-379-1490
FAX 09-379-1491
🚌 从维达港 (Viaduct Harbour) 步行10分钟
🕐 7:00～18:30 休 无
HP www.afm.co.nz

店里排列整齐的葡萄酒

店里经常上新的商品

各种近海鱼类和贝类

食品	纽马基特
扎博 Zarbo	

MAP-p.177-L

在豪华的熟食店吃午餐
　　熟食店设有咖啡厅。店里有咖啡、刚烤好的面包、蛋卷和沙拉等各种美味。独创的果酱、醋以及世界各地的各种食材最适合当礼物送人。

📧 24 Morrow St., Newmarket
☎ 09-520-2721 🚌 闹市区乘坐巴士10分钟
🕐 周一至周五6:30～18:00、周六8:00～17:00、周日9:00～16:00
休 无
HP www.zarbo.co.nz

折扣中心	奥尼杭加
智能厂家直销中心 Dress-Smart Factory Outlet Centre	

MAP-p.171-C

各种品牌都是3到7折
　　可以到近年来很受游客欢迎的折扣店去购物。除了有服装外，还有体育用品、鞋子、太阳镜、CD、图书等各种商品，商品最高可打3折。从阿迪达斯、耐克、埃斯普利特、阿贝克隆比等国际品牌到马克斯、格拉森斯（Glassons）等本地品牌，一应俱全。

📧 151 Arthur St., Onehunga
☎ 09-622-2400
FAX 09-622-2300
🚌 从闹市区开车大约20分钟
🕐 10:00～17:00 休 无

店里有很多独创的调味料

折扣中心也有适合中国人的服装

折扣中心内的店铺

订购 可以订购 免 免税

餐馆
Restaurants

各种海鲜和各国美味

奥克兰是一座海港城市，盛产各种海鲜。此外，由于这里有各国的移民和来自世界各地的游客，因此还可以吃到世界各国的美味。

| 海鲜 | Mechanics Bay |

米卡鲁餐厅
Mikano

MAP-p.171-A　　　　　　　　　　　预

一边欣赏大海的美景，一边用餐

店里的海鲜美食均使用当天捕获的鲷鱼、竹荚鱼、贻贝等新鲜食材烹制，味道鲜美，很受顾客的欢迎。特别是口味醇香的生牡蛎，是店里最受欢迎的美食之一。此外，采用各种海鲜制作的海鲜比萨也是值得品尝的美食。店里的天花板很高，面向大海的一侧有巨大的玻璃窗，可以眺望怀特马塔湾。

✉ 1 Solent St., Mechanics Bay
☎ 09-309-9514　交 从闹市区乘坐巴士5分钟　营 11:30至深夜（周六至17:30，周日10:00起）
休 无　NZ NZ$25~
HP www.mikano.co.nz

透过店里的玻璃窗可以看到天空塔

生牡蛎的口感滑腻、爽口

| 新西兰料理 | 闹市区 |

克马德克餐厅
Kermadec

MAP●剪切地图-4，p.179　　　预

品尝新西兰大海的美味

从餐馆里可以看到港口，是一家很受当地居民喜欢的餐馆。除了有正式风格的主餐厅外，还有两间日式的房间。店里还有生鱼片、寿司等日本料理，因此吸引了很多顾客到这里用餐。

✉ Cnr. Lower Hobson & Quay Sts.　☎ 09-304-0454
交 布里托马特站步行5分钟
营 11:00~15:00，18:00至深夜
休 周六的午餐、周日（啤酒店营业）　NZ NZ$28~

每个房间的内部装饰都不一样

| 西欧料理 | 闹市区 |

欧罗餐厅
Euro

MAP●剪切地图-5，p.177-C　预

在舒适的海风中用餐

一家位于王子码头的欧洲餐馆。在露天阳台上一边品尝美味的海鲜，一边享受舒适的海风。餐馆里还备有各种新西兰产的葡萄酒。

✉ 12 Shed 22, Princess Wharf
☎ 09-309-9866
交 布里托马特站步行10分钟
营 12:00至深夜
休 无
NZ NZ$34~
HP www.eurobar.co.nz

餐馆里还有新西兰产的啤酒

| 西欧料理 | 闹市区 |

Cin Cin on Quay

MAP●剪切地图-5，p.179

丰富多彩的美食吸引了众多顾客

餐馆位于渡轮大厦内，用餐时可以看到来来往往的渡轮。除了新鲜、美味的海鲜外，还有牛排、比萨等众多美食。此外，餐馆里酒的种类也非常多。

✉ 99 Quay St.
☎ 09-307-6966
交 布里托马特站步行1分钟
营 10:00至深夜　休 无
NZ NZ$35~
HP www.cincin.co.nz

在阳台上的露天席位吃午餐

西欧料理　　　帕内尔	西欧料理　　　赫恩湾	新西兰料理　　　闹市区
安托万餐厅 Antoine's	**温妮餐厅** Vinnies	**欧比特餐厅** Orbit

MAP●剪切地图-28、p.177-L　预　　MAP-p.171-A　预　　MAP●剪切地图-11、p.176-F　预

在特别的日子到一流餐馆用餐　　**曾多次获奖的一流餐馆**　　**南半球海拔最高的餐馆**

　　餐馆的厨师有30年的烹饪经验，会用新西兰的新鲜食材烹饪出兼具法国与亚洲风味的美味料理。餐馆的气氛与豪华的帕内尔村很搭配，快来这里享用美食吧。　　　著名厨师杰夫·斯科特既是店主，也是店里的厨师。店里不仅有美味的料理，环境也很舒适、豪华。店里库存有1200瓶葡萄酒，厨师会从中为顾客挑选与料理相配的葡萄酒。　　　一家位于奥克兰地标天空塔内的餐厅。可以在欣赏奥克兰全景的同时享用美味。餐厅很受顾客的欢迎，经常是满座，因此必须提前预约。

✉ 333 Parnell Rd., Parnell　　✉ 166 Jervois Rd., Herne Bay　　✉ Sky City, Cnr. Victoria and Federal Sts.　☎ 09-363-6000
☎ 09-379-8756　　☎ 09-376-5597　🚇 从闹市区乘坐巴士大约10分钟　🚇 奥提广场步行10分钟
🚇 闹市区乘坐巴士7分钟　🕐 17:00至深夜　🕐 11:30~14:15（周六、周日10:00~16:30）、17:30~22:30
🕐 12:00~14:00（周三至周五）、18:00至深夜　🚫 周日、周一　NZ$36~　🚫 无　NZ$30~
🚫 周日　HP www.vinnies.co.nz
NZ$45~

餐馆奢华的氛围

用新西兰产的木材建的宴会厅

体验在云彩之上用餐的感觉

新西兰料理　　　闹市区	西欧料理　　　庞森比	新西兰料理
康奈尔街小酒馆 O'Connell Street Bistro	**希达多餐厅** Sidart	**彼得·戈登餐厅** Dine by Peter Gordon

MAP●剪切地图-12、p.179　预　　MAP●剪切地图-8、p.171-A　预　　MAP●剪切地图-11、p.176-F　预

各种新西兰国产葡萄酒　　**有名厨的人气餐厅**　　**由新西兰名厨烹饪的美味**

　　根据当地出版的与葡萄酒相关的书籍和杂志的介绍，这是一家很受欢迎的葡萄酒餐厅。吃饭前可以到餐厅的酒吧里去喝葡萄酒和啤酒。最好提前预约。　　　曾多次获奖的名厨海德自己经营的一家餐厅。还获得过当地杂志评选的"Best New Restaurant 2010"等奖项，很受顾客的欢迎。需要预约。　　　新西兰名厨彼得·戈登是餐厅里的厨师。彼得使用新西兰产高级食材独创的混合式料理（Fusion）是值得一尝的美味。

✉ 3 O'Connell St.　　✉ 283 Ponsonby Rd., Ponsonby　　✉ 90 Federal St.（天空城酒店3楼）　☎ 09-363-7030
☎ 09-377-1884　　☎ 09-360-2122　🚇 布里托马特站开车5分钟　📠 03-379-2258
🚇 布里托马特站步行2分钟　🕐 18:00（周四、周五是12:00）至深夜　🚇 从奥提广场步行8分钟
🕐 11:30~15:00、17:30至深夜　🚫 周日、周一　NZ$39~　🕐 11:30~14:30、晚餐17:30~22:30
🚫 周日（全天）、周六的午餐　HP www.sidart.co.nz　🚫 周六、周日的午餐
NZ$ 午餐NZ$22~、晚餐NZ$34~　　　　NZ$ 午餐NZ$33~、晚餐NZ$33~

店内统一的白色调

甜点也是餐厅里很受欢迎的美味

真正的顶级餐馆

预 要预约　　🍱 外卖

北岛　奥克兰

小吃　　　　　帕内尔	烤肉　　　　　闹市区	墨西哥料理　　　闹市区
汉堡王小吃 Burger Fuel	**托尼斯烤肉** Tony's	**墨西哥咖啡** Mexican Cafe

MAP● 剪切地图-21、p.177-L　　MAP● 剪切地图-12、p.179　　MAP● 剪切地图-11、p.179

奥克兰最好的汉堡

　　汉堡王曾被人气杂志 *Metoro* 评为奥克兰最好的汉堡。店里不仅可以选择汉堡的大小，还有用豆腐和蔬菜制作的素食汉堡等，不同种类的汉堡非常多。

✉ 187 Parnell Rd. Parnell
☎ 09-377-3345
🚌 闹市区乘坐巴士7分钟
🕐 11:00～22:00（周五至深夜，周六至23:00）
休 无　NZ$7.70～

各种美味的烤肉

　　在这家烤肉餐厅，可以吃到上好的鱼片和牛脊肉。餐厅里有奶油酱汁等各种调味料。此外，餐厅里的新西兰烤羊肉也很受顾客的欢迎。

✉ 32 Lorne St.　☎ 09-373-2138
🚌 奥提广场步行3分钟
🕐 11:30～14:30、17:00至深夜
休 周六、周日的午餐
NZ$30.50～
HP www.tonyslornestreet.com

豪华的内部装饰、浓郁的墨西哥氛围

　　餐厅位于天空塔附近，透过店里的玻璃可以看到维多利亚街上来往的行人和车辆。餐厅有鸡肉卷等使用墨西哥香料和香草制作的正宗墨西哥料理。

✉ 67 Victoria St. West
☎ 09-373-2311　🚌 布里托马特站步行10分钟　🕐 12:00至深夜（周六、周日17:00～21:30）
休 无　午餐NZ$11～、晚餐NZ$16.50～

在庞森比等地有分店

餐厅位于艺术画廊的附近

价格实惠也是餐厅的魅力之一

中国菜　　　　　闹市区		中国菜　　　　　闹市区
龙舟中餐厅 Dragon Boat		**大海港中餐厅** Grand Harbour Chinese Restaurant

MAP● 剪切地图-11、p.179　　　　　　　　MAP● 剪切地图-4、p.176-B　

从茶到咖啡都是正宗的中国风味

　　餐馆位于埃利奥特购物中心内，店里总是坐满了顾客，非常热闹。店里的对虾、墨鱼和龙虾等菜品很值得一尝。此外，北京烤鸭也是很受游客欢迎的美味。套餐最少是两个人的量，分量很足。午餐有茶，还可以带走。

✉ Elliott St.
☎ 09-379-6996
🚌 奥提广场步行3分钟
🕐 9:30～15:30、17:30～22:30
休 无　NZ$16.50～　HP www.dragonboatrestaurant.co.nz

正宗的香港料理

　　曾多次被当地的杂志评为"奥克兰的最佳中餐厅"，是一家很受欢迎的餐厅。厨师曾在香港一流酒店当过厨师，经验丰富，做出来的饭菜非常好吃。此外，餐厅里有多达70余种的茶。

✉ Cnr. Pakenham & Custom Sts., West　☎ 09-357-6889
🚌 布里托马特站步行10分钟
🕐 11:00～15:00、17:30～22:00（周六、周日、节假日10:30～）
休 无　NZ$25～

很受游客喜欢的北京烤鸭

餐厅里设有外卖专卖店

想和朋友一起围着圆桌吃饭的话要提前预约

印度料理　　帕内尔	马来西亚料理　　庞森比	小吃　　闹市区
加尔各答餐厅 Oh Calcutta	**慕蒂亚拉马来西亚餐厅** Mutiara Malaysian Restaurant	**QQ米** QQ Rice

MAP● 剪切地图-21、p.177-L 预

品尝正宗的印度味道
　　在烛光闪闪、充满神秘气氛的餐厅内品尝正宗的印度美食。印度烤鸡（NZ$21）还附带米饭和印度薄饼，分量很足。店里还有各种辛辣咖喱。

✉ 151 Parnell Rd., Parnell
☏ 09-377-9090
🚌 从闹市区乘坐巴士7分钟
🕐 12:00～14:00（周三至周五）、17:30～23:00　休 无
NZ$16～
HP www.ohcalcutta.co.nz

MAP● 剪切地图-23、p.176-I BYO 预

店员身着华丽的服装
　　是服务热情的马来西亚餐厅。高级宴会套餐（每人NZ$30）可以吃到正宗的马来西亚什锦炒面和加香烤肉，是很受欢迎的料理。

✉ 66 Ponsonby Rd., Ponsonby
☏ 09-376-2759
🚌 从闹市区乘坐巴士10分钟
🕐 12:00～14:30、17:30～23:00
休 周六、周日的午餐
午餐NZ$8.90～晚餐NZ$18～

MAP● 剪切地图-11、p.179

独特的台式饭团
　　从紫色和茶色等6种不同的米中，可以选择两种，在40种不同的食材中，可以选择5种，然后让店员捏出独特的饭团。从饭团的创意到健康饮食的理念都受到顾客的欢迎。

✉ 15-31 Wellesley St. West
☏ 09-369-5688
🚌 奥提广场步行3分钟
🕐 10:00～18:00
休 无
NZ$4.20～

店里有露天席

店里会播放马来西亚音乐

种类丰富的食材，让人不知如何选择

北岛　201　奥克兰

泰国料理　　闹市区	韩国料理　　闹市区	亚洲料理　　闹市区
泰国辣椒餐厅&酒吧 Thai Chilli Restaurant&Bar	**一味韩国餐厅** Il Mee Korean Restaurant	**美食一条街** Food Alley

MAP● 剪切地图-5、p.179 预

辣到刚刚好
　　在这可以吃到泰国北方地区的料理。值得品尝的料理有蘸有辣椒酱的油炸鲷鱼丸，以及用蔬菜和腰果烹制的"Pad Med Ma Muang"炒菜。餐馆位于海滨，交通便利。

✉ 188 Quay St.　☏ 09-377-1735
🚌 布里托马特站步行1分钟
🕐 11:30～14:30、17:30～22:30　休 周六、周日的午餐、节假日　午餐NZ$13.90～、晚餐NZ$19.90～

MAP● 剪切地图-18、p.176-J

美味的韩国家庭料理
　　店里除了有烤肉等常见的韩国料理外，肉汤、煲汤、辛辣牛肉汤等汤类也是很受欢迎的美味。套餐里面的泡菜和海藻等小盘料理也很受欢迎。

✉ 480 Queen St.
☏ 09-303-0150
🚌 奥提广场步行10分钟
🕐 11:00（周六17:00）～23:00
休 周六的午餐
NZ$11～

MAP● 剪切地图-5、p.179

品尝亚洲各国的料理
　　日本、韩国、泰国、马来西亚、印度等亚洲各国的料理店都集中在一起。价格NZ$8以上，很实惠，分量也很足。很受当地学生和年轻人的欢迎。

✉ 9 Albert St.
☏ 09-373-4917
🚌 布里托马特站步行10分钟
🕐 10:30～21:30
休 无
NZ$8～

诱人的美食

店里的料理价格合理，分量足

店里还提供啤酒等酒水

预 要预约　外卖　BYO 自带酒水

日本料理　闹市区	日本料理　闹市区	日本料理　闹市区
日式风雅小酒馆 Japanese Brasserie Fuga	**大黑牛排屋** Daikoku Steak House	**桂** Katsura

MAP● 剪切地图-11, p.179　　　MAP● 剪切地图-5, p.179　　　MAP● 剪切地图-18, P176-F 预

推出了新西兰的全新日本料理
餐馆以"在新西兰推出全新的日本料理"为宗旨。正宗的日本料理中加入了法式元素，味道清爽可口。值得品尝的料理有新西兰烤牛肉，可以选择不同的酱汁口味。

✉ 62 Victoria St. West
☎ 09-916-0725　🚇 奥提广场步行5分钟
🕐 12:00~15:00、18:00~22:00
休 周一　　NZ$12~
HP www.fuga.co.nz

亲眼目睹厨师的烹饪技巧
在顾客的眼前烹饪牛肉、羊肉、海鲜，可以一边欣赏高超的烹饪技巧，一边享用美味。"大黑特别牛排、小龙虾"（NZ$59）中的龙虾很大，很值得品尝。

✉ 148 Quay St.
☎ 09-302-2432
🚇 布里托马特站步行1分钟
🕐 12:00~14:00（周一至周五）、18:00~22:00　休 无　午餐NZ$13.80~、晚餐NZ$31~

品味铁板烧和日本料理
店里有各种使用新西兰食材烹饪的日式料理。铁板烧在当地顾客间的评价很高，每周四晚上的日式自助餐特别受人欢迎。

✉ Cnr. Mayoral Drive & Vincent St.（龙都大酒店2楼）
☎ 09-366-5628　🚇 奥提广场步行5分钟
🕐 11:30~14:30（周二至周五）、18:00~22:30
休 无　午餐NZ$19~、晚餐NZ$40~

店内时尚的装饰，优雅的氛围

烤肉柔软多汁

店里服务热情周到

日本料理　闹市区	日本料理　帕内尔	日本料理　庞森比
玄瑞拉面吧 Genzui Ramen Bar	**华凛日本料理** Karin Japanese Cuisine	**锦** Robata-Yaki Bar Nishiki

MAP● 剪切地图-11, p.179　　　MAP● 剪切地图-28, p.177-L 预　　　MAP● 剪切地图-16, p.176-E 预

令人怀念的日本口味
很受欢迎的一家拉面店。除了有酱油、酱汁、猪骨等各种拉面外，还有猪排盖饭、烤鸡肉盖饭等盖饭。餐厅位于皇冠假日酒店内，交通便利。

✉ 128 Albert St.
☎ 09-358-0240
🚇 奥提广场步行5分钟
🕐 11:30~22:00（周六、周日至18:00）
休 无　NZ$8~

餐馆的午餐种类丰富
位于帕内尔的豪华日式餐厅。除了丰盛的晚餐外，午餐的种类也很丰富，而且价格实惠，很受当地人的欢迎。甜点可以尝一尝抹茶冰激凌（NZ$5.80）。

✉ 237 Parnell Rd., Parnell
☎ 09-356-7101
🚇 从闹市区开车7分钟
🕐 12:00~14:30、18:00~22:00
休 周一
　午餐NZ$10~、晚餐NZ$16~

诱人的香味
店里除了有日本家喻户晓的金枪鱼火锅、牛舌等料理外，还有用新鲜的羊肉、虾等制作的各种烤串。此外，还有烤鱼、油炸食品等酒馆料理，并且日本酒、烧酒等酒类的品种也很多。

✉ 100 Wellington St., Freemans Bay　☎ 09-376-7104
🚇 从闹市区开车12分钟
🕐 18:00~23:00　休 周一
一串NZ$4~
HP www.nishiki.co.nz

酱汁拉面很受顾客的欢迎

晚餐中的鱼类和贝类很受顾客的欢迎

店里有很多年轻的员工，充满活力

夜店
Night spots

逛遍新西兰夜店

在小酒馆和朋友喝上一杯，是新西兰的夜间消遣方式。

小酒馆 　　　　　　　　　　　伊甸山
加尔布雷斯之家
Galbraith's Alehouse

MAP-p.171-C

参观酿酒间

酿酒酒馆指的是自己酿造啤酒的酒馆。这是一家在奥克兰屈指可数的酿酒酒馆之一。酒馆的建筑让人联想起希腊的深绿色的神殿，顾客可以参观酿酒的地方。在这里酿造的酒有格拉夫顿·波特、柏林加斯啤酒和鲍伯哈德森斯·皮特。而且这些酒曾多次获奖，味道非常不错。

✉ 2 Mt. Eden Rd., Grafton
☎ 09-379-3557
FAX 09-307-6721
🚌 从闹市区乘坐巴士10分钟
🕐 12:00～23:00（周日至22:00）

威风凛凛的加尔布雷斯

店内屋顶很高，感觉很敞亮

酒吧 　　　　闹市区
学士酒吧
Degree Gastrobar

MAP●剪切地图-4, p.179

尽情欣赏海港周边的风景

酒吧面对着维达港，地理位置很优越，经常有当地顾客和游客光临，是一家很受欢迎的酒吧。天晴的时候，可以在露天的桌子上一边喝啤酒，一边吹海风。

✉ 204 Quay St.
☎ 09-377-1200
🚌 布里托马特车站步行7分钟
🕐 11:30（周日10:30）至深夜，周五、周六11:00～凌晨4:00
休 无　HP www.degree.co.nz

酒馆里还有各种海鲜食品

爱尔兰酒吧 　　　闹市区
爱尔兰农民酒吧
The Muddy Farmer Irish Pub

MAP●剪切地图-11, p.176-F

酒吧独特的内部装饰

酒吧的内部装饰全部都是在爱尔兰都柏林制作并运送过来的。有船舱、酿酒间、村舍等各种主题，每个主题的氛围都不相同。顾客可以在自己喜欢的氛围中喝酒。

✉ 13 Wyndham St.
☎ 09-336-1265
FAX 09-336-1263
🚌 布里托马特车站步行15分钟
🕐 11:30（周日14:00）至深夜
休 无

装饰有船舱和渔网等的船区

爱尔兰酒吧 　　　闹市区
笨狗酒吧
The Dog's Bollix Bar

MAP●剪切地图-24, p.176-I

在美妙的音乐中度过快乐时光

带有爱尔兰民族色彩的绿色建筑是酒吧的标志。这里播放的自然也是爱尔兰音乐，周日还举行传统舞会。可以在轻快的节奏和美妙的旋律中度过快乐的时光。

✉ Cnr. Karangahape and Newton Rds.
☎ 09-376-4600
FAX 09-360-8800
🚌 闹市区乘坐巴士8分钟
🕐 15:00至深夜（周四、周五11:30～、周六、周日12:00～）
休 无

酒吧里还有飞镖等游戏

预 要预约　外卖

酒吧	闹市区
福克斯酒吧	
Fox's Alehouse	

MAP●剪切地图-4、p.179

当地很受欢迎的体育酒吧

随处都有电视屏幕,是很受欢迎的体育酒吧。店里有6个大屏幕,可以一边喝啤酒,一边观看体育赛事,并与其他顾客相互交流,非常热闹。

✉ 85-87 Customs St. West
☎ 09-358-2767
🚇 布里托马特车站步行8分钟
🕐 11:00至深夜
休 无
HP www.foxsalehouse.co.nz

店里的美食也多种多样

酒吧	庞森比
庞森比酒吧	
The Ponsonby	

MAP●剪切地图-8、p.171-A

深受当地人喜爱的啤酒酒吧

位于历史建筑中的比利时啤酒酒吧。除了比利时啤酒以外,酒吧还有各种新西兰啤酒。酒吧的大屏幕会播放橄榄球比赛节目,可以一边喝比利时啤酒,一边和当地人一起观看赛事。

✉ 1-3 St. Marys Rd., Ponsonby
☎ 09-376-6092
🚇 布里托马特车站开车5分钟
🕐 11:00至深夜(周六、周日9:30~)
休 无
HP theponsonby.co.nz

爽口的比利时啤酒很受顾客的欢迎

葡萄酒吧	闹市区
葡萄酒阁楼	
Wine Loft	

MAP●剪切地图-12、p.177-G

每天都有不同的活动

这是一家葡萄酒酒吧,提供新西兰国内和世界各地的优质葡萄酒。坐在酒吧的沙发上,一边喝着葡萄酒,一边听着爵士音乐,悠闲、舒适。酒吧每天的活动都不一样,有时会将稀有的葡萄酒分发给葡萄酒爱好者。

✉ 67 Shortland St. ☎ 09-379-5070 FAX 09-379-7090 🚇 布里托马特车站步行5分钟 🕐 周一-16:00、周二至周五12:00、周六18:00至深夜 休 周日

酒吧有时会举行葡萄酒试饮会

现场音乐会	闹市区
拉奇诺斯咖啡	
Rakinos Café	

MAP●剪切地图-12、p.179

周末晚上音乐迷们最好的去处

在周四晚上的"麦克风之夜"上,顾客可以发表自己的独创音乐。周五、周六晚上有DJ,周日晚上有爵士音乐,是一家深受音乐迷喜欢的酒吧。顾客可以在酒吧的沙发里打发时间。

✉ Level 1, 35 High St.
☎ 09-358-3535
🚇 布里托马特车站步行5分钟
🕐 7:00(周六9:00、周日15:00)至深夜
休 周日的午餐

周五和周六店里挤满了年轻顾客,非常热闹

喜剧俱乐部	闹市区
古典喜剧酒吧	
The Classic Comedy & Bar	

MAP●剪切地图-18、p.176-J

新西兰喜剧的最前线

酒吧有电视上播放的著名喜剧的现场表演。极具讽刺性和滑稽色彩的"几维秀",值得一看,可以体验到现场表演的气氛。

✉ 321 Queen St.
☎ 09-373-4321
FAX 09-373-2236
🚇 奥提广场步行2分钟
🕐 19:00至深夜 休 无
HP www.comedy.co.nz

酒吧里摆满了各种喜剧照片

酒吧	闹市区
零下5度酒吧	
Minus5	

MAP●剪切地图-5、p.177-C

在冰雪世界中感伏特加

从桌子、椅子、柜台到杯子都是用冰制作的酒吧。在入口处交NZ$25,就可以租用防寒夹克、靴子和手套进入店内。NZ$25的费用中还包括了一杯鸡尾酒的价格(每增加一杯NZ$12~)。

✉ Princes Wharf ☎ 09-377-6702 🚇 从高架桥步行1分钟 🕐 12:00至深夜 休 无
HP www.minus5experience.com

酒吧很受新西兰年轻人的欢迎

赌场游戏

自1995年在克莱斯特彻奇第一家赌场开业以来,1996年在奥克兰,1999年、2000年在昆斯敦,也都有赌场开设。现在在新西兰各地都有赌场可供娱乐。

●面向初学者
老虎机

有5美分到25美分的老虎机。"Credit"表示自己的钱(比如在5美分的老虎机上,投入2美元的硬币,("Credit"就显示"40",表示可以旋转40次)。"Bet"表示的是赌金,每一次旋转都可以改变"Bet"。

是一次次慢慢赌,还是一次决胜负

●面向中级者
轮盘赌

转动有1到36的号码的轮盘,白色的球向转动的反方向滚动。如果白球落入了下注的位置,就可以获得35倍的回报。也有2个号码(Split)、3个号码(Street)、4个号码(Corner)、6个号码(Six Line)、12个号码(Cloumns或Dozens)等跨号赌法,所跨的号码越少,获得的筹码就越多。

只需记住筹码的位置,非常简单

●面向高级者
二十一点

是一种用扑克在庄家和自己之间决胜负的游戏。用花牌(10点)和A牌(11点或1点)两张牌组成21点(这种方式称为"Black Jack")的一方赢。即使不能组成21点,只要让自己手里的牌尽可能接近21而又不超过21就可以。最后和庄家手里牌的点数相比较,最接近21点的一方获胜。

和庄家讨价还价

奥克兰的赌场是位于天空之城内3楼(相当于国内的4楼)的奥克兰天空之城赌场。进入赌场时,男性最好穿正装,穿牛仔裤、短裤、运动装和运动鞋等服装是不允许进入的。

奥克兰天空之城赌场
MAP ●剪切地图-11,p.176-F
Cnr.Victoria&FederalSts.
☎09-363-6000
交 奥提广场步行10分钟
营 24小时
休 无

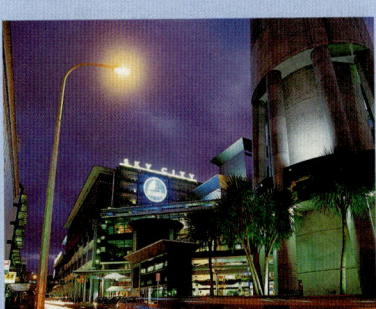

可容纳500人的奥克兰天空之城赌场

酒店
Hotels

可从各种住宿设施中做选择

闹市区有各种中高级的酒店和公寓，周边有众多的B&B。

酒店　　　　　　闹市区
奥克兰斯坦福广场酒店
Stamford Plaza Auckland

MAP● 剪切地图-5、p.179

时尚豪华的全新酒店

　　奥克兰斯坦福广场酒店以豪华为主题，服务周到热情，是奥克兰的代表性酒店。酒店新开设了铁板烧"Kabuki"餐厅，有24小时免费播放的NHK新闻，细心的员工可以给顾客提供无微不至的服务。酒店地理位置优越，还可以在网上办理入住手续等，非常方便。

✉ Albert St. ☎ 09-309-8888
FAX 09-379-6745
🚆 布里托马特车站步行3分钟
NZ$ S、T/NZ$200~
🛏 286间
HP www.stamford.com.au

酒店豪华的大厅

酒店优越的位置很方便购物

酒店　　　闹市区
奥克兰朗廷酒店
The Langham Hotel, Auckland

MAP● 剪切地图-25、p.176-J

曾获得新西兰最佳酒店奖

　　一家五星级酒店，曾获得2000年度新西兰旅游奖的最佳酒店奖。3家氛围高雅的餐厅和氛围舒适的酒吧，使酒店更加舒适与方便。

✉ 83 Symonds St.
☎ 09-379-5132
FAX 09-377-9367
🚆 奥提广场步行15分钟
NZ$ S、T/NZ$250~
🛏 411间
HP www.langhamhotels.co.nz

酒店里有餐厅和酒吧

酒店　　　闹市区
奥克兰普尔曼酒店
Hotel Pullman Auckland

MAP● 剪切地图-12、p.177-G

酒店周围有大学和众多历史建筑

　　欧式风格的酒店，气氛优雅舒适。酒店虽然临近闹市区，但周围有奥克兰大学等19世纪的众多建筑，旅客可以在这里度过美好的假期时光。

✉ Cnr.Waterloo Quadrant & Princes St. ☎ 09-353-1000
FAX 09-353-1002
🚆 奥提广场步行10分钟
NZ$ S、T/NZ$150~
🛏 340间
HP www.pullmanhotels.com

酒店的大厅光照很好

酒店　　　闹市区
奥克兰龙都大酒店
Rendezvous Hotel Auckland

MAP● 剪切地图-18、p.176-F

酒店的客房宽敞、舒适

　　酒店位于离闹市区不远的高地上，周围很安静。酒店客房有淋浴和浴盆等设施。另外，这里的日本料理餐厅是铺有榻榻米的日式房间，更有助于消除旅途的疲劳。

✉ Mayoral Dr. & Vincent St.
☎ 09-366-3000
FAX 09-366-0121
🚆 奥提广场步行5分钟 NZ$ S、T/NZ$240~ 🛏 455间
HP www.rendezvoushotels.com

酒店客房内的豪华大床

酒店　　　　闹市区	酒店　　　　闹市区	酒店　　　　闹市区
天空之城酒店 Sky City Hotel	**奥克兰隐士饭店** The Heritage Auckland	**奥克兰雷吉斯海景酒店** Rydges Harbourview Auckland

MAP● 剪切地图-11、p.176-F
位于天空塔下的酒店
　　酒店位于天空塔下。其所在的巨大建筑物中还包括10间餐厅，以及酒吧和赌场。这里还经常举办各种免费活动，随便参加一个，肯定为旅行加分。

MAP● 剪切地图-11、p.176-F
在时尚酒店中度过舒适的时光
　　酒店位于美洲杯帆船赛村和天空塔的正中央，地理位置十分优越。酒店里的餐厅曾多次获奖，并且可以看到海滨的美丽景色。此外，酒店屋顶的泳池和温泉也很受旅客的欢迎。

MAP● 剪切地图-11、p.179
酒店位于闹市区的中心地带
　　酒店位于天空塔的附近，由于地理位置优越，很受游客和商务人士的欢迎。从酒店高层的客房可以看到国旗随风飘扬的海港村和帆船川流不息的怀特马塔湾。

✉ Cnr. Victoria & Federal Sts.
☎ 09-363-6000
FAX 09-363-6383
交 奥提广场步行10分钟
NZ$ S、T／NZ$195~
室 344间
HP www.skycityauckland.co.nz

✉ 35 Hobson St.　☎ 09-379-8553　FAX 09-379-8554
交 奥提广场、QE2广场步行15分钟
NZ$ S、T／NZ$208~
室 275间
HP www.heritagehotels.co.nz

✉ Cnr. Federal & Kingston Sts.
☎ 09-375-5900
FAX 09-375-5901
交 布里托马特车站步行13分钟
NZ$ S、T／NZ$151~
室 267间
HP www.rydges.com

客房里的家具和墙壁的颜色既简单又时尚

以前这座建筑是百货商店

客房统一的浅色调让人感觉宁静舒适

酒店　　　　闹市区	酒店　　　　闹市区	酒店　　　　闹市区
奥克兰希尔顿酒店 Hilton Auckland	**奥克兰市大臣酒店** Hotel Grand Chancellor Auckland City	**象限酒店** Quadrant

MAP● 剪切地图-4、p.177-C
可以欣赏海景的五星级酒店
　　一家位于怀特马塔湾王子码头的酒店。酒店里"怀特"餐厅的厨师曾多次获奖。除此之外，酒店屋顶上还配有玻璃泳池等设施。

MAP● 剪切地图-4、p.179
尽情享受奥克兰的城市生活
　　酒店有餐馆、泳池、健身房、温泉等设施。简单时尚的客房设计可以让你度过舒适、愉快的时光。而且酒店离闹市区和维达港都很近，交通便利，很适合观光时住宿。

MAP● 剪切地图-12、p.177-G
高雅的公寓式酒店
　　配有DVD播放器、高速因特网接口等最新设施的公寓式酒店。统一的客房装饰时尚简单，干净整洁。在这里你一定可以度过一个舒适的夜晚。

✉ Princes Wharf, 147 Quay St.
☎ 0800-44-8002
FAX 09-978-2001
交 布里托马特车站步行10分钟
NZ$ S、T／NZ$260~
室 166间
HP www.auckland.hilton.com

✉ 1 Hobson St.　☎ 09-356-1000　FAX 09-356-1001
交 布里托马特车站步行5分钟
NZ$ S、T／NZ$129~　室 81间
HP www.ghihotels.com

✉ 10 Waterloo Quadrant
☎ 09-984-6000
FAX 09-984-6001
交 奥提广场步行10分钟
NZ$ S／NZ$110~、T／NZ$130~
室 200间
HP www.thequadrant.com

酒店的外观看起来像是一艘大船

充满现代感的酒店

酒店时髦的客房

酒店	闹市区
奥克兰阿莫拉酒店	
Amora Hotel Auckland	

MAP● 剪切地图-18、p.176-J

观看迈尔斯公园的美丽景色

所有的客房都带有厨房，可以自己做饭。酒店有绿色的草地，而且与美丽的迈尔斯公园毗邻，所以虽然位于闹市区，但却非常宁静、舒适。

✉ 100 Greys Ave.
☎ 09-375-1800
FAX 09-375-1801
交 奥提广场步行3分钟
NZS S、T／NZ$168~
室 150间
HP www.auckland.amorahotels.com

酒店	闹市区
奥克兰国尊海港酒店	
Copthorne Harbourcity Auckland	

MAP● 剪切地图-5、p.179

正对波光粼粼的怀特马塔湾

酒店位于海滨，在这里可以感受到"帆船之都"奥克兰的真正魅力。所有的客房都可以看到怀特马塔湾。天气晴朗的时候，可以看到海上的帆船。

✉ 196-200 Quay St.
☎ 09-377-0349
FAX 09-307-8159
交 布里托马特车站步行1分钟
NZS S、T／NZ$170~
室 187间
HP www.millenniumhotels.com

酒店	闹市区
皇冠假日酒店	
Crowne Plaza	

MAP● 剪切地图-11、p.179

购物方便

酒店与购物中心、埃利奥特相邻，对于喜欢购物的人来说，这里是住宿的不二之选。酒店附近还有市政厅和举办音乐会的奥提广场。

✉ 128 Albert St.
☎ 09-302-1111
FAX 09-302-3111
交 奥提广场步行5分钟
NZS S、T／NZ$199~
室 352间
HP www.crowneplaza.co.nz

酒店的正面有美丽的绿荫大道

酒店位于码头街的对面，正对着海湾

酒店的16层到28层是客房

酒店	闹市区
奥克兰景区酒店	
Scenic Hotel Auckland	

MAP● 剪切地图-18、p.176-J

酒店位于奥提广场前面

酒店位于以优雅而著称的市政厅的前面，这里经常举办各种娱乐活动。景区酒店是奥克兰最新的酒店之一。客房带有厨房等设施，适合长期逗留。

✉ 380 Queen St.
☎ 09-374-1741
FAX 09-374-1740
交 奥提广场步行1分钟
NZS S、T／NZ$138~
室 100间
HP www.scenichotelgroup.co.nz

酒店让人有宾至如归的感觉

酒店	闹市区
城市中心大酒店	
City Central Hotel	

MAP● 剪切地图-11、p.179

酒店位于闹市区的正中央

酒店位于闹市区的中心部，无论去哪儿都很方便。而且这里价格实惠，很受旅客的欢迎。酒店设施虽然不多，但是住宿所需的设施很齐全。带有阳台的工作间和家庭间是不错的选择。

✉ Cnr. Albert & Wellesley Sts.
☎ 09-307-3388
FAX 09-307-0685
交 奥提广场步行5分钟
NZS S、T／NZ$65~
室 104间
HP www.citycentralhotel.com

简约的酒店外观

酒店	闹市区
奥克兰美居酒店	
Mercure Hotel Auckland	

MAP● 剪切地图-5、p.179

优越的地理位置

酒店的地理位置十分优越，交通便利，不仅离皇后街很近，而且附近有渡轮乘坐点，前往德文波特和出岛都很方便。酒店最上层的餐厅很有名，在这里可以一边欣赏海湾的美丽风景，一边品尝国际美食。

✉ 8 Customs St.
☎ 09-377-8920
FAX 09-307-3739
交 布里托马特车站步行1分钟
NZS S、T／NZ$125~
室 190间
HP www.accorhotels.com.au

酒店交通便利，适合观光、购物

Verandahs Backpackers Lodge MAP●-23、p.176-I
背包客 走廊背包客旅馆 庞森比

旅馆维多利亚式的建筑非常美丽，是一家安静、舒适、方便的背包客旅馆

✉ 6 Hopetoun St., Ponsonby　☎ 09-360-4180　FAX 09-360-9465　交 从闹市区乘坐巴士10分钟　NZ$ S / NZ$28~、S / NZ$56~、T / NZ$87~　室 多人间18间

HP www.verandahs.co.nz

Ascot Parnell MAP 171-C
B&B 帕内尔阿斯科特旅馆 帕内尔

旅馆位于幽静的住宅街，交通便利

✉ 32 St. Stephens Ave., Parnell　☎ 09-309-9012　FAX 09-309-3729　交 从闹市区乘坐巴士10分钟　NZ$ S / NZ$195~、T / NZ$245~　室 3间

HP www.ascotparnell.com

The Great Ponsonby Art Hotel MAP●-8、p.171-A
B&B 庞森比艺术酒店 庞森比

在欧美的旅游指南手册中深受赞扬的一家安静、舒适的B&B

✉ 30 Ponsonby Terrace, Ponsonby　☎ 09-376-5989　FAX 09-376-5255　交 从闹市区乘坐公交10分钟　NZ$ S / NZ$245~　室 11间

HP www.greatpons.co.nz

PEACE and PLENTY MAP-p.171-A
B&B 太平富裕背包客 德文波特

位于海滨附近，是一家维多利亚式的豪华别墅

✉ 6 Flagstaff Tce., Devonport　☎ 09-445-2925　FAX 09-445-2901　交 从闹市区乘坐渡轮大约10分钟　NZ$ S / NZ$165~、D / NZ$195~　室 7间

HP www.peaceandplenty.co.nz

Bavaria B&B Hotel MAP-p.171-C
B&B 巴戈利亚B&B酒店 伊甸山

洋溢着德式风格，是一家十分舒适的小型B&B

✉ 83 Valley Rd., Mt. Eden　☎ 09-638-9641　FAX 09-638-9665　交 从闹市区乘坐巴士15分钟　NZ$ S / NZ$85、T / NZ$139　室 11间

HP bavariabandbhotel.co.nz

Pacific Villa MAP-p.171-A
别墅 太平洋别墅 德文波特

有3间卧室，确保你的私人空间

✉ 41 Bartley Tce. Devonport　☎ 09-445-0537　FAX 09-445-0537　交 从德文波特港步行5分钟　NZ$ 一晚NZ$390、一周NZ$1800（1~7人）　室 3间

HP www.pacificvilla.co.nz

Auckland International YHA MAP●-18、p.176-J
青年旅舍 奥克兰国际青年旅舍 闹市区

拥有最新的设施，是市内青年旅舍中最受欢迎的一家

✉ 5 Turner St.　☎ 09-302-8100　FAX 09-302-8205　交 奥提广场步行10分钟　NZ$ 宿舍 / NZ$23~、T / NZ$82~　室 168个床位

HP www.yha.co.nz

Quay West Suites Auckland MAP●-5、p.179
公寓 奥克兰西码头套房 闹市区

所有的客房都带有贝台，洋溢着浓郁的奥克兰气息

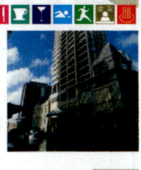

✉ 8 Albert St.　☎ 09-309-6000　FAX 09-309-6150　交 布里托马特车站步行7分钟　NZ$ S、T / NZ$225~　室 54间

HP www.mirvachotels.com

The Sebel Suites Auckland MAP●-4、p.179
公寓 奥克兰赛贝尔套房 闹市区

位于海滨，离美洲杯帆船赛村非常近

✉ 85-89 Customs St. West　☎ 09-978-4000　FAX 09-978-4099　交 布里托马特车站步行5分钟　NZ$ S / NZ$160~　室 125间

HP www.mirvachotels.com.au

Quest Auckland Apartment Hotel MAP●-18、p.176-J
公寓 奥克兰公寓式酒店 闹市区

酒店有各种不同类型的客房可供旅客选择，而且酒店拥有时尚、完善的住宿设施

✉ 363 Queen St.　☎ 09-300-2200　FAX 09-300-2300　交 奥提广场步行5分钟　NZ$ S / NZ$130~　室 80间

HP www.questauckland.co.nz

Quest on Eden Apartment MAP●-13、p.177-G
公寓 伊甸公寓 闹市区

天气晴朗时，有些公寓的客房可以看到朗伊托托岛

✉ 50-52 Eden Crescent　☎ 09-366-6500　FAX 09-366-6501　交 布里托马特车站步行10分钟　NZ$ S / NZ$120~、T / NZ$120~　室 31室间

HP www.questoneden.co.nz

Oaks iStay Residences MAP●-12、p.179
公寓 奥克斯iStay 闹市区

面向长期逗留旅客的公寓型酒店，从酒店的高层可以眺望整齐的街道

✉ 16 Gore St.　☎ 09-909-9999　FAX 09-909-9500　交 布里托马特车站步行3分钟　NZ$ S、T / NZ$89~　室 37间

HP www.oakshotelsresorts.com

Queen Street Backpackers MAP●-5、p.179
背包客 皇后街背包客 闹市区

附近有咖啡馆、餐馆等设施，十分便利

✉ 4 Fort St.　☎ 09-373-3471　FAX 09-358-2412　交 布里托马特车站步行3分钟　NZ$ 宿舍 / NZ$22~、S / NZ$51~、T / NZ$61~　室 50间

HP www.qsb.co.nz

Surf'n'Snow Backpackers MAP●-11、p.179
背包客 萨芬斯诺背包客旅馆 闹市区

有各种不同类型的客房，既整洁又时尚，地理位置也十分优越

✉ 102 Albert St.　☎ 09-363-8889　FAX 09-363-5502　交 奥提广场步行3分钟　NZ$ 宿舍 / NZ$22~、S / NZ$50~、T / NZ$63~　室 多人间

HP www.surfandsnow.co.nz

🍴 餐馆　☕ 咖啡休息室　🍷 酒吧休息室　🏊 泳池　💼 商务中心　💪 健身　♨ 温泉

北地
Northland

MAP-p.168-A

雷恩加角是新西兰的最北端

北地简介
人口：大约15万人
面积：大约1.2万平方公里
气温：夏季平均最高气温是24.7摄氏度，冬季平均最低气温是6.6摄氏度（凯里凯里）
降水量：年降水量1648毫米（凯里凯里）

岛湾通
Bay of Islands Pass
穿梭于受冲浪者欢迎的沙滩、鲁阿卡卡、岛屿湾、凯里凯里、旺阿雷等北部地区主要区域的巴士。
🚌 Intercity
☎ 09-623-1503
💲 NZ$105
🌐 www.intercity.co.nz
＊奥克兰是终点站和始发站

平坦、广阔的90英里海滩

新西兰北地
区域概况

北地位于新西兰北岛的北端。这里是新西兰最暖和的地区，到处都长满了茂密的亚热带植物。这里也是最早开始垦荒的地区。现在这里有钓鱼、冲浪、皮划艇、巡航等多种海洋体育项目，吸引了来自世界各地的游客，成为新西兰首屈一指的海洋度假胜地。

北地由几个小城市构成

北地离奥克兰大约170千米。前往北地的门户——旺阿雷附近有天然海港和石油精炼工厂，是北地最大的城市。游客大多经过旺阿雷后，再继续往北边的岛屿湾，以及更远的北部地区。

从旺阿雷驱车大约1小时，就到了岛屿湾，这里海岸线曲折，十分美丽，是北岛首屈一指的海洋度假胜地。城市的中心是派希亚街，这里是各种巡航的出发站和终点站。从这里出发，有众多的旅游项目，可以尽情地欣赏岛屿湾美丽的大海。

其中，位于南太平洋尖端的皮阿西岛上有许多旅游项目非常有名。例如穿越这个岛的天然岩洞（Hole in the Rock）、与海豚一起游泳的"邂逅海豚（Dolphin Encounter）"以及巡游岛屿湾诸岛的"霜之旅（Cream trip）"等。

因《怀唐伊条约》而闻名的历史之城

怀唐伊城位于派希亚的北部，因《怀唐伊条约》在此签订而闻名。隔海相望的拉塞尔及其周边地区曾经是首都。而且，只需驱车30分钟就可以到达著名的水果产地凯里凯里，途中有众多的旅游景点。

从岛屿湾驱车继续北上，2小时后就到了北地最北端的远北。这里有雷恩加角、90英里海滩等非常壮观的自然景色。新西兰的北大门凯塔亚是游客前往远北观光的根据地。

北地地图
North land

211

派希亚
Paihia

MAP-p.168-A

前往派希亚
从奥克兰乘坐飞机到凯里凯里大约50分钟，每天有3～5个航班，费用是NZ$126～。从飞机场开车大约20分钟到达派希亚。
从奥克兰乘坐城际长途大约4小时，每天有1～5个班次，车费NZ$52。

旅游咨询处
Bay of Islands Information
MAP p.212
The Wharf, Marsden Rd.
09-402-7345
8:00～20:00（夏季）, 8:00～19:00（春, 秋）, 8:00～17:00（冬季）
休无

导游信息
派希亚

娱乐
活动　★★★★
旅游景点　★★
休闲　★★★★

交通工具
步行　★★★
出租车　★★

区域范围
奥克兰往北240千米。只需1小时即可逛遍整个城市。

8月举行爵士&蓝调音乐节
以派希亚为中心，岛屿湾一带在每年8月上旬的周末会举办"岛屿湾爵士&蓝调音乐节"，各地的酒店、酒吧和街道都从早到晚地演奏音乐。国外的音乐家也会参加这次音乐节。音乐节期间，整个城市都洋溢着节日的气氛。

岛屿湾3日游
从奥克兰出发，有前往岛屿湾的巴士3日游项目。
岛屿湾旅游中心
0800-658-058、09-358-0259
NZ$900～

▼区域概况
岛屿湾以美丽的海岸而著称。派希亚就是一座因海洋观光而繁荣起来的城市。从派希亚码头出发，有各种巡航旅游项目。

沿海岸延伸的马斯登路是城市的主街，它与威廉斯路的相交处是城市的中心地带。旅游咨询处也位于该交叉点的附近，长途巴士的始发站也在这一带。这一带的周边有礼品店、餐馆等设施，是很繁华的地段。派希亚虽然是个小城市，但由于游客众多，因此有很多住宿设施，从高级的度假酒店到价格便宜的背包客，旅客有很大的选择余地。

从奥克兰去派希亚的途中，如果时间充足的话，一定要去怀波瓦森林看看，这里有新西兰特有的贝壳杉森林。"森林之神"和"森林之父"等树木都是树龄长达1200年到2000年的古树，很值得一看。

聚集在游轮周围的海豚

酒店
MAP-p.212
海滨先锋酒店
Pioneer on the Waterfront
公寓式的客房都带有厨房，还有别致的泳池，整个酒店都洋溢着高级、优雅的氛围。
Marsden Rd.　09-402-7924　FAX 09-402-7656
旅游咨询处步行3分钟　S、T/NZ$185～　11间
www.pioneerapartments.co.nz

酒店
MAP-p.212
瑞士小屋汽车旅馆
Swiss Chalet Lodge Motel
旅馆的特色是一栋木头式的小屋。有单间公寓型的客房和标间型的家庭式客房。
3 Bayview Rd.
09-402-7615
FAX 09-402-7609
旅游咨询处步行3分钟
S、T/NZ$99～195
10间

派希亚中心地区
Paihia Central

酒店 MAP→p.212

罗曼蒂小屋
Chalet Romantica

小屋建在高地上，可以看到海，可以说是派希亚住宿设施中视野最好的一家旅馆。虽然客房很少，但是服务很周到。很适合新婚夫妇度蜜月。

✉ 6 Bedsgood Close
☎ 09-402-8270 FAX 09-402-8278
交 旅游咨询处步行8分钟
NZ$ T/D／NZ＄155～240 室 3间
HP www.babs.co.nz/romantica

旅行信息

雷恩加角和90英里海滩的巴士之旅

前往雷恩加角和90英里海滩的巴士之旅是很受旅客欢迎的旅游项目。从派希亚出发，有前往这两地的一日游项目。90英里海滩有60千米延绵不断的海岸线。巴士飞奔在被海浪拍打着的海岸，溅起阵阵水花。途中还会经过沙丘，可以乘坐雪橇在沙丘上玩耍。

🌐 福乐公司 Fullers
✉ Maritime Building, Waterfront
☎ 09-402-7421 FAX 09-402-7831
HP www.fboi.co.nz

派希亚出发的岛湾巡航

从派希亚码头出发，有各种各样的巡航项目。
这里向游客介绍最受欢迎的3个。

大岩洞
Hole in the Rock

游览南太平洋的布雷特角和皮阿西岛。穿过位于岛中的岩洞是巡航的高潮。岩洞面对着大海，因此进入洞穴之前，海浪很大，让人不禁担心船会不会撞上岩石，但是经验丰富的船长会灵活掌舵，带领大家顺利地通过。通过岩洞的时候，洞中意外的寂静让人倒吸一口凉气。

🌐 福乐公司 出发 9:00、13:30 时间 4小时
NZ$ NZ$89

邂逅海豚
Dolphine Adventures

岛屿湾因是新西兰国内少有的几个全年都可以看到海豚的地区而闻名。参加巡航时可以体验和海豚们一起游泳。虽然能看到海豚的概率在90%以上，但是如果运气不好没看到的话，可以免费再次乘船去观看。

🌐 福乐公司 出发 9:00、13:00 时间 4小时
NZ$ NZ$89

霜之旅
The Cream Trip

时间充裕的游客可以参加"霜之旅"。"霜之旅"乘坐的船从100多年前就开始穿梭于半岛和各个岛屿之间，给每家每户运送食品和邮件等物资，并且现在还在做着这项工作。"霜之旅"就是乘坐这艘船游览海湾里的各个角落。一到送货地，船便会鸣汽笛，游客可以看到卸载货物的情形。途中，还会路过海湾内最大的岛，在这里可以散步、洗海水浴。

🌐 福乐公司 出发 10:00（仅夏季） 时间 5小时

时间 30分 NZ$ NZ$102

巡航旅游公司咨询处
福乐公司 Fullers Great Sights Bay of Islands
✉ Maritime Building, Waterfront
☎ 09-402-7421 FAX 09-402-7831 HP www.fboi.co.nz

海豚巡航游
King's Dolphin Cruises & Tours
✉ Maritime Building, Waterfront
☎ 09-402-8288 FAX 09-402-7915

穿过皮阿西岛的大岩洞

拉塞尔
Russell

MAP-p.168-A

前往拉塞尔

乘坐渡轮从派希亚出发大约10分钟，每天有13~16趟，单程费用NZ$5。

从位于派希亚南部6千米的奥普阿乘坐渡轮，大约5分钟后到达对岸的奥奇阿图。然后乘坐出租车大约10分钟。

旅游咨询处

拉塞尔没有正式的旅游咨询处，但可以在位于码头附近的福乐公司的办事处获得旅游信息（☎09-367-9111）。基本的旅游信息可以咨询派希亚的旅游咨询处（☎09-402-7345）。

导游信息
拉塞尔

娱乐	
活动	★
旅游景点	★★
休闲	★★★★
交通工具	
步行	★★★★★
出租车	★

区域范围

步行只需30分钟就可游遍整个城市。前往弗拉格斯塔夫山的话，往返需要40分钟到1个小时。

拉塞尔迷你巴士游

参加迷你巴士游，在1小时内就可以游遍拉塞尔的各个旅游景点。在拉塞尔栈桥前出发，游览蓬帕里尔等历史建筑和弗拉格斯塔夫山。巴士司机还会向游客讲解拉塞尔的历史。

福乐公司 ☎09-403-7866
出发10:00~16:00，在拉塞尔的福乐公司的办事处前每小时出发一次。
NZ$25

弗拉格斯塔夫山
Flagstaff Hill

从拉塞尔步行20分钟可到达此山。这里视野非常好，可以看到对岸派希亚和怀唐伊的景色。

渡轮乘坐点步行20分钟

▼区域概况

从派希亚乘坐渡轮大约10分钟就到了拉塞尔。这是一座小城市，从渡轮码头出发，步行不到1小时，便可游遍整个城市。这里曾经是捕鲸船员的休息港，也是原住民毛利人和殖民者不断争夺的城市。现在的拉塞尔保留有很多的历史建筑，是一座非常安静、舒适的城市。

拉塞尔曾因为是新西兰的首都而被人们所熟悉。但严格来说，如今的拉塞尔并不是当初的拉塞尔，位于南部8千米的奥奇阿图才是曾经的拉塞尔，曾经的首都也位于那里。现在的拉塞尔，过去称为"Kororareka（可爱的企鹅）"。1842年奥奇阿图因火灾被烧毁了，人们才移居到"Kororareka"。城市的名字也由"Kororareka"改为拉塞尔。

景点 MAP-p.214
蓬帕里尔
Pompallier

里面有过去的印刷机等物品

这是新西兰国内最古老的罗马天主教建筑。法国传教士弗朗西斯·蓬帕里尔（Frances Pompallier）住在这里开展传教活动。

✉ The Strand ☎ 09-403-9501 渡轮乘坐点步行3分钟
营 仅团体参观10:15~15:15，每次间隔1小时
休 无 NZ$10

景点 MAP-p.214
拉塞尔博物馆
Russell Museum

博物馆里库克船长乘坐的"奋进"号模型，大小是原物的五分之一。此外，馆里还放映介绍城市历史的录像。

博物馆里有很多关于库克船长的展示品

✉ 2 York St. ☎ 09-403-7701 渡轮乘坐点步行3分钟
营 10:00~16:00 休 无 NZ$7.5

酒店 MAP-p.214
马尔堡公爵酒店
Duke of Marlborough Hotel

这是新西兰第一家许可经营的酒店。酒店里有当时豪华的家具和室内装饰。

✉ 35 The Strand ☎ 09-403-7829 FAX 09-403-7828
渡轮乘坐点步行1分钟
NZ$ S、T／NZ$195~ 室 25间
HP www.theduke.co.nz

拉塞尔中心地区
Russell Central
0　　300m

怀唐伊
Waitangi

MAP-p.168-A

▼区域概况

怀唐伊距离派希亚大约是2千米。这里没有商店，是一座非常小的小镇。但是因为在这里签订了使新西兰处于英国统治下的《怀唐伊条约》而闻名。现在签订条约的会场成为了广场，建有怀唐伊自然保护区，周围有条约纪念馆、毛利人聚会场所等旅游景点。

前往怀唐伊
从奥克兰乘坐飞机到凯里大约50分钟，每天3~5次航班，费用NZ$126~。从机场坐车大约20分钟到达怀唐伊。
从奥克兰开车大约4小时。

导游信息
怀唐伊

娱乐	
活动	★★
旅游景点	★★★★
休闲	★★★★

交通工具	
步行	★★★★★
出租车	★★

区域范围
距离派希亚2千米，步行也就30分钟的路程，因此有很多人沿着海岸散步到这里。游览怀唐伊的话，步行就足够了。

景点　MAP-p.211-D
《怀唐伊条约》纪念馆
The Treaty House

这里有新西兰国内现存最古老的民宅，象征英国乔治王朝的优雅、简洁的设计是其特征。这里原本是英国常驻官员J.巴斯比的住宅。晚年时，他将住宅捐赠给了国家，建立了现在的纪念馆。

附近有毛利人聚会场所（Maori Meeting House）。据说该建筑物象征着毛利人的祖先，房子内部的墙壁上装饰有毛利人的传统雕刻。进入房子里时，必须脱了鞋才能进去。霍普森海滩的正面展示有毛利人战斗时使用的独木舟（Maori War Canoe）。该独木舟长达35米，可以乘坐80个成人，是一艘非常巨大的用于战争的独木舟。在每年2月6日的怀唐伊之日这一天，这艘独木舟会在海上公开展示。里面还有用来制作战船的巨大的贝壳杉树桩。

✉ 怀唐伊自然保护区 Waitangi National Trust Treaty Grounds
《怀唐伊条约》纪念馆、毛利人聚会场所、毛利人战时独木舟都在怀唐伊自然保护区内 ☎ 09-402-7437
🚍 派希亚旅游咨询处坐车5分钟
🕘 9:00~18:00（冬季17:00）休 无　NZ$25　HP http://www.waitangi.net.nz

纪念馆里关于条约的展示

《怀唐伊条约》
又译《威坦哲条约》，是1840年时英国王室与毛利人之间签署的一项协议。该条约的签订，促使新西兰建立了英国法律体系。同时，也确认了毛利人对其土地和文化的拥有权。该条约被公认为新西兰的建国文献。

景点　MAP-p.211-D
哈鲁鲁瀑布
Haruru Falls

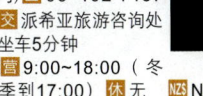

从旅游咨询处出发，沿着散步道往北走几千米，就可以看到哈鲁鲁瀑布。瀑布附近有露营点、餐馆和酒吧。天气晴朗的时候，有很多当地人和游客到瀑布底下的深潭游泳和划皮艇。

🚍 旅游咨询处乘车90分钟

北岛　215　北地

凯里凯里

KeriKeri

MAP-p.168-A

前往凯里凯里

✈ 从奥克兰乘坐飞机大约50分钟，每天3~5次航班，费用NZ$126~。从机场乘车大约10分钟。

🚌 从奥克兰乘坐城际长途大约5小时，一天1~3趟，车费NZ$54。

🚗 从奥克兰出发开车大约4小时30分钟，从派希亚出发大约30分钟。

旅游咨询处

Kerikeri Visitor Information Centre
MAP p.216 ✉ Cobham Rd.
📞 09-407-9297
🕗 8:00~17:00（周六9:00~14:00）
休 周日、节假日

导游信息 凯里凯里

娱乐
活动	★
旅游景点	★★★★
休闲	★★★

交通工具
步行	★★★★★
出租车	★★

区域范围
石屋和雷瓦村距离城市大约2千米，步行的话，30分钟就能到。雷瓦村和石屋之间有凯里凯里河，沿河岸有凯里凯里散步道。散步道全长大约是4千米，对于想散步时稍微出点汗的人来说刚好合适。从雷瓦村出发，沿着此散步道往西北走大约1小时，有高达27米的彩虹瀑布。

▼区域概况

从派希亚驱车大约20分钟就到了凯里凯里。这里气候温暖、土地肥沃，适合于农业生产。由于有各种果园，所以一到夏季和秋季的收获季节，就有很多人到这来观光或是采摘水果，非常热闹。凯里凯里街横穿过这些果园，它与科伯姆路的周边是城市的中心地带。这一带有银行、超市、汽车旅馆等各种设施，与派希亚相比，这里设施众多，更像是一座城市。凯里凯里周边是国内最早进行垦荒的区域，在城市东侧的凯里凯里河一带，还留有当时建的历史建筑物。

景点
MAP-p.216

石屋
Stone Store

伫立在凯里凯里河沿岸的石屋是1835年的建筑，也是国内最古老的石造建筑。里面有木桶、木箱等展示品，据说以前这里曾是仓库。石屋曾经还被当作橡胶交易所、图书馆和弹药库等设施使用过。

✉ 246 Kerikeri Rd. 📞 09-407-9236 🚶 从市中心步行大约20分钟 🕗 10:00~17:00（5~10月到16:00）
休 无 💰 NZ$7.50（与凯里凯里教堂一起）

凯里凯里中心地
Kerikeri Central

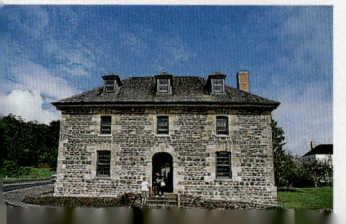

Stone Store坚固的墙壁

NORTH ISLAND

景点　　　　　　　　　　　MAP-p.216
凯里凯里教堂
Kerikeri Mission House

位于石屋的旁边，是一座木造白色外观的建筑。凯里凯里教堂原本是1822年为牧师肯·巴特勒建的住宅，是国内现存最古老的木造建筑。后来因为传教士詹姆斯·肯普一家住在这里，所以也叫"肯普之家"。

✉ 246 Kerikeri Rd.　☎ 09-407-9236
交 市中心步行20分钟
营 10:00~17:00（5~10月至16:00）
休 无　NZ$ NZ$7.50（与石屋一起）

教堂前美丽的庭园

景点　　　　　　　　　　　MAP-p.216
雷瓦村
Rewa's Village

1969年复原了该村，再现了200年前毛利人生活的村庄。毛利村必看的景点有毛利人的聚会场所马拉埃、食品仓库、武器仓库、用于捕鱼的捕鱼独木舟等。

✉ 1 Landing Rd.　☎ 09-407-6454
交 市中心步行大约20分钟　营 夏季9:00~17:00，冬季10:00~16:00
休 无　NZ$ NZ$2.50

非常简朴的建筑

餐馆美食　　　　　　　　　MAP-p.216
鱼骨海鲜馆
Fishbone

餐厅曾获得过北地最佳咖啡馆奖。除了有海鲜外，使用羊肉做的主菜和意大利式甜点很受顾客的欢迎。

✉ 88 Kerikeri Rd.
☎ 09-407-6065
营 周一至周五8:00~16:30、周六8:30~15:00（周日至14:00）
NZ$ NZ$8~

位于城市中心的鱼骨海鲜餐厅

酒店　　　　　　　　　　　MAP-p.216
殖民地小屋汽车旅馆
Colonial House Lodge Motel

旅馆在城市的东侧，距离城市中心大约1千米，离石屋等观光景点也很近。旅馆周围被亚热带树木环抱，环境优雅、舒适。

✉ 178 Kerikeri Rd.　☎ 09-407-9106　FAX 09-407-9038
交 市中心步行大约15分钟　NZ$ S、T／NZ$99~　室 10间
HP www.kerikeri.com/colonial

酒店　　　　　　　　　　　MAP-p.216
科特尔汽车旅馆
Cottle Court Motel

位于城市中心的一家汽车旅馆，有泳池和烧烤设施。

✉ 93 Kerikeri Rd.
☎ FAX 09-407-8867　交 市中心步行1分钟　NZ$ T／NZ$110~NZ$145　室 15间
HP www.cottlecourtmotel.co.nz

还有两居室的套房

北岛　北地

凯塔亚

Kaitaia

MAP-p.168-A

前往凯塔亚

✈ 从奥克兰乘坐飞机大约50分钟,每天12次航班,费用NZ$189~。

🚌 从奥克兰乘坐巴士大约6小时45分钟,每天一趟,车费NZ$73。从派希亚乘坐城际长途列车大约1小时45分钟,每天一趟(下午),车费NZ$36。

🚗 从奥克兰乘坐出租车大约6小时。从派希亚乘坐出租车大约2小时。

旅游咨询处
Information Far North
MAP p.218 ✉ Jaycee Park, South Rd.
☎ 09-408-0879
🕐 8:30~17:00 休 无

导游信息 凯塔亚

娱乐
活动	★★★★
旅游景点	★★★★
休闲	★★★

交通工具
步行	★
巴士	★★★★
出租车	★★

区域范围
凯塔亚是一座小城市,步行即可游遍整座城市。前往90英里海滩和雷恩加角时,参加团体比较方便。90英里海滩是禁止租赁车进去的,所以绝对不要租车。普通汽车辆在90英里海滩也只有在退潮时才准许在海岸行走,所以必须注意。

位于雷恩加角尖端的白色灯塔

▼城市概况

凯塔亚离雷恩加角、90英里海滩等北岛首屈一指的观光地很近,并且有住宿设施、餐馆、购物中心等许多设施,是北岸比较大的城市。由于气候温暖,因此有很多人来这里冲浪和钓鱼。

南北走向的商业街是这座城市的主街,几乎所有的商店和住宿设施等都集中在这条街上。沿着这条街往南走,走到街道的尽头有旅游咨询处。在这里除了可以参加前往雷恩加角和90英里海滩的旅游项目外,还可以申请参加钓鱼之旅等旅游活动。离旅游咨询处不远的街道上,有远北地区博物馆。

景点
MAP-p.211-A
90英里海滩
Ninety mile Beach

90英里海滩从凯塔亚的西侧开始一直延伸到雷恩加角,总长大约100千米,都是平坦的沙滩,普通车辆都可以在上面行驶。但是,开车进入沙滩时,因为有些沙丘旁边的沙子会很深,所以除了开越野车进去外,最好是参加巴士团体游。海浪拍打着沙滩,巴士从沙滩上疾驰而过,溅起阵阵水花,旅行途中还可以在沙丘上玩沙子。

🚗 旅游咨询处驱车20分钟

景点
MAP-p.211-A
雷恩加角
Cape Reinga

在雷恩加角的尖端海拔156米的高地上有灯塔,这里视野非常开阔,可以看到塔斯曼海和南太平洋的广大区域。西侧的塔斯曼海一侧,是非常陡峭的绝壁,下面波澜壮阔,走过去一看,让人不禁双腿发抖。"雷恩加"来自毛利语,在毛利语中的意思是"飞翔的地方"。据说人的灵魂悬吊在悬崖上的胡图卡瓦树上,然后再飞上天国。立在灯塔旁边的路标上写有此处到世界各主要城市的距离,可以看到指着自己国家的方向摄影留念的游客。

🚗 旅游咨询处驱车2小时30分钟

凯塔亚中心地
Kaitaia Centra
0　　500m

p.218 90英里海滩、前往雷恩加角
Grigg St.
p.219 奥拉纳汽车旅馆
Bonnett Rd. Pukepoto
凯塔亚远足自行车旅馆 Matthews
Lake Puckey Ave. 新公
p.219 丛林小屋餐馆 Dominion 1
Tangaone Ave. 旅游
远北地区博物馆 p.219 South Rd. ❶旅游
Far North Regional Museum Redan Rd.
p.219 前往夜间公园

位于旅游咨询处的旁边

景点　MAP-p.218
远北地区博物馆
Far North Regional Museum

博物馆里展示有在凯塔亚周边发现的毛利人的遗物和恐鸟、几维鸟等的模型。

✉6 South Rd. ☎09-408-1403 交旅游咨询处步行1分钟 营10:00~16:00 休无 NZ$4

景点　MAP-p.211-C
夜间公园
Nocturnal Park

公园位于离凯塔亚大约20千米的费尔伯恩镇上。园内有小洞穴，白天也可以看到萤火虫，不过最好还是日落后游览比较好。还可以近距离地观察散步道山崖边上的萤火虫。此外，还有导游陪同的团体游项目。

✉Fairburn ☎09-408-4100 交凯塔亚驱车30分钟 营9:00~17:00 休周一 NZ$15

酒店　MAP-p.218
奥拉纳汽车旅馆
Orana Motor Inn

位于城市北边的一家服务热情的旅馆。有餐厅、酒吧和泳池等设施，还接受团体的预约。

✉238 Commerce St. ☎09-408-1510 FAX 09-408-1512 交市中心步行5分钟 T/NZ$105~130 室32间

旅馆位于主街上

餐馆美食　MAP-p.218
丛林小屋餐馆
The Bushmans Hut

餐馆的内部装饰很像是一座山中小屋。炭烧牛排是餐馆的招牌菜，此外还有玉米片和香辣肉酱等小吃。

✉3 Bank St. ☎09-408-4320 交旅游咨询处步行5分钟 营17:00至深夜 休周日 NZ$20~

配菜中的土豆分量很多

旅行信息

90英里海滩的各种旅游活动

从凯塔亚前往90英里海滩时，可以参加沙滩狩猎的巴士之旅。旅游团早上9点从凯塔亚出发，进入90英里海滩后，一路北上。

坐在旅游巴士上，左边可以欣赏塔斯曼海广阔无边的风景，右边可以眺望沙丘，是很舒适、愉快的旅行。巴士会在全是沙丘的广阔海滩上或是旅行途中的海角处小憩一会儿，游客可以下车体验散步的乐趣。

在特·帕基沙丘，游客可以用雪橇玩滑沙。流经沙丘附近的特·帕基溪通往沙滩最北端的出入口，乘坐巴士刷刷地从溪流中走过也别有一番情趣。

接下来，就到了最北端的雷恩加角灯塔和维格纳博物馆，博物馆里展示有标本和毛利人的工艺品。此外，还可以去造访古贝壳杉王国，这里展示有用老贝壳杉加工而成的各种工艺品。

沙滩狩猎 Sand Safaris
✉221 Commerce St. ☎09-408-1778 FAX 09-408-3339 HP www.sandsafaris.co.nz 出发9:00 时间7小时30分钟 NZ$65

大人、小孩都沉浸在滑沙的快乐中

感受巨木贝壳杉魅力的景点
在森林保护区怀波瓦森林漫步

MAP：p.211-C

怀波瓦贝壳杉森林保护区是新西兰特有的巨木贝壳杉的茂密原生林。漫步在古老茂密的森林中，感受大自然的魅力。

在贝壳杉森林中漫步，与大自然亲密接触

从奥克兰驱车往北大约3小时就到了怀波瓦贝壳杉森林保护区，这是一处茂密的贝壳杉原生林。这里有新西兰最大的贝壳杉"Tane Mahuta"（毛利语的意思为"森林之神"）。另外，还有树龄达2000年的新西兰最古老的贝壳杉"Te Matu Nahere"（毛利语的意思为"森林之父"），以及旁边的四棵巨大的贝壳杉"四姐妹"。参加当地举行的生态之旅，可以听到有关贝壳杉森林的神话和传说。

不愧是"森林之神"，让人见而生畏

新西兰的特有大树，不可思议的贝壳杉

贝壳杉跨过千年以上的岁月，树木高达30~50米，是南洋杉科的常绿针叶树。为了让自己不断地长高，它的树枝会自动从权根处掉落，而且为了保护树皮不被各种附生植物所侵蚀，它的树皮会像鳞片一样掉落，很有特点。

据说过去在北岛的北部地区生长着许多茂密的贝壳杉大树，但由于它的木材价值很高，在18世纪、19世纪以及20世纪前半期，欧洲殖民者到来之后，被肆意砍伐。现在所剩下的贝壳杉的森林面积只是原来的百分之几而已。现在为了防止贝壳杉灭绝，即便是在私人领地也禁止砍伐贝壳杉。

在森林中注意不要踩着树根

漫步在被月光照亮的森林中
神秘的夜间之旅

在怀波瓦贝壳杉**森林自然保护区**内,有怀波瓦大脚公司开展的**白天和晚**上的旅游。参加该旅游项目,可以向原住民毛利人学习有关森林的知识和尊重大自然。在夜间旅游时,拿着手电筒漫步在黑暗的森林中,有时可以听到黑暗中传来的几维鸟的鸣叫声。在被月光照亮的"Tane Mahuta"前,毛利人会用毛利语吟唱圣歌,周围弥漫着庄严、神圣的气氛。

怀波瓦森林夜间之旅

●**Twilight Encounter**
前往观看Tane Mahuta 和Te Matuna Here的4小时夜间步行之旅
🕐4小时(18:00出发、5~10月是17:00出发)
💰NZ$95(包括前往奥波诺尼、奥玛佩雷住宿地的接送)

●**Meet Tane at Night**
观看Tane Mahuta的1小时30分钟的夜间步行之旅
🕐1小时30分钟(20:30出发、5~9月是19:30出发)
💰NZ$70(包括前往奥波诺尼、奥玛佩雷住宿地的接送)

上述旅游团的咨询处
🏢 怀波瓦大脚公司 Footprints Wipoua
✉ 29 State Highway 12, Opononi, Hokianga, Northland
☎ 09-405-8207　FAX 09-405-8207
🌐 www.footprintswaipoua.com

前往怀波瓦森林

租车前往是最方便的。从奥克兰出发,驱车北上大约4小时。

1.Tane Mahuta树高51米,树干周长13.8米。估计树龄1200年
2.导游皮尔和翻译小爱
3.4.5.边听导游的解说,边在林中散步

关于贝壳杉的更多信息

贝壳杉博物馆 The Kauri Museum

博物馆里有关于以前砍伐贝壳杉时的情形和年轮的鉴定等众多关于贝壳杉的资料展示,去怀波瓦森林之前,到这里来看一看,能加深对贝壳杉的理解。博物馆里的贝壳杉胶(凝固的树脂)是必看的展品。

✉ 5 Church Rd., RD1, Matakohe, Northland
☎ 09-431-7417
FAX 09-431-6969
🕐 9:00~17:00
休 无
💰 NZ$17
🚗 从奥克兰驱车大约3小时。沿1号线北上,在Bryn derwyn进入12号线
MAP p.211-E
🌐 www.kauri-museum.com

周边的住宿设施

国尊赫基昂加酒店
Copthorne Hokianga

✉ State Highway 12, Omapere, Hokianga
☎ 09-405-8737
FAX 09-405-8801
💰 NZ$119~
🚗 奥波诺尼的I-SITE驱车5分钟
MAP p.211-C
🌐 www.copthornehokianga.co.nz

奥波诺尼酒店
Opononi Hotel

✉ 19 State Highway 12, RD 3, Opononi, Northland
☎ 09-405-8858
FAX 09-405-8827
💰 NZ$100~
🚗 奥波诺尼的I-SITE的旁边　MAP p.211-C
🌐 www.opononihotel.com

科罗曼德尔半岛
Coromandel Peninsula

MAP-p.168-E

有众多很漂亮的步行道

很多游客聚集在温泉海滩

半岛上绵延不断的美丽海岸线

原始自然的魅力区域
区域概况

科罗曼德尔半岛位于奥克兰的东边，豪拉基湾西侧，从奥克兰出发驱车不到2小时即可到达。整个半岛仍然保留着最原始的自然状态，是难得的自然度假胜地。

半岛中央有科罗曼德山脉，山脉的东侧以水星湾为中心，有教堂湾、山丘上涌出温泉的温泉海滩等众多旅游景点。此外，还有高雅的汽车旅馆和餐馆，每年夏天这里都迎来众多的游客。与此相对，半岛的西岸是一望无际的海滩、海湾和港口，景色十分美丽。

19世纪的淘金时代

19世纪初期，科罗曼德尔半岛因为是贝壳杉的输出港而繁荣起来。到了19世纪50年代，以科罗曼德尔半岛和泰晤士为中心，掀起了淘金热。来自欧洲各国的人们怀着一夜暴富的梦想，聚集到这里。泰晤士在当时甚至发展成了国内拥有人口最多的城市。现在，作为科罗曼德尔半岛最大的城市，泰晤士虽然只有区区6500人，但城市里到处都是当时留下的建筑，让人不禁会想起它曾经的辉煌。

租车慢慢游览

遗憾的是，半岛内的交通不是很便利。巴士的班次也非常少，因此旅游时不能太依赖于公共交通。最好的方法是租车游览。但是，半岛多是狭窄、弯曲的道路，除了国道25号线外，其他道路的路况都不太好。因此，要小心驾驶，安全地游览整座半岛。

泰晤士

Thames

MAP-p.222

▼区域概况

泰晤士位于科罗曼德尔半岛的入口处，是半岛内最大的城市。城市因19世纪兴起的淘金热而繁荣起来。据说从1876年到1924年的大约50年间，从泰晤士1500座矿山中挖出了70吨黄金。在19世纪70年代淘金热的全盛期，这里的人口达到了2万，是一座非常热闹的城市。在当时，泰晤士的人口是奥克兰的2倍，也是新西兰国内最大的城市。黄金被挖掘殆尽后，城市又恢复到了以前的平静。现在，人口虽然减少到全盛期的三分之一，但是还保留着当时的博物馆和教堂等众多建筑，从中可以想象它昔日的辉煌。

与国道25号线东侧平行的布伦多街是城市的中心。旅游咨询处、长途巴士站、汽车旅馆、餐馆和商店等很多设施都聚集在街道的两旁。虽然街上的观光景点并不多，但却可以在这里度过悠闲、舒适的假期时光。

前往泰晤士

🚌 从奥克兰乘坐城际长途大约1小时40分钟，每天两趟，车费NZ$19~。

旅游咨询处

Thames Visitor Information Centre
MAP p.223　206 Pollen St.
☎07-868-7284
🕘9:30~17:00（周六至13:00）、周日12:00~16:00　休无

导游信息　泰晤士

娱乐
旅游景点　★★
休闲　★★★
自然景观　★★

交通工具
步行　★★★
租车　★★
出租车　★

区域范围
泰晤士是科罗曼德尔半岛最大的城市，从纪念碑山到kauaeran河的广大地区是该市的区域。泰晤士历史博物馆和矿石博物馆位于科克伦街，它们的中间夹着布伦多街。

景点　　　　MAP-p.223
泰晤士历史博物馆
Thames Historical Museum

利用旧教堂改造的博物馆。博物馆里有众多的展示品和照片，从中可以看到淘金时代城市的样貌。博物馆的庭园也修整得很漂亮，四季都有鲜花盛开。

📧 Cnr. Pollen & Cochrane Sts.
☎07-868-8509
🚶旅游咨询处步行10分钟
🕘13:00~16:00
休无　NZ$5

景点　　　　MAP-p.223
矿石博物馆
School of Mines and Mineralogical Museum

1886年开设的矿石研究所已经在1954年关闭了，之后研究所原址被改为博物馆对外开放。馆内展示有新西兰各地的矿石。

📧 Cnr. Brown & Cochrane Sts.　☎07-868-6227
🚶旅游咨询处步行15分钟　🕘11:00~16:00（冬季至15:00）
休周一至周五　NZ$5

拥有美丽庭园的历史博物馆

矿石博物馆曾经是研究所

北岛　223　科罗曼德尔半岛

科罗曼德尔镇
Coromandel

MAP-p.222

前往科罗曼德尔镇

从奥克兰乘坐城际长途巴士大约3小时35分钟，每天两趟（上午），车费NZ$45。

旅游咨询处
Coromandel Visitor Information Centre
MAP p.224 ✉ 355 Kapanga Rd.
☎ 07-866-8598 ⏰ 9:00～17:00（周六、周日10:00～15:00）休无

导游信息 科罗曼德尔镇

娱乐
- 旅游景点 ★★
- 休闲 ★★★
- 自然景观 ★★★

交通工具
- 步行 ★★
- 租车 ★★★★★
- 出租车 ★★★

区域范围
旅游咨询处、酒店和餐馆等设施都位于卡潘加路两旁。这是一座小城市，步行大约10分钟即可游遍城市的中心区域。

为城市带来繁荣的贝壳杉

▼区域概况

从泰晤士沿国道25号线北上大约50千米就到了科罗曼德尔镇，这里虽是一座人口不足1000人的小城镇，但具备了城市所有的功能设施。这些设施都集中在主街卡潘加路两侧。虽然城市里没有什么观光景点，但是以"艺术家之城"而著称的科罗曼德尔镇有不少艺术工作室，非常值得一看。

工作室里摆满了艺术家的作品

景点 MAP-p.224
车道溪铁路
Driving Creek Railway

在距离市中心3千米的北边，有曾经用来搬运贝壳杉的宽度只有38厘米的迷你铁路。现在，这条铁路除了为陶艺家们运送陶土外，还是很受欢迎的观光列车。车道溪铁路全长6千米的轨道位于山坡上，途中要横渡4座桥，穿过2个隧道，道路变幻曲折，以之字形路展开。列车的出发点有工作室，可以买到镇上陶艺家的作品。

✉ 380 Driving Creek Rd. ☎ 07-866-8703
📠 07-866-8703 🚗 旅游咨询处驱车3分钟
⏰ 10:15和14:00出发（旅游季节时增加了11:30、12:45、15:15和16:30四次）
休无 💰 NZ$23 🌐 www.drivingcreekrailway.co.nz

景点 MAP-p.224
309 贝壳杉树林
309 Kauri Grove

从科罗曼德尔镇出发，进入309号线走7千米就到了怀奥瀑布，从这里继续往东走1千米就到了有贝壳杉大树的309贝壳杉树林。树林周围有步行道，可以享受一下丛林漫步。
🚗 旅游咨询处驱车10分钟

酒店 MAP-p.224
科罗曼德尔酒店
Coromandel Hotel

酒店内的餐馆是当地人休憩的场所。
✉ 611 Kapanga Rd. ☎ 07-866-8760
📠 07-866-7411 🚗 旅游咨询处步行2分钟
💰 S／NZ$45～、T／NZ$90～ 🛏 8间

水星湾
Mercury Bay

MAP-p.222

▼区域概况

在科罗曼德尔半岛的东侧，从库克崖（Cook Bluff）到奥皮托港（Opito Point）的广大区域称为水星湾。1769年库克船长在这里观测到了水星（Metcury），因而将此地命名为水星湾。这里有美丽的海岸线，是天然的度假胜地，环境舒适、优雅，很受游客的欢迎。水星湾有钓鱼、潜水、皮划艇等各种旅游活动，可以让你在这里度过悠闲的假期。

节假日非常热闹的游艇码头

景点　　　　　MAP-p.222
教堂湾
Cathedral Cove

位于水星湾尖端的哈海的北侧，是一处因海浪侵蚀而形成的门洞。教堂湾周围有同样因海浪长年累月的拍击而留下的雪白岩壁。这种绝妙的景观和透亮的蓝色大海看起来十分浪漫，吸引着很多情侣、夫妇来这里游玩。

自然创造的艺术品

✈ 旅游咨询处驱车30分钟，再从停车场步行40分钟

景点　　　　　MAP-p.222
温泉海滩
Hot Water Beach

位于哈海南边8千米处的海滩，在退潮前后的2小时，挖开海滩上的沙丘，便有温泉涌出来。游客可以自己挖出温泉，一边看海一边泡温泉。

悠闲地泡温泉的女孩

✈ 旅游咨询处驱车30分钟

餐馆美食　　　　　MAP-p.225
如火之地
The Fire Place

餐馆的海鲜和比萨很受顾客的欢迎。夏天的话，建议在甲板上用餐。

✉ 9 The Esplanade, Whitianga　☎ 07-866-4828
✈ 旅游咨询处步行3分钟
🕘 午餐11:00~14:00、晚餐17:00~23:00　休 无

酒店　　　　　MAP-p.225
海鸥小屋
Shearwater Lodge

旅馆有泳池，正好面向水星湾，可以在这里度过悠闲的时光。

✉ 88 Albert St., Whitianga　☎ 07-866-5884
FAX 07-866-5884　✈ 旅游咨询处步行3分钟
💰 S／NZ$75~

前往水星湾

🚌 从奥克兰乘坐城际长途巴士到怀蒂昂格大约3小时45分钟，每天一到两趟，车费NZ$28~。

旅游咨询处
Whitianga Visitor Information Centre

MAP-p.225　✉ 66 Albert St., Whitianga　☎ 07-866-5555
🕘 9:00~17:00（周六至16:00、周日至15:00）休 无

导游信息
水星湾

娱乐
旅游景点　★★
休闲　　　★★★
自然景观　★★★

交通工具
步行　★★
租车　★★★
出租车　★★★★★

区域范围
观光景点集中在布法罗海滩边上的怀蒂昂格城。主街伟业街和布法罗海滩沿海的海滨大道有汽车旅馆和餐馆。

北岛

225

科罗曼德尔半岛

水星湾 Mercury Bay
0　800m

罗托鲁阿

Rotorua

MAP-p.169-H

罗托鲁阿简介

人口：大约5.5万人
面积：大约23平方公里
气温：夏季平均最高气温29摄氏度，冬季平均最低气温9摄氏度。
降水量：年平均降水量大约1400毫米。

前往罗托鲁阿

✈ 从奥克兰乘坐飞机大约40分钟。每天有2~4次航班，费用是NZ$72~。从克莱斯特彻奇乘坐飞机大约1小时15分钟。每天有4~5次航班，费用是NZ$365~。

🚌 从奥克兰出发乘坐汽车经由哈密尔顿大约3小时40分钟~4小时（每天5趟），从奥克兰经由怀托摩萤火虫洞大约7小时30分钟（每天1趟），车费NZ$30~。从惠灵顿出发乘坐汽车大约7小时10分钟~8小时，每天4趟，费用NZ$35~。
＊汽车经过的地点不同，所花的时间也不同

机场到市内

出租车：大约NZ$30
机场巴士：大约NZ$17
所需时间大约都是10分钟。

罗托鲁阿机场

毛利文化和温泉之城
城市概况

从14世纪中期开始，毛利人中的一支特阿拉瓦族就住在这里。现在他们的后代也大都住在罗托鲁阿。在罗托鲁阿的广阔地带分布有丰富的温泉、间歇泉等各种地热资源，并且拥有16个湖泊和广大的森林公园，加上多姿多彩的毛利文化，前来观光的游客终年络绎不绝。

受到国内外众多游客喜爱的旅游观光地

罗托鲁阿（在毛利语中是"第二湖泊"的意思）保留有浓厚的新西兰原住民毛利人的文化。在这里，可以体验到毛利人的生活。在休闲活动"杭吉餐和毛利人音乐会"中，可以一边欣赏毛利人古老的歌谣和舞蹈，一边吃毛利人的传统食物"杭吉餐"（一种干蒸的肉和蔬菜）。Hangi，是毛利人特有的烹饪方式）。这是这座城市很受欢迎的休闲活动，除了规模较大的酒店会将其作为晚餐秀来举办之外，在户外也有办。

罗托鲁阿位于地热地带，有非常多的间歇泉，还有不断涌出气泡的泥浆池和五彩缤纷的硅石台地，这些都是只有在地热地带才能看到的景观。地热资源丰富的罗托鲁阿自然有众多的温泉设施。富含矿物质的泉水非常有益于美容和健康，使用火山泥

泉水高高喷向空中的间歇喷泉是罗托鲁阿的特有景观

制作的肥皂、泥面膜等美容护肤品，是很受欢迎的礼品。此外，有关温泉设施和酒店的温泉泉质的说明中，有"Natural thermal"的地方指的是天然温泉，有"Mineral Spa"的地方指的是人工加热的矿泉水。

被美丽大自然所环抱的罗托鲁阿最适合垂钓，在河流和湖泊的周围有很多垂钓点。当地的垂钓导游组织的团体游是面向短期逗留的旅客的旅游项目。另外，还有漂流和喷气船等水上旅游项目和欣赏风景的徒步旅行、骑马，以及惊险刺激的空中蹦极等旅游活动和旅游项目。在罗托鲁阿的一些农场，有既可以骑马又可以体验农场生活的农场游项目，很受游客的欢迎。

罗托鲁阿市区和郊外
步行游览指南

旅游咨询处
Rotorua Travel & Information Centre
MAP p.229-D　1167 Fenton St.
0800-768-678　07-348-5179
8:00～18:00（冬季至17:30）
休 无

在这里不仅可以收集到罗托鲁阿的旅游信息，还可以看到新西兰国内的旅游资讯

导游信息
罗托鲁阿

娱乐
活动　★★★★
旅游景点　★★★★
休闲　★★★

交通工具
步行　★★
巴士　★★
出租车　★★★

区域范围和交通工具
罗托鲁阿市的总面积大约是23平方公里。步行即可游览市中心的主要景点，但去郊外的话，要乘坐巴士、出租车，甚至是租车。有穿梭巴士从旅游咨询处出发，穿梭于各个旅游景点之间。

市内巡回巴士（Cityride）。前往农奥塔哈山等旅游景点时，乘坐该车非常方便（NZ$2～）

不可错过的景点
● 政府花园
● 波利尼西亚温泉
● 华卡雷瓦雷瓦
● 爱歌顿牧场
● 彩虹泉

城市中心地区的街道呈网格状，不用担心迷路

旅游咨询处"罗托鲁阿旅游"位于主街芬顿街的古典建筑内，建筑上面建有时钟塔，非常引人注目。这里也是长途巴士、市内巴士和穿梭巴士等的始发站。政府花园是罗托鲁阿市民的休闲场所，从这里往东步行大约5分钟，就可看到罗托鲁阿博物馆、蓝色巴士站，附近有波利尼西亚温泉、兰花园等休闲场所。除了芬顿街有面向游客的礼品店外，普克阿茨阿街和图唐纳凯街有时装店、杂货店和餐馆等各种商店。由于周边的店铺大都面向游客，所以很多商店都营业到很晚，店里经常挤满了顾客，非常热闹。走到图唐纳凯街的尽头，就到了罗托鲁阿湖。湖畔有散步道，可以在这里一边散步一边观赏湖中莫科亚岛的美丽风景。

郊外有丰富的地热资源和鲜为人知的温泉

乘车沿5号线北上大约6分钟，在左手边就可以看到农奥塔哈山，这里是旅游区，可以乘坐缆车和无舵雪橇。沿着5号线继续往前走，就到了爱歌顿牧场和哈默拉纳泉。如果沿着5号线向陶波方向南下的话，有广阔的华卡雷瓦雷瓦地热区，从这里继续南下，可以看到怀曼谷火山溪谷的火山口和怀奥塔普地热保护区的泥浆池。整条河都是温泉的煤油溪（Kerosene Creek）和泡澡设施完善的怀基塔温泉都在这附近。此外，从市中心乘车沿罗托鲁阿湖、塔拉维拉路南下大约20分钟，就到了特怀罗阿埋没村。这里有塔拉维拉湖、蓝湖、绿湖，可以进行湖水浴，或是在华卡雷瓦雷瓦森林地带进行徒步旅行。

因地热不断发出沸腾声的泥浆池

去郊外时的交通工具

前往爱歌顿牧场、华卡雷瓦雷瓦地热区等地观光时,步行的话距离太远,乘坐穿梭巴士、出租车或是租车会很方便。前往每个地点的车费都不一样。

穿梭巴士因乘车人数不同,车费会有变化。从罗托鲁阿机场到市中心的车费是NZ$18~。

穿梭巴士
GeyserLink ☎0800-000-4321
去往怀奥塔普、赫鲁茨盖特的巴士(NZ$20)。
Super Shuttle Bus ☎07-345-7790

租车/出租车
Avis ☎07-345-6055
Hertz ☎07-348-4081
费用标准:一天的租车费NZ$100左右,包括保险费用。
Rotorua Taxi ☎07-348-1111

罗托鲁阿中心地区地图
Rotorua Central

市内1日游旅游线路介绍

罗托鲁阿旅游计划

罗托鲁阿有很多独具特色的旅游景点。
天际线公司（Skyline）推出的无舵雪橇运动值得尝试！

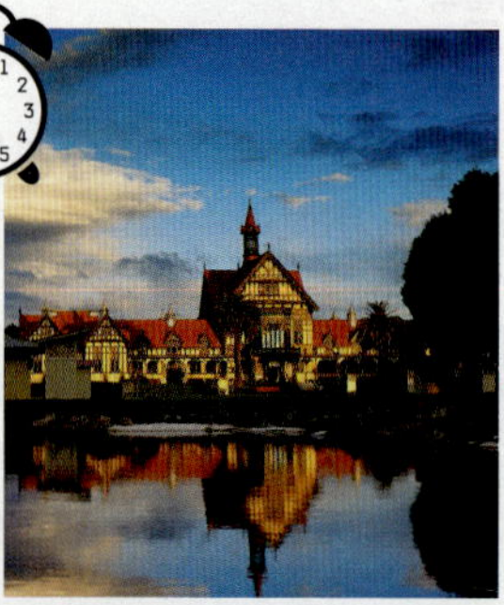

政府花园 →p.231
在花园内可以滑冰和玩推杆高尔夫。

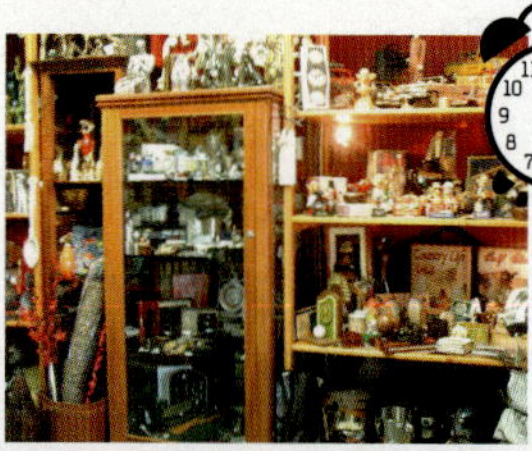

与众不同杂货 →p.238
这里有各种蜡烛和厨房用品。

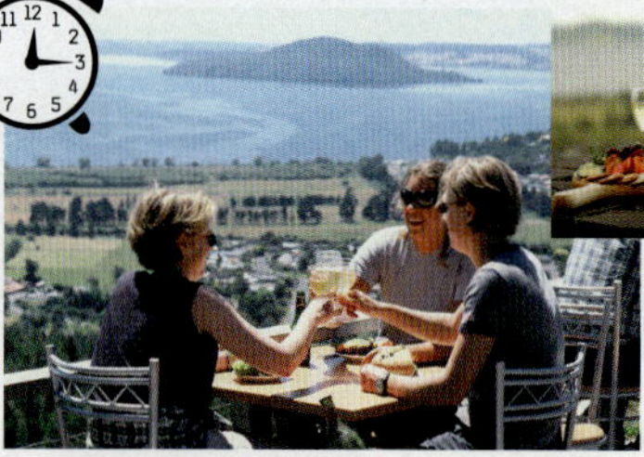

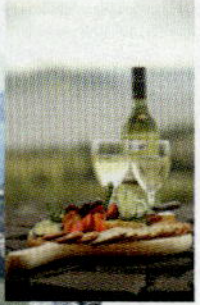

与葡萄酒相配的开胃菜非常好吃。

奥拉基餐馆 →p.241
一边眺望农奥塔哈山的美景，一边用餐。

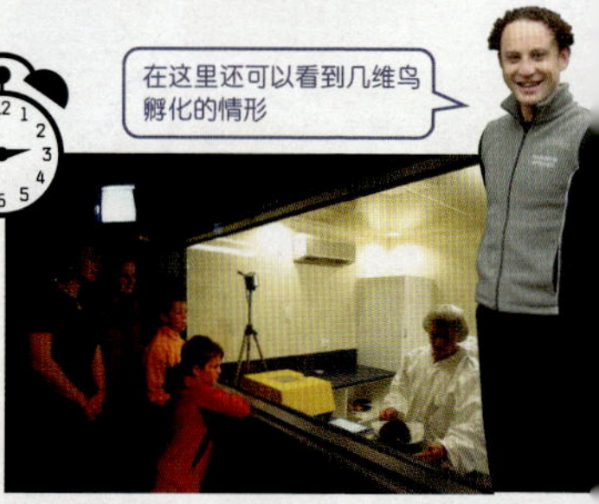

在这里还可以看到几维鸟孵化的情形

邂逅几维鸟 →p.232
可以看到新西兰的国鸟——几维鸟的可人姿态。

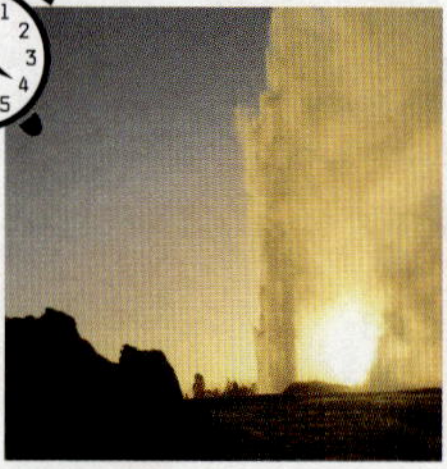

特皮亚 →p.232
波弗茨间歇泉最高可把泉水喷向大约30米的高空。

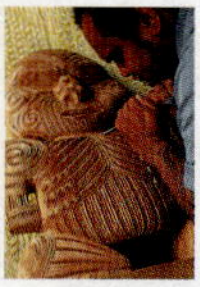

可以参观毛利传统工艺品的制作过程。

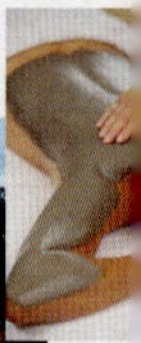

用天然的泥浆将皮肤变得光滑柔嫩

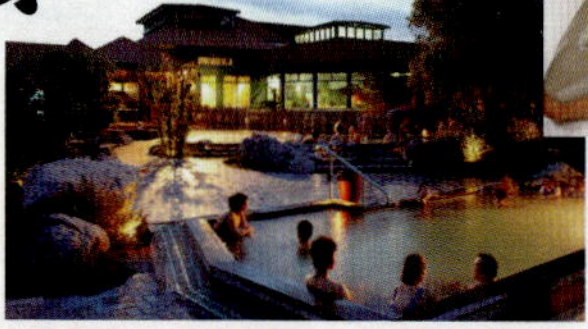

波利尼西亚温泉 →p.231
一边欣赏罗托鲁阿湖美景，一边舒适地泡温泉。

旅行线路 Recommemded Route

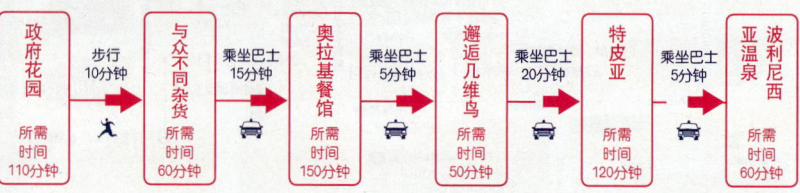

政府花园 → 步行10分钟 → 与众不同杂货 → 乘坐巴士15分钟 → 奥拉基餐馆 → 乘坐巴士5分钟 → 邂逅几维鸟 → 乘坐巴士20分钟 → 特皮亚 → 乘坐巴士5分钟 → 波利尼西亚温泉

所需时间：110分钟 / 60分钟 / 150分钟 / 50分钟 / 120分钟 / 60分钟

罗托鲁阿市区旅游景点

景点　MAP-p.229-B
政府花园
Government Gardens

政府花园是利用伸向罗托鲁阿湖的半岛建立起来的，花园内有兰花园、高尔夫球场和滑冰场，是市民休闲的场所。

✉ Government Gardens
☎ 07-349-4350
🚌 旅游咨询处步行5分钟　休 无

景点　MAP-p.229-D
罗托鲁阿博物馆
Rotorua Museum

位于政府花园内的都铎王朝式的建筑被用作罗托鲁阿博物馆对外开放。馆内有毛利人特阿拉瓦制作的工艺品和1886年因塔拉维拉火山喷发而淹没的特怀罗阿村的照片和出土物品等，并且有很多介绍罗托鲁阿历史的资料展示在这里。馆内的电影馆会上映关于罗托鲁阿和毛利人历史的电影《罗托鲁阿故事》。

✉ Government Gardens
☎ 07-349-4350
🚌 旅游咨询处步行5分钟
🕐 夏季9:00~20:00（冬季至17:00）　休 无
💲 NZ$12
🌐 www.rotoruamuseum.co.nz

景点　MAP-p.229-D
蓝色浴池
The Blue Baths

位于罗托鲁阿博物馆后面左边的装饰派风格的建筑就是蓝色浴池。这里原本是1933年建立的温泉设施，1982年关闭以后，在1999年又重新开业了。现在这里成了讲述蓝色浴池历史的博物馆。馆内设有泳池和茶室。在茶室里，可以喝到传统的下午茶。

✉ Government Gardens
☎ 07-350-2119
🚌 旅游咨询处步行5分钟
🕐 泳池/10:00~18:00（因季节而异），茶室/周四至周日10:00~16:30
休 无
💲 NZ$11
🌐 www.bluebaths.co.nz

景点　MAP-p.229-D
波利尼西亚温泉
Polynesian Spa

是一处与政府花园相邻的温泉设施。从露天浴池可以看到罗托鲁阿湖，晚上则可以看到满天的繁星。

露天浴池和大浴池的水温从32摄氏度到44摄氏度分成8个不同的种类，游客可以选择自己喜欢的温度。泉水分为碱性和酸性2种，还备有岩石浴池和包租浴池。

在"温泉湖治疗"处，有香薰、面部护理等美容按摩项目，可以消除旅途的疲劳。

✉ Lakeside, Hinemoa St.
☎ 07-348-1328
🚌 旅游咨询处步行7分钟
🕐 8:00~23:00
休 无
💲 NZ$14.50~、包租浴池（1人30分钟）NZ$18.50
🌐 www.polynesianspa.co.nz
＊需穿泳衣，有泳衣和毛巾出租（各NZ$5）

景点　MAP-p.227-A
农奥塔哈山
Mt. Ngongotaha

在彩虹泉附近乘坐天际线公司的缆车可以到达山腰处。山顶有餐馆、礼品店，并且可以俯视山底下的罗托鲁阿湖和街道的全景。此外，这里还有雪橇、反向蹦极、骑马、徒步旅行等旅游活动。

✉ Fairy Springs Rd.
☎ 07-347-0027
🚌 旅游咨询处乘车大约5分钟
🕐 9:00~18:00
休 无
💲 NZ$25（缆车往返）

罗托鲁阿郊外旅游景点

景点　MAP-p.227-C
特皮亚
Te Puia

建筑地内有毛利美术学校、间歇泉等设施，是华卡雷瓦雷瓦地热区的综合观光地。如果想看遍建筑地内的各个旅游景点的话，最好是参加团体游。这里还举行毛利人音乐会和晚餐秀，因此在玩乐的同时还可以接触到毛利人的传统文化。

✉ Hemo Rd.　☎ 07-348-9021
🚌 旅游咨询处乘车8分钟
🕐 8:00~18:00（冬季至17:00）
休 无
💰 NZ$53.70（含毛利秀），晚餐秀NZ$106
🌐 www.tepuia.com

只有在新西兰才可以看到的表演

景点　MAP-p.227-A
彩虹泉
Rainbow Springs

葱葱郁郁的蕨类森林中，不断传来鸟儿欢快的鸣叫，清澈的泉水潺潺地流淌。在这美丽的自然公园中，生长着各种新西兰特有的动植物。甚至可以看到喙头蜥，据说它是恐龙的后代。利用指南地图，便可在森林中散步，享受一次森林浴。可以免费租借外语音频向导设备。

✉ Fairy Springs Rd.
☎ 07-350-0440　🚌 市中心乘车10分钟　🕐 8:00至深夜
休 无　💰 NZ$26
🌐 www.rainbowsprings.co.nz

活化石喙头蜥

景点　MAP-p.227-A
邂逅几维鸟
Kiwi Encounter

可以近距离地观察珍稀鸟类几维鸟，是很受欢迎的一项旅游活动。向公众展示长年在彩虹泉内开展的几维鸟保护过程。在大约45分钟的团体游中，可以看到几维鸟的卵和孵化的情形，还可以看到在黑屋子中活动的几维鸟。

✉ Fairy Springs Rd.（彩虹泉内）　☎ 07-350-0440
🚌 从市中心乘车10分钟
🕐 10:00~16:00　休 无
💰 NZ$44（含彩虹泉门票）
🌐 www.kiwiencounter.co.nz

或许还可以看到几维鸟的雏鸟

景点　MAP-p.227-A
爱歌顿牧场
Agrodome

可以观看农场表演的综合性休闲公园。在最受游客欢迎的羊群秀上，可以看到19种不同的羊和牧羊犬的表演。牧场内有奇异果果园和养鹿场等设施，可以参加牧场团体游，乘车游览这些景点。同时，也可以体验悠波球和蹦极等旅游活动，牧场有这些旅游项目的旅游套餐，价格要便宜很多。

✉ Western Rd.,Ngon-gotaha
☎ 0800-339-400、07-357-1050
🚌 旅游咨询处乘车15分钟
🕐 8:30~17:00
休 无
💰 羊群秀NZ$27,牧场团体游NZ$36，旅游套装（羊群秀和农场团体游）NZ$52
🌐 www.agrodome.co.nz

牧场有各种各样的旅游活动

整齐地站在舞台上的可不是玩具羊

景点　MAP-p.227-B
地狱之门
Hell's Gate

从市中心往卡塔尼出发，大约16千米就到了"地狱之门"。园内热气腾腾，泥浆池不断地冒泡，并发出沸腾的声音。

✉ State Highway 30　☎ 07-345-3151　🚌 旅游咨询处乘车20分钟　🕐 8:30~20:30
休 无　💰 NZ$30
🌐 www.hellsgate.co.nz

有浓厚毛利文化色彩的入口处

NORTH ISLAND

景点　MAP-p.227-F

怀奥塔普地热保护区
Waiotapu Thermal Wonderland

在大约18平方公里的广阔区域内，有众多的火山口和热气腾腾的热温泉和冷泉水。冒出的泡泡含有碳酸气体的"香槟池"，由黄色的硫黄水晶构成的"魔鬼之家"，有各种不同的颜色"艺术家的调色板"等名字，都鲜明地表现了每个池塘和火山口的特征。"诺克斯夫人间歇泉"是游客必看的景点之一，这是一处人为地利用化学反应，进而使泉水喷出的间歇泉。泉水最高可喷到21米。

✉ Loop Rd.,RD3
☎ 07-366-6333
🚌 旅游咨询处乘车30分钟
🕐 8:30~17:00（入场~15:45）
休 无　NZ$32.50
🌐 www.geyserland.co.nz

大约要1小时以上才能游遍整个地热保护区

景点　MAP-p.227-D

怀曼谷火山溪谷
Waimangu Volcanic Valley

这是世界上最新产生的地热景观，由1886年塔拉维拉火山喷发而形成，现在由新西兰国家自然保护局管理。在这里除了可以进行徒步旅行外，还可以乘坐巴士、渡轮等交通工具，游览溪谷的美丽风光。

✉ 587 Waimangu Rd. ☎ 07-366-6137 🚌 从闹市区乘车大约10分钟
🕐 8:30~17:00
休 无
NZ$34.50、巡航 NZ$42.50
🌐 www.waimangu.com

溪谷中生长着众多的蕨类植物

景点　MAP-p.227-D

特怀罗阿淹没村
Te Wairoa Buried Village

复原了1886年因塔拉维拉火山喷发而淹没的特怀罗阿村。这里展示有淹没前村庄的照片以及挖掘出来的物品。除此之外，这里还有徒步旅行项目，可以看到垂度约30米的特怀罗阿瀑布。

✉ Tarawera Rd.,RD5
☎ 07-362-8287
🚌 旅游咨询处乘车20分钟

🕐 9:00~17:00（冬季9:00~16:30）
休 无　NZ$31
🌐 www.buriedvillage.co.nz

景点　MAP-p.227-D

塔拉维拉湖
Lake Tarawera

罗托鲁阿有16个湖泊，因此有众多的水上旅游活动。在塔拉维拉湖可以看到人们划皮艇、游泳、钓鳟鱼的身影。此外，还可以乘坐蒸汽船进行巡航。

🚌 旅游咨询处乘车20分钟

碧绿的湖水和葱葱郁郁的森林

景点　MAP-p.227-A

天堂谷温泉野生动物园
Paradise Valley Springs Wildlife Park

这是一个建立在原生林中的动物园，流经园内的农奥塔哈河河水清澈见底，可以看到在河水中游来游去的鳟鱼，还可以给它们喂食哦。此外，也能看到这里饲养的恐鸟和黑天鹅等野生鸟类。动物园中给狮子喂食的项目非常扣人心弦。

✉ 467 Paradise Valley Rd.
☎ 07-348-9667 🚌 旅游咨询处乘车20分钟 🕐 8:00~17:00　休 无　NZ$28

建立在原生林中的动物园

北岛

233

罗托鲁阿

可以看到当时村子的样貌

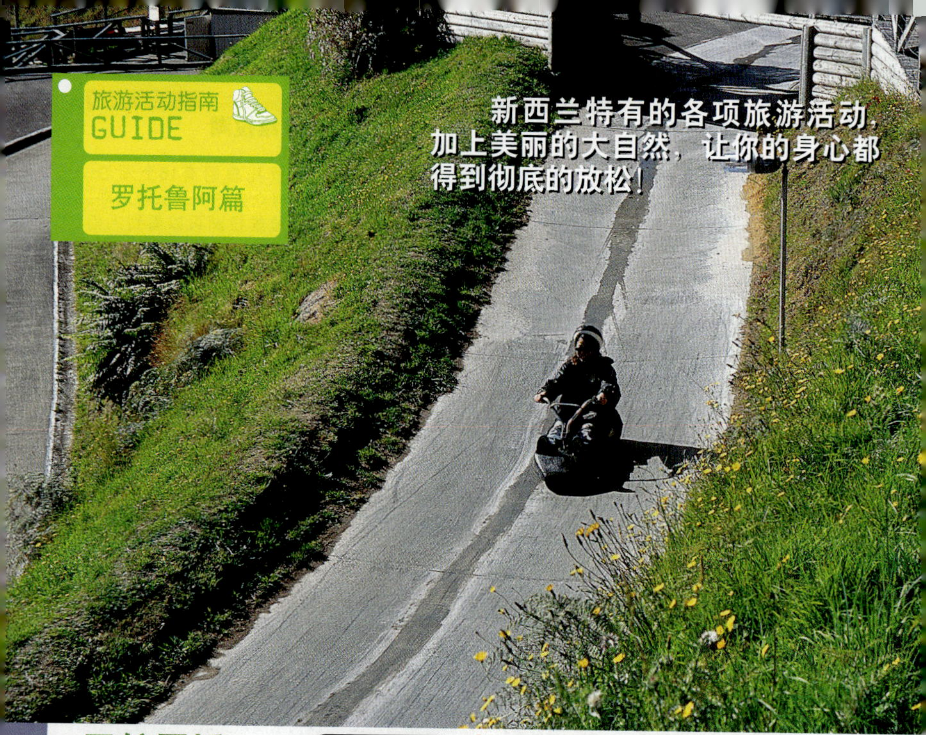

旅游活动指南 GUIDE
罗托鲁阿篇

新西兰特有的各项旅游活动，加上美丽的大自然，让你的身心都得到彻底的放松！

无舵雪橇 Luge

坐上带有车轮的雪橇，握着方向盘，操作着刹车器，一边调节速度一边从坡上滑下来。最高时速可达45千米，非常惊险刺激。根据级别不同有不同的滑道。

🏢 Skyline Skyrides　✉ Fairy Springs Rd.　📞 07-347-0027　🚌 旅游咨询处乘车5分钟　🕘 9:00~18:00　💲 NZ$10

带上头盔会很安全

悠波球 Zorb

进入直径3米的巨大沙滩球中，从坡上滚下来。虽然没有什么特别之处，

蹦极 Bungy Jumping

在罗托鲁阿也可以体验到新西兰的著名活动蹦极。从43米的高处往下跳的瞬间，可以体验到连气都不敢喘一口的恐惧和刺激。

🏢 Agrodome　✉ Agrodome, Western Rd.　📞 07-357-4747　🚌 旅游咨询处乘车15分钟　🕘 9:00~17:00　💲 NZ$95~

感觉自己像鸟儿一般在飞翔

但却是让人感到很有趣的活动。还有将水注入球内侧的湿悠波球。

🏢 Zorb Rotorua　✉ Agrodome, Western Rd.　📞 0800-227-744　🚌 旅游咨询处乘车15分钟　🕘 9:00~19:00(冬季至17:00)　💲 NZ$49~

水上雪橇

Whitewater Sledging

抓住像雪橇一样的船上的把手，然后趴在船上，冲向急湍的河流。此外，还有从小型瀑布和堤坝往下冲的线路，很是惊险刺激。

- Kaitiaki Adventures
- Hell's gate, Tikitere Hwy 30
- 0800-338-736
- 时间 大约3小时
- NZ$109
- www.kaitiaki.co.nz

从盖托纳河上高达7米的瀑布往下滑

漂流

Rafting

5~6人坐上橡胶船，在急流中往下划。有经验丰富的指导员，所以不用担心在水流快的地方会被甩出去。

- Kaituna Cascades
- 0800-524-8862
- 时间 大约2小时30分钟
- NZ$82~

小喷气船

Agro Jet

由于比普通的喷气船要小，所以动作更加灵活。在狭窄水面上的速度可达每小时100千米，还可以进行直角转弯等杂技动作。

- Agrodome
- Agrodome, Western Rd.
- 07-357-2929
- 旅游咨询处乘车15分钟
- 时间 10分钟
- NZ$49

活跃在水上的喷气轨道船

越野车游

4WD Tour

乘坐越野车前往塔拉维拉山的火山地带，体验在火山口周围漫步的冒险之旅。每天上午和下午各一次。

- Mt. Tarawera NZ Ltd.
- 07-349-3714
- 时间 4小时30分钟
- NZ$133
- www.mttarawera.co.nz

旅行时要带上爬山穿的鞋子和保暖衣

北岛
罗托鲁阿

在罗托鲁阿旅行时，推荐参加巴士游

虽然在罗托鲁阿的郊外有很多观光景点，但是去往郊外的市内巴士却很少，这让游客感到十分不便。因此，如果想去罗托鲁阿郊外的观光景点时，最好是参加当地旅游公司举办的巴士游。只需一天的时间几乎就可以看遍罗托鲁阿各地的旅游景点，非常适合想在短时间内逛遍罗托鲁阿的游客。几乎所有的巴士游都有到住宿处的接送服务。旅游咨询处有介绍各种旅行的宣传册，只需在窗口告诉服务员你的目的地和预算，他们便会给你介绍合适的旅游项目。

旅行 信息

罗托鲁阿湖巡游和水陆两用摩托车游
乘坐水陆两用摩托车，穿过罗托鲁阿的街道和罗托鲁阿湖，是既独特又让人兴奋不已的旅游项目。
- Rotorua Duck Tour
- 07-345-6522
- NZ$62

在罗托鲁阿湖用餐和巡航游
- Lakeland Queen Cruise
- 0800-572-784
- NZ$42~

生态地热游
前往怀奥塔普地热保护区和怀曼谷火山溪谷等旅游胜地的半日游。
- Elite Adventures
- 07-347-8282
- NZ$75~

传承至今的原住民文化
毛利秀对比

罗托鲁阿居住着众多的毛利人，毛利秀是传承其文化的著名表演。毛利秀有酒店举办的晚餐秀和在户外举行的表演，现在就来比较一下这两者的不同特征吧！

罗托鲁阿的独特体验——毛利秀

在毛利秀上，可以一边品尝毛利人的传统食物"杭吉"，一边欣赏他们的传统舞蹈和歌谣。虽然在新西兰的各个观光点都会有毛利秀，但是在保留着浓厚原住民文化色彩的罗托鲁阿，这一类的表演特别多。毛利人的料理和舞蹈与夏威夷、萨摩亚等岛屿的文化有共同之处，这让游客更加深刻地感受到新西兰是南太平洋中的岛屿之一。

毛利人的传统饮食法叫作"杭吉（Hangi）"，是用土窑烧烤蔬菜和肉类，有机会也可以尝一尝。

传统舞蹈中有叫作"哈卡"的男性战斗舞蹈。在新西兰的国技橄榄球比赛前，全黑队的队员们有时会上演这种舞蹈。这也是毛利人舞蹈中知名度最高的舞蹈，意在表现参加战斗的男性们的强大力量。

另外，在女性的舞蹈中有"婆衣舞"，是使用"婆衣（一种在绳子的一端系上圆球的道具）"跳的舞蹈。与粗犷的"哈卡"相比，"婆衣舞"的动作优美。在毛利秀上，观众也可以一起跳舞。要是利用这个机会，学会了毛利人的舞蹈的话，一定会成为罗托鲁阿旅游的美好回忆。所以一定要尝试一下。

当地预约

想参与毛利秀的话，可以直接预约，也可以在旅游咨询处预约。如果在数量众多的毛利秀中，不知选择哪个才好的话，可以向旅游咨询处的职工询问各个毛利秀的内容和费用等相关信息。

在烧热的石头上干蒸食物

伸出舌头是什么意思？
在男性舞蹈"哈卡"中，有瞪眼、伸出舌头的表演。它们的意思是通过把眼睛睁大使自己的灵魂映在那里，把舌头伸出来则是为了把自己的想法传达给对方。刚看的时候，会觉得这是一种滑稽的表演，但是注意不要发出笑声。

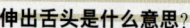
伸出舌头暂停一会儿是毛利人的表演形式

旅游公司的预约受理窗口

酒店	酒店和户外的毛利秀对比	户外

对比要点 1 开始的气氛

在入口处会有表演人员欢迎，可以摄影留念。友好的服务让你有回家的感觉。

在罗托鲁阿郊外的森林中有毛利人的传统住宅，像穿越时空一般，再现了毛利人当时的生活情境。

对比要点 2 表演的构成

主要以毛利人的舞蹈和歌谣为中心，为了便于来自世界各地的游客观看，表演简单易懂。

大多都获得过新西兰的旅游奖，都是根据毛利人的传统编排的艺术价值很高的舞蹈。在跳舞的空闲时间，还会对舞蹈和歌谣进行解说。

对比要点 3 游客是否参加表演

男性可以在舞台上跳"哈卡"，女性可以在舞台上跳"婆衣舞"。舞者会很耐心地教游客，所以一定要挑战一下。

从旅游团中选出几个代表，入村时从毛利人战士手中拿过象征友好的明灯，用鼻子相碰表示问候。

对比要点 4 "杭吉晚餐"

在酒店，表演之前是晚餐时间。酒店的厨师会进行示范，服务员会给大家送食物。

晚餐是在表演之后。除了有"杭吉"料理外，还有沙拉、甜点，是自助形式的，饮料需另行购买。

罗托鲁阿主要的毛利秀

在酒店举行的毛利秀

罗托鲁阿隐士饭店 Heritage Rotorua
在酒店区域内有专门的剧场举办精彩的毛利秀。美食也很受欢迎。
✉ Cnr. Froude & Tryon Sts. ☎ 07-348-1189
💲 NZ$69（包括用餐费）📅 每天 🕒 18:15～20:30
⏱ 时间 2小时 🌐 www.pohututheatre.co.nz

罗托鲁阿千禧年酒店 Millennium Rotorua
能看到"哈卡"、"婆衣舞"、毛利歌曲等各种罗托鲁阿当地的传统技艺。
✉ Cnr Eruera & Hinemaru Sts. ☎ 07-347-1234
💲 NZ$65（包括用餐费）📅 每天 🕒 18:30～20:30
⏱ 时间 2小时 🌐 www.millenniumhotels.co.nz

罗托鲁阿斯蒂玛酒店 Sudima Rotorua
从欢迎仪式开始都是传统的表演。除了"杭吉"料理外，还有中餐和西餐的自助餐。
✉ 1000 Eruera St. ☎ 07-348-1174 💲 NZ$58（包括用餐费）📅 每天 🕒 18:30～20:30 ⏱ 时间 2小时 🌐 www.sudimarotorua.co.nz

罗托鲁阿皇冠酒店 Distinction Rotorua Grand Tiara Hotel
是游客参与型的表演。在毛利人表演后，可以和舞者合影留念。
✉ 390 Fenton St. ☎ 07-349-5200
💲 NZ$60（包括用餐费）📅 每天
🕒 19:00～21:00 ⏱ 时间 2小时 🌐 www.distinctionrotorua.co.nz

罗托鲁阿湖畔诺富特酒店 Hotel Novotel Rotorua Lakeside
在酒店内的毛利人文化中心举办毛利秀。还有"杭吉料理"的示范。
✉ Lake End, Tutanekai St. ☎ 07-346-3888
💲 NZ$65（包括用餐费）📅 每天 🕒 18:30～21:00
⏱ 时间 2小时30分钟 🌐 www.novotel.com

户外的毛利秀

特皮亚 Te Puia
位于罗托鲁阿地热区的毛利文化设施。既可以体验到美丽的大自然，又可以感受毛利文化。
✉ Hemo Rd. ☎ 07-348-9047 💲 NZ$53.70（含白天音乐会、园内导游费），NZ$106（包括晚餐和毛利秀，以及其他用餐费）📅 白天音乐会10:15、12:15、15:15。晚餐和毛利秀18:15～21:15
⏱ 时间 白天音乐会45分钟，晚餐和毛利秀3小时到4小时45分钟 🌐 www.tepuia.com

米塔依 Mitai
除了有毛利秀和"杭吉料理"外，还可以参观独木舟和在园内进行丛林漫步。
✉ 196 Fairy Springs Rd. ☎ 07-343-9132 💲 NZ$104～122（包括用餐费，有接送）📅 每天
🕒 18:30～21:30 ⏱ 时间 3小时 🌐 www.mitai.co.nz

塔玛基毛利村 Tamaki Maori Village
忠实再现传统毛利村样貌的文化设施。会向游客解说毛利人的历史。
✉ 1220 Hinemaru St. ☎ 0800-826-254、07-349-2999 🌐 www.maoriculture.co.nz 💲 NZ$210（包括用餐费）📅 每天 🕒 18:30～22:00 ⏱ 时间 3小时半

* 有时酒店的毛利秀在不能达到一定的参加人数时是不举办的，因此需要事先咨询和预约

商店
Shops

毛利工艺品和泥浆面膜是很受欢迎的商品

毛利工艺品、绿玉首饰和火山泥护肤品是罗托鲁阿的代表性商品。

礼品店
罗托鲁阿礼品
Koha Rotorua

MAP-p.229-D

店里有各种特色礼品

　　店里有羊毛毛衣、用羊的胎盘制作的胎盘霜，以及全黑队的橄榄球衫等各种新西兰的代表性礼品，种类繁多，琳琅满目。还提供到住宿地的接送服务。

✉ Cnr. Hinemaru & Eruera Sts.
☎ 07-349-2010
FAX 07-349-4030
🚶 旅游咨询处步行5分钟
🕙 10:00～22:00
休 无

吃过晚餐后，可以到这里购物

礼品店
纪念品中心
The Souvenir Centre

MAP-p.229-D　　　　　订购

曾获过当地奖项的商店

　　一家曾获得过1999年罗托鲁阿商业奖的礼品店。店里摆满了新西兰生产的商品。尤其是毛利人的手工艺品木雕和骨雕是店里卖得最好的商品。

✉ 1231 Fenton St.
☎ 07-348-9515
FAX 07-348-9512
🚶 旅游咨询处步行4分钟
🕙 9:00～19:00（夏季至21:30）
休 无
HP www.thesouvenircentre.co.nz

店铺正对着主街

杂货店
与众不同杂货
Simply Different

MAP-p.229-D

店里有各种精挑细选的杂货

　　店里有绘有几维鸟图案的陶器、用新西兰的特产贝壳杉制作的手工工艺品等各种非常可爱的杂货。员工服务热情，会帮助顾客挑选礼品。

✉ 1199 Tutanekai St.
☎ 07-347-0960
FAX 07-347-0960
🚶 旅游咨询处步行3分钟
🕙 周一至周五9:00～17:00、周六9:30～15:30、周日10:30～14:30
休 无

店里的商品设计时尚，最适合当礼品

工艺品
玉山工艺品
Mountain Jade

MAP-p.229-D

琳琅满目的绿玉商品

　　一直被毛利人当作装饰品和生活用品的绿玉是新西兰最受欢迎的礼品。这家店主要经营的是自家工厂加工的绿玉首饰和装饰品。不论是设计还是质量都非常好，很受当地顾客的好评。此外，商店内有作坊，可以参观艺术家们对翡翠进行加工制作的过程。

设计新颖的装饰品

✉ 1288 Fenton St.
☎ 07-349-1828
FAX 07-349-0668
🚶 旅游咨询处步行5分钟
🕙 9:00～18:00
休 无
HP www.mountainjade.co.nz

各种吊饰

店内的作坊

杂货店
罗托鲁阿国际杂货店
Trade Aid Rotorua

MAP-p.229-D　　　订购

店里有各种充满异国情调的杂货
　　是一家主要经营来自非洲、亚洲、南太平洋的手工工艺品的商店。店里摆满了非洲产的手鼓、印度尼西亚产的沙滩巾等来自各国的进口商品。

✉ 1285 Tutanekai St.
☎ 07-349-4968
🚶 旅游咨询处步行5分钟
🕐 周一至周五9:00~17:00，周六9:30~14:00，12月的周日10:30~15:00
休 周日（1~11月）

店里芳香四溢，气氛神秘

冲浪店
西莉阿斯・凡
Serious Fun

MAP-p.229-C

店里有各种泳衣
　　商店位于图唐纳凯街的正中间，店里有各种泳衣，是在温泉之都罗托鲁阿的必去之地。除了有冲浪穿的泳衣外，还有街头服饰、箱包和太阳镜等各种小物件。

✉ 1207 Tutanekai St.
☎ 07-348-7460
FAX 07-348-7465
🚶 旅游咨询处步行5分钟
🕐 9:00~17:00　休 无
HP www.seriousfunrotorua.co.nz

很受当地年轻人欢迎的商店

礼品店
彩虹泉商店
Rainbow Springs Shop

MAP-p.227-A　　　订购

种类丰富的礼品
　　是一家经营新西兰特产的礼品店。参观了彩虹泉后，可以到这里来买礼品。店里还展示有在"博爱地球"上备受关注的新西兰产巨大翡翠。

✉ Fairy Springs Rd.
☎ 07-350-0440
FAX 07-350-0441
🚶 旅游咨询处乘车5分钟
🕐 8:00~22:00（冬季至21:30）
休 无
HP www.rainbowsprings.co.nz

也可以从罗托鲁阿市内乘坐巴士到达

杂货店
出自新西兰礼品店
Out of New Zealand

MAP-p.229-D

丰富的商品种类
　　有木工品、首饰、玻璃制品等，是一家商品种类丰富的礼品店。店内的摆设也独具匠心，让人赏心悦目。鲍鱼壳的小物件、手工制作的礼品卡等是店里很受欢迎的商品。

✉ 1189 Fenton St.
☎&FAX 07-349-3992
🚶 旅游咨询处步行1分钟
🕐 10:00~17:00
休 无

店里有很多非常精致的商品

杂货店
古丁杂货店
Gooding

MAP-p.229-B

每次去都会有新的发现
　　这是一家经营室内装饰品的商店，有从盘子到亚麻制品等各种商品。根据季节，店里的商品和摆设也会改变。店里摆满了众多可爱的小物件，顾客可以在这里找到一份只属于自己的小礼物。

✉ 1127 Fenton St.
☎ 07-349-2683
🚶 旅游咨询处步行3分钟
🕐 8:30~17:00　休 无
HP www.gooding.co.nz

很吸引人的一家商店

户外用品
哈密尔斯渔猎
Hamills Fishing & Hunting

MAP-p.229-D　　　订购

钓鱼时各种必备道具
　　罗托鲁阿被湖泊、河流和森林所环抱，是很适合钓鱼和狩猎的地方。店里有各种钓竿、多种颜色的钓饵以及猎枪、防寒夹克、帽子等各种户外商品。

✉ 1271 Fenton St.
☎ 07-348-3147
FAX 07-348-3146
🚶 旅游咨询处步行5分钟
🕐 8:30~17:30　休 无
HP www.hamillsnz.co.nz

宽敞的店内摆满了各种钓鱼的用具

订购　可以订购

餐馆
Restaurants

吃遍各国美食

在罗托鲁阿的餐馆可以尝遍各国美食。很多餐馆都集中在图唐纳凯街。

新西兰料理
小酒馆1284
Bistro 1284

MAP-p.229-C 预

整洁、优雅的小酒馆

从2001年开始，每年都被选为罗托鲁阿最佳餐馆的名店。店里的原创调味汁能很好地发挥出肉、鱼类、贝类等新西兰原产食材的鲜美，很受顾客的好评。店里还有酒吧，有众多上好的葡萄酒可以用来佐餐。

- 1284 Eruera St.
- 07-346-1284
- FAX 07-346-1284
- 旅游咨询处步行15分钟
- 18:00至深夜
- 休 无
- NZ$30~
- HP www.bistro1284.co.nz

用餐时可以品尝葡萄酒

中国菜
新西兰中华美食
New Zealand Supreme Gourmet House Restaurant

MAP-p.229-C BYO

使用新西兰产食材制作的正宗中国菜

是罗托鲁阿非常有名的中国餐馆，很受当地顾客和游客的欢迎，总是很热闹。使用新西兰产的食材制作的正宗中国菜很受好评，回头客众多。餐馆的菜品很多，可以品尝到很多美食。

- 1225 Amohau St.
- 07-348-0881
- FAX 07-347-0187
- 旅游咨询处步行12分钟
- 11:00~14:00，17:00~22:00
- 休 无
- 午餐NZ$18~、晚餐NZ$38~

店里摆有圆桌

咖啡馆
福雷欧斯咖啡
Freos

MAP-p.229-D BYO

位于罗托鲁阿湖附近的咖啡馆

咖啡馆位于罗托鲁阿湖畔公园的附近，全天都营业。店内宽敞、明亮，装饰有当地艺术家的作品，步行道的一侧有露天席。早餐有汉堡包、意大利空心面和自选餐等，菜品丰富。

- 1103 Tutanekai St
- 07-346-0976
- FAX 07-346-0976
- 旅游咨询处步行3分钟
- 8:30~22:00
- 休 无
- 午餐NZ$10~、晚餐NZ$17~
- HP www.freoscafe.co.nz

舒适的露天席

新西兰料理
贾斯特罗餐厅
Seismic Gastrobar

MAP-p.229-B 预

很受当地顾客欢迎的餐馆

很受当地人欢迎的一家餐馆。餐馆有意大利空心面、比萨等小吃和使用新西兰食材烹饪的正宗晚餐，美食的种类丰富多样。天气晴朗的时候，可以在露天席上用餐。

- 1158 Whakaue St.
- 07-348-2082
- FAX 07-348-2083
- 旅游咨询处步行5分钟
- 11:30（周六、周日10:00）至深夜
- 休 无
- 午餐NZ$13~、晚餐NZ$33~
- HP www.seismicgastrobar.co.nz

店内气氛优雅，装饰奢华

小酒馆
小猪和汽笛酒馆
Pig & Whistle

MAP-p.229-D

当地人聚集的小酒馆

酒馆位于曾是警察署的历史建筑中。只有在这里才能品尝到当地原创啤酒和分量足够的料理，因此是一家很受顾客欢迎的酒馆。店里还经营礼品，可以在这里选一些独特的礼物送人。

- Cnr. Haupapa & Tutanekai Sts.
- 07-347-3025
- FAX 07-347-3028
- 旅游咨询处步行3分钟
- 11:30至深夜
- 休 无
- HP www.pigandwhistle.co.nz

店里琳琅满目的酒水

意大利料理
扎内利意大利美食
Zanelli's Italian Cuisine

MAP-p.229-C 预

各种葡萄酒
　店里有使用新鲜食材烹制的各种意大利美食，并且葡萄酒的种类非常多，除了有新西兰国产葡萄酒外，还有澳大利亚和意大利产的葡萄酒。服务员还会根据美食帮忙选择合适的葡萄酒。

✉ 1243 Amohia St.
☎ 07-348-4908
FAX 07-348-4920
交 旅游咨询处步行7分钟
营 17:30至深夜
休 周日、周一
❍ NZ$18.90～
HP www.zanellis.net.nz

很受欢迎的店铺，必须预约

烤肉
麦克的烤肉
Mac's Stakes

MAP-p.229-B BYO

美味的牛排让你大饱口福
　在这里你可以品尝到分量足够的美食。可以自己从陈列柜中选择牛肉、鸡肉、羊肉等烤肉，再由服务生帮忙烤，还可以指定烤的程度哦。配菜沙拉可以随便吃。

✉ 1110 Tutanekai St.
☎ 07-347-9270 FAX 07-348-1874
交 旅游咨询处步行4分钟
营 11:30～14:00、17:30至深夜
❍ NZ$18～

店里富有现代感的摆设

咖啡馆
肥狗咖啡
Fat Dog

MAP-p.229-D 👋

健康的咖啡饮品
　舒适的氛围，店员热情的服务是咖啡馆的特征。写在墙壁黑板上的美食，大都是价格合理、分量足够的咖啡美食。当天烤出来的松饼和蛋糕很受顾客的欢迎。

✉ 1161 Arawa St.
☎ 07-347-7586 FAX 07-349-4322
交 旅游咨询处步行1分钟
营 7:00至深夜
休 无 ❍ 午餐NZ$11～、晚餐NZ$15.50～

咖啡馆巨大的小狗图案的招牌很引人注目

西欧料理
315西餐
Triple 1 Five

MAP-p.229-B 👋

可以选择料理的分量
　店内的各种美食仿佛洋溢着太平洋的美妙气息。夏天可以坐在屋外的露天席，冬天则可以坐在暖炉旁慢慢地品尝美味。店里准备了应季菜品，因此可以品尝到不同季节的味道。

✉ 1115 Tutanekai St.
☎ 07-347-1115
交 旅游咨询处步行4分钟
营 9:00～22:00、周日10:00至深夜
休 无 ❍ NZ$8～
HP www.triple1five.co.nz

店里的服务周到、热情

新西兰料理
奥拉基餐馆
Aorangi Peak

MAP-p.227-A 预

餐馆位置优越，可以看到罗托鲁阿湖和罗托鲁阿的街道
　奥拉基餐馆位于农奥塔哈山山顶的附近。从店内可以看到美丽的风景，是一家很适合家庭聚餐和情侣约会的餐馆。在比赛上获得金奖的羊肉料理很值得品尝。这道菜独具匠心，会因季节不同而搭配全新的菜品。此外，装饰美丽的甜点也很受好评。其中，使用独创巧克力制作的料理很受顾客的欢迎。晚上有"杭吉"料理和毛利人音乐会，想体验毛利文化的游客一定要参加。还有免费接送（城区范围）的服务。

✉ Mountain Rd.
☎ 07-347-0036
FAX 07-346-0571
交 闹市区乘车15分钟
营 10:00～15:00、17:30至深夜
休 冬季的周日
❍ 午餐NZ$18～、晚餐NZ$32～
HP www.aorangipeak.co.nz

赏心悦目的甜点

有到宾馆接送的服务

预 要预约　外卖　BYO 自带酒水

印度料理
可爱印度餐馆
Lovely India Restaurant

MAP-p.229-D

可以把食物送到宾馆

　　店里洋溢着印度香料的芳香，刺激人的食欲。每一种料理都有足够的分量，价格也很合理，所以生意很兴隆。餐后甜点建议选择杧果冰激凌。

- ✉ 1123 Tutanekai St.
- ☎ 07-348-4088
- FAX 07-348-0532
- 交 旅游咨询处步行3分钟
- 营 11:30～14:00、17:30～22:00
- 休 周日、周一的午餐
- NZ NZ\$17.50～

点燃的蜡烛洋溢着浪漫的气氛

泰国料理
泰国餐厅
The Thai Restaurant

MAP-p.229-D　预

店内弥漫着浓郁的东方氛围

　　店里使用大量椰果和香料制作的泰式咖喱很受顾客的好评。从冷盘到甜点，菜品的种类非常丰富，有70多种不同的美味。点菜时，还可以指定料理的辛辣程度。

- ✉ 1141 Tutanekai St.
- ☎ 07-348-6677
- FAX 07-348-5006
- 交 旅游咨询处步行4分钟
- 营 12:00～14:30、17:00～22:00
- 休 无
- NZ NZ\$16～

细致周到的服务也是吸引顾客的原因之一

咖啡餐馆
卡布斯咖啡
Capers

MAP-p.229-C

从早到晚都营业

　　是当地人从早上开始就来喝咖啡的休闲场所。除了有三明治和松饼以外，午后还有意大利空心面和烤肉等料理。店内的一角还出售国内外的橄榄油、调味品等商品。

- ✉ 1181 Eruera St.
- ☎ 07-348-8818
- 交 旅游咨询处步行10分钟
- 营 7:30～21:00
- 休 无
- NZ 午餐NZ\$17～、晚餐NZ\$21～

店内有玻璃墙，非常明亮

日本料理
你好日本餐馆
Kiaora Japan

MAP-p.229-D　BYO

推荐吃六道菜

　　使用来自北岛陶兰加渔港的新鲜鱼类和贝类制作的寿司和生鱼片是店里的拿手好菜。冷盘、火锅、炸寿司和手工甜点等六道菜是很受欢迎的菜品。店里的厨师经验丰富，曾在箱根当过13年的厨师。

- ✉ 1139 Tutanekai St.
- ☎ 07-346-0792　FAX 07-346-0792
- 交 旅游咨询处步行3分钟
- 营 12:00～14:30、17:30至深夜
- 休 周一、周日的晚餐
- NZ 午餐NZ\$10～、晚餐NZ\$20～

当地顾客很喜欢店里的寿司套餐

韩国料理
韩国之家
Korea House

MAP-p.229-D　预

这里的韩国烤肉是难得的美味

　　店主是韩国人，可以吃到正宗的韩国料理。店里受人欢迎的菜品是使用新西兰产的牛肉制作的烤肉。有很多蔬菜的拌饭和汤泡饭也是店里受到好评的料理，而且分量很足。店内宽敞明亮，座位也很多。

- ✉ 1074 Eruera St.
- ☎ 07-349-3309　FAX 07-349-3310
- 交 旅游咨询处步行6分钟
- 营 11:00～15:00、17:00至深夜
- 休 无
- NZ NZ\$17～

餐馆的周围有很多礼品店

日本料理
大和餐厅
Yamato

MAP-p.229-D

各种日式料理让你大饱口福

　　店内洋溢着日式酒馆的风情，有生鱼片、烤鸡等下酒菜以及料酒烤鸡肉盖饭等分量足够的套餐。日式料理的种类非常多，而且还有各种啤酒和日本酒。

- ✉ 1123 Pukuatua St.
- ☎ 07-348-1938　交 旅游咨询处步行3分钟
- 营 12:00～14:00、18:00～21:00
- 休 冬季的周一
- NZ 晚餐NZ\$2～25

店里洋溢着日本酒馆的氛围

预 要预约　外卖　BYO 自带酒水

酒店
Hotels

很多住宿设施都有温泉和水疗中心

罗托鲁阿是著名的旅游观光地，不同种类的住宿设施非常多，而且很多住宿设施都带有温泉。

酒店
罗托鲁阿湖畔诺富特酒店
Novotel Rotorua Lakeside

MAP-p.229-B

欣赏罗托鲁阿湖的美丽风景

酒店位于罗托鲁阿湖的湖畔，从客房的窗户可以欣赏到罗托鲁阿湖的美丽风景。酒店除了有地热私人水疗、按摩等各种设施外，还有毛利音乐会专用会场，几乎每天晚上都会举行晚餐秀。从酒店步行即可到达餐馆和商店林立的图唐纳凯街，非常方便购物和寻找美食。

✉ Lake End Tutanekai St.
☎ 07-346-3888
FAX 07-347-1888
🚶 旅游咨询处步行6分钟
NZ S/T NZ$160~ 🛏 199间
HP www.novotelrotorua.co.nz

从客房的窗户可以看到美丽的风景

可以随意使用水疗设施和体育馆

酒店
罗托鲁阿雷吉斯酒店
Rydges Rotorua

MAP-p.227-C

细致周到的服务

酒店的大厅和客房都是简单、优雅的风格。从客房的窗户可以看到罗托鲁阿湖和森林的美丽景色。酒店内的旅游柜台可以提供当地旅游团的预约服务。

✉ 272 Fenton St.
☎ 07-349-0099
FAX 07-349-0900
🚶 闹市区乘车5分钟
NZ S、T／NZ$119~
🛏 135间
HP www.rydges.com

酒店有巴士接送服务

酒店
罗托鲁阿假日酒店
Distinction Rotorua

MAP-p.227-C

一流的设施和服务

酒店原来的名称是王朝隐士饭店，改名后采用了新的管理体制，服务更加周到热情。这里环境幽静，交通便利，从闹市区乘车7分钟便可到达。员工服务热情，可以在这里度过舒适的假期。

✉ 390 Fenton St.
☎ 07-349-5200
FAX 07-349-5201
🚶 闹市区乘车5分钟
NZ S、T／NZ$129~
🛏 133室
HP www.distinctionrotorua.co.nz

酒店内有3种不同的泳池

酒店
罗托鲁阿隐士饭店
Heritage Rotorua

MAP-p.227-C

从客房的窗户可以看到间歇泉

离旅游胜地华卡雷瓦雷瓦地热区非常近，从客房可以看到喷向高空的间歇泉。除了有地热温泉泳池外，酒店还举办毛利文化色彩浓厚的"杭吉餐和音乐会"活动。

✉ Cnr.Froude & Tryon Sts.
☎ 07-348-1189　FAX 07-347-1620
🚶 闹市区乘车5分钟
NZ S、T／NZ$135~ 🛏 203室
HP www.heritagehotels.co.nz

酒店餐馆的海鲜酒吧很受欢迎

酒店	酒店	酒店
罗托鲁阿千禧年酒店	王子酒店	特鲁梅度假胜地
Millennium Rotortua	Princes Gate	Terume Resort

MAP-p.229-D　　　　　　MAP-p.229-D　　　　　　MAP-p.229-C

方便前往旅游胜地观光

酒店的旅客来自世界各地，大厅的布置典雅庄重。酒店有227间客房，几乎每间客房都可以看到湖景，视野非常好。从酒店步行即可到达政府花园、波利尼西亚温泉等观光胜地。

✉ Cnr. Eruera & Hinemaru Sts.
☎ 07-347-1234　FAX 07-348-1234
🚗 旅游咨询处步行7分钟
NZ$ S、T／NZ$230～　室 227间
HP www.millenniumhotels.com

酒店内部装饰古典优雅

酒店建于1897年，在第一次世界大战和第二次世界大战中曾充当过医院，是很有历史价值的建筑。每间客房的内部装饰都不一样，而且有的客房还有暖炉设施。

✉ 1057 Arawa St.　☎ 07-348-1179　FAX 07-348-6215
🚗 旅游咨询处步行2分钟
NZ$ S／NZ$145～、T／NZ$155～
室 50室
HP www.princesgate.co.nz

露天泳池

酒店有12间客房，环境优雅，并且离购物中心很近，很方便购物。酒店的客房宽敞、舒适，提前预约的话，还可以送餐到客房哦。

✉ 88 Ranolf St.
☎ 07-347-9499
FAX 07-347-9498
🚗 闹市区步行10分钟
NZ$ S／NZ$100～、T／NZ$120～
室 12间
HP www.terumeresort.co.nz

酒店有桑拿、温泉泳池等设施　　　酒店的餐馆有种类丰富的葡萄酒　　　酒店的露天泳池很受欢迎

酒店	B&B
罗托鲁阿阿莫拉大川湾湖区度假酒店	罗托鲁阿最佳旅馆
Amora Lake Resort Okawa Bay, Rotorua	Best Inn Rotorua

MAP-p.227-B　　　　　　MAP-p.229-B

酒店位于美丽的大自然中

位于罗托鲁阿湖旁边的罗托依奇湖湖畔的度假酒店。可以在宽阔的庭院内打球，在温泉泳池里游泳，度过悠闲、舒适的假期时光。酒店还组织前往罗托依奇湖天然露天泳池的团体游。

✉ 366 State Hwy 33, Mourea, Rotorua　☎ 07-362-4599
FAX 07-362-4594　🚗 罗托鲁阿市内乘车15分钟　NZ$ S／NZ$149～　室 44间
HP www.rotorua.amorahotels.com

细致入微的服务

由日本妻子和新西兰丈夫经营的一家家庭式背包客。旅馆有两个日式天然硫黄温泉，是流水式的家庭澡堂，一天24小时都可以泡澡。澡堂里面能够上锁，可以彻底放松地泡澡。客房整洁、干净，采用暖色调，自然光充足。由于客房数量有限，最好提前预约。

✉ 1068 Whakaue St.
☎ 07-347-9769
FAX 07-347-9769
🚗 旅游咨询处步行3分钟
NZ$ S／NZ$100～、T／NZ$125～
室 8间

每间客房都有卫生间和淋浴设施

宁静的湖畔酒店

在宽敞的澡堂中可以放松地泡澡

🍴 餐馆　☕ 咖啡休息室　🍺 酒吧休息室　🏊 泳池　商务中心　🏃 健身　♨ 温泉

旅行信息 专题版

农庄住宿，体验牧场生活

农庄住宿就是和牧场主以及牧场员工一起住在牧场，体验牧场劳动和生活的住宿形式。在新西兰，这种农庄住宿的旅游形式越来越受到游客的欢迎，也是新西兰的特色旅游形式。

农庄住宿时能做的事情很多

罗托鲁阿的"牧场之家"饲养有羊、牛、羊驼等动物和80多匹马，是罗托鲁阿有名的牧场。这里会组织牧场团体游，可以游览整个牧场，并且可以体验给牛羊喂食和劈柴火。早上，游客还可以看到牧羊犬追逐马儿的有趣活动。

劈柴火时只要掌握了技巧就很简单

使用新鲜、健康食材烹饪的晚餐

优雅地骑在马背上

牧场晚餐可以品尝到使用新鲜食材烹饪的新西兰料理，这也是农庄住宿中最愉快的享受。主菜烤羊肉选用自家牧场饲养的羊为食材，口感柔滑多汁，有薄荷和辣椒两种烤肉酱。冷盘中的蔬菜和意大利空心面的分量都很足。此外，如果是团体住宿的话，农场还会在庭院里举行烤全羊的烧烤活动（要预约）。

新西兰产的高品质羊肉

挑战各项活动

在牧场最受欢迎的活动就是骑马了。因为会有教练跟随，并且会帮忙挑选性格温驯的马匹，所以即使是初学者也不用担心安全问题。

戴上头盔骑上马，跟在教练的后面慢慢向前走。熟悉了以后，可以试着让马快步走或是快速奔跑。骑马熟练了以后，总觉得自己也成了牧场的一员。

牧场之家 The Farmhouse
✉ 55 Sunnex Rd., RD6, Rotorua
☎ 07-332-3771
🚌 罗托鲁阿市中心乘车20分钟
NZ 住一晚NZ$160（包括早上两小时的骑马费用）
＊晚餐要预约（NZ$35） MAP p.227-A

怀托摩
Waitomo

MAP-p.169-H

前往怀托摩

🚌 从奥克兰乘坐城际长途巴士大约2小时40分钟，每天一趟（上午），车费NZ$70。

🚆 从奥克兰出发（到奥托罗昂格）乘坐跨海号大约3小时，车费NZ$48。10月至次年4月每天运行一趟，5~9月的周五、周六、周日每天运行一趟。

旅游咨询处
Waitomo Caves Visitor Information Centre
MAP p.246　Main St.
☎ 07-878-7640　⌚ 8:45~17:00
（12月25日到2月末营业到19:00）
休 无

导游信息 怀托摩

娱乐
活动	★★★★
旅游景点	★★★★
休闲	★★★

交通工具
步行	★★★★
自行车	★★★
出租车	★

区域范围和交通工具
怀托摩的主街全长不足1千米。街道旁有旅游咨询处，周边集中了整座城市的各种设施，步行就可游览。

不可思议的萤火虫（Glow Worm）生态环境

"Glow Worm"是一种在新西兰和澳大利亚才有的萤火虫。它们与世界其他地方的萤火虫不同，对生存环境的要求十分苛刻，遇到光线就无法生存。这些萤火虫在幼虫期就能发光，还能分泌附有水珠般黏液的细丝。光线把其他昆虫吸引过来时，那些"垂钓线"就会把它们粘住，变成萤火虫的美餐。幼虫时期的"Glow worm"和一般的萤火虫比较相似，奇怪的是，当它们长成虫时，却变得很像蚯蚓，并且没有嘴巴，不能进食，在完成产卵后，便会撞向幼虫的"垂钓线"成为自己的后代的食物。

▼区域概况

大约115年前，居住在这里的毛利人发现了萤火虫钟乳洞。栖息在钟乳洞中的发出神秘光芒的萤火虫，使怀托摩这座城镇的名字享誉世界。现在，每年都有来自世界各地的40万游客到访这座小城镇。

怀托摩只有一条不足1千米长的主街，旅游咨询处周边有酒店、餐馆、酒吧和食品店。酒店非常少，最好提前预约。怀托摩有"黑水漂流"和"失落的世界"等独特的旅游活动，在这里住一晚的话，可以体验到很多与众不同的活动。

景点
MAP-p.246

怀托摩钟乳洞博物馆
Museum of Caves

虽然是一家很小的博物馆，但是博物馆里却有照片和电影的展示和播映，通过这些可以了解钟乳洞的形成过程，清楚栖息在钟乳洞中的萤火虫等生物的生态环境。想了解钟乳洞中的神秘世界的话，一定要去这家博物馆看看。

✉ Main St.　☎ 07-878-7640
FAX 07-878-6184
交 旅游咨询处
营 8:15~19:00（冬季8:45至17:00）
休 无　NZ$ NZ$5
HP www.waitomo-museum.co.nz

博物馆位于旅游咨询处内

怀托摩周边
Greater Waitomo
0　　2km

Waitomo Valley

鲁阿库伊钟乳洞
Ruakuri Cave

阿拉奴伊钟乳洞 *p.247*
Aranui Caves

萤火虫钟乳洞 *p.247*
Glowworm Caves

怀托摩洞穴酒店 *p.247*
Waitomo Caves

怀托摩钟乳洞博物馆 *p.246*
Museum of Caves

NORTH ISLAND

景点　MAP-p.246

萤火虫钟乳洞
Glowworm Caves

在萤火虫钟乳洞看萤火虫，是怀托摩观光的主要景点。在入口处沿着斜面走到地底下，就进入了高达15米的空间。在这里可以看到很多美丽的钟乳石，然后分小组坐上专用小船。沿着地底下的河流慢慢往前走，很快，在岩壁和头顶上就有萤火虫发出来的神秘的光芒。在漆黑的空间里，萤火虫散发的光芒显得非常梦幻。

✉ Waitomo Caves Rd.
☎ 07-878-8227　FAX 07-878-8858　营 9:00~17:30（冬季至17:00）每30分钟旅游团出发一次　交 旅游咨询处步行5分钟　NZ$ NZ$46~
HP www.waitomo.com
＊只有团体游才可以参观钟乳洞

钟乳洞顶上神秘的光芒

景点　MAP-p.246

阿拉奴伊钟乳洞
Aranui Caves

从萤火虫钟乳洞继续往前走3千米，就是阿拉奴伊钟乳洞了。这里虽然没有萤火虫，但是钟乳石的规模和变幻多端的形状都在萤火虫钟乳洞之上。因为游客很少，所以可以慢慢地观看。

营 10:00、11:00、13:00、14:00、15:00旅游团出发　交 旅游咨询处乘车2分钟　NZ$ NZ$46~
＊只有团体游才可以参观钟乳洞

可以看到美丽钟乳石的阿拉奴伊钟乳洞

酒店　MAP-p.246

怀托摩洞穴酒店
Waitomo Caves Hotel

酒店位于城镇中心的山丘上，是1908年创立的传统酒店。酒店内的餐馆很受好评。

✉ Waitomo Caves Rd.
☎ 07-878-8204　FAX 07-878-8205　交 旅游咨询处步行3分钟　NZ$ S、T/NZ$120~　室 33间
HP www.waitomocaveshotel.co.nz

酒店　MAP-p.246

萤火虫汽车旅馆
Glow Worm Motel

位于怀托摩路入口处的一家汽车旅馆。所有的客房都带有厨房，庭院里有泳池和水疗中心。

✉ Cnr. State Hwy 3 & Waitomo Caves Rd.　☎ 07-873-8882　FAX 07-873-8856　交 旅游咨询处乘车8分钟　NZ$ S/NZ$90~、T/NZ$100~　室 9间

旅行信息

钟乳洞探险活动

除了可以参加旅游团，乘坐小船观赏萤火虫外，在怀托摩的钟乳洞中还有各种各样的旅游活动。最具代表性的活动是"黑水漂流"和"失落的世界。"

黑水漂流　Black Water Rafting

穿上潜水衣，戴上有照明设施的头盔等各种装备，在紧张的气氛中，坐上筏艇进入黑乎乎的钟乳洞中。途中有高达3米的俯冲。有3小时和5小时两种不同时间的旅游项目。

🌐 黑水漂流　Black Water Rafting　☎ 07-878-6219　FAX 07-878-5190　NZ$ NZ$115~　HP www.waitomo.com

精彩刺激的人气旅游活动

失落的世界　Lost World

顺着绳子下降到巨大洞穴的100米深处，洞穴的深处与地面有着完全不同的景观。这可以算得上是真正的地下探险，是一项非常惊险刺激的旅游活动。所需时间大约4小时。还有1日游项目。

🌐 怀托摩冒险　Waitomo Adventures　☎ 07-878-7788　FAX 07-878-6266　NZ$ NZ$270~
HP www.waitomo.co.nz

探险失落的世界

陶波

Taupo

MAP-p.169-H

前往陶波

✈ 从奥克兰坐新西兰航空的飞机大约45分钟，每天2~3次航班，费用NZ$173~。

🚌 从奥克兰乘坐城际长途到纽普斯大约5小时，每天3趟（上午2趟，下午1趟），费用NZ$42~。从惠灵顿乘坐城际长途到纽斯曼大约5小时，每天6趟（上午4趟，下午2趟），费用NZ$18~。

旅游咨询处

Taupo Visitor Information Centre
MAP p.248 ✉ 30 Tongariro St. ☎ 07-376-0027
🕗 8:30–17:00 休 无

导游信息 — 陶波

娱乐
活动	★★★★★
旅游景点	★★
休闲	★★★★

交通工具
步行	★★★
自行车	★★★★
出租车	★★

区域范围
以主街东加里罗街和湖畔的湖堤为中心的街道，步行即可游览。但是去弗卡瀑布等怀卡托河沿岸旅行时，最好是参加旅游团。

陶波观光游

皮划艇游
主要是去看有毛利人雕刻的岩石。
🏢 Rapid Sensations
☎ 07-374-8119
💰 NZ$98~ 时间 4小时
🌐 www.rapids.co.nz

天堂之旅
包括弗卡瀑布、怀拉基地热发电站等著名旅游景点。
🏢 Paradise Tour
☎ 07-378-9955
💰 NZ$99~
🌐 www.paradisetours.co.nz

▼区域概况

陶波湖位于北岛的中央，总面积大约606平方公里，是新西兰最大的湖泊。陶波城位于陶波湖湖畔，因为美丽的自然风光而成为著名的旅游度假胜地，每年都有众多的国内外游客到访。怀卡托河是新西兰最长的河流，它的水源也是来源于陶波湖。陶波城的魅力之一是以怀卡托河为据点，有鳟鱼垂钓、喷气船、漂流、蹦极等多姿多彩的旅游活动。城里有两层的观光巴士，旅游时可以按照自己的需要选择。

雄伟壮观的陶波湖，这里有各种旅游活动

景点

MAP-p.248

弗卡瀑布
Huka Falls

从陶波湖沿怀卡托河走大约5千米的距离，就可以看到水花四溅的弗卡瀑布了。虽然瀑布的落差并不大，但清澈的流水一泻而下的样子也让人很兴奋。

🚌 旅游咨询处乘车5分钟

清澈的流水一泻而下

陶波中心地区
Taupo Central

NORTH ISLAND

| 餐馆美食 MAP-p.248 | 餐馆美食 MAP-p.248 | 酒店 MAP-p.248 |

高原餐馆
Plateau Restaurant
一家豪华酒吧风格的餐馆。餐馆有包间，可以在安静、舒适的环境中用餐。
✉ 64 Tawharetoa St. ☎ 07-377-2425 🚇 旅游咨询处步行5分钟 🕐 11:30~22:00
休 HP www.plateautaupo.co.nz

弗卡养虾园
Huka Prawn Park
位于怀卡托河沿岸的虾养殖场。这里不但有虾料理餐馆，还有参观游览、虾垂钓等各种旅游活动。
✉ Huka Falls Rd. Wairakei Park ☎ 07-374-8474
FAX 07-374-8063 🚇 旅旅游咨询处乘车10分钟 休无
🕐 9:00~16:30(冬季9:30~15:30)
NZ$ 团体游NZ$24

陶波曼纽尔斯酒店
Manuels Taupo
位于湖畔的度假酒店。酒店内有两家餐馆以及温泉泳池、体育馆、网球场等各种设施。
✉ 243 Lake Tce. ☎ 07-378-5110 FAX 07-378-5341
🚇 旅游咨询处乘车6分钟
NZ$ S、T／NZ$350~
室 51间
HP www.manuelstaupo.co.nz

陶波旅游活动全攻略

自然环境优美的陶波被称为旅游活动的宝库，以陶波湖和怀卡托河为中心，全年都有各种各样的旅游活动。

钓鱼 Fishing
陶波是鳟鱼垂钓的著名之地。赶紧租上一条船垂钓去吧。
🏢 White Striker Charters
☎ 07-378-2736
NZ$ NZ$110~

巡航 Cruising
坐着帆船，一边在湖上巡航，一边欣赏湖岸岩石上毛利人的雕刻。夏天的话，还有夜间巡航。
🏢 Barbary Cruises Taupo
☎ 07-378-3444 NZ$ NZ$40~

漂流 Rafting
可以在朗伊泰基河、怀罗阿河、盖托纳河等进行漂流。尤其是盖托纳河上的7米瀑布是整个漂流中最精彩的部分。
🏢 Rafting New Zealand
☎ 07-386-0352 NZ$ NZ$119~

蹦极 Bungy Jumping
从高达47米的蹦极台跳向怀卡托河，是非常刺激、惊险的活动。连站在旁边看都觉得害怕。
🏢 Taupo Bungy
☎ 07-377-1135
NZ$ NZ$123
HP www.taupobungy.co.nz

喷气船 Jet Boat
在弗卡瀑布周边的河面以每小时70千米的速度飞奔，360度转弯等杂技表演让你充分感受到高速度的快感。
🏢 Hukafalls Jet ☎ 07-374-8572 NZ$ NZ$105

高尔夫 Golf
以漂浮在湖面上距离102米的草坪为目标的迷你高尔夫。进洞了的话还有奖品，不妨和朋友比试一下。
🏢 Lake Taupo Hole in One Challenge ☎ 07-378-8117
NZ$ NZ$1（1个球）

跳伞 Skydiving
在教练员的陪同下从3600米和4500米的高空往下跳。在45秒的自由落体后打开降落伞，可以慢慢地欣赏眼前的美丽景色。
🏢 Taupo Tandem Skydiving
☎ 07-377-0428
NZ$ NZ$249~

北岛 陶波

东加里罗国家公园
Tongariro National Park

MAP-p.169-H

前往华卡帕帕

🚌 从奥克兰到东加里罗国家公园乘坐城际长途大约6小时,每天都有一趟直通巴士。车费NZ$33。从惠灵顿乘坐城际长途的话也是大约6小时,车费NZ$30。

🚆 从奥克兰乘坐列车到国家公园大约5小时30分钟,每天运行一趟(5月到9月仅限于周五、周六和周日),车费NZ$49。从惠灵顿乘坐列车大约6小时,每天运行一趟(仅限于6月到9月的周五、周六和周日),车费NZ$49。

🚗 从奥克兰乘坐出租车大约5小时。从惠灵顿乘坐出租车大约4小时30分钟。

旅游咨询处
Whakapapa Visitor Centre
🗺 MAP p.252
✉ Bruce Rd., Whakapapa
☎ 07-892-3729 🕗 8:00~17:00(夏季至18:00) 休 无

▼国家公园概况

东加里罗国家公园内有北岛的最高峰鲁阿佩胡山(2797米),以及瑙鲁赫伊山(2291米)和东加里罗山(1968米)。公园内的自然景观由火山爆发所形成,十分壮观。在广阔的公园内,夏天可以登山和徒步旅行,冬天可以开展滑雪和滑板滑雪等运动。因此,公园内游客众多。

东加里罗原本是毛利人的圣地,自古就被毛利人所信仰。1887年,毛利酋长蒂休休图基诺四世将三座壮观的火山作为礼品赠送给国家,在1894年被指定为新西兰的第一个国家公园。

国家公园的名片——鲁阿佩胡山

华卡帕帕村位于鲁阿佩胡山的北麓,从47号线经由布鲁斯道大约8千米即可到达。城镇的规模非常小,但是有住宿设施和餐馆等旅游服务设施。从华卡帕帕走到布鲁斯道的尽头,有耶卡乌村,这里有北岛最大的滑雪场。每年7月到10月的滑雪季节,会有来自国内外的众多滑雪爱好者聚集到这里。数部电梯在夏天也会开动起来,可以一直通向位于海拔2020米的诺尔岭咖啡馆,这是新西兰国内海拔最高的咖啡馆。

导游信息
东加里罗国家公园

娱乐
活动　　★★★
旅游景点　★★★★★
休闲　　★★★★

交通工具
步行　　★
巴士　　★★★
租车　　★★★★

区域范围
国家公园内几乎没有公共交通,所以只能参加各种旅游团或是租车游览。

在诺尔岭附近,夏天也可以打雪仗

酒店
MAP-p.252

东加里罗城堡饭店
Bayview Chateau Tongriro

位于华卡帕帕的一家很受欢迎的饭店。饭店背靠鲁阿佩胡山,是观看鲁阿佩胡山的绝佳位置。跨越东加里罗之旅就是从这里出发。

✉ State Hwy.48,Whakapapa Village, Mt.Ruapehu
☎ 0800-242-832、07-892-3809 📠 07-892-3704 交 旅游咨询处步行2分钟 💰 NZ$195~
🛏 115间 🌐 www.chateau.co.nz

饭店的外观像古堡一样

旅行信息

东加里罗是新西兰国内规模最大的滑雪场

东加里罗是新西兰国内规模最大的滑雪场，也是北岛唯一一个设施完善的滑雪场。每年一到滑雪季节的周末，来自奥克兰和惠灵顿等大都市的滑雪爱好者、滑板滑雪爱好者就会大批聚集到这里。虽然游客众多，但在巨大的斜坡上，几乎不会出现等电梯的情况，可以舒适、畅快地享受滑雪。

在东加里罗的滑雪场中，设施完善而又方便到达的是华卡帕帕滑雪场（MAPp.251）和图罗瓦滑雪场（MAPp.251）。华卡帕帕滑雪场位于鲁阿佩胡山北面的耶卡乌村，海拔675米，又称为"魔法之山"，从华卡帕帕从48号线走6千米即可到达。滑雪场有不同的滑雪道，适合于从初学者到专业滑雪运动员等不同级别的人滑雪。滑板滑雪也可以全程滑走。电梯费用每天NZ$88（2010年）。滑雪

拥有新西兰国内最大面积的滑雪场——华卡帕帕滑雪场

基地是华卡帕帕村和国家公园，滑雪季节中会有穿梭巴士运行。

图罗瓦滑雪场位于鲁阿佩胡山的西南斜坡，海拔720米，最长滑程4千米。滑雪场的电梯平均每小时可以运送1.26万人。滑雪季节和华卡帕帕一样，是每年的6月到11月。电梯费用NZ$88（2010年）。滑雪基地位于距离这里17千米的奥阿库尼城。

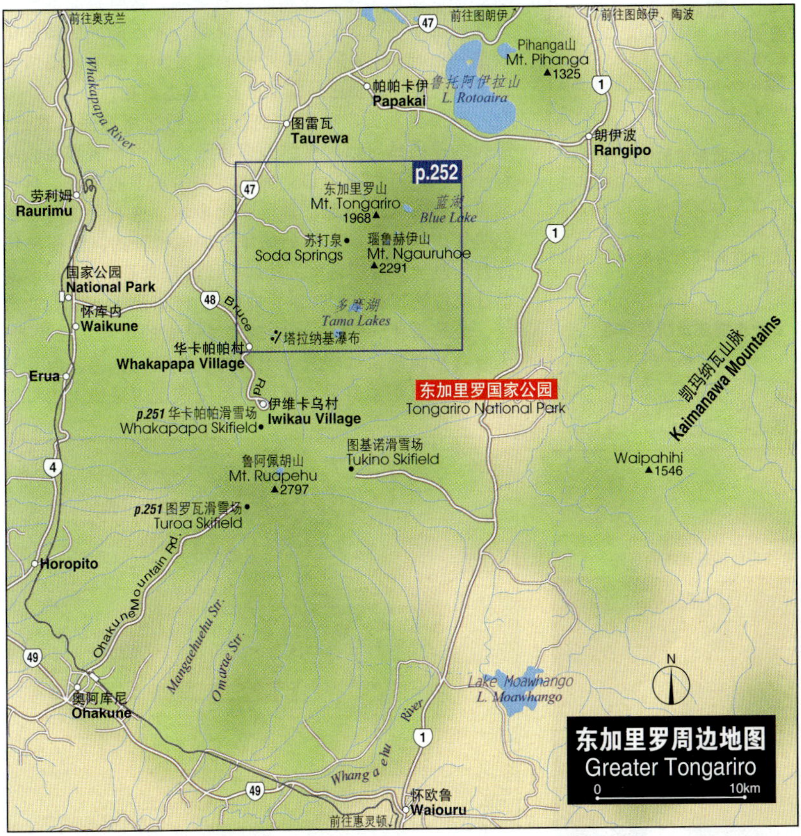

东加里罗周边地图 / Greater Tongariro

在东加里罗国家公园徒步旅行

前往东加里罗
Tongariro Expedition
☎ 07-377-0435　FAX 07-377-0452
NZ 陶波往返NZ$55，图朗伊往返NZ$40，华卡帕帕往返NZ$40
HP http://www.tongariroexpeditions.com

在DOC收集旅游信息
可以在华卡帕帕旅游咨询处内的DOC购买山中小屋的票和地图等物品（联系电话和营业时间与旅游咨询处一样）。

夏天也要注意防寒保暖
即便是夏天的徒步旅行，山里的气温也可能会突然下降。因此，要事先准备好防寒衣和雨具。

初次徒步旅行的游客也可以参加前往塔拉纳基瀑布的线路

漫步火山口的徒步旅行

东加里罗给人最初的印象就是几乎没有树木和森林，到处都是高低不平、裸露的岩石景观。这些荒凉的景观是你正位于活火山周围的最好证明。最近的火山爆发记录是1996年6月鲁阿佩胡火山的爆发，这些活火山所创造出来的奇异景观正是东加里罗的魅力所在。

东加里罗国家公园内的徒步旅行之所以受人欢迎，最大的原因是可以观赏到众多富于变化的壮观景色。从位于山顶附近的火山口、火山湖到山麓下的草原、熔岩地带、瀑布、湖泊等，景色变化多端，绝不会让游客感到失望。从有旅游咨询处的华卡帕帕村开始，最初是15分钟的漫步大自然之旅，然后可以选择需要2~3个小时的前往塔拉纳基瀑布和二氧化硅急流（Silica rapids）的旅程，或是需要5~6个小时的前往塔曼湖的旅程，或花上5天绕鲁阿佩胡山的旅程等不同的徒步旅行线路。而且整个徒步旅行都会有导游陪同，不习惯走山路的人也可以放心参加。

东加里罗徒步旅行体验记

"东加里罗徒步旅行"是以华卡帕帕村为据点,经过鲁阿佩胡山、东加里罗、塔拉纳基瀑布等周边主要景区的山麓巡游线路。旅行途中会有导游陪同,不习惯走山路的人也可以放心参加。旅行时从罗托鲁阿出发,可以充分地体验东加里罗的魅力。

第一天　入住酒店。在太阳下山前,游览附近的旅游咨询处和周边的美丽大自然,为第二天的徒步旅行热身。

第二天　跨越东加里罗,步行距离17千米,所需时间8小时。旅行从曼加波波停车场出发,经过曼加波波山谷到达苏打泉,这一段路程路面比较平缓,是旅程中初试腿脚

鲁阿佩胡山顶到处都是凹凸不平的岩石地

的一段。经过苏打泉之后,马上就是旅行中的第一道难关,开始爬一个很陡的坡。爬上坡的顶点时,就到了曼加波波鞍,它是前往瑙鲁赫伊山的分岔口。

继续往前走就到了南火山口。有一段路程的地面就像学校的运动场一样,非常平坦。在火山口的步行途中,会看见有些热气往上冒,似乎在提醒你在火山上头。之后,就是继续往上爬,到达旅程中的最高点——红火山口的顶部。爬到最高点时,美丽壮观的景色似乎将之前的疲劳一扫而光。右手边可以看到

瑙鲁赫伊山顶往返需要3小时

途中最大的火山湖——蓝湖

鲜红岩壁的红火山口,底下是闪着青绿色光芒的翡翠湖,眼前则可以看到蔚蓝色的蓝湖。

接下来是从翡翠湖往下走,坡度虽然很陡,但是路上全是柔软的沙砾,比想象中的要好走。经过翡翠湖,走过蓝湖后,然后往山下走。途中会经过赫特踏依温泉,但是这是私有温泉,游客不能使用。

第三天　前往北岛的最高峰鲁阿佩胡山。乘车到达耶卡乌村之后,乘坐滑雪用的电梯,上升到海拔2000米的诺尔岭木屋,可以俯瞰被岩浆淹没的高低不平的地面。从木屋出发徒步到海拔2672米的圆顶屋大约需要2小时的时间。这时出现在眼前的就是鲁阿佩胡山顶直径将近1千米的火山口,让人真实地感受到火山活动的震撼。

第四天　可以参加华卡帕帕周边的短途旅行、二氧化硅急流线路和经由塔拉纳基瀑布的塔曼湖往返线路。

东加里罗徒步旅行(罗托鲁阿出发)
🌐 Walking Legends
☎ 07-308-0292　💲 NZ$1280(包括住宿、交通、用餐和导游费)　⏰ 4天3夜
🔗 www.walkinglegends.com

纳皮尔
Napier

MAP-p.169-I

前往纳皮尔
✈ 从奥克兰乘坐飞机大约1小时,每天7~11趟,费用NZ$104~。

🚌 从奥克兰乘坐城际长途巴士大约7小时30分钟,每天3趟(上午2趟,下午1趟),费用NZ$39~。从惠灵顿乘坐城际长途巴士大约5小时,每天3趟(上午2趟,下午1趟),费用NZ$34~。

旅游咨询处
Napier Visitor Information Centre
MAP p.254　100 Marine Parade　06-834-1911
9:00~18:00(冬季至17:00)
休 无

导游信息 纳皮尔
娱乐
活动　★★★
旅游景点　★★★
休闲　★★★
交通工具
步行　★★★★
摩托车　★★
出租车　★

区域范围和交通工具
步行即可游览纳皮尔主要的旅游景点,就算是很仔细地浏览,1~2个小时也足够了。租自行车沿海岸游览也是不错的选择。但前往酒庄和绑匪角(Kidnappers)等郊外时,最好是乘坐出租车或是参加旅游团。海洋公园有自行车出租。出租车有纳皮尔出租车(Napier Taxis)☎06-835-7777、星光出租车(Star Taxis)☎06-835-5511等。

▼区域概况

从陶波南下大约143千米就是有"装饰艺术之城"美称的纳皮尔。70年前,纳皮尔发生了里氏7.9级的大地震,城市建筑和设施受到毁灭性的破坏。重建城市时,兴建了当时很受欢迎的装饰派建筑,成为一座非常时尚的城市。现在城里还遍布着当时的建筑,使城市有一种独特的美感。

城里的装饰派建筑

乘坐巴士去纳皮尔的话,巴士站就在离城市中心不远的地方。从这里步行到繁华街区艾默生街大约七八分钟的路程。从艾默生街一直往海边走,就到了海岸边,这里有聚集了众多住宿设施的海滨大道。沿海岸线南下30千米,就到了绑匪角,这里是鸥鹭的栖息地。纳皮尔有前往绑匪角的生态旅游项目。

城市的地标,圆顶形的建筑,大约有70年的历史

离市中心不远就是纳皮尔车站

海滨大道的旅游咨询处

纳皮尔中心地区
Central Napier

纳皮尔市区的旅游景点

景点 MAP-p.254
霍克湾博物馆
Hawke's Bay Museum

博物馆里除了有当地艺术家的作品和有关毛利人历史的展示外,还有很多出自霍克湾一带的恐龙出土物等各种展示物。馆内还有1931年大地震后和城市重建后的报纸和照片。

✉ 9 Hershell St.
☎ 06-835-7781
🚌 旅游咨询处步行1分钟
🌐 www.hbmag.co.nz

景点 MAP-p.254
负鼠的世界
Opossum World

负鼠被视为农民的眼中钉,曾被大量捕杀。"负鼠的世界"是可以了解那段杀戮史并观察负鼠生态的独特设施。

✉ 157 Marine Parade
☎ 06-835-7697
🚌 旅游咨询处步行1分钟
营 9:00~17:00
休 无　NZ$ 免费

景点 MAP-p.254
装饰艺术游
Art Deco Walk

在导游的陪同下,步行游览城中的几处装饰艺术派的历史建筑。上午的游览从旅游咨询处出发,大约需要1个小时。下午的游览从丹尼森街的艺术装饰店出发,大约需要2小时。一边听导游解说纳皮尔城和周边地区的历史,一边游览。

☎ 06-835-0022
营 10:00~11:00、14:00~16:00
NZ$ NZ$16(上午)、NZ$21(下午)

还可以看到活的负鼠

连酒店都是装饰艺术派的建筑风格

景点 MAP-p.254
海洋水疗中心
Ocean Spa

位于海滨大道沿岸的一家很受欢迎的水疗中心。可以远眺大海的泳池、按摩浴缸、桑拿等身体护理和按摩设施。水疗中心还设有餐馆和咖啡厅,随时都可前往。

✉ 42 Marine Parade
☎ 06-835-8553　🚌 旅游咨询处步行5分钟　营 6:00(周日、节假日8:00)~22:00
休 无　NZ$ NZ$8.50
🌐 www.oceanspa.co.nz

景点 MAP-p.254
布拉夫山眺望台
Bluff Hill Lookout

从海滨大道的旅游咨询处乘车往北大约15分钟,就到了位于布拉夫山地的布拉夫山眺望台。从眺望台往南看,可以看到海岸边纳皮尔的街道。靠近大海的这一边,可以看到绑匪角。往东看,则可以看到比眺望台低100米的纳皮尔海港全景。

🚌 旅游咨询处乘车15分钟
营 7:00至日落前1小时

从布拉夫山看到的纳皮尔街道

水疗中心的外观

可以远眺大海的泳池

品尝霍克湾的美味葡萄酒

旅行信息 专题版

酒庄之旅

纳皮尔霍克湾一带是和马尔堡齐名的新西兰两大葡萄酒产地之一。从纳皮尔市中心乘车大约30分钟，就可以看到广阔的葡萄园。霍克湾一带气候温暖，降水少，可以种植高品质的霞多丽、赤霞珠、梅洛等葡萄品种。

酒庄之旅从纳皮尔的市中心出发，有好几个不同的旅游项目。但每个旅游项目都会遵循游客的愿望，所以如果有想去的酒庄的话，可以提出来。

在霍克湾不可错过的酒庄是美森酒庄（Mission Estate），这是一家有150多年历史的古老酒庄。来自法国的传教士，为了举行宗教仪式，开始在这里酿酒，进而建立了酒庄。在酒庄里，每天（10:30～14:00）会举行酒窖游，向游客解说葡萄酒的酿造过程。

酒庄设有餐馆，可以在这里吃午餐。除了美森酒庄有餐馆外，布鲁克菲尔德酒庄（Brookfeilds）、克莉尔艾斯特酒庄（Clearview Estate）和教堂路酒庄（Church Road Winery）等酒庄也有餐馆。参加团体游时，有时可以在酒庄吃午餐。所以最好提前咨询。

写有『小心酒窖幽灵』的牌子很有意思

美森酒庄的试饮柜台

Yotte cotto NZ Ltd
NZ$180~（一天）
www.yottecotto.co.nz

海湾之旅和租赁中心 Bay Tours & Charters 06-845-2736 NZ$65~
www.baytours.co.nz

三一山的试饮柜台

克莉尔艾斯特酒庄的露天餐馆

餐馆和酒店
Restaurants & Hotels

丹尼森街周边有很多餐馆

餐馆和咖啡馆都集中在丹尼森街周边。海滨大道沿岸有很多可以看到海景的汽车旅馆。

餐馆美食
太平洋餐馆
Pacifica

MAP-p.254 预

品尝葡萄酒和美食

采用新鲜食材烹制的美食融入了法兰西的细腻味道。餐馆有很多品种不同的葡萄酒，可以与美食一起慢慢品尝。一道菜NZ$135~。

- 209 Marine Parade
- 06-833-6335
- 旅游咨询处步行2分钟
- 18:00~20:30
- 周日、周一
- NZ$40~
- www.pacificarestaurant.co.nz

像海边餐馆一样的外观

咖啡馆
乌嘉茨咖啡
Cafe UJAZI

MAP-p.254

当地产的蔬菜和健康的海鲜食品

咖啡馆里坐满了喝咖啡的顾客，生意非常兴隆，是一家很受欢迎的咖啡馆。除了早餐外，还有沙拉、海鲜杂烩、鱼、鸡肉、玉米片等种类丰富的咖啡食品。这里是很好的街边休息场所。

- 28 Tennyson St.
- 06-835-1490
- 旅游咨询处步行4分钟
- 8:00~17:00
- 无
- 午餐NZ$10~

具有民族特色的咖啡馆装饰

北岛 257 纳皮尔

汽车旅馆
海岸线汽车旅馆
Shoreline Motel

MAP-p.254

所有的客房都可以看到海景

所有的客房都有阳台，可以看到海景，是一家高档汽车旅馆，每间客房都有超大床。套房里床的一侧有用玻璃墙隔出来的温泉，非常华丽。

- 377 Marine Parade
- 06-835-5222
- FAX 06-835-5955
- 旅游咨询处步行5分钟
- S、T／NZ$149~
- 38间
- www.shorelinenapier.co.nz

开放感十足的汽车旅馆

B&B
海风背包客
Seabreeze

MAP-p.254

每间客房的装饰都不一样

利用建于1914年的两层住宅改建的背包客。客房的数量虽然很少，但是整洁、舒适。客房有地中海风格、装饰艺术风格等，每间客房都是不同的装饰风格，很有个性。并且有自助早餐哦。

- 281 Marine Parade
- 06-835-0512
- 旅游咨询处步行5分钟
- S／NZ$100~、T／NZ$140~
- 3间

交通便捷，方便观光

汽车旅馆
城市汽车旅馆
City Close Motel

MAP-p.254

位于巴士中心附近的汽车旅馆

汽车旅馆离市中心不远，位于巴士中心的附近，乘坐巴士去纳皮尔时，住在这里很方便。旅馆有单间和标准间，并且有厨房设施，可以自己做饭。

- 50 Munroe St.
- 06-835-3568
- FAX 06-834-3571
- 旅游咨询处步行10分钟
- S、T／NZ$95~
- 8间
- www.cityclose.co.nz

从旅馆步行到超市只需5分钟

预 要预约　外卖　温泉

惠灵顿
Wellington

MAP-p.169-K

庄重的惠灵顿火车站

惠灵顿简介
人口：约45万人
面积：266.25平方公里
气温：夏天的平均最高气温20摄氏度，冬季平均最低气温5.4摄氏度。
年平均降水量：1271毫米

前往惠灵顿
✈ 从奥克兰乘坐飞机大约1小时，每天18次航班以上，费用NZ$51。从克莱斯特彻奇乘坐飞机1小时，每天13～18次航班，费用NZ$59~。

🚌 从奥克兰乘坐城际长途巴士大约11小时，每天7趟（上午6趟，下午1趟），费用NZ$47。从纳皮尔乘坐城际长途巴士大约5小时，每天2趟，费用NZ$34~。

⛴ 从皮克顿乘坐跨海际渡轮大约3小时30分钟，每天3～6趟，费用NZ$49~。

新西兰首都
城市概况

惠灵顿位于北岛的最南端。和南岛的皮克顿一样，也是连接两岛渡轮的交通枢纽。惠灵顿已有100多年的填海造陆历史，整个城市的街道呈放射状。

新西兰的政治、经济和文化中心

1865年，新西兰将首都从奥克兰迁到惠灵顿，从那以后，惠灵顿就开始成为新西兰的政治、经济和文化中心。大概是由于供职于政府机构的人较多的缘故，在街上可以看到很多身着正装的人，这几乎成为了这座城市的特征。此外，惠灵顿还有很多上演歌剧和表演艺术的剧场，每年的"国际艺术节"等众多艺术节庆都是在这里召开，这使惠灵顿也成为艺术和时装等时尚文化的发源地之一。与其他城市相比，惠灵顿给人的印象更加高雅，大概也是由于它有这些背景的缘故吧。

惠灵顿位于丘陵地带，周围被小山丘所环绕，因此以坡路多而闻名。即便是在市中心步行，也会遇上坡路。由于这里有来自库克海峡的强风，新西兰人又亲切地称其为"风城惠灵顿"（Wind Wellington）。

市中心的北边，也就是火车站周围是国会议事堂等政府机构，南边的旅游咨询处一带则聚集了众多住宿设施和餐馆。

位于兰顿港的帆船港

连接市内和机场的"Airport Flyer"

机场巴士
超级巴士
☎ 04-472-9552

出租车
惠灵顿联合出租车
☎ 04-384-4444
国会出租车
☎ 04-384-5678

市内巴士
GO Wellington、Barry Flyer、Airport Flyer
☎ 0800-801-700

长途巴士始发站
长途巴士在火车站内的9号站台旁边发车。

缆车 → 参照p.263

进入兰姆顿大道的不远处就是缆车的始发站

租车
王牌旅游租车公司
Ace Tourist Rentals
☎ 04-471-1176

DCR租车公司
DCR Rentals
☎ 0800-800-327 / 04-568-2777

欧米茄租车公司
Omega Rental Cars Ltd.
☎ 04-472-8165

从机场到市内的交通

◆ 机场巴士、出租车

在机场的外面,随时都有公共机场巴士和出租车可以乘坐。乘坐机场巴士到市中心大约需要NZ$15,出租车大约需要NZ$30。

◆ 市内巴士

穿梭于惠灵顿市内的巴士有快车"Go Wellington"、"Airport Flyer",这两种巴士都是每隔15分钟运行一趟,穿梭在机场和市中心之间。到考特尼街(Courtenay Place)单程的车费是NZ$8.50。从机场到市中心大约需要15分钟。

渡轮码头到市内的交通

◆ 穿梭巴士

渡轮码头位于离市中心不远的北边。根据渡轮的出发和到达时间,有免费的穿梭巴士来往于码头和火车站之间。在火车站前面可以乘坐市内巴士和出租车。

市内交通

◆ 市内巴士

市区的旅游景点步行即可以游览,但游览郊外的旅游景点时,乘坐市内巴士"Go Wellington"会很方便。在旅游咨询处可以拿到每个地区的巴士运行时间表。车费采用的是区间制,1区NZ$2、2区NZ$3.50、3区NZ$4.50。全天可以随便乘坐的巴士通票(Bus About Day pass)是NZ$9(在车内可以购买)

◆ 缆车

乘坐缆车从海拔122米的基尔本站到兰姆顿大道单程大约需要10分钟。在坡路众多的惠灵顿,缆车已有100多年的运行历史,在陡坡上快速行走的红色缆车现在已被视为这座城市的标志,很受人们的喜爱。透过车窗,可以看到惠灵顿的美丽景色。从兰姆顿大道的始发站出发,大约每10分钟运行一趟缆车。

©Kieran Scott ©Kieran Scott

NORTH ISLAND

惠灵顿市中心
步行游览指南

步行游览市中心，乘坐巴士游览郊外

从火车站开始，经国会议事堂一直向南延伸的兰姆顿大道是惠灵顿的主街。这里聚集了众多的政府机构，来往的人群非常多，是一条充满活力的街道。这里购物中心和精品店很多，是惠灵顿的大型购物区。缆车乘车站也位于这条大道，从这里步行约5分钟即可到达植物园。回闹市区时，既可以乘坐缆车，也可以穿过植物园，经过国会议事堂步行回来。从兰姆顿大道的终点开始有向西南方向延伸的威利斯街、维多利亚街和古巴街，这些地方餐馆和商店很多。其中，古巴街很受年轻人的欢迎，

街上随处可见的艺术作品

许多年轻人会在街道上进行行为艺术的表演，街道两旁的商店和咖啡馆都充满着前卫的气息。从维多利亚街向海边走，就到了皇后码头，这里有海洋博物馆和零售中心。通往对岸伊斯特本的东西码头（East by West）的渡轮就是从这里出发。从皇后码头沿着海岸南下，就到了有市立美术馆和旅游咨询处的市民广场。继续往前走就是新西兰最大的博物馆蒂帕帕国家博物馆。博物馆东南海岸有东方走廊，这里有很多面向兰姆顿湾的餐馆和咖啡馆，是轻松惬意的散步道。

年轻人众多的古巴街

市民广场上面向大海的鱼雕塑

旅游咨询处
WellingtonVisitorInformation Centre
MAP p.259-D
101 Wakefield St.
04-802-4860
8:30~17:00
无

旅游咨询处位于市民广场内

导游信息
惠灵顿

娱乐
活动　　　★★★
旅游景点　★★★★
休闲　　　★★

交通工具
步行　　　★★★★
巴士　　　★★★
出租车　　★★★

区域范围和交通工具
市区的旅游景点步行即可游览。累了，可以乘坐"Go Wellington"巴士。可以租自行车游览海岸边的东方走廊。

北岛

261

惠灵顿

不可错过的景点

● 蒂帕帕博物馆
● 国会议事堂
● 旧圣保罗教堂
● 维多利亚山

旅游景点介绍

惠灵顿中心区

新西兰最大的博物馆 蒂帕帕博物馆

MAP-p.259-D　蒂帕帕国家博物馆
Museum of New Zealand Te Papa Togarewa

全面了解新西兰

蒂帕帕博物馆每年都要接待来自国内外的众多游客，是新西兰很受欢迎的国家博物馆。蒂帕帕在毛利语中是"我的地方"的意思。博物馆总面积有36 000平方米，共有五层，可以看到有关国土、自然资源、历史、文化和工业的各种展示。在蒂帕帕博物馆可以近距离参观，甚至可以用手触摸，是一家体验型博物馆。

博物馆2层是有关国土和自然环境的展示，除了对栖息在新西兰的特有动植物进行详细的介绍外，在地震房还可以体验模拟地震。同样位于2层的时间隧道以播放影片的形式，让你穿越到6500万年前，看到当时新西兰自然地貌形成时的情形，非常有趣。

3层和4层是有关毛利文化的展示。从雕刻到使用传统布料做的衣服、打仗时使用的武器、用来捕鱼的渔具和厨房用品等，共有16 000件展示品。其中，还真实地再现了被称为"马拉埃"的毛利人集会场所，游客可以进入到建筑中进行参观。展品如此丰富的博物馆免费即可参观，真是很难得的一件事。

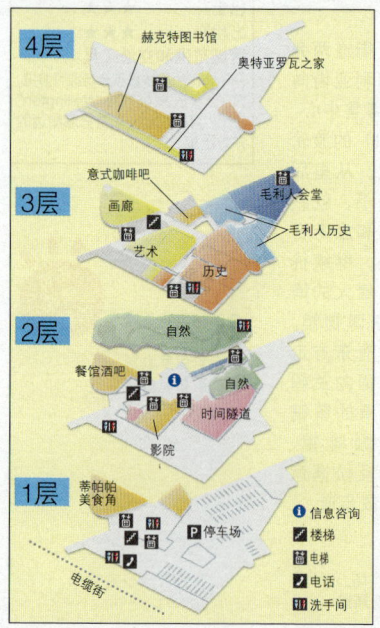

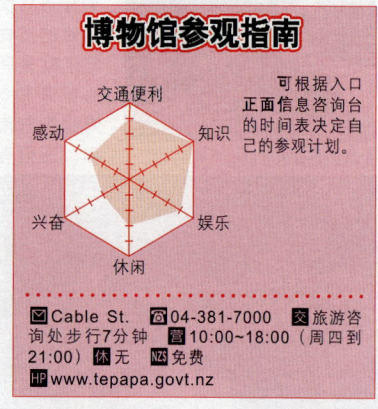

博物馆参观指南

可根据入口正面信息咨询台的时间表决定自己的参观计划。

✉ Cable St.　☎ 04-381-7000　✈ 旅游咨询处步行7分钟　🕐 10:00~18:00（周四到21:00）　休 无　🎫 免费
🌐 www.tepapa.govt.nz

NORTH ISLAND

惠灵顿市内旅游景点

景点 MAP-p.259-C
国会议事堂
Parliament

国会议事堂位于火车站的斜对面。议事堂对面是国会图书馆、议事堂和国会办公室3座建筑。圆柱形的建筑是国会办公室，当地人亲切地称其为"蜂巢"（Beehive）。这是因为国会办公室每层的窗户像洞穴一样重叠起来，很像蜜蜂的巢穴。

国会议事堂每天都会举行内部参观的团体游项目（免费），任何人都可以参加。一边听导游解说，一边观赏议事堂内的主要区域和美丽的装饰，整个参观大概需要1小时。虽然是免费参观，但是参加旅游团时要提前预约。

- ✉ Molesworth St.
- ☎ 04-817-9503
- 🚶 火车站步行3分钟
- 🕙 10:00~16:00（周六、节假日10:00~15:00，周日11:00~15:00）
- 休 无
- NZ$ 免费
- HP www.parliament.nz

景点 MAP-p.259-C
缆车
Cable Car

惠灵顿1902年就开通了红色缆车。从兰姆顿大道到海拔122米的基尔本站单程只需10分钟。在终点基尔本站可以看到整个城市的全景，因此很受游客的欢迎。乘车站在兰姆顿大道购物大厦的里面。终点站紧挨着缆车博物馆。

- ☎ 04-472-2199
- 🚶 旅游咨询处步行6分钟
- 🕙 7:00~22:00（周六8:30~22:00，周日、节假日8:30~21:00）
- 休 无
- NZ$ 单程NZ$3、往返NZ$5
- HP www.wellingtoncablecar.co.nz

与基尔本站相邻的缆车博物馆

263 北岛 惠灵顿

景点 MAP-p.259-D
市立美术馆
City Gallery

市立美术馆位于旅游咨询处前面。由国内外艺术家举办的专题展览每次都受到很高的评价。

- ✉ 101 Wakefield St.
- ☎ 04-801-3021
- 🚶 旅游咨询处前面
- 🕙 10:00~17:00
- 休 无
- NZ$ 免费（专题展览收费）
- HP www.citygallery.org.nz

景点 MAP-p.259-D
海洋博物馆
Museum of Wellington City & Sea

只有港湾都市才有的独特博物馆。博物馆里有关于海港和这座城市历史发展的详细介绍。

- ✉ Queens Wharf
- ☎ 04-472-8904
- 🚶 旅游咨询处步行5分钟
- 🕙 10:00~17:00
- 休 无
- NZ$ 免费
- HP www.museumofwellington.co.nz

景点　MAP-p.259-B

国家图书馆
National Library

图书馆里有关于《怀唐伊条约》的文献和麦哲伦环游世界的资料等许多珍贵的文献，是新西兰国内最大的图书馆。

📧 77 Thorndon Quay
☎ 04-474-3000　🚆 火车站步行3分钟
🕐 9:00~17:00（周六9:00~13:00）　休 周日　NZ$ 免费
HP www.natlib.govt.nz

景点　MAP-p.259-B

旧圣保罗教堂
Old St. Paul's Church

135年前建的英国国教教堂。哥特式的建筑中镶嵌着美丽的彩绘玻璃，很值得一看。

📧 Mulgrave St.
☎ 04-473-6722
🚆 火车站步行5分钟
🕐 9:30~17:00
休 无　NZ$ 捐赠制

景点　MAP-p.259-E

殖民地民宅博物馆
The Colonial Cottage Museum

1858年建的开拓时期的木制民宅。民宅内部再现了当时人们的生活情景。

📧 68 Nairn St.　☎ 04-384-9122
🚆 火车站步行20分钟
🕐 12:00~16:00　休 2~12月的周一至周五
NZ$8

景点　MAP-p.259-C

惠灵顿植物园
Wellington Botanic Garden

植物园位于缆车终点站的旁边，面积达26万平方米。有300多种玫瑰的玫瑰园非常美丽。

☎ 04-499-1400
🚆 缆车终点站旁边
🕐 全天　休 无　NZ$ 免费

景点　MAP-p.259-C

卡特天文台
Carter Observatory

天文台位于植物园内。天文台有介绍南半球星座的天文秀（Planetarium Show）。

☎ 04-910-3140
🚆 缆车终点站步行3分钟
🕐 10:00~17:00（周六至21:30）
休 无
NZ$18~

景点　MAP-p.259-B

凯瑟琳·曼斯菲尔德出生地
Katherine Mansfield Birthplace

这里是世界著名女作家凯瑟琳·曼斯菲尔德的出生地，她在这里度过了自己的少女时代。参观这里还可以了解100多年前人们的日常生活。

📧 25 Tinakori Rd.
☎ 04-473-7268　🚆 火车站步行15分钟
🕐 10:00~16:00　休 周一　NZ$8
根据小说再现了当时的室内样貌

景点　MAP-p.259-E

惠灵顿动物园
Wellington Zoo

动物园建于1906年，历史非常悠久。除了有狮子、马等众所周知的动物外，还有几维鸟、喙头蜥等新西兰特有的动物。还可以近距离地观察1天4次给动物们喂食的地方（仅限工作日）。

📧 200 Daniell St.
☎ 04-381-6750　🚆 从市中心乘坐10路或是23路巴士15分钟　🕐 9:30~17:00　休 无
NZ$20
HP www.wellingtonzoo.com

NORTH ISLAND

景点　　　　　　　　　　　　MAP-p.259-F外

维多利亚山瞭望台
Mt. Victoria Lookout

瞭望台位于海拔196米的小山丘上。过去这里是毛利人的警戒台。在这里可以看到面向海湾的惠灵顿街区。乘坐观光巴士可以到达瞭望台，这里可是游客必看的景点之一哦。

从市中心也可以步行到瞭望台（大约40分钟），从南路（South Route）走上小山丘，可以体验一下徒步旅行的乐趣。

交 从市中心乘坐20路巴士10分钟

在瞭望台上看到的景色一定要用相机记录下来

可徒步从南路穿过森林，也可以骑山地自行车

旅行信息

乘坐渡轮去对岸的伊斯特本

在市中心的皇后码头乘坐渡轮到对岸的伊斯特本大约是30分钟的旅程。伊斯特本是非常舒适的沙滩度假胜地。周末或节假日时，很多当地人都聚集到这里，有许多小孩在沙滩上玩耍，是一处宁静、舒适的休闲场所。码头附近有咖啡馆和工艺品店，用餐和购物也很方便。乘坐渡轮前往伊斯特本的途中，会经过山姆岛，这是一个被指定为环境保护区的小岛。在这里可以听着野鸟的鸣唱，享受一下徒步旅行的乐趣。

渡轮是游客和当地人的重要交通工具

天气晴朗的时候，位于渡轮最上层的座位很舒适

出发前在这里买票

沙滩上并不拥挤，是十分舒适的休闲场所

东西码头
East by West
MAP p.259-D
☎ 04-499-1282
NZ$ NZ$10.50（单程）营
皇后码头出发6:25～19:00
共16趟，周六、周日、节假日10:00～17:00　休 无
HP www.eastbywest.co.nz

北岛
265
惠灵顿

商店
Shops

各种精美礼品

兰姆顿大道集中了很多的商店。古巴街则有很多个性鲜明的商店，在这里可以发现与众不同的礼品。

礼品店
小橡子礼品
Small Acorns

MAP-p.259-C　　　　订购

时尚、五彩斑斓的杂货店
　　位于旧银行商场后面的一家店铺。店里有靠垫、笔记本、明信片、有机化妆品等许多很受女性欢迎的商品。奥克兰也有分店。

✉ 177 Featherston St.
☎ 04-499-5795
🚶 旅游咨询处步行5分钟
🕐 9:00~18:00（周六10:00~16:00）
休 周日

赏心悦目的店内

手工艺品
索马菲尔德工艺品
Sommerfields

MAP-p.259-C

各种手工艺品
　　有众多新西兰国产手工艺品的店铺。这里有用贝壳杉古木制作的餐具、用翡翠制作的鞋拔子等商品，很适合游客挑选礼品。也可以买一件自己使用。

✉ 296 Lambton Quay
☎ 04-499-4847　🚶 旅游咨询处步行2分钟
🕐 9:00~17:30（周五至19:00、周六10:00~17:00、周日11:00~16:00）休 无

当地人也经常光顾

礼品、手工艺品店
树番茄工艺品
Tamarillo

MAP-p.259-C　　　　订购

新西兰工艺品商店
　　树番茄有陶瓷、绘画、首饰等新西兰艺术家制作的各种工艺品。店内很像画廊，会不定期举办展览。

✉ 326 Lambton Quay
☎ 04-473-6095
🚶 旅游咨询处步行5分钟
🕐 9:30~18:00（周六10:00~16:00）
休 周日

店里富有艺术气息的商品

礼品店
简约新西兰礼品店
Simply New Zealand

MAP-p.259-D　　　　订购

店里有各种特产
　　礼品店位于洲际酒店的对面，是一家很受游客欢迎的店铺。店里有全黑队和美洲杯帆船赛的商品。羊毛脂霜和泥皂等是店里的热卖商品。

✉ 13 Grey St.
☎ 04-472-6817
🚶 旅游咨询处步行5分钟
🕐 9:00~17:30（周六10:00~16:00）、周日、节假日11:00~15:00）休 无

店里还有羊毛衣和首饰

购物中心
首都购物中心
Capital On The Quay

MAP-p.259-C

惠灵顿最大的购物中心
　　位于兰姆顿大道的沿岸。购物中心内有花店、书店、礼品店、精品屋、运动区、杂货店、帽子店、首饰店等30多家商店。购物时一定要到这里来看一看。

✉ 226 Lambton Quay
☎ 04-474-9865
🚶 旅游咨询处步行5分钟
🕐 9:00~17:30（每家商店都不一样）
休 无

可以在购物中心内的咖啡馆小憩一会儿

订购　可以订购

餐馆 Restaurants

众多高雅、舒适的餐馆

和这座城市的风格一样，惠灵顿有很多高雅的餐馆。与其他城市相比，惠灵顿的特点是有很多马来西亚料理店。

新西兰料理
波鲁克特街头小酒馆
Boulcott Street Bistro

MAP-p.259-C

利用历史建筑改建的餐馆

利用19世纪70年代的民宅改建的一家餐馆，当地顾客众多，在他们眼里这是惠灵顿最好的餐馆。餐馆擅长使用当地食材烹制出各国风味的美食。

✉ 99 Boulcott St. ☎ 04-499-4199
🚶 旅游咨询处步行10分钟
🕐 12:00～14:00、18:00～22:00
休 周六、周日的午餐 ※午餐NZ$22～、晚餐NZ$33～
HP www.boulcottstreetbistro.co.nz

店里除了有点菜之外，还有套餐

餐馆位于高楼大厦之间，是维多利亚时期的外观

亚洲料理
季风斋
Monsoon Poon

MAP-p.259-F

广受好评的亚洲餐馆

一家很受当地人喜爱的餐馆。餐馆的主打菜是融入了西式风味的东南亚料理。店里装饰有老板在巴黎和中国购买的古董，非常的奢华。采用25种草药和香料制作的咖喱羊肉很值得品尝。

✉ 12 Blair St. ☎ 04-803-3555
🚶 旅游咨询处步行7分钟
🕐 11:00至深夜
休 周末的午餐
※ 午餐NZ$18～、晚餐NZ$18～

餐馆的入口处有大象招牌和佛像

海鲜食品
天际线海鲜馆
The Skyline

MAP-p.259-C

自助午餐很实惠

餐馆位于缆车终点站的旁边。由于可以俯瞰整个城市，因此餐馆的生意很好。自助式午餐除了有海鲜、牛肉、羊肉等肉类外，还有丰盛的沙拉、奶酪和水果。

✉ 1 Upland Rd. ☎ 04-475-8727
🚶 缆车终点站的旁边
🕐 11:30～14:30（周六、周日10:00～）、周二至周六18:00至深夜晚餐
休 周日、周一、周二
※ 午餐NZ$18～

在餐馆的咖啡厅还可以吃到小吃

啤酒餐厅
麦芽作坊
The Malthouse

MAP-p.259-C

可以喝到各地产的啤酒

餐馆位于威利斯街。二楼有露天席，坐在这里可以一边喝啤酒一边看街上来往的行人。餐馆里啤酒的种类特别多。宽敞的店内还有沙发，可以好好地放松一下。

✉ 48 Courtenay Place ☎ 04-802-5484
🚶 旅游咨询处步行5分钟
🕐 15:00至深夜（周五、周六12:00～）
休 无 ※ NZ$15～

边喝啤酒边用餐

外卖　预 要预约

面包店
潘多拉面包店
Pandoro PANETTERIA

MAP-p.259-F 🤚

刚烤出来的面包
　　商店位于韦克菲尔德街和艾伦街的拐角处，当地顾客经常到这里来吃刚烤出来的面包，是一家生意非常兴隆的店铺。店里还有品种多样的三明治和馅饼，并且还可以喝到美味的咖啡哦。

✉ 2 Allen St., Courtenay Pce.
☎ 04-385-4478
交 旅游咨询处步行8分钟
营 周一至周五 7:00~17:00，周六、周日至16:00
休 无 NZ$5~

日本料理
樱花餐馆
Sakura

MAP-p.259-D 🤚

品尝正宗的日本料理
　　在惠灵顿的几家日本料理店中，这是一家老店。餐馆位于火车站附近，不仅受到日本人的欢迎，连当地的新西兰人和商务人士也经常光顾这里。餐馆有榻榻米式的日式房间，料理有寿司、天妇罗和日式牛肉火锅等日本美食。

✉ Cnr. Featherston & Whitmore Sts.
☎ 04-499-6912
交 火车站步行3分钟
营 11:30~14:00，17:30~22:00
休 六、周日的午餐 NZ$30~

咖啡和酒吧
马特宏咖啡
Matterhorn

MAP- p.259-E

舒适的空间和美妙的音乐
　　餐馆虽然位于有很多行人来往的古巴街，却十分宁静舒适。除了午餐外，还可以在这里吃正式的晚餐，并且可以在餐馆的酒吧品尝鸡尾酒。周日晚上有爵士乐队的演奏。

✉ 106 Cuba St.
☎ 04-384-3759
交 旅游咨询处步行7分钟
营 10:00至深夜 休 无 午餐NZ$12~、晚餐NZ$25~
HP www.matterhorn.co.nz

面包店内有休息区

当地的商务人士经常来光顾

宁静、舒适的氛围

新西兰料理
洛根布朗餐厅
Logan Brown

MAP- p.259-E

惠灵顿的一家老店
　　餐馆高高的天花板华丽感十足，是一家惠灵顿的老餐厅。很受欢迎的小酒馆午餐包括冷盘、主菜以及有面包和咖啡的甜点，非常实惠。此外，餐馆的牛肉和羊肉料理曾在比赛中获过奖，是餐馆的主打菜。餐馆的网站上有餐馆的菜谱，回国后也可以在家尝试着做一点自己品尝过的新西兰料理。也可以只在餐馆的酒吧喝酒。

✉ 192 Cuba St.
☎ 04-801-5114
交 旅游咨询处步行10分钟
营 12:00~21:00（周五、周日至17:30）
休 周末的午餐
午餐NZ$37.50~、晚餐NZ$40~
HP www.loganbrown.co.nz

日本料理
山葵寿司
WASABI Sushi

MAP-p.259-E

丰富的寿司种类
　　一家位于古巴街的回转寿司店。店里的寿司多达30余种，广受好评。环境舒适的店内经常坐满了当地顾客。店里还有各种丰富的油炸食品。

✉ 173A Cuba St.
☎ 04-801-5494
交 旅游咨询处步行13分钟
营 周一至周五11:30~15:00，17:00~21:00，周六、节假日11:30~21:00
休 节假日 NZ$15~

主菜NZ$38~

餐馆的门是红色的，是一栋很厚重的建筑

受人欢迎的回转寿司

预 要预约　外卖

酒店 Hotels

经济型酒店

惠灵顿是新西兰的首都,有很多面向商务人士的酒店。市中心周围也有很多价格实惠的汽车旅馆。

酒店
惠灵顿洲际酒店
Inter Continental Wellington

MAP-p.259-D

高级酒店

酒店采用玻璃墙外观,是一家非常高级的酒店。铺有大理石的大厅,让人感觉非常庄重、豪华。酒店有温泉泳池、体育馆、水疗中心等各种设施。而且酒店离火车站和旅游咨询处都很近,交通非常便利。

- Cnr. Grey & Featherston Sts.
- ☎ 04-472-2722
- FAX 04-472-4724
- 旅游咨询处步行5分钟
- T / NZ$261~
- 231间
- HP www.wellington.intercontinental.com

酒店有餐馆、咖啡馆和酒吧

酒店
惠灵顿阿莫拉酒店
Amora Hotel Wellington

MAP-p.259-F

透过窗户可以看到美丽的夜景

酒店位于韦克菲尔德街,因为向东而建,所以几乎所有的客房都可以看到海港的美丽夜景。酒店内,除了有体育中心和酒吧外,还有曾多次获奖的餐馆"烧烤吧"。

- 170 Wakefield St.
- ☎ 04-473-3900
- FAX 04-473-3929
- 旅游咨询处步行8分钟
- T / NZ$185~
- 192间
- HP www.wellington.amorahotels.com

酒店有可以容纳850人的大型会议室

酒店
博物馆酒店
Museum Hotel

MAP-p.259-F

蒂帕帕就在眼前

1993年与蒂帕帕的建筑一起移到了现在的地方。当时利用滑车将原来的建筑移动了120米,成为人们关注的焦点。酒店有海景客房和城市景观客房,而且所有的客房都有阳台。

- 90 Cable St.
- ☎ 04-802-8900
- FAX 04-802-8909
- 蒂帕帕步行1分钟
- S、T / NZ$185~
- 165间
- HP www.museumhotel.co.nz

离东方走廊很近

酒店
惠灵顿城市酒店
Citylife Wellington

MAP-p.259-C

购物方便

酒店位于兰姆顿大道,地理位置优越,购物、观光都很方便。所有的客房都是套房,有单间公寓型的客房,也有标准的3人间。有的客房还备有洗衣机和干燥机,适合长期逗留的旅客住宿。

- 300 Lambton Quay
- ☎ 04-922-2800
- FAX 04-922-2803
- 旅游咨询处步行6分钟
- T / NZ$159~
- 70间
- HP www.cityhotels.co.nz

酒店附近有很多餐馆和咖啡馆

酒店
惠灵顿美居酒店
Mercure Wellington

MAP-p.259-E

宁静的环境

酒店离市中心较远,但是周围被绿色所环绕,宁静、舒适。由于酒店位于高地上,所以所有的客房都可以看到城市对面海港的美丽景色。酒店的每间客房都很宽敞,可以在这里度过舒适的旅行时光。

- 345 The Terrace
- ☎ 04-385-9829
- FAX 04-385-2119
- 火车站乘车10分钟
- S / NZ$95~
- 111间
- HP www.accorhotels.com.au

酒店还有豪华的餐馆

餐馆　咖啡休息室　酒吧休息室　泳池　商务中心　健身　温泉

北岛　惠灵顿

酒店
景湾广场酒店
The Bay Plaza Hotel

MAP-p.259-F

客房宽敞、明亮，光线很好

位于东方湾的一家11层酒店。室内宽敞、明亮，有面向港口的窗户，光线非常好。酒店内的餐馆有烤羊肉、烤鹿肉等各种料理。

✉ 40-44 Oriental Parade
☎ 04-385-7799
FAX 04-385-2936
🚶 蒂帕帕步行3分钟
NZ$ S、T／NZ$125~
🛏 76室
HP www.bayplaza.co.nz

酒店离维多利亚山很近

酒店
惠灵顿宜必思酒店
Hotel Ibis Wellington

MAP-p.259-D

崭新的酒店

在世界各地都有连锁酒店的宜必思酒店位于惠灵顿火车站和蒂帕帕国家博物馆的中间位置，地理位置十分优越。正因为如此，很多商务人士也经常入住这家酒店。

✉ 153 Featherston St.
☎ 04-496-1880 FAX 04-496-1881
🚶 旅游咨询处步行5分钟
NZ$ S、T／NZ$129~
🛏 200室
HP www.ibishotel.com

整洁的客房内部

酒店
阿贝尔塔斯曼酒店
Abel Tasman Hotel

MAP-p.259-E

交通便利

酒店位于威利斯街和迪克斯街的拐角处，无论去哪里交通都很便利。单间公寓型的客房内，有微波炉等厨房设施，还有带有水疗浴缸的套房。可到接待处旁边的餐馆预订客房。

✉ 169 Willis St.
☎ 04-385-1304
FAX 04-385-8416
🚶 旅游咨询处步行8分钟
NZ$ S、T／NZ$115~
🛏 76室
HP www.abeltasmanhotel.co.nz

酒店客房有超大号的床

价格实惠的旅馆

酒店 MAP-p.259-E
威利斯酒店
Hotel Willis
✉ 318 Willis St. ☎ 04-384-5955 FAX 04-384-5952
🚶 旅游咨询处步行15分钟
NZ$ S、T／NZ$99~（包括早餐）

酒店 MAP-p.259-E
惠灵顿舒适之家
Comfort Hotel Wellington
✉ 213 Cuba St.
☎ 04-385-2153
FAX 04-382-8873
🚶 旅游咨询处步行10分钟
NZ$ T、D／NZ$99~

汽车旅馆 MAP-p.259-F
霍尔斯维尔旅馆
The Halswell Lodge
✉ 21 Kent Terrace
☎ 04-385-0196
FAX 04-385-0503
🚶 旅游咨询处步行10分钟
NZ$ S、T／NZ$90~

汽车旅馆 MAP-p.259-E
海港城市汽车旅馆
Harbour City Motor Inn
✉ 92-96 Webb St. ☎ 04-384-9809 FAX 04-384-9806
🚶 旅游咨询处步行15分钟
NZ$ S、T／NZ$110~
HP www.harbourcitymotorinn.co.nz

青年旅舍 MAP-p.259-F
惠灵顿市青年旅舍
Wellington City YHA
✉ 292 Wakefield St.
☎ 04-801-7280
FAX 04-801-7278 🚶 旅游咨询处步行10分钟 NZ$ T／NZ$80~、宿舍NZ$28~

背包客 MAP-p.259-D
闹市区背包客
Downtown Backpackers
✉ 1 Bunny St. ☎ 04-473-8482 FAX 04-471-1073
🚶 火车站步行1分钟 NZ$ S／NZ$62~、宿舍NZ$25~
HP www.downtownbackpackers.co.nz

🍴 餐馆　☕ 咖啡休息厅　🍸 酒吧休息室　💼 商务中心

旅行信息
中国篇

Travel Information

携带物品清单

带入机舱内的物品
- ☐ 贵重物品
- ☐ 护照
- ☐ 机票
- ☐ 人民币
- ☐ 新西兰元
- ☐ 信用卡
- ☐ 其他卡
- ☐ 旅程时间表
- ☐ 酒店预订确认书
- ☐ 出境旅游保险材料
- ☐ 驾照公证件
- ☐ 身份证
- ☐ 用来做笔记的东西
- ☐ 旅行指南
- ☐ 胶卷
- ☐ 数码相机
- ☐ 摄像机
- ☐ 手帕、餐巾纸
- ☐ 常用药物
- ☐ 计算器
- ☐ 储存卡

托运行李
- ☐ 护照复印件
- ☐ 衣服
- ☐ 内衣
- ☐ 袜子
- ☐ 睡衣
- ☐ 拖鞋
- ☐ 泳衣
- ☐ 洗脸用品
- ☐ 牙膏
- ☐ 化妆品
- ☐ 防晒乳霜
- ☐ 生理用品
- ☐ 湿纸巾
- ☐ 干燥剂
- ☐ 太阳镜
- ☐ 帽子
- ☐ 雨具
- ☐ 塑料袋
- ☐ 毛巾
- ☐ 转换插头
- ☐ 变压器

旅行计划	p.272
住宿设施的预订和类型	p.275
研究出发日期一览表	p.278
旅行必备品	p.280
保险和其他证件	p.281
费用的准备	p.282
携带物品	p.283
在国内收集旅游信息	p.284

旅行计划

■ 旅行目的和旅行方式

从上海乘坐直达航班到奥克兰大约11小时45分钟。新西兰由南岛和北岛两个岛屿组成，北岛有奥克兰国际机场，南岛有克莱斯特彻奇国际机场。南岛和北岛的各地都有众多旅游景点，所以首先要收集各地旅游景点的信息，明确自己要去哪里和要干什么。然后，再参照本书参照本书p.290的国际航线安排行程，决定自己要在哪个城市逗留几天，考虑旅行计划。

旅行的方式大概可分为全部事务都要自己决定的个人自助游和参加旅游团两种。参加旅游团的话，基本上往返飞机、住宿、市内观光等都是由旅行社成套设计的，不用自己再费时间准备，但是要按照旅游团安排的日程行动，自由时间非常少。普通的周游行程，大多是先到克莱斯特彻奇，然后游览南北两岛的观光景点，最后从奥克兰回国。不过，短时间的周游行程，在旅途中乘坐交通工具的时间相对较长，而在城市逗留的时间较短。

确认你的旅行方式

你的旅行方式	旅游团（全程式）	旅游团（自由式）	自助游
首次海外旅行，心中不安	○	△	×
太忙，没有太多准备时间	○	○	×
不喜欢集体行动，想降低预算	×	△	○
想听旅游景点的解说	○	△	×
想住好的宾馆	○	○	△
想去拜访当地的熟人	×	△	○
想在短时间内游览当地	○	○	△

○适合
△不太适合
×不适合

自助游好伙伴——i-SITE

在旅游咨询处"i-SITE"，可以免费获得当地旅游团信息、住宿设施的信息以及交通信息等，还可以进行免费预约。建议好好利用。

新西兰全国各地都有的"i-SITE"

■ 个人自助游和旅行团

如果想更多地在旅行地自由行动，还是一切都由自己决定的个人自助游更加合适。如有需要，途中可以轻松地更改旅行计划。但是，如果对旅行地不太了解，又不懂当地语言的话，一旦遇到什么麻烦就会很难处理。而选择团体游，这些事情就完全可以交给同行的领队和当地的导游来处理。在预算方面，如果旅行日程、航空公司、住宿设施和观光景点等旅行条件都一样的话，旅游团更加实惠。当然，如果自己制订的自助旅行计划比较完善，那么预算也会比较实惠。

■ 半自助团体游

一切事务都由自己决定会很麻烦，但是如果全部都由旅游团决定，也会有让人不满意的地方。如果你是这样的游客，最适合选择"半自助团体游"的旅行方式。"半自助团体游"是旅行社或相关旅游机构提供的一种旅游团旅行方式，团费中包含机票加住宿的费用，有时候也包含用餐和当地交通的费用，在当地，游客可以自由活动，或自行选择当地旅游项目。

选择"半自助团体游"，既可以保证自由行动的时间，又可以享受旅游团出游时的打折优惠，比起自助游要实惠很多。而且，如果在当地遇到了麻烦的话，还可以得到相关旅游机构的帮助。但是，由于很多"半自助团体游"都没有从机场到酒店的接送服务，因此要事先考虑好酒店和机场间的交通方式。

check point 选择哪个旅游团？最简单的方法是仔细研究旅行社的宣传资料，获得信息。另外，看看一些出境旅游网站，就可以大概获知市场上的旅游团行情。在旅行社的网站上可以了解最新的旅游团价格走向。多方比较，通常可以找到价格非常实惠的旅游团。

团体游详解

第一次到陌生的地方去旅行，心中会产生不安。如果又不会英语，肯定会加剧这种不安。这时，参加有导游带队的旅游团，便可安心旅行。对于预先决定好了自己想去的地点，又想参加旅游团，还希望有更多自由时间的游客，建议参加自由式的旅游团。

团体游

如右栏所示，团体游是旅行社推出的一种包括往返飞机、旅行地的住宿、机场到宾馆的接送、市内观光、餐馆美食、休闲活动以及旅行陪同人员服务在内的旅行项目。旅行陪同人员有两种，一种是从国内开始陪同的领队，另一种是在当地机场迎接的当地导游。

团体游也有各种不同的形式。有全程式的团体游，即所有的日程都是团体行动，都有导游陪同，也有在旅游地自由时间较多，根据需要可以让当地导游陪同游览的自由式团体游。

通常情况下，有很多主题型的团体游，游客可以根据旅行目的进行选择。在新西兰，一般都是围绕克莱斯特彻奇、昆斯敦、库克山、罗托鲁阿和奥克兰等地的团体周游项目较多。当然，也有旅游团面向那些想在当地体验滑雪和滑板滑雪的游客，以及想在牧场体验牧场生活的游客。

团体游内容

飞机	可以乘坐大洋洲和亚洲的航空公司的飞机。新西兰航空有上海到奥克兰的直达航班。乘坐亚洲的航空公司的飞机时，可时换乘时等的时间比较长。
住宿	酒店分为3个等级，很多旅游团都可以住指定级别的酒店。
接送	有从机场到住宿地的接送服务。也有价格便宜的自由式团体游是没有机场接送服务的。
用餐	在能吃到毛利人的传统料理的新西兰特色餐厅用餐，如"杭吉餐厅"。有时也会提供可以在数家指定餐馆用餐的餐券。
市内观光	根据旅游团的人数，乘坐大型巴士或是迷你巴士观光。很多时候都会有生活在当地的会汉语的司机和导游人员。
休闲活动	几乎所有的旅游团都包含"毛利秀"的项目，内容包括剪羊毛表演、传统舞蹈和美食品尝。
旅行陪同人员	有从中国就开始陪同的领队，以及当地导游。
自选旅游项目	有酒庄游、一日徒步旅行、游轮晚餐之旅等项目，另加费用即可参加。

体验型团体游的种类

"去新西兰体验一下这个！"对有这样明目的的游客而言，可以根据自己的想法选择合适的体验型团体旅游项目。在新西兰非常受欢迎的体验型团体旅游项目有滑雪和滑板滑雪、牧场之旅、花园游览、酒庄游览以及垂钓和徒步旅行等。

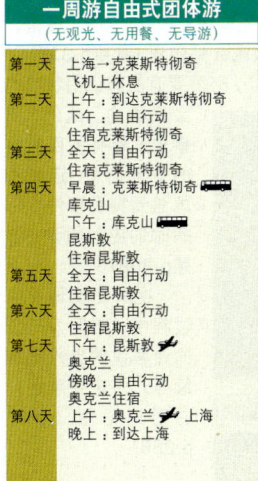

一周游自由式团体游	
（无观光、无用餐、无导游）	
第一天	上海→克莱斯特彻奇 飞机上休息
第二天	上午：到达克莱斯特彻奇 下午：自由行动 住宿克莱斯特彻奇
第三天	全天：自由行动 住宿克莱斯特彻奇
第四天	早晨：克莱斯特彻奇🚌库克山 下午：库克山→昆斯敦 住宿昆斯敦
第五天	全天：自由行动 住宿昆斯敦
第六天	全天：自由行动 住宿昆斯敦
第七天	下午：昆斯敦✈奥克兰 傍晚：自由行动 奥克兰住宿
第八天	上午：奥克兰✈上海 晚上：到达上海

全程式团体游	
（含观光、含用餐、含当地导游）	
第一天	上海→克莱斯特彻奇 飞机上休息
第二天	上午：到达克莱斯特彻奇 下午：市内观光 晚餐：海鲜晚餐 住宿克莱斯特彻奇
第三天	早晨：克莱斯特彻奇🚌库克山 下午：库克山🚌昆斯敦 午餐：中餐厅、昆斯敦住宿
第四天	全天：米尔福德峡湾观光 午餐：便当
第五天	上午：昆斯敦✈罗托鲁阿 下午：市内观光 晚餐：杭吉餐厅、住宿罗托鲁阿
第六天	上午：罗托鲁阿🚌怀托摩 到达后：参观萤火虫 晚餐：日本料理、住宿奥克兰
第七天	上午：市内观光 下午：自由行动 奥克兰住宿
第八天	上午：奥克兰✈上海 晚上：到达上海

牧场之旅很受游客的欢迎

旅行信息【中国篇】 旅行计划

参加当地的市内观光旅游团

有两种市内观光方式。一种是乘坐来回于观光景点之间的观光巴士，在自己喜欢的地方下车观光。另一种是参加团体行动的旅游团。参加旅游团的话，有时即使是景点名称列在景点清单上，但实际上却不能下车观光，只能透过车窗观看。因此最好在参加旅游团前确认，千万别到了自己想去的地方却不能下车观看。

参加当地旅游团和旅游活动

新西兰全国各地都有旅游咨询处（通称"i-SITE"），在这里除了可以咨询旅游信息外，还有很多介绍旅游团、各种交通工具、住宿设施等的宣传小册子，而且也可以进行这些服务的预约。详细内容请参照p.19。

前往90英里海滩的当地旅游团

■ 关于自助游

与固定行程的团体游相反，一切都由自己决定的自助游称为"FIT"（Free Individual Travel）。对于那些对自己的英语水平很有自信，或以前去过新西兰旅游，旅行目的明确但又不想跟团，以及不习惯团体旅行的游客来说，自助游是最好的选择。

可以随时更改日程计划

新西兰有众多生态游项目，但是参加这些团体游会受到天气的影响，对于日程固定的旅游团来说，有时可能没法实现自己想要参加生态游的愿望。比如赏鲸之旅，要根据天气和海面的状况，以及鲸鱼是否在近海地区，才能决定可否进行，这项乘船出游的活动被终止的情况很多。碰上这种情况，如果参加的是旅游团，会换乘塞斯纳飞机从空中观看鲸鱼，不过始终还是乘坐船只近距离地观看更加吸引人。这时，如果是个人自助游的话，可以把此项目的预订改到第二天，等待鲸鱼的出现。根据当地的状况，灵活地改变旅行日程是自助游的最大优势。同时，自助游也便于降低预算。但是，如果遇上什么麻烦，就没法得到任何补偿，自助游的游客一定要注意这一点。遇到突发事件时，如果语言不通，也没法顺利解决问题。自由行动，就意味着自己要负全部的责任，这一点一定要谨记。

■ 自助游建议

语言不通的人，一定要事先掌握在机场、酒店、餐馆、外币兑换处等场所的简单的旅游会话用语（参照p.312）。万一遇到什么状况，紧急情况下，必须要有能够说明状况的会话能力。此外，要事先了解有关目的地的安全信息，还要考虑遇到突发事件或生病时的应对方法（参照p.308）。

另外，团体游的过程中，陪同人员会向游客说明出入境手续等，一定要重视，并时刻记住（参照p.286）。

住宿设施的预订和类型

■ 住宿设施的预订

通过旅行社预订

旅行社不仅提供团体游项目,还可以为自助游游客提供预订酒店等服务。只要告知其要去的地方和预算,旅行社便会从与其签约的住宿设施中为你挑选合适的住宿设施。不同的旅行社在专业服务上会有差异,建议选择一些大型的口碑较好的旅行社。

直接预订

英语较好的游客,自己直接预订酒店是最快捷的方法。近些年,不仅是大型酒店,连当地的汽车旅馆、背包客旅馆也会在网上公布空房情况,越来越多的住宿设施在网上即可预订。本书在介绍住宿设施时,会标有网址和电子邮箱地址,希望对游客收集住宿信息和预订住宿设施有所帮助。此外,如果在网上不能预订的话,可以试着发传真咨询。用英语写上自己的预计住宿时间、人数、客房类型、自己的住处、名字电话和传真号等信息,然后发送过去,对方应该会发来预订确认书。在当地入住登记时,出示预订确认书即可。

通过国内旅游网站预订酒店

国内有数家旅游网站,均有代订当地酒店的服务。如携程旅行网,不仅有旅馆的基本信息介绍,还可以看到相关图片,并有各种价位的酒店可选择。如果想入住青年旅舍,可查看YHA青年旅舍网站,网站可以查到各青年旅舍信息,并可以预订房间,如果要使用的话,建议办理会员卡,可以获得一定的优惠。

通过提供优惠住宿的机构进行预订

游客可通过这些机构,根据酒店的费用一览表,选择自己希望入住的房间,支付房费进行预订,就会得到该酒店的收据(预订确认书)。到了当地的酒店后,只需出示收据即可办理入住。与正常的住宿费用相比,通过该机构预订,价格比较优惠。但是,大多有客房类型和可住宿日等的限制,有可能满足不了游客多方面的需要。除了电话预订外,很多公司也开办了网站,从酒店信息到预订、支付等都可以在网上进行,十分方便。除了免费提供各家酒店的费用一览表之外,也会提供旅行社柜台等免费信息。

携程旅行网
www.ctrip.com
　　网站上有各种旅行信息,而且可以通过网站预订新西兰的机票、酒店,十分方便。

(以上截图截取自中国青年旅舍官方网站)

申请YHA国际青年旅舍会员卡

国际青年旅舍会员卡是国际青年旅舍联盟会员身份证明,全球通用。拥有会员卡,可以享受国内外的国际青年旅舍住宿价格的优惠,同时还可以预订国外青年旅舍(只有会员才能入住国外青年旅舍)。

除在入住国内外青年旅舍时享受房价上的优惠外,会员还可在世界各地享有食、住、行、游、购、娱等3000多项优惠,如:在全球多个国际机场和车船站,凭YHA国际青年旅舍会员卡兑换外币可免收手续费;观光、租车、购物、参团、购买车船票等均可能有折扣。

费用　会费为50元人民币,有效期1年。第一年续卡可获9折优惠,第二年续卡开始8折优惠。

申请方式　可在网上申请。登录中国青年旅舍官方网站(http://www.yhachina.com),在网上填表,会费和回邮费用可以通过网上支付或邮局汇款,费用收到后,会收到寄回的会员卡。也可到各青年旅舍或向当地的YHA国际会员卡代理商申请,办妥手续后可即时取卡。到总部办理:先在网上填表,再到国青年旅舍中国总部付款办理会员卡,办妥手续后可即时取卡。同时,总部免费提供各国旅舍的资料,方便会员外出旅行。

城市里有很多大型酒店

风景不同，价格也不同

离大海近的酒店的海景客房（可以看到大海的客房）、城市景观客房（面向城市街道的客房）和山景客房（靠山的客房）房间价格都不一样。一般而言，海景客房的价格比较贵，因为透过客房的窗户可以看到美丽的大海。但是如果在客房待的时间比较短，最好不要太看重景色，省下的钱可以花在其他方面。

入住推迟时要及时联系

新西兰的住宿设施大都是在15:00左右办理入住手续。预订时要确定办理入住的时间，告知对方自己大概几点可以到达办理入住。提前到的时候，酒店也会通融一下，给游客办理入住，如果刚好没有空房，可以在办理入住前先寄存行李。反之，如果到达时间延迟的话，一定要事先联系。因为没有事先联系，而被取消了预订，到了酒店时没有空房，这样让人不愉快的情况虽说很少见，但有时还是会发生的。

有家的气息的B&B

■ 住宿设施的类型

到新西兰观光的游客来自世界各地。这里的住宿设施从最高级的酒店到价格实惠的背包客旅馆，各种不同类型的住宿设施一应俱全。游客可以根据各种住宿设施的特点，结合自己的预算选择合适的住处。

酒店 高级/一晚NZ$200~、中级/一晚NZ$100~

从五星级的顶级酒店，到经济实惠的城市酒店等，新西兰有各种不同类型的酒店。旅游团住宿的酒店可分为顶级、高级和中级等，可根据预算来选择。如果是高级酒店，有健身房、泳池和水疗设施，客房内有浴缸、卫星电视等设备。

公寓式酒店 一晚NZ$150~

公寓式酒店里有厨房用品、餐具、电器等所有生活的必需品。正如它的名字一样，公寓式酒店介于酒店和公寓之间，游客在此住宿，既可享受客房服务和洗衣服务等酒店服务，也可以自己做饭、洗衣服等。很多公寓式酒店都位于城市的中心地区，价格昂贵。

公寓式酒店适合长期逗留者

床位和早餐（B&B）

即称为"B&B"的提供早餐的住宿设施。很多"B&B"都是由民宅改建、容纳人数较少的供游客住宿的小规模住宿设施。客房里没有电视，有时要和老板以及其他的旅客共用一间起居室，可以体验家庭的氛围。有些"B&B"的建筑已经有上百年的历史，很有文化价值。住宿费用在酒店和汽车旅馆之间。长期逗留时，可以和老板商量，让他给打个折扣。

汽车旅馆 —晚NZ$100~

汽车旅馆是最受当地人喜欢的经济实惠的住宿设施。旅馆的客房有两种，一种是有咖啡、红茶自助服务和迷你冰箱等设备的客房，一种是带有全部厨房设施的客房。旅馆每天都会更换毛巾等用品，即使长期住宿于此，也会收拾得很整洁、干净。由于汽车旅馆一般是针对开车旅行的游客的住宿设施，因此客房前面通常都有停车位。当然，其他游客也可以住宿。很多汽车旅馆都位于郊外，前往不是很方便。

汽车旅馆的客房类型

汽车旅馆的客房有以下类型：带有简易厨房的工作室型客房，包括厨房、起居室、单间卧室的客房，以及包括厨房、起居室和两间卧室、两张床的客房。单间卧室里一般备有两张床。可以根据住宿人数使用。

青年旅舍/背包客旅馆 —晚NZ$25~

多为宿舍（一个房间内有双层床，可住2~6个人的房间）型的客房，是非常便宜的住宿设施。这里经常汇集来自世界各地的背着背包的年轻游客。客人共用厨房、餐厅和浴室。由于和其他人共住一间房，所以要注意保管好自己的行李。（参照p.16）

成为青年旅舍会员的益处

成为青年旅舍会员的话，不仅可以享受住宿折扣，乘坐交通工具等有时也会有折扣。申请可参照p.275。

牧场住宿 —晚NZ$100~

住在牧场的住宿设施内，可以体验新西兰的牧场生活，是很有新西兰特色的住宿设施。牧场住宿设施有两种类型，一是面向游客的住宿设施（参照p.245），一是帮忙干活换取免费住宿的住宿设施。前者有时也会提供给动物喂食、骑马等活动。也有很多进行长期旅行的游客会选择后者，在好几个牧场住宿，体验牧场生活。

很受长期旅行的游客欢迎的牧场住宿

牧场住宿有一种叫"WW-OOF"的形式，即游客在牧场帮忙干活，就可以免费在牧场吃住。"Working Holiday"制度在新西兰很受年轻人的欢迎。牧场的工作因季节而异，有摘水果、照顾家畜、地里劳作等各种劳动。只要在当地的办事处交会费，就可以得到全国加盟牧场的名单，然后给自己认为适合的牧场打电话，直接商谈牧场住宿的事情。虽然每一家牧场的劳动内容、劳动时间和住宿时间等都不一样，但基本上都会把游客当作普通的打工者，不会给予特别的待遇。

露营 —晚NZ$20~

在新西兰，有很多人开着野营车去旅行，随处可见设施完善的营地（假日公园）。习惯了旅行的人，很喜欢在当地租用野营车，利用营地开展旅行。有时，营地内也有汽车旅馆和背包客旅馆等设施，没有野营车时也可以住宿。

野营车内有洗手间、淋浴、厨房等设施

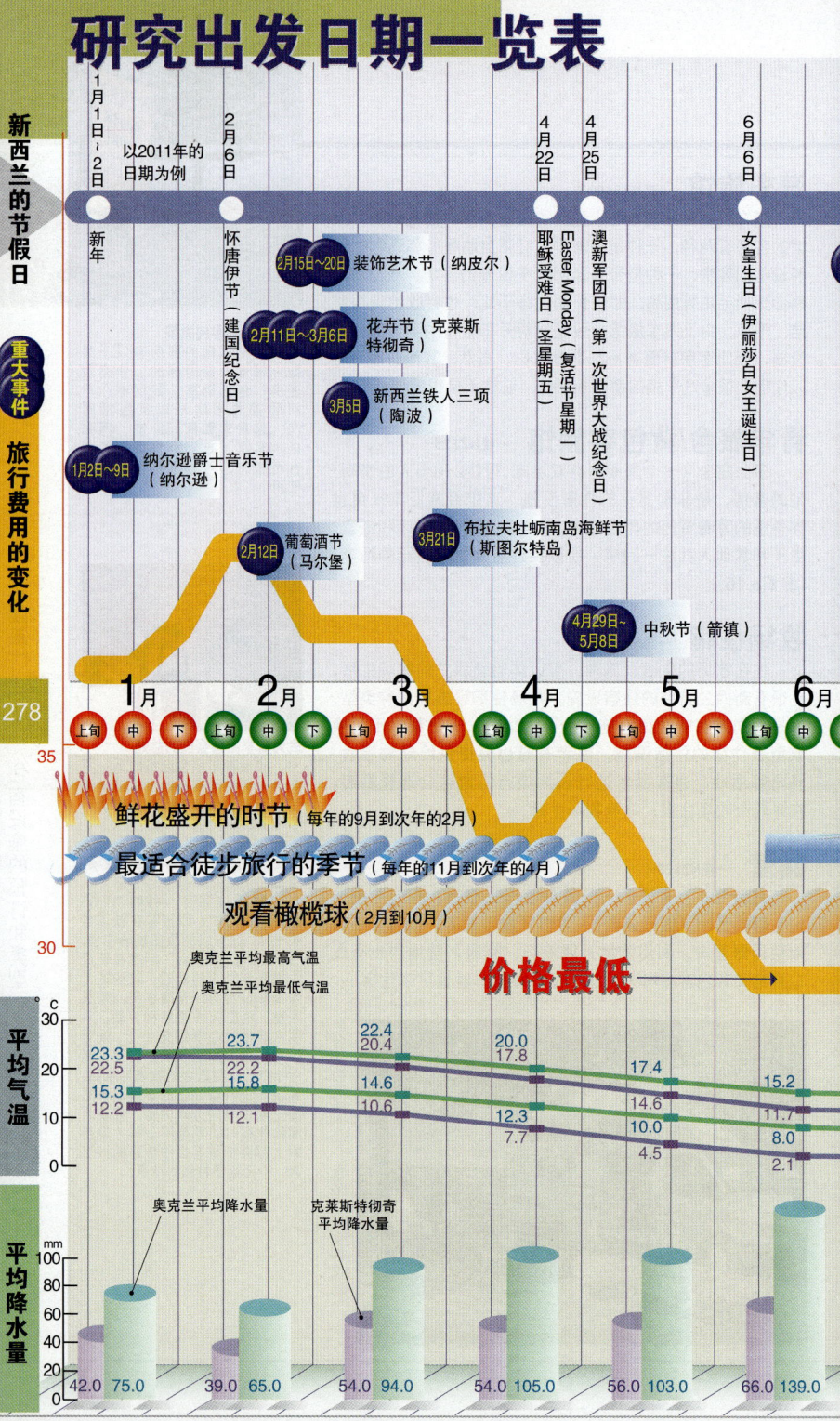

新西兰的12月是夏天。这时正处于新年辞旧岁的时候，游客众多，再加上气候舒适，旅游费用也很高。

价格最高

10月24日 · 12月25日 · 12月26日

Labor Day（劳动节） · 圣诞节 · 节礼日

~昆斯敦冬节（昆斯敦）

8月12日~14日 岛屿湾爵士和蓝调音乐节（岛屿湾）

10月30日 奥克兰马拉松

8月25日~9月10日 服饰艺术展（惠灵顿）

10月28日~11月6日 塔拉纳基杜鹃花和庭院艺术节（新普利茅斯）

※ 重大事件的日期也有可能更改。

旅行信息［中国篇］

279

研究出发日期一览表

	7月			8月			9月			10月			11月			12月		
	上	中	下	上	中	下	上	中	下	上	中	下	上	中	下	上	中	下

新西兰的旅游旺季刚好和中国相反，5月是新西兰的旅游淡季，所以价格下降。

滑雪、滑板滑雪季节（6~10月）

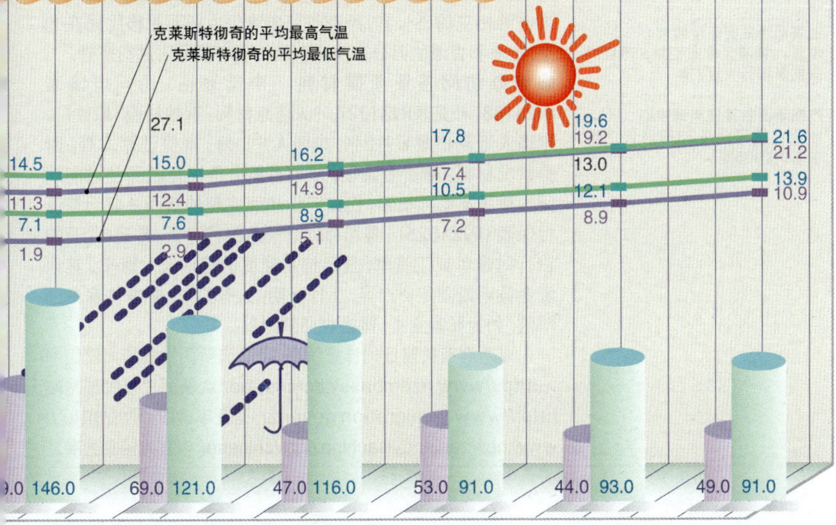

克莱斯特彻奇的平均最高气温
克莱斯特彻奇的平均最低气温

	27.1							17.8		19.6 19.2			21.6 21.2
14.5		15.0		16.2		17.4		13.0					13.9
11.3	12.4		14.9		10.5		12.1				10.9
7.1	7.6		8.9		7.2		8.9				
1.9	2.9		5.1								

| 146.0 | 69.0 | 121.0 | 47.0 | 116.0 | 53.0 | 91.0 | 44.0 | 93.0 | 49.0 | 91.0 |

旅行必备品

● **护照换发申请**
护照的签证页使用完毕、护照有效期不足6个月的，或者有效期不符合前往国家要求时，可以申请换发护照。提交材料与首次申领护照相同，另外，还要提交原护照的原件及复印件。

● **护照补发申请**
普通护照损毁、遗失、被盗，可申请补发护照。申请人要在户籍所在地申请补发护照。申请人除提交与首次申请护照相同的材料外，还应提供损毁、遗失、被盗的相关说明材料。

● **领取护照**
办理护照的时间为5个工作日，到时携带本人户口本、居民身份证和取证回执单，就可以领取办理好的护照。

护照可到这里办
护照办理地点为各地公安局出入境管理处。

签证可到这里办
北京新西兰移民局
地址：北京市朝阳区亮马河南路14号塔园外交人员办公大楼2-5-1
电话：0086-10-6532 6688

上海新西兰移民服务局
地址：上海市南京西路1376号上海商城507室
电话：0086-21-6279 7368

北京新西兰签证申请中心
地址：东城区东直门外大街48号东方银座写字楼8层J,K,L室

上海新西兰签证申请中心
地址：黄浦区徐家汇路555号广东发展银行大厦2楼

广州新西兰签证申请中心
地址：天河北路28号时代广场中塔9楼905室

■ 护照

护照是一个国家的公民出入本国国境和到国外旅行或居留时，由本国发给的一种证明该公民国籍和身份的合法证件。去国外旅行，护照可是必须携带的物品之一。我国护照分为普通护照、外交护照和公务护照三种，公民出境旅行，办理普通护照即可。普通护照的有效期为10年；申请人未满16周岁的，签发5年期护照。护照有效期不足6个月时需要更换护照。

● **护照首次申请**　以北京市公安局护照办理为例。

首次办理普通护照时，申请人要提供：申请人近期正面免冠彩色照片（2寸白色或淡蓝色背景）一张；本人户口本、居民身份证的原件及复印件；填写好的《中国公民因私出国申请表》（可在各派出所、公安局出入境管理处网点领取，也可从网上下载）；其他特殊人员需提供的材料（建议你事先联系相关部门确认各项资料）。工本费需200元。

■ 签证

目前，所有持中国护照者前往新西兰均需要申办有关签证，按照出国目的可分为访问签证、学生签证、工作签证和移民签证等。新西兰签证的申请、发放事宜由新西兰移民服务局负责，而不是由新西兰使领馆负责。签证申请表可从新西兰驻华使领馆领取，也可直接登录新西兰移民服务局网站下载：www.immigration.govt.nz/forms。现在，新西兰移民局授权位于广州、北京、上海和香港的新西兰签证申请中心代为收取短期入境和移民类别签证申请及签证申请费，并在新西兰移民局签证官员对签证申请审核结束后，将护照返还给申请人。在审理过程中，新西兰移民局要求申请人提交的补充材料也需经由新西兰签证申请中心转交给新西兰移民局在中国大陆或香港相应的办公室。所有签证申请仍由新西兰移民局在北京、上海和香港的办公室根据新西兰现有移民法进行审理。

● **申办访问签证所需材料**　申请表格：访问申请表INZ1188、补充表INZ1027。个人信息材料：有效护照（原件）、申请人近期护照照片2张、申请人户口簿、身份证副本等。财务状况材料：需资金证明。表明有能力负担在新西兰访问期间的费用及返程机票，例如一份填写完整的新西兰访问签证担保表（INZ1025），显示存款记录的银行存折，最近6个月的银行对账单或工资单，显示信用额度的信用卡对账单，其他资金证明或固定资产等。工作证明：如有工作，需提供雇主证明信，如为私营业主，需提供必要材料。

※所有有关签证的详细信息，请查询新西兰驻华大使馆网站http://www.nzembassy.com/zh-hans、新西兰移民局网站http://www.immigration.govt.nz/、签证申请中心网站http://www.newzealandvisachina.com/chinese/，以官方信息为准。

保险与其他证件

■ 购买出境旅游保险

出国旅游的时候，由于气候、饮食、生活习惯等均发生了变化，游客语言不通、心理紧张，再加上各种意外事件层出不穷，可能会带来身体的不适和一些突发情况。虽然旅行社会为游客提供旅行责任险，但是由于游客个人过失导致的人身伤亡和财产损失，以及由此导致的各种费用等，不在旅行社责任险的赔付范围之内。为了保证自己的健康和安全，购买一份旅游意外保险是一个不错的选择。这类保险可自行咨询保险公司，也可以请旅行社代为办理。

在购买出境旅游保险的时候，一些业内人士建议，最好包括紧急救援和医疗垫付两项功能。目前，国内多数保险公司都与一些国际救援机构合作推出境外紧急救援服务。如果游客遇到险情，可向投保公司合作的救援机构取得联系，救援公司就会提供包括治疗救援等一系列服务。

各家保险公司推出的保险种类、内容各有不同，建议你仔细了解保险产品的投保范围和所提供的服务，同时还要根据旅游目的地国家的情况来考虑是否要搭配不同的险种。

■ 购买新西兰旅游通票

综合利用巴士、火车、渡轮、飞机等覆盖新西兰全国的各种交通工具，购买可以自由乘坐、价格实惠的旅游通票（Travelpass），即可独自穿越南北岛旅行了。虽然有使用期间和乘坐次数的限制，但是如果结合旅游计划灵活使用的话，可以节省不少费用。

旅游通票的种类和价格

■北岛周游

Bay Escape
奥克兰—派希亚往返（1天起）NZ$106

Eastern Wanderer
罗托鲁阿—吉斯伯恩—纳皮尔—罗托鲁阿（3天起）NZ$129

Rotovegas Express
奥克兰—罗托鲁阿往返（1天起）NZ$188

■南岛周游

West Coast Passport
皮克顿—纳尔逊—格雷茅斯—福克斯冰河—昆斯敦（3天）NZ$177

Te Hamo's Adventure
克莱斯特彻奇—库克山—昆斯敦—米尔福德峡湾（2天）NZ$277

Maui's Canoe
克莱斯特彻奇—昆斯敦—米尔福德峡湾—弗兰茨约瑟夫冰河—纳尔逊—克莱斯特彻奇（5天）NZ$488

国际学生证（ISIC）、国际青年证（IYTC）

在世界使用最普遍的国际学生证（ISIC），无论是购买车票、机票、门票，还是住宿、购物，都可能会获得不错的优惠，是出国旅游省钱的好帮手。值得特别注意的是，此证以新学期开学的9月份作为划分期限，如果是在9月前办理，有效期限是到当年的12月底，如果是9月以后办理，有效期则到次年的12月底。申请资格为：国内外教育部认可的初中、高中及大专院校以上的全日制学生，需年满12周岁。

如果年龄未满26岁，但已经不是学生，建议可申办国际青年证（IYTC），同样可以在旅途中享有一定的折扣和优惠，如一些博物馆票、车票、演出票等。有效期为申请日起一年。

申办国际学生证、国际青年证

国际学生证协会中国办公室（国际学生证申请费用85元，国际青年证申请费用100元）

✉ 北京市朝阳区东三环北路甲2号京信大厦2145（100027）
☎ （010）65981876，（010）65981976，（010）65981955
全国统一热线：4006-100-116
🌐 http://www.isic.cc

※ 以上资讯时有变动，出发前请再次确认。以上办证地点均可面向全国邮寄办理（邮资自付），且另有其他多家机构可代办国际学生证、国际青年证，但请注意谨慎确认其资格后再委托办理。

通票预订

通票预订中心
☎ 0800-33-9966（新西兰国内）

通票网站

www.travelpass.co.nz

费用的准备

是否需要带现金
新西兰的扒手非常多,带着很多现金走动的话会很危险。但是,当地的背包客旅馆、汽车旅馆和餐馆中,也有不接受信用卡和旅行支票付款的情况,所以最好不要一分现金都不带就去旅行。

办理入住时使用信用卡
在新西兰主流的付款方式是信用卡付款。在酒店办理入住时,大多要求出示信用卡,并且可以用信用卡支付住宿费。租车时使用信用卡也会很方便。出示信用卡的话,几乎不用交保证金。

信用卡的注意事项
信用卡很便利,但是在新西兰的小商店和小餐馆,也有不接受信用卡付款的情况,所以如果想只带张信用卡就出国旅行,还是不太现实。带一些现金或是旅行支票,和信用卡一起使用会比较方便。

旅行支票使用方法
旅行支票有两处地方是需要签名的。购买旅行支票时需要在持有人一栏中签名,使用时需要在柜台签署一栏中签名。需要注意的是,如果忘了在持有人一栏中签名的话,一旦旅行支票遗失,别人也可以签名使用。将每一张旅行支票的号码都记下来,遗失的时候便可以很快发现。

如果遗失了旅行支票
告诉警察,他们会给你开具盗窃丢失受理证明书。拿着证明书、购买记录(如果没有,提供旅行支票的种类、号码、发行银行的名称、信用卡公司名称和购买日期等数据)和护照,到最近的发行银行、信用卡公司的分店挂失。如果资料完整的话,2~3天就可以获得补发。

旅行时携带金钱的方式有现金、信用卡、国际银行卡、旅行支票四种。到达新西兰后,有时很快就需要使用新西兰币,所以出发前一定要准备一些现金。到当地再兑换当地货币,汇率也比较划算。

■ 货币和兑换
新西兰的货币称为新西兰元(NZ$)。纸币有5、10、20、50、100元,共5种,硬币有10、20、50分和1、2元,共5种(参照p.300)。在新西兰的国际机场、银行、货币兑换处和酒店等地,可以兑换当地货币。地点不同汇率也不同,可以多看几个地方,比较一下再兑换。一般而言,银行的兑换汇率比酒店和兑换处的汇率要划算。硬币是不能再次兑换的,因此临近回国时,要尽量将硬币用完。

■ 信用卡
一到国外就会知道信用卡的好处。手里的现金和旅行支票不够的时候,可以用信用卡提取当地货币。到酒店住宿和租车时,用信用卡既可以累积信用,又可以顺利地办手续。更重要的是信用卡像现金、旅行支票一样,不需要多次缴纳兑换手续费。

■ 国际银行卡
国际银行卡可以从自己的国内账户中提取当地的货币。有国际银行卡的话,可以不用兑换,在长期逗留时让家人往账户里存钱,当天就可以取现金,非常方便。但是,一般来说,使用国际银行卡在境外取款,要收取一定的手续费。同时,我国对境外取款金额也有一定的限制,可事先与发卡机构联系确认。

■ 中国银联卡
中国银联已开通了银联卡在新西兰的使用受理。银联在新西兰的客户服务热线是0800-450-831。现在,银联卡可以在新西兰银行(BNZ)的400多台加装了中文界面的取款机上取款,主要分布在奥克兰、惠灵顿、昆斯敦、克莱斯特彻奇等地,也可以在新西兰多家商户中使用。建议你使用前主动询问是否可使用银联卡。另外,国家对银联卡每日取款金额有限制,请事先咨询确认。

■ 旅行支票
旅行支票(T/C)十分方便。与现金不同,旅行支票只能供本人使用,比现金要安全。万一弄丢了,还可以申请补发,兑换汇率也比现金更划算。比起带现金而言,还是多带些旅行支票吧!

使用旅行支票时,需要出示身份证明。在可以使用旅行支票的地方,不要忘了带上护照和身份证件。新西兰元的旅行支票现在已经不再发行,可以购买美元旅行支票。但需要注意的是,在小城镇,会出现不能兑换的情况。使用旅行支票时需要签名。

柜台签署
使用时在这里签名

旅行支票号码

持有人
购买后立即签名

携带物品

■旅行时带上它们,会很方便

去新西兰旅行时,带哪些东西会让旅行更方便呢?首先是雨具。新西兰的冬天经常下雨,在其他季节,明明天气很晴朗却突然下雨也是常有的事。折叠伞和风衣是必需品。其次是防晒用品。臭氧洞已经是很大的威胁,而且新西兰的紫外线特别强烈,甚至有人说新西兰的紫外线是亚洲国家的数倍。天气晴朗的时候,外出要记得带上防晒霜、太阳镜和帽子。此外,新西兰的空气非常干燥,甚至有游客在当地待了一周后,皮肤就变得非常粗糙。所以,建议带上适合自己的护肤用品。

●新西兰的电源电压

新西兰的电压是230~240伏特,频率是50赫兹。插座的插口是三孔式的,所以要准备插头转换器。

■旅行地的服装建议

新西兰有一天即可经历四季的说法。有时候觉得天气很热,适合穿T恤时,突然天气又会变冷,需要穿上夹克衫。因此,衣服最好是带可以套在外面穿的那种。此外,新西兰的国土南北狭长,所去的地方不同,气候和气温也会有很大的变化(参照p.278)。所以要根据旅行的行程来准备衣服。

奥克兰　奥克兰全年都是很温和的气候,但是冬季雨天多,会感觉比较冷,必须带上夹克衫和毛衣等衣服。夏天也有气温上升到30℃的时候,要准备较薄的外衣。但不管是哪个季节,都要准备外套和皮制大衣。

惠灵顿　惠灵顿风很大,所以冬天会非常冷,要带上厚夹克和外套。此外,惠灵顿的雨天也很多,必须带上雨衣。因为风太大,所以雨衣比折叠伞要方便。夏天穿薄衣服就可以了。不过最好还是准备一件外套。

克莱斯特彻奇　克莱斯特彻奇位于坎特伯雷平原的中部,比其他地方要干燥。克莱斯特彻奇气温也很低,甚至夏天有时都需要穿夹克衫,冬天的话要穿厚的外套和毛衣。此外,最好带上手套和帽子。

■轻松出发

根据目的地和旅行的目的,尽可能地少拿行李是旅行的基本原则。行李太多会很不方便。其实,只要计划周详,即便是把行李控制在最少的范围内,到了旅游目的地也不会带来什么大麻烦。需要注意的是,乘坐飞机时有行李的重量限制,超过此限制的话,会要求交超额费用。

飞机上行李的重量限制
经济舱:一件23千克以内的行李
商务舱:最多3件23千克以内的行李
行李超重部分,要加收超重费用。

可以带入飞机内的行李
经济舱
长、宽、高合计115厘米以下,7千克以下的行李一件。
商务舱
可以带两件行李进入机舱。每件长、宽、高合计115厘米以下,重量7千克以下。

带行李时的注意事项
新西兰是农业国,对于可以带入机舱的动植物和食品有着非常严格的规定。基本上所有的食品都要写在机场配发的申请书上,必须在检疫处接受检查。生的东西(包括蜂蜜)原则上也不能带入机舱内。除了食品外,带有泥土的户外用品(徒步旅行鞋和帐篷)等也必须要申报。免税范围请参照p.286。

盛夏的奥克兰可以穿上薄薄的夏装

克莱斯特彻奇的夏天有时也很冷

不需要名牌
在新西兰,几乎没有多少从头到脚都精心打扮、全身上下都是名牌的人走在大街上。新西兰是一个穿着T恤和短裤就可以进入高级咖啡厅喝咖啡的民族。这个国家四周都是美丽的大自然景观,没有必要用名牌把自己包裹起来。

在国内收集旅游信息

新西兰旅游局的官方信息
新西兰政府旅游局网站
HP http://www.newzealand.com

在新西兰政府旅游局开设的网站上，可以获得护照、签证和旅游指南等各种详细信息。网站上的旅行计划功能，可以帮助你制订自己的旅行计划。网站上还可以查询到住宿、旅行社预订等信息。

■ 新西兰旅游局

想去新西兰旅行，建议先看看新西兰政府旅游局的网站。除了可以获得当地的基本信息之外，还可以看到最新资讯。旅行信息的变化是非常迅速的，如果行前不对一些重要信息进行确认，有可能到了当地之后因计划改变而手忙脚乱。官方网站上的信息一般比较权威，建议多加利用。网站上除了有当地的地图和住宿指南外，还有很多主题游览信息。

■ 网站上的信息收集

网络的好处是随时随地都可以获取世界各地的信息。在旅行前的信息收集过程中，一定会用到网络。和新西兰旅行有关的网站很多，但是常常不知道看哪个好。在这里，推荐大家看看新西兰大使馆和新西兰旅游局开设的网站。在这些网站上，可以获得简单明了、正确的信息，网站上还有很多与政府有关的链接，从中可以链接到其他的网站，找到自己所需要的信息。

新西兰大使馆
HP http://www.nzembassy.com/china

网站上有大使馆的新闻，获得签证的方法，有关经济、文化的介绍等各种信息，可以按照网站上提供的地图获知前往大使馆的方法和路线。

奥克兰旅游局
HP http://www.aucklandnz.com/cn

网站上介绍了奥克兰地区的概况、文化、历史、节日盛会、住宿等信息。

新西兰YHA网站
HP http://www.yha.co.nz

网站上可以预订青年旅舍的房间。如果有青年旅舍的会员卡，会比较方便。

新西兰长途巴士
HP http://www.intercitycoach.co.nz

可以在网站上预订长途巴士，还可以购买通票。

新西兰教育
HP www.nzeil.co.nz

最适合要去新西兰留学的人。网站上也有关于新西兰的各种基本信息。

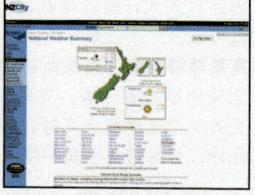

新西兰城市天气
HP home.nzcity.co.nz/weather

网站上可以查到新西兰全国的天气。还可以看到各个城市的天气情况和未来三天的天气预报。

很多网站的网页上也可以进行旅游信息咨询和住宿设施预订，对于没有时间的游客来说，这是一种非常方便的获取旅游信息的方法。不过，这些咨询和预订大多只用英语受理。

旅行信息
新西兰篇

Travel Information

入境、出境	p.286
新西兰的机场	p.288
新西兰国内交通	p.290
航空线路	p.290
长途巴士	p.292
火车	p.294
渡轮	p.295
市内巴士、出租车	p.296
租车	p.298
兑换和信用卡	p.300
电话、邮政和网络	p.302
餐馆用餐建议	p.304
商场购物建议	p.306
安全提示——实例和预防	p.308
健康之旅	p.310

入境、出境

入境流程

新西兰的免税范围

入境时，在新西兰的国际机场也可以购买免税商品。免税店位于从到达大门到入境检查处的途中。免税范围有4.5L的葡萄酒、啤酒（或是葡萄酒和啤酒6大瓶）、威士忌等烈酒，酒1.125L，香烟200支。其他的物品总计不超过NZ$700。

机场的麻烦事

●丢失行李

行李没有从旋转台中出来的时候，要到附近的航空公司行李丢失窗口登记。通常，登机牌和机票上都会有寄存行李时的记录，告诉工作人员行李编号和行李特征等，按照工作人员的指示操作。

出境流程

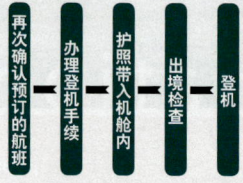

会话：再次确认预订的航班

I would like to reconfirm my flight.
我想再确认一下预订的航班。
May I ask your name and flight number？
请问您的姓名和预订的航班名称是？
My name is Lijing. My flight number is NZ99.
李静。预约的航班是NZ99次航班。
When is it？
乘坐日期是？
It's 12th October.
10月12日。

■ 到达新西兰

入境检查 下飞机后，沿着"护照管理"（Passport Control）的标志走到入境检查处。窗口分为"新西兰人和澳大利亚人"（New Zealander or Australian），以及"其他"（Other），注意不要弄错，到"Other"的窗口排队，排到自己时出示护照和入境卡。有时检查人员会要求确认回国时的飞机票。如果入境卡中没有什么不明确的地方，一般检查人员是不会特意为难你的。在护照上盖上"入境许可"（Permit）图章后，审查就结束了。

取行李 出了入境检查处之后，就到行李认领处（Baggage Claim）领取在出发机场所托运的行李。电子显示屏上会显示行李从哪个传送带上出来。很多行李都很相似，注意不要拿错，此外，有件行李要取的时候不要漏掉了。取完所有的行李之后，准备已经填好的海关、检疫卡，进入下一个环节。

海关和检疫 海关和检疫分别在两个地方。如果没有什么需要申报的东西，就可以进入绿色通道。有需要申报的东西时进入红色通道，让检查员确认海关、检疫卡的内容。与其他国家相比，新西兰的检疫系统非常严格，会使用X射线严格检查所带入的食品和民间工艺品。一旦发现违反相关规定时，会以以罚金，甚至逮捕，因此要注意正确填写海关、检疫卡。海关的检查员会领着检查犬巡逻查看，防止有人带入违禁品。

■ 离开新西兰

结束了快乐的旅程，终于到回国的这一天了。从新西兰出境比进入新西兰时手续要简单很多，但最少也得提前2小时到机场。

再次确认预约的航班 有些航空公司需要在回国的72小时前再次确认预订的航班。可以直接到所要乘坐的航空公司去，也可以打电话确认。确认时，只需告诉自己的姓名、回国时的航班名称，以及航班的日期等信息就可以了。有时，也可以在进入新西兰时，在机场柜台进行回国航班的再次确认。JAL和新西兰航空等航空公司是不需要再次确认的，但是购买飞机票时一定要确认一下。

办理登机手续 到所乘坐航班的航空公司柜台处，出示你的护照和飞机票，把要存入飞机内的行李交给工作人员。拿着出境卡，在出境审查之前填写好各项内容。

出境检查 向检查员出示护照和登机牌、出境卡，接受出境检查。在出境审查柜台附近也放有出境卡，在登机柜台处忘了拿时可以在这里取。

登机 出国检查后，向写有"Boarding Pass"的登机口走去，等待登机指示。等待登机时也可以到免税店去购物，但要时刻注意广播里的登机信息。事先还要确认登机的时间。

在网上可以查到有关入境和海关的信息。新西兰移民局网站：www.immgration.govt.nz。新西兰海关网站：www.customs.govt.nz。新西兰检疫网站：www.quarantine.govt.nz。

填写入境卡

【正面】

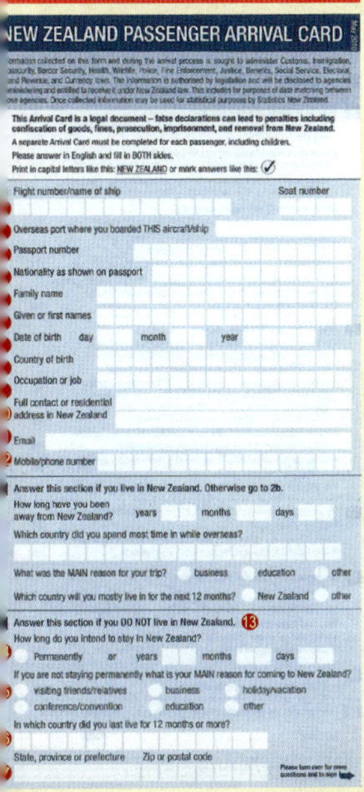

NEW ZEALAND PASSENGER ARRIVAL CARD

① 航班号/船名
② 座位号
③ 登机港口
④ 国籍（如护照所示）
⑤ 姓
⑥ 名
⑦ 出生日期 日 月 年
⑧ 出生国家
⑨ 职业
⑩ 在新西兰的居住地
⑪ 移动电话/邮箱

【正面】

⑫ 联系电话
⑬ 非新西兰居民，请回答以下问题
⑭ 在新西兰待多长时间（永久居住/年/月/日）
⑮ 入境的主要目的是什么：拜访朋友/商务出差/旅游观光 学会、会议/留学/其他
⑯ 最近停留12个月以上的国家的名称
⑰ 省市县名称/邮政编号

【反面】

⑱ 最近30天去过的国家
⑲ 你知道自己的行李中都有些什么吗
⑳ 你有带以下物品吗
㉑ 食物
㉒ 动物以及动物制品（肉、乳制品、鱼、蜂蜜、鸡蛋、羽毛、贝壳、羊毛、皮、骨头、虫子）
㉓ 植物以及植物制品（水果、蔬菜、叶子、坚果类、鲜花、种子、根茎、蘑菇、藤、竹子、树木、稻草）
㉔ 其他有可能感染的物品
㉕ 动物医药、微生物、土、水
㉖ 接触动物、植物和水的东西。钓鱼和潜水道具
㉗ 带有土的东西。登山靴、帐篷等户外用品
㉘ 最近30天内，接触过除了宠物以外的动物吗，去过除新西兰国家以外的森林、牧场和肉食加工厂吗
㉙ 你有带以下物品吗
㉚ 麻药、凶器等禁止带入的东西
㉛ 超过带入重量限制的酒类和香烟
㉜ 超过NZ$700的悬挂物
㉝ 商用物品，代替他人所带的物品
㉞ NZ$10 000以上的现金，以及相当于此金额的外币
㉟ 有新西兰的护照和再次入境的签证吗
㊱ 有澳大利亚的护照和永久居住签证、再入境签证吗
㊲ 不符合以上叙述的人，请申请以下的入境许可
㊳ 观光/永久居住/免申请/劳动/留学/带有限制的许可
㊴ 到国的目的是治病、看病和分娩吗？
㊵ 曾经有12个月以上的服役，以及被强制遣送和驱逐出境的经历吗
㊶ 所填写内容真实、无误
㊷ 签名/日期

旅行信息【新西兰篇】

入境、出境

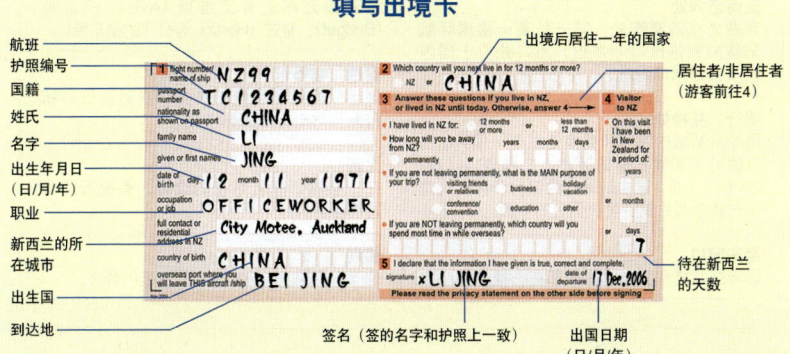

填写出境卡

- 航班
- 护照编号
- 国籍
- 姓氏
- 名字
- 出生年月日（日/月/年）
- 职业
- 新西兰的所在城市
- 出生国
- 到达地
- 出境后居住一年的国家
- 居住者/非居住者（游客前往4）
- 待在新西兰的天数
- 出国日期（日/月/年）
- 签名（签的名字和护照上一致）

新西兰的机场

克莱斯特彻奇国际机场

www.christchurch-airport.co.nz

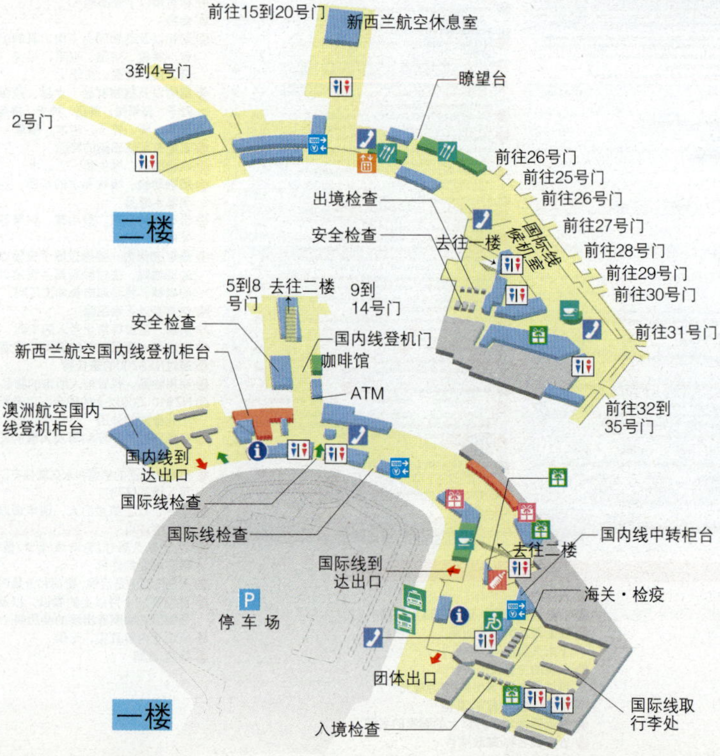

二楼
- 2号门
- 3到4号门
- 前往15到20号门
- 新西兰航空休息室
- 瞭望台
- 出境检查
- 安全检查
- 去往一楼
- 国际线登机室
- 前往26号门
- 前往25号门
- 前往26号门
- 前往27号门
- 前往28号门
- 前往29号门
- 前往30号门
- 前往31号门
- 前往32到35号门
- 5到8号门
- 去往二楼
- 9到14号门
- 安全检查
- 新西兰航空国内线登机柜台
- 国内线登机门
- 咖啡馆
- 澳洲航空国内线登机柜台
- ATM

一楼
- 国内线到达出口
- 国际线检查
- 国际线检查
- 停车场
- 国际线到达出口
- 去往二楼
- 国内线中转柜台
- 海关・检疫
- 团体出口
- 入境检查
- 国际线取行李处

克莱斯特彻奇国际机场内的服务设施

旅游咨询处
有两处旅游咨询处。第一处离一楼国际航站楼的到达出口非常近，第二处位于国内航站楼搭乘口附近。

银行、兑换处
国际航站楼的银行和兑换处位于一楼到达出口的前面和候机室的旁边，二楼28号门和29号门之间。国内航站楼的银行和兑换处位于一楼新西兰航空登机柜台的对面。

租车窗口
国际航站楼和国内航站楼都在一楼的各个旅游咨询处附近有艾维斯（Avis）、巴吉特（Budget）、赫兹（Hertz）等公司的租车窗口。

餐馆、咖啡馆
国际航站楼和国内航站楼都在到达出口和搭乘口附近有数家咖啡馆。

上网
在一楼靠国际航站楼的位置，有投币式的网络服务。

邮局
位于一楼国内航站楼旅游咨询处的旁边。

| 旅游咨询处 | 商店 | 商店(免税店) | 扶梯 | 电梯 | 餐馆 | 咖啡馆 | 兑换处 | 吸烟处 | 公共电话 | 洗手间 | 哺乳室 | 轮椅用洗手间 |

奥克兰国际机场

HP www.auckland-airport.co.nz

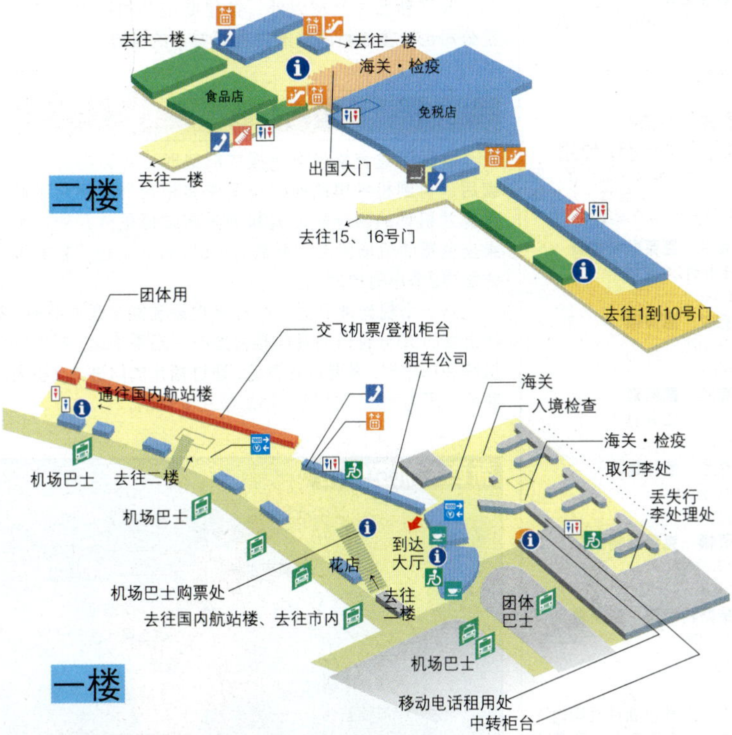

二楼
- 去往一楼
- 去往一楼
- 海关·检疫
- 食品店
- 免税店
- 去往一楼
- 出国大门
- 去往15、16号门
- 去往1到10号门

一楼
- 团体用
- 通往国内航站楼
- 交飞机票/登机柜台
- 租车公司
- 海关
- 入境检查
- 海关·检疫
- 取行李处
- 丢失行李处理处
- 机场巴士
- 去往二楼
- 机场巴士
- 花店
- 到达大厅
- 去往二楼
- 机场巴士购票处
- 去往国内航站楼、去往市内
- 团体巴士
- 机场巴士
- 移动电话租用处
- 中转柜台

奥克兰国际机场内的服务设施

旅游咨询处
位于一楼到达出口的旁边。

银行、兑换处
一楼有3处,位于到达出口左侧和登机柜台的对面。二楼在免税店区域。

租车窗口
一楼到达出口的右侧有艾维斯（Avis）、巴吉特（Budget）、赫兹（Hertz）等的租车窗口。

餐馆、咖啡馆
一楼到达出口附近有3处麦当劳和咖啡馆,二楼的出国登机口前面和登机门附近有餐馆和咖啡馆。

上网
投币式的上网服务位于一楼麦当劳前面和8号门出口附近,二楼的免税店附近也有上网服务。

邮局
位于一楼到达出口右侧的租车窗口的旁边。

新西兰国内交通
航空线路

航空公司联系方式
新西兰航空
☎ 0800-737-000（新西兰国内）
HP www.airnz.co.nz
捷星航空公司
☎ 0800-800-995（新西兰国内）
HP www.jetstar.com

主要城市间的航线所需时间和费用
新西兰航空有最便宜的机票。但要注意的是，以下价格会因时间段而有所变化（2010年10月）。

● 奥克兰—克莱斯特彻奇
大约1小时20分钟
NZ$61～

● 奥克兰—惠灵顿
大约1小时
NZ$51～

● 奥克兰—昆斯敦
大约1小时45分钟
NZ$99～

● 奥克兰—罗托鲁阿
大约40分钟
NZ$72～

● 惠灵顿—克莱斯特彻奇
大约45分钟
NZ$59～

● 克莱斯特彻奇—昆斯敦
大约1小时
NZ$59～

在网上预订新西兰国内飞机票的话，在奥克兰、克莱斯特彻奇等大型机场，用机器即可办理登机手续（p.291的图片）。把信用卡插入机器，然后按照触摸屏的显示操作。

■ 新西兰国内航线
覆盖新西兰国内各地的航班由新西兰航空和与其合作的其他航空公司运营。航线覆盖国内26个城市，几乎网罗全国。每天起飞的飞机数超过500个航班。

除了新西兰航空以外，捷星航空公司和太平洋蓝航空公司也有覆盖新西兰国内主要城市的航班。

■ 乘坐新西兰国内航线
从国际线直接换乘到国内航线时，可以办完入境手续后，再到机场里的航空公司中转柜台办理换乘手续。奥克兰机场的国际航站楼和国内航站楼是分开的，可以乘坐免费的机场巴士（所需时间5分钟）前往。换乘时大约需要2个小时的时间。

从一个观光地到另一个观光地需要乘坐国内线时，要在出发的30分钟前到登机柜台处办完搭乘手续。要寄存登机牌和行李时，需要取寄存证，通过指定的门进入飞机内。新西兰国内线所有的航班都是禁止吸烟的。

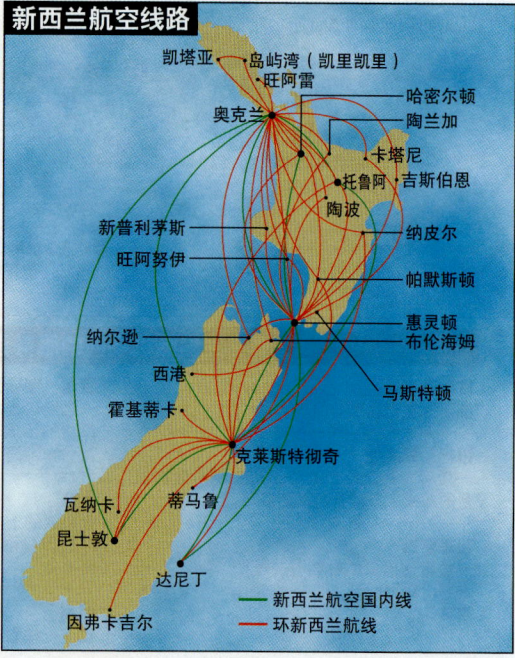

新西兰航空线路

乘坐国内线时可以携带一件23千克以下的行李。24~32千克的行李要收NZ$50的超重费。自行车、冲浪板、高尔夫球袋等都算一件行李，要寄存这些东西时，需要事先申请，与行李箱分别存放。有时这些行李也要收超重费。

买票

在当地购买国内线机票的话，最常用的方法是到旅行代理店预约。飞行中心（Flight Centre）、STA旅行（STA Travel）等旅行代理店在全国都有分店，可以买到便宜的机票。此外，在奥克兰、克莱斯特彻奇和昆斯敦等地有很多有外语服务的旅行代理公司，不但提供住宿等成套服务，还可以买到实惠的机票。

以新西兰航空为首，覆盖了新西兰国内线的各家航空公司，都可以通过电话和网上预订。如果出发前知道乘坐哪些新西兰国内航线，就可以在购买国际线机票时，一起购买国内线机票。

折扣票

在当地购买国内线机票时，会有各种打折制度。新西兰航空有打九折和打七折的机票。但是打折机票都是限定路线的，打七折的机票在出发前的一周完成预订和发票手续。此外，根据路线和航班次的不同，设定了"Smart Saver"和"Flexi Plus"两种打折机票。"Smart Saver"有最便宜的机票，但是购买后有不能变更、不退款等条件。任何一种打折机票都有数量的限制。因此，购买时要问一下是否还有这些打折机票。此外，还有学生优惠（需要出示国际学生证）、折扣待机等优惠条件。购票时，不要忘记确认自己是否符合有关折扣条件。

取消机票

基本上所有的折扣机票都是不能变更的，取消后也不会退款。购买机票时注意确认机票的有关限制条件。

在新西兰全国各地都有分店的飞行中心（Flight Centre），在这里可以买到价格实惠的机票

从国际线转乘时

奥克兰国际机场

完成了海关、检疫后，按照指示牌去中转柜台，办理国内线的搭乘手续。中转柜台在到达大厅的前面，注意不要走过了。国内航站楼和国际航站楼是分开的，因此去往国内航站楼时需要时间，最好早点把手续办完。来往于两座航站楼之间的免费机场巴士在国际航站楼到达出口的正面，每隔20分钟发车一趟。所需时间是5分钟。

来往于奥克兰国际航站楼和国内航站楼之间的免费机场巴士

克莱斯特彻奇国际机场

国际线和国内线位于同一座航站楼的两端。出了国际线的到达大厅，往反方向走，就可以办理国内线的搭乘手续。

新西兰航空办理登机手续的机器

长途巴士

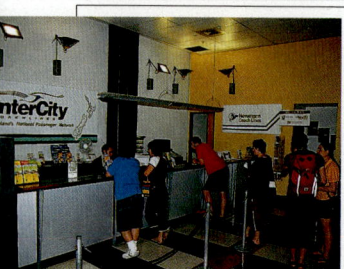

城际长途巴士的预订窗口

长途巴士的预订、咨询处
● 城际长途 InterCity
☎ 09-583-5780（奥克兰）
☎ 04-385-0520（惠灵顿）
☎ 03-365-1113（克莱斯特彻奇）
☎ 03-471-7143（达尼丁）
HP www.intercity.co.nz

● 纽曼斯 Newmans
☎ 09-583-5780
HP www.newmanscoach.co.nz

● 北线 Northliner
☎ 09-583-5780（奥克兰）
☎ 04-385-0520（惠灵顿）
☎ 03-365-1113（克莱斯特彻奇）
HP www.northliner.co.nz

● 原子巴士 Atomic Shuttle
☎ 03-349-0697（克莱斯特彻奇）
HP www.atomictravel.co.nz

● 总线巴士 Bottom Bus
☎ 03-477-9183（达尼丁）
HP www.bottombus.co.nz

● 赤裸巴士 Naked Bus
☎ 0900-62533
HP www.nakedbus.com

城际长途巴士

纽曼斯巴士

■ 新西兰的长途巴士

在新西兰国内旅游，最有效的交通工具是长途巴士。长途巴士不仅涵盖了新西兰的主要城市和旅游景点，而且还深入到全国各地，价格也比较便宜。

新西兰各地都有长途巴士公司，其中规模最大的是城际长途（InterCity），它覆盖全国，线路众多。

除了城际长途外，还有与城际长途合作，线路覆盖奥克兰以南的北岛和南岛部分地区的纽曼斯巴士（Newmans）、北线巴士（Northliner）以及在全区都有线路的赤裸巴士（Naked Bus），连接南岛主要城市和旅游景点的原子巴士（Atomic Shuttle），线路众多。

● 运行在特殊区域的巴士

运行在南岛南端的总线巴士（Bottom Bus）等运行在特殊区域的巴士基本上都是面包车和小型巴士。由于线路比较少，因此运送能力不高。而且，在当地以外的地方，无法获得巴士运行的相关信息，非常不方便。但是车内氛围舒适，服务周到，车费也不贵，还可以和其他的游客互相交流。有机会的话，一定要乘坐一次，体验一下。

新西兰长途巴士线路

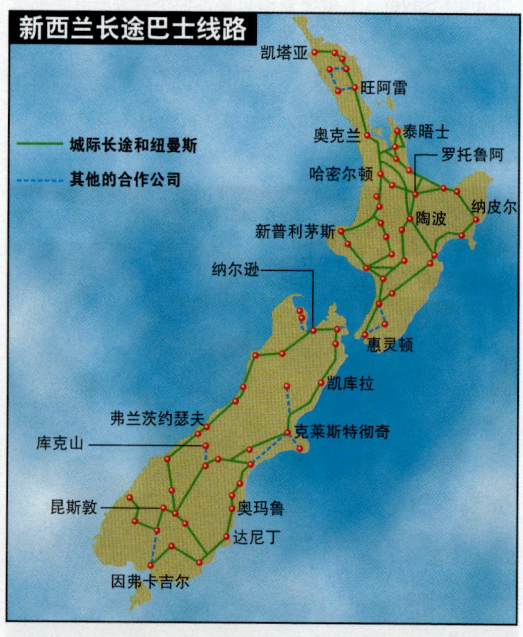

■ 车票预订与购买

长途巴士的车票基本上都是预订制。尤其是夏季的旅游旺季，受欢迎的线路通常都是满席，所以要提前2~3天到旅行代理公司、旅游咨询处和始发站窗口进行车票预订，办理交付车票的手续。各家巴士公司都接受电话预订，大型的巴士公司还可以在网上预订。从网站上还可以获得运行时间表和路线、地图等最新信息。如果在小城镇，车票已经预订好但是没有取票窗口时，可以直接从司机那里买票乘车。预订的好处不仅是能买到空座位，而且在乘车站以外的地方也可以上车乘坐，即使巴士晚点了，也不用担心坐不上车。此外，因时间和路线的不同，有时还有打折车票。

巴士旅游车票

建议乘坐长途巴士旅行的游客购买旅游车票。城际长途和纽曼斯有共同的旅游通票（Travel Pass）和自选票（Flexi-Pass）。除此以外，各家巴士公司都出售价格实惠的旅游车票，可以提前到网上或旅游信息中心确认。有些旅游车票只是单程，购买前要注意确认。旅游通票"Travel Pass"不仅可用来乘坐巴士和渡轮，观光时也可以使用，而且可以根据日程和预算，选择不同的交通工具和有效期限等，是非常方便的旅游车票。

乘坐巴士

有好几种不同的长途巴士始发站。在奥克兰、克莱斯特彻奇等大城市，有长途巴士专用的发车站。在地方城市，长途巴士的始发站大都在旅游咨询处前面和火车站前面的广场等地。在小城镇，公共汽车站大都在超市和加油站的前面。在巴士发车前的15分钟，巴士来到发车站。巴士来了后，要给司机看自己的票。如果有些车站的验票窗口是另外设置的，在那里即可办理乘车手续。有大件行李时，乘车前要预存，装有贵重物品的小包可以带入车内。大约每隔两小时，巴士会停车一次，让乘客上洗手间。车内禁止吸烟。

长途巴士打折车票（城际长途）

● **背包客折扣**
在标准价格上打8.5折（出示YHA、BBH等卡）
● **学生折扣**
在标准价格上打8折（出示国际学生证）

真心 导游

巴士和火车，选哪个

旅游时，选择哪种交通工具要根据旅游的类型来决定。想享受一次舒适、随意的旅行时，可以选择乘坐火车，精力充沛、想到处都看看的话建议选择巴士旅行。在火车和巴士内的感觉是完全不一样的。乘坐火车时，可以在车内吃饭、喝酒，欣赏车窗外的风景；乘坐巴士时，通常在车内是不让吃东西的。乘坐火车本身就可以说是一种旅游活动，而乘巴士只是到达下一个目的地的移动方法而已。

参加巴士团体游

巴士团体游是结合了交通和当地观光活动、住宿等成套服务的旅游项目。参加巴士团体游的手续简单，还可以根据不同的需要享受打折服务，因此很受游客的欢迎。巴士团体游的线路有很多，可供选择的旅游活动也非常丰富。制订旅行计划时，一定要把巴士团体游纳入其中。
● GreatSights（进行北岛、南岛的巴士团体游的策划和经营）
☎ 09-583-5790
☎ 0800-744-487
HP http://www.greatsights.co.nz

奥克兰的长途巴士车站

火车

新西兰的铁路

由高山景区铁路公司运营的新西兰国内铁路是连接主要城市的主要交通工具,由于线路长,火车每天也就运行1~2趟,因此乘坐火车旅行不是很方便。但是,火车窗外的景色非常壮观,会让你拥有一段不一样的旅行回忆。

尤其是连接克莱斯特彻奇和格雷茅斯,经过南阿尔卑斯山的高山号,由于沿途美丽的风景,很受游客的欢迎。

高山景区铁路公司
Tranz Scenic
☎ 04-495-0775
☎ 0800-872-467(新西兰国内通话免费)
HP www.tranzscenic.co.nz

景区铁路通票
可以有效利用新西兰国内的铁路和渡轮的通票。有效期是7天或是14天,只要在有效期内,就可以多次乘坐。乘坐连接北岛和南岛的渡轮时还可以使用岛际渡轮公司通票。乘车时,需要出示通票和带有照片的身份证。

仅限南岛铁路(有效期7天)NZ$301、国内铁路和渡轮(有限期7天)NZ$409、国内铁路和渡轮(有效期14天)NZ$517。

购买火车票

火车票可以在乘坐的半年前到最近的旅游咨询处、旅行代理店、火车站的办事处预订、购买。电话预约火车票时,要到最近的火车站付款取票。提前预订的话,有车费大幅打折的"Super Saver"优惠票等,不过对时间和坐席类别有一定的限制。此外,还有学生优惠、青年旅舍会员优惠和老年优惠。

乘坐火车

长途火车都有指定的坐席。发车前20分钟在站台完成乘车手续。每人可以随身携带一个大件行李(30千克以内),超过30千克的行李要收超重费。全部预订乘客的乘车手续都办完后,有时也会在计划时间之前发车,因此注意办完乘车手续后不要走远。

在列车的休息车厢内有售卖小吃、当地产的啤酒和葡萄酒等商品的柜台,这也是乘车时的一种乐趣。有的线路有安装玻璃窗的眺望车厢,可以很好地欣赏车外的风景。此外,车内禁止吸烟。

主要铁路路线和票价

火车名	线路	所要时间	运行趟数	单程车费
城际线	奥克兰—惠灵顿	大约12小时	旅游旺季每天运行,旅游淡季仅限周五、周六、周一	NZ$49~131
首都号	北帕默斯顿—惠灵顿	大约2小时	周一到周五、上午和下午各一趟	NZ$3.50~24.50
海岸号	克莱斯特彻奇—皮克顿	大约5小时30分钟	每天上午和下午各一趟	NZ$49~
高山号	克莱斯特彻奇—格雷茅斯	大约4小时30分钟	每天上午和下午各一趟	NZ$89~164

新西兰主要铁路路线

- 奥克兰 Auckland
- 哈密尔顿 Hamilton
- 罗托鲁阿 Rotorua
- 国家公园 National Park
- 北帕默斯顿 Palmerston North
- 皮克顿 Picton
- 惠灵顿 Wellington
- 凯库拉 Kaikoura
- 亚瑟山口 Arthur's Pass
- 格雷茅斯 Greymouth
- 克莱斯特彻奇 Christchurch
- 达尼丁 Dunedin
- 因弗卡吉尔 Invercargill

城际线 The Overlander
首都号 The Capital Connection
高山号 The TranzAlpine
海岸号 The TranzCoastal

渡轮

■ 连接北岛和南岛的渡轮

新西兰北岛和南岛之间没有桥梁和隧道，渡轮是连接两岛的主要交通工具。连接北岛惠灵顿和南岛皮克顿的渡轮公司有岛际渡轮公司（Interislander）和蓝色大桥渡轮公司（Bluebridge），每家公司都有4～5艘渡轮在运行。另加费用还可以运送汽车，但要注意的是基本上都不运送租来的车辆。航海的时间因船的种类不同而有差异，一般是3小时。

位于北岛和南岛之间的库克海峡以强风和巨浪而著称。航线的南半部分是沿着进入马尔堡的复杂海岸线前进，很少摇晃，沿途景色优美，可以体验到一次舒适的巡航游。

预订船票和乘船手续

从乘坐前6个月开始就可以在旅行代理店、旅游咨询处、渡轮码头等地预订船票。夏季的旅游旺季时，游客非常多，最好提前预订。岛际渡轮公司和蓝色大桥渡轮公司每天都有4～5艘渡轮往返航行。

乘船当天，提前45分钟到渡轮码头的登船柜台，预存大件行李。在通知登船之前，可以到码头内的餐馆和休息室等候。在到达码头的转台处领取存放的行李。

乘车和骑自行车进入码头时，必须在船出港前1小时去指定的场所。在专用窗口办理了登船手续后，工作人员会根据每辆车的大小，引导乘客登上渡轮。登上渡轮后，在车辆被固定之前，为了确保安全，司机和乘客都不要下车。

渡轮与公共交通的连接

惠灵顿的渡轮码头位于离市中心不远的地方，岛际渡轮公司的接送巴士会将游客接送到火车站（需要5分钟，每人NZ$2）。接送巴士在每艘渡轮出港前50分钟从惠灵顿站的站台出发。惠灵顿站的站台也是城际长途等长途巴士的始发站。此外，在皮克顿下了渡轮只需步行5分钟就可以到火车站。渡轮码头周围有长途巴士的始发站、旅游咨询处等众多设施，而且步行即可以到达城市的中心地区。

皮克顿的渡轮码头

渡轮预约和咨询地
●岛际渡轮
☎04-498-3302
0800-802-802（新西兰国内通话免费）
HP www.interislander.co.nz
●蓝色大桥渡轮
☎04-471-6188
0800-844-844（新西兰国内通话免费）
HP www.bluebridge.co.nz

所需时间和费用（2010年10月）
●岛际渡轮
成人1人：NZ$55～75
成人1人+普通车1辆：NZ$173～248
（船的种类不同，费用也不同）
●蓝色大桥渡轮
成人1人：NZ$50～
成人1人+普通车1辆：NZ$165～

岛际渡轮

其他渡轮
●斯图尔特岛之体验
Stewart Island Experience
☎03-212-7660、
0800-000-511（新西兰国内通话免费）
HP www.foveauxexpress.co.nz
连接最南端的城市布拉夫和斯图尔特岛的渡轮。所需时间大约是1小时，单程费用成人NZ$66。

●福乐斯渡轮 Fullers
☎09-367-9111
HP www.fullers.co.nz
奥克兰周边的怀赫科岛、城市对岸的德文波特等有数条航行线路。到怀赫科岛大约35分钟，往返费用成人NZ$33.50。

●岛屿湾福乐斯景点
Fullers Great Sights Bay of Islands
☎09-402-7421
HP www.fboi.co.nz
在北岛北部的岛屿湾有渡轮连接度假胜地派希亚和拉塞尔（仅限乘客），以及奥普阿海港和奥奇阿图港（车辆往返NZ$22）。前者所需时间大约是15分钟，费用为成人往返NZ$12。

市内巴士、出租车

市内巴士的费用（2010年10月）
● 奥克兰/地铁环线
区间1 NZ$1.80
区间2 NZ$3.40
区间3 NZ$4.50
● 惠灵顿/Go・Wellington
1区 NZ$2
2区 NZ$3.50
3区 NZ$4.50
● 克莱斯特彻奇/快速巴士
1区 NZ$3.20
2区 NZ$4.40

便宜的车票
　　市内巴士有联票、家庭通票和一日通票等各种打折车票。车费各种资讯可以参照各家公司以及本书中每座城市的交通解说部分。
● 地铁环线/奥克兰
☎ 09-373-9110
HP www.metrolinkbus.co.nz
● NZ巴士/惠灵顿
☎ 04-802-4100
HP www.gowellingtonbus.co.nz
● 克莱斯特彻奇/同城交换咨询处
☎ 03-366-8855
HP www.metroinfo.org.nz

◆ 乘坐市内巴士

　　在奥克兰、惠灵顿、克莱斯特彻奇等大城市，不仅市中心，郊外也有很多旅游景点。前往周边的观光地时，可以乘坐市内巴士。市内巴士是市民上班、上学和购物时重要的交通工具，线路很多，车费便宜。乘坐市内巴士时可以接触到新西兰人平常的生活，可以体验到与坐长途巴士不一样的乐趣。市内巴士中主要的线路都是在市中心的巴士站发车，游客也不用担心迷路，乘坐很方便。

市内巴士的路线图和运行时间表

　　每个城市的巴士乘坐方法基本都一样。可以在巴士咨询处和线路图上确认所要乘坐的巴士号码，然后在乘车站乘车。通常巴士总站也设有咨询处，只要告诉工作人员目的地是哪里，他们就会告诉乘客该乘坐哪辆车，此外，这里还提供巴士运行的时间表。新西兰的市内巴士根据所乘坐的距离来计算费用，要先付车费。不同城市的车费设定会有微小的差异，最好向司机确认。此外，在旅游咨询处也可以拿到线路图和运行时间表等资料。

市内巴士的运行时间表

乘坐市内巴士

①确认巴士正面所写的目的地和线路编号。

②从前面上车。

③告诉司机自己要去哪里，交车费。
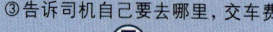

④整洁的车厢。

⑤快要到自己的下车地点时，按车上的按钮告诉司机要下车了。也有的巴士设有拉绳子会发出蜂鸣声的响铃。

■ 每个城市的公共交通

奥克兰的马克斯区域运输公司（Maxx Regional Transport）是一家巴士、渡轮和铁路的综合咨询公司。在网站"Journey Planer"上输入出发地和目的地后，就会跳出来好几种路线和相关费用。平时的营业时间是早上6:00到晚上9:00，周六是早上7:00到晚上8:00，周日是早上8:00到下午6:30，也可以通过打电话咨询。惠灵顿的"Metlink"和克莱斯特彻奇的"Metroinfo"都是开展综合咨询服务的公司。各种打折通票的信息也可以到各家公司咨询。

■ 乘坐出租车

清晨和深夜出门或是行李多、换乘巴士不方便时，乘坐24小时运营的出租车会很方便。新西兰的出租车在车顶上有"TAXI"的牌子，车身上也有很大的"TAXI"标记，一看就明白。

乘坐出租车时，可以到城里的出租车站乘车，也可以打电话叫出租车。新西兰没有像中国那样的流动式出租车，因此大部分情况下向行驶中的出租车招手时，它也不会停下来。打电话预约出租车时，要告诉对方自己的名字、现在所在的地方和所去的目的地，要确认大概多长时间能来。除了自己以外，周围还有其他人在等出租车时，乘车前要向司机确认预约者的名字。下车时，不要忘记自己关上车门。此外，新西兰当地人一个人打车时一般不会坐后面的坐席，大多会坐在副驾驶席上。如果是住在酒店和汽车旅馆的话，有时在住宿点的门前就可以叫到出租车。另外，如果是大型酒店的话，应该会有好几辆出租车在酒店前面等待。有时和酒店签订了合同的出租车会比一般的出租车贵很多。

新西兰出租车车身上有显眼的标志

● 奥克兰
马克斯
☎ 09-366-6400
HP www.maxx.co.nz

● 惠灵顿
Metlink
☎ 0800-801-7000（新西兰国内通话免费）
HP www.metlink.org.nz

● 克莱斯特彻奇
Metroinfo
☎ 03-366-8855
HP www.metroinfo.org.nz

奥克兰/地铁环线

克莱斯特彻奇/红色巴士

出租车车站的牌子

出租车的车费

出租车的起步价基本上是NZ$3左右，之后每走1千米，加价NZ$2~NZ$2.80。费用因城市和时间段而有所差异。与餐馆等一样，乘坐出租车时，不需要给小费。出租车按里程收费，基本上不会发生收额外费用的情况。电话预约时也不需要交接送费用。

租车

租车费用
5门掀背式紧凑型汽车
1天　NZ$60~（手动挡汽车、4天以上）
全尺寸4门轿车
1天　NZ$80~（自动挡汽车、4天以上）
4WD4高端轿车
1天　NZ$135~（自动挡汽车、4天以上）

　　租车费用因不同的租车公司、租用天数、租用条件以及旅游季节而异，详细情况可以咨询各家租车公司。一般而言，只有超过规定租用天数的部分才有折扣。此外，自动挡汽车也比手动挡汽车要贵。

在机场有租车服务的租车公司
艾维斯（Avis）
☎0800-655-111
巴吉特（Budget）
☎0800-283-438
赫兹（Hertz）
☎0800-654-321

◆ 租车

　　如果不想被时间和目的地束缚，想要享受一次自由的旅行的话，可以租车旅行。奥克兰和克莱斯特彻奇的机场内有艾维斯（Avis）、巴吉特（Budget）和赫兹（Hertz）等大型租车公司的租车窗口。这些租车公司在新西兰的主要城市和观光地都有营业点。例如，在北岛的奥克兰机场租车，到南岛旅行后，可以把车放在克莱斯特彻奇机场内。此外，在市内除了有这些大型的租车公司以外，还有很多价格便宜的租车公司。

　　租车时，需要国际驾照和信用卡。我国不签发国际驾照，如果想在国外租车，需要到国内的公证机构办理驾照的英文公证件。

　　预约租车时，要告诉租车公司你的出发日期、归还日期、想要的车型、信用卡卡号和有效期限。租车当天，要明确保险所适用的范围，如果需要的话，可以选择购买保险。归还汽车时不要忘记把汽油加满。此外，需要注意的是北岛北端的90英里海滩、奥克兰东南部的科罗曼德尔半岛的尖端、昆斯敦近郊的船长峡谷等地都是禁止租车公司的车辆进入的区域，所以要记得事先确认。

机场内的租车窗口

加油的流程

①加油站。在当地称为"Petrol Station"。很多新西兰的加油站同时也是出售小吃、饮料和报纸等商品的商店。加油站都是自助服务，需要自己操作加油。

②按加油泵上的按钮输入数字。按20不是表示加20升油，而是表示可以加NZ$20的汽油。要把油箱的油加满时，按"Full"键就可以。

③取加油嘴时注意不要弄错汽油的种类。把加油嘴插入车上的注入口，握住操作手柄。加入一定量的汽油后，机器会自动停止。也有的加油站有柴油、无铅汽油等，加油泵分别在不同的地方。

④加油完成后，要把油嘴放回原处，盖好车上加油口的盖子。确认好金额和加油量后，到柜台处告诉营业员加油泵上的号码，结账即可。

⑤在汽油的种类中，有无铅汽油"Unleaded91"和优质无铅汽油"Premium Unleaded"。柴油是"Diesel"。

※也有先付费用的加油站

交通规则

新西兰是左侧通行。新西兰的道路宽阔、平坦，行驶车辆少，很方便开车。不过，由于和国内右侧通行的习惯不同，所以在新西兰开车的时候要多加注意。同时，新西兰也有一些与国内交通规则不一样的地方，而且规则有可能会发生变化，如果到新西兰旅行时打算租车自驾，最好事先多了解一些当地的交通规则。在2012年之前，新西兰还实行"左转让右转"的交通规则，如在十字路口，自己的车要左拐，而对面的车要右拐，一定要让右拐的车先走，等等。不过，这种在全世界范围内都显得十分独特的让路规则在2012年已经被政府废止。

环形交叉口的通行规则

新西兰有很多环形交叉口，即数条道路相交时的一个交通转盘，通过它可以不使用红绿灯疏导交通。到了路口，只要右侧没有车开过来，就可以进入转盘，然后驶入自己要走的道路。转盘内是顺时针单方通行，即使自己要去的道路位于右侧，也必须绕转盘。

在市内和住宅地通常都会限制速度，时速是50千米。在郊外和汽车专用道（Motor Way）时速是70、80和100千米。在郊外，有时牛、羊会横过道路，注意不要超速。此外，即使坐在车内的后座，也必须系上安全带。

在当地，大的环形交叉口称为"Roundabout"

城市停车

新西兰的城市中心部和旅游胜地停车场不是很多，对违章停车的管理也非常严厉。尤其是租了车的时候，一定要往停车计时器里交钱。收到了违章停车罚单时，一定要及时交罚款。此外，在新西兰管理违章停车的不是警察，而是市镇政府。

停车计时器的使用

停车场有计时器时，投入硬币，顺时针转动刻度盘。如果是取票式的计时器，投入比最低金额高的硬币，按"OK"按钮取票。票要放在仪表盘上可以看得见的地方。

新西兰的交通标志

一旦停下来，让对方的车先行

前方有转盘

禁止停车

前方有拐弯

铁路和交叉点

禁止进入

取票式的停车计时器。大多使用纸币和信用卡

兑换和信用卡

汇率
（2012年12月）
1新西兰元约为5.1元人民币

在当地兑换

一般都是在银行和兑换公司兑换。如果找不到银行和兑换公司，又必须使用现金时，可以到酒店、旅行社和旅游咨询处去问一问。

城里的兑换公司

在当地兑换

●在银行兑换

新西兰有5家主要的银行，在全国各地的城市和旅游胜地都有它们的分行和ATM机。几乎所有的分行都有货币和旅行支票的兑换业务。不同的银行汇率会有微小的差异，注意确认银行的汇率表。有时兑换旅行支票需要护照，去兑换时不要忘了带上护照。银行的营业时间是从周一到周五的9:00~16:00。有些分行周日也会营业。ATM是全年24小时营业的。

●在兑换公司兑换

在大城市和主要的旅游胜地有民间兑换商经营的兑换公司。虽然汇率通常比银行稍微差一点，但是周六和周日甚至深夜都会营业，有时能帮上大忙。此外，兑换公司可以兑换的货币比银行的种类要多，经过新西兰到南太平洋诸岛时，通过兑换公司兑换会非常方便。

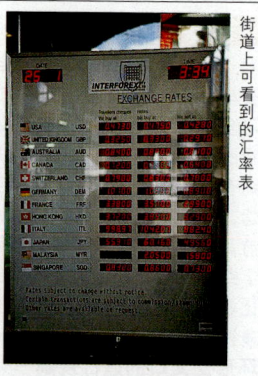

街道上可看到的汇率表

新西兰的货币

新西兰的货币单位有新西兰元（NZ$）和新西兰分（¢），100¢=NZ$1。货币的种类有硬币10¢、20¢、50¢、NZ$1、NZ$2五种和纸币NZ$5、NZ$10、NZ$20、NZ$50、NZ$100五种。各种纸币的颜色和大小都不一样，很容易区分。10¢是铜色，20¢和50¢是银色，NZ$1和NZ$2是金色。金额越大纸币越大。

兑换时,在窗口取了现金,一定要当场确认金额。在银行、兑换公司和ATM机附近要注意防止扒手。

■信用卡

新西兰被称为"信用卡社会"。不管是在酒店、餐馆、旅行代理店、免税店,还是加油站和超市都可以使用信用卡。最近,城里的出租车也可以使用信用卡付款了。很多商店都加盟了VISA和Master卡,但是有时不可以使用American Express、Diners、JCB卡。此外,用信用卡支付时,有的需要在收款条上签名,有的需要在机器上输入密码,因此拿出信用卡时,店员会问"Sign or PIN number"。请根据卡的实际情况作答即可。

银行的兑换窗口

● 也可以提取现金

城市中经常可以看到24小时营业的ATM机,可以用信用卡提取现金。但是,在ATM上取现金,一次最高只能取NZ$800(有些银行是NZ$500)。想要取比这更多的现金时,必须多次操作。从ATM机中出来的都是NZ$10、NZ$20、NZ$50的纸币,所以取钱时,会出现大量的纸币。

ATM机24小时营业

ATM的使用方法

④Please select an account. 选账户。用信用卡时选择"Credit Card",用国际信用卡从中国的普通账户转账时选择"Savings"。

①Please insert your card. 请插卡。

⑤Please select an account. 输入金额。想取屏幕上显示的金额以外的金额时,选择"Other"。

②Please enter your PIN. 请输入密码。

⑥Key in account in dollars and cents. 输入金额。

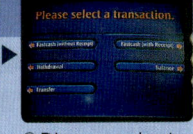
③Please select a transaction. 选择你需要的服务。取款时选择"Withdrawal"。

⑦Please confirm. 请确认。正确时按"OK"或"Correction"。错误时按"Cancel",从⑥重新开始。

⑧Your transaction has been accepted. 交易结束。

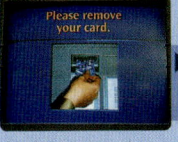
⑨Please remove your card. 请取回你的卡。

⑩Please remove your money. 请取现金。

电话、邮政和网络

租用手机

旅行时有手机会很方便。奥克兰、克莱斯特彻奇、昆敦的机场都有Vodafone手机公司的租借窗口。租借费用基本上是一天NZ$5~9.99（不同的机型价格不同），通话费用国内一律是30秒￠44.50。手机也可以打国际电话，并且可以用各种信用卡支付费用。

☎ 09-275-8154
（奥克兰机场）
☎ 03-353-1976
（克莱斯特彻奇机场）
HP www.vodarent.co.nz

从新西兰打电话到中国的拨打顺序

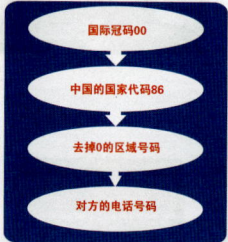

从中国打电话到新西兰的拨打顺序

打电话常用句子

公用电话在哪里？
Where can I find a public telephone?
我想打回中国。
I'd like to make an international call to China.
这个电话可以直拨国际长途吗？
Can I make an international direct call on this phone?

■打电话的方法

●从中国打电话到新西兰

从中国打电话到新西兰，要先拨国际冠码"00"，接着拨新西兰的国家代码"64"、区域号码（记得去掉前面的0）、电话号码。

奥克兰机场的手机租用窗口

●从新西兰打电话回中国

从新西兰打电话回中国，要先拨国际冠码"00"，接着拨打中国的国家代码"86"、区号（去掉前面的0）、电话号码。

从新西兰打电话回中国，有几种方式可以选择，话费的价格相差较大。如果自己的手机开通了国际漫游服务，即可直接打电话回国，但是一般情况下话费很贵（可事先咨询相关移动运营公司），不建议长时间通话使用。如果用新西兰的固定电话直接拨打回国，话费也较贵，即使是购买新西兰电信公司的电话卡，也是这样。在新西兰国内的一些杂货店、便利商店、亚洲人经营的店面等，可购买到国际预付卡，话费比较便宜，但是有时候会出现通话不稳定的情况。携带笔记本电脑时，可利用通话软件联系国内，如Skype软件等，这样只需两人负担上网费用，就可以免费通话了。

■新西兰的电话

公用电话是蓝色的，有使用硬币和专门使用卡的两种。电信公司（Telecom）的电话卡在商店和加油站可以买到，打电话时使用写在电话卡后面的号码，也有打折率很高的电话卡。电话卡式的公用电话按照液晶屏幕上显示的步骤提示即可轻松操作。

在酒店和汽车旅馆的客房打电话时，先拨酒店的外线号码，接下来拨区号（如果打到新西兰的其他城市），最后拨对方的电话号码。

电话卡

电话卡有NZ$5、NZ$10、NZ$20、NZ$50共4种。可在机场、火车站、旅游咨询处、汽油站和超市等地购买。

电话卡

信用卡式公用电话

使用信用卡式的公用电话打电话时，就像使用普通的电话卡式公用电话一样，把信用卡插入插口，然后拨号。最低的使用费用为NZ$1，打一个电话需要70￠的手续费。

南岛的区域号码都是03,但是从克莱斯特彻奇往昆斯敦打电话时,不拨区域号码就没法接通。因为同一个号码有市内和市外之分。奥克兰和北岸的区域代码都是09。打新西兰国内电话时,必须拨区域号码。

■邮局

新西兰的邮局不仅可以寄信、收发包裹,还可发传真、购买文具、缴纳公共费用等。

●邮寄书信

从新西兰往中国寄东西时,收件地址可以写中文,但是国名和邮寄方式一定要用英语写"China、Air Mail"。航空邮件的话,3~10天即可到达国内。邮件是按照地域发送的,所以不要忘记写邮政编码。投递时,要把邮件投入航空邮件窗口,即速递窗口。

●邮寄包裹

邮寄包裹时,要到邮局办理邮寄手续。邮局有大小不同的各种箱子,不但出售带有缓冲物的大型信封等商品,而且还出售绑带等捆包材料。邮寄费用按照重量和不同的邮寄方法来计算。但是,邮局不邮寄30千克以上的包裹。因此,要邮寄30千克以上的物品时,要使用国际快递。

●邮局营业时间

邮局的营业时间在工作日通常是上午9:00到下午17:00前后。有些分局周六、周日也营业。

■上网

●带上电脑

自己带手提电脑时,需要注意电压、插座和插孔的形状。新西兰的电压是230~240伏,频率是50赫兹。插座的插头是针式扁平的3极插头。中国带过去的电脑使用新西兰插座时,需要用插头转化器转换。目前电脑的AC适配器通常都支持国际通用电压(110~240伏),但是也有不适用的情况,需要事先确认。接上电源,打开电脑,就可连接因特网服务了。

●网吧

在主要城市和旅游观光胜地,有很多网吧,只要交钱就可以上网。上网费用是30分钟NZ$1.50~5。在奥克兰国际机场的到达大厅等地方设有专用电脑,花上NZ$2即可收发电子邮件、上网。

新西兰的邮局

寄往中国的邮费
明信片
NZ$1.90
信封
NZ$1.90~(平邮/13~25天)
NZ$2.40~(航空邮件/6~10天)
包裹(30千克以内)
1千克一定规格内
NZ$25.31(平邮/10~25天)
NZ$29.77(航空件/3~10天)
HP www.nzpost.co.nz

主要的国际快递

DHL Express
☎ 0800-800-020
HP www.dhl.co.nz
Fedex Express
☎ 0800-733-339
HP www.fedex.com/nz
New Zealand Couriers
☎ 0800-800-841
HP www.nzcouriers.co.nz
OCS New Zealand
☎ 09-275-3713

邮局常用句子

请把这个邮寄到中国。
I'd like to send this to China.
你能给我一个国际包裹单吗?
Can I have a dispatch note for international parcel,please?

餐馆用餐建议

餐馆内基本都禁止吸烟

酒吧、餐馆、运动俱乐部和赌场等公共场所内都禁止吸烟。在当地可以吸烟的地方是供吸烟者用的酒店房间和有许可证的开放区域。

就餐费用

一般而言，高级餐馆的正餐大约在NZ$40，中级餐馆一道菜在NZ$15以上，普通餐馆大约是NZ$10。在美食广场、外卖店（可以打包带走）的价格是NZ$7~12。

新西兰美食的特色

新西兰是乳酪王国，肉和乳制品的质量非常高，价格很实惠，而且以比较便宜的价格就可以吃到在国内价格很高的牡蛎和龙虾。此外，炸鱼和薯条等食品深受英国饮食文化的影响。

不需要小费

新西兰的餐馆基本上都不要小费。但是，如果对料理和服务非常满意，想给小费时，可以把零钱当作小费放入柜台旁边的容器里。当然也可以直接把现金交给服务员。

欢乐时光

有些小酒馆在某个时间段会对啤酒等酒类进行降价，这个时间段被称为"欢乐时光"。一般是从17:00开始到19:00。很多高级酒店的酒吧休息室也有欢乐时光。

■ 餐馆用餐

餐馆的种类

●高级餐馆

想要享受一流的服务，品尝使用高级食材烹饪的料理的话，最好的选择是到高级餐馆去用餐。不仅可以吃到美味的料理，还可以享受到餐馆内豪华的氛围。去这样高级的餐馆用餐时，着装要比平时更加正式。有些餐馆还可以看到海景和夜景。

店内装饰豪华的餐馆

●海鲜餐馆

新西兰是一个岛国，四周都是海洋，全年都可以吃到新鲜的鱼类和贝类。代表性的海鲜有龙虾、牡蛎、贻贝等。有各种不同的烹饪方法，生鱼片、寿司等日本料理因为所含热量低，深受减肥和喜好健康饮食的当地人喜爱。

●烤肉餐馆

在盛行畜牧业的新西兰，以合适的价格既可以买到质量很好的肉类。在大城市和观光景点，基本上都有烤肉专卖店，可以以自己喜欢的烤肉方式（Well-done、Medium、Rare）烧烤羊肉、牛肉和鸡肉等肉类食品。鹿肉脂肪少，味道清爽，绝对值得一尝。

●各国料理餐馆

新西兰有众多的外国移民，在城市中有很多餐馆可以吃到欧洲和亚洲各国的料理。从价格实惠的餐馆到高级餐馆，选择的空间非常大，而且在很小的城市也能找到中餐馆。

●美食广场

位于购物中心的食品柜台处。中国菜、日本料理、意大利料理、咖啡等各国美食都集中在一个地方，采用的是顾客亲自在柜台点菜付款的自助服务方式。价格一般在NZ$5~10，很实惠，午餐的时候人总是很多，非常拥挤。

有各国美食的美食广场

新西兰餐馆的营业时间基本上是：午餐从12:00到14:00，晚餐从18:00到22:00。但是，游客众多的地区的餐馆和美食广场在上述时间以外也会营业。

■ 预约

生意好的餐馆需要预约

高级餐馆、生意好的餐馆以及座位较少的餐馆最好事先预约。预约方法有打电话、发邮件和发传真等。

预约时，要告诉对方自己的姓名、联络方式、就餐日期和人数，如果抽烟的话，要询问对方是否可以吸烟的地方。如果是有海景等风景优美的餐馆的话，最好指定桌子的位置。预约当天只需告诉自己的名字，服务员就会把你带到指定的桌子。

● 着装礼仪

在新西兰基本上都是穿着便装进入餐馆。但是，一些高级餐馆有着装规范，要求男性穿夹克和西裤，女性穿礼服、套装等非常正式的服装。此外，新西兰所有的餐馆基本上都是全席禁止吸烟的。没有屋顶的露台可以吸烟，但礼貌的做法是吸烟前应先征求一下同桌人的意见。

● 付款

可以在桌上付款，也可以在柜台付款。高级餐馆基本上都是在桌上付款。要付款时，只需向服务员说一声"Check Please"（请帮我结账），服务员就会拿着付款单过来，并问"Cash or Card？"（是现金支付还是用信用卡支付？）大多数的餐馆可以使用信用卡支付，有些餐馆可以用旅行支票支付。付款时，说一声"Receipt Please"（请给我收据），就可以拿到收据。

B.Y.O

"B.Y.O(W.)"是"Bring Your Own(Wine)"的缩写，意思是可以自己带酒水进入店内。在新西兰，餐馆销售酒水是需要许可证的，有"Licensed"显示的餐馆，表示店里有酒水。但是，显示有B.Y.O(B.Y.O.W)的餐馆，可以自己带酒水进入餐馆喝。在新西兰，去餐馆之前，先到附近的商店买酒是很自然的事。通常，酒水带入费和玻璃杯使用费一个人需要花费NZ$2~3。

写有"B.Y.O"的餐馆牌子

菜单

一般而言，中高级餐馆的冷盘、沙拉、主菜、甜点和套餐是按类别在菜单上显示的。很多餐馆中料理的菜单和饮料的菜单都是分开的。

出现在菜单中的词语
appetiser/starter 冷盘
beverage 饮料
catch of the day 当天的鱼
chef's special 厨师推荐
course 套餐
cuisine 料理
dessert/sweet 甜点
entree 主菜前的料理
light meal 小吃
main 主菜
salad 沙拉
soup 汤
vegetarian 蔬菜料理

烹饪方法
baked 烤
boiled 煮
fried 炸
grilled 直接烤
roasted 烤箱烤
smoked 熏制
steamed 蒸
stewed 炖

食材的名称
Beef 牛肉
Chicken 鸡肉
Cod 鳕鱼
Crab 螃蟹
Crayfish 龙虾
Duck 鸭肉
Eel 鳗鱼
Lamb 羔羊
Mackerel 青花鱼
Mussel 贻贝
Mutton 羊肉
Oyster 牡蛎
Pork 猪肉
Prawn 对虾
Salmon 大麻哈鱼
Scallop 扇贝
Seabass 鲈鱼
Shrimp 虾仁
Snapper 鲷鱼
Trout 鳟鱼
Tuna 金枪鱼
Turbot 比目鱼
Veal 小牛肉
Venison 鹿肉

商场购物建议

营业时间和休息日

除了免税店和大型的礼品店外,通常商店的营业时间是周一到周五的9:00到18:00,周六是10:00到16:00。很多商店周日都休息。购物中心和超市的营业时间一般比平时要短,但是有很多都是周末也营业的。

在旅游咨询处获得购物指南

大城市的旅游咨询处会免费向游客发送购物指南。上面有广受欢迎的旅游景点指南以及人气商店指南等各种最新信息。有时还带有打折优惠券,可以多加利用。

大甩卖的时间

12月末到1月初,为了处理圣诞节期间残留在仓库的商品,会开展清仓甩卖活动。有些商店甚至会低至2折。此外,在季节交替时,为处理过季时装,也会举行打折活动。

G.S.T.

是"Goods"和"Services Tax"的缩写,指商品和服务等的营业税。税率是15%,商品所显示的价格包含了这些税,不需要自己计算。

■ 新西兰购物

奥克兰、克莱斯特彻奇等大城市有免税店、百货商场、礼品店、精品店和购物中心,可以尽情地购物。在罗托鲁阿、昆斯敦等地的旅游观光城市,可以买到当地独特的手工艺品和特产。很多大型的免税店、礼品店都有会外语的员工,买礼品时可以向他们咨询。

购买衣服、鞋子和内衣等衣服时,要注意新西兰和国内的尺寸是不一样的,购买时可以询问店员,也可以自己试穿。和餐馆一样,基本上所有的商店都可以使用信用卡,有些免税店内会有兑换处。

新西兰的特产

新西兰的羊比这个国家的人还要多,因此,在这里可以买到高品质的羊毛制品。毛衣、外套、使用羊皮制作的坐垫、室内拖鞋等也很受人欢迎。也有其他的与羊毛相关的商品,如羊毛脂霜。这是一种使用羊毛的油脂制作的护肤品,很容易被皮肤吸收,非常滋润。毛利人的工艺品,如木雕神像以及采用翡翠加工而成的传统饰品,也很受人们的欢迎。其他的特产还包括蜂蜜、葡萄酒、奇异果加工品、鲍鱼壳首饰,以及新西兰橄榄球队全黑队的官方商品等。

各种购物点

购物中心

超市、服装店、电器商店、书店、杂货店等,经营当地人生活用品的各种店铺都在同一座建筑里面。因此,在购物中心,不仅可以感受得到与免税店、礼品店不一样的气氛,还可以了解到当地人的生活。购物中心也有美食广场和咖啡馆等商店,一到周末的中午,这些店里就挤满了当地人,非常热闹。在奥克兰和克莱斯特彻奇等大城市,不仅是在城市中心部,在郊外也会有几家购物中心,而且规模还比市中心的购物中心要大。

昆斯敦的奥康内尔购物中心(p.125)

免税店

免税店位于奥克兰、克莱斯特彻奇、昆斯敦等大城市、旅游胜地以及国际机场内。新西兰有称为"G.S.T."的营业税,在免税店购物的话,就可以免除营业税。

在免税店购物时,要有护照和返回时的机票才行。可以买到一些尚未在中国上市的新款名牌商品,如化妆品、箱包、衣服等,甚至还能买到一些平时很难买得到的商品。除此以外,免税店的商品种类丰富,可以节约购物时间。基本上所有的免税店都有会外语的员工,不用担心语言不通的问题。

免税的手续

在大型免税店购买的商品并不直接给顾客,而是运到机场,回国时再到新西兰机场内的免税店手续柜台取商品。寄存购买的商品时,不要忘记拿写有名字和护照号码等信息的领取凭证。

有时候,即使不是在免税店购买的商品,但想要商家把商品邮寄到中国时,商家也会给顾客免税的价格。在礼品店等地购买商品时,可以问一问是否有这种免税服务。

精品店

有从路易威登等在中国耳熟能详的商品到新西兰自有品牌等各种商品。设计和制作当地的帆船队、新西兰队制服的"Line7"也经营各种休闲装。还有世界著名的新西兰时装品牌"赞比西""卡伦沃克""World"等。精品店都设在各个城市的市中心和购物中心内。

集市

新西兰人很珍惜物品,在集市出售的二手物品很受人们的喜欢。一到周末,在新西兰的各地都会举办集市。虽说是二手物品,但有些还可以用很长时间,甚至有些作为古董还有很高的价值。集市里商品种类非常丰富。有些集市也会出售全新的衣服、土特产、水果和坚果等商品。到集市走走,与当地人讨价还价,可以充分地享受跟当地人交流的乐趣。

古董市场的盛况

全国代表性的自由市场

工艺品市场(Art & Craft Market)
●克莱斯特彻奇
MAP p.50-B ✉The Art Centre
开 每周六、周日10:00~16:00
交 大教堂步行5分钟

奥提广场市场
(Aotea Square Market)
●奥克兰
MAP p.176-F ✉Aotea Square
开 每周五、周六10:00~18:00
交 天空塔步行5分钟

工艺品市场
(Art & Craft Market)
●昆斯敦
MAP p.115 ✉Earnslaw Park
开 每周六8:00~16:30(冬季9:00~15:00)
交 旅游咨询处步行7分钟

湖畔工艺品市场
(Lakefront Craft Market)
●罗托鲁阿
MAP p.229-B ✉Lake Front
开 每个月第2周和第4周的周六、每周周日9:00~16:00
交 旅游咨询处步行5分钟

纳尔逊市场(Nelson Market)
●纳尔逊
MAP p.86 ✉Montgomery Square Carpark
开 每周六8:00~13:00
交 旅游咨询处步行5分钟

安全提示——实例和预防

在城里步行时的注意事项

强奸和抢劫等犯罪事件基本上都是发生在夜间,因此,不管男女,夜间不要一个人独自在街上行走。繁华街区虽然很热闹,但是进入小巷子的话,街灯很少,行人也很少,要特别注意安全。最好避免去巴士站、公共厕所等各类人群集中的地方。晚上最好是乘坐出租车等回住宿点。

在ATM上取款时的注意事项

在城里的ATM机上取款时,要先确认周围没有可疑人物再取款。不要让别人看到自己取了多少钱。最好让朋友等站在自己的身后。取出来的钱要立刻放入包中。ATM机24小时营业,晚上取款的时候要特别留意。

在住宿点的注意事项

背包客旅馆价格便宜,能结识来自世界各地的游客,很受年轻人的欢迎。但由于是多人同住一间房,有些地方很容易发生行李被盗之类的偷盗事件。贵重品要么随身携带,要么寄存在办公室的保管箱里。此外,由于喝醉酒、深夜喧哗等原因,也会产生纠纷。为了避免卷入各种纠纷之中,一定要遵守住宿地的各项规定。

紧急时的联系方式

111 匪警、火灾、急救和其他紧急情况下都可以拨打111,然后说明是"Police(匪警)""Fire(火灾)""Ambulance(急救)"中的哪种情况。

国内的安全信息收集

中国驻新西兰大使馆网站有时候会发布一些当地的安全提示和治安状况信息,可事先查看了解。
HP www.chinaembassy.org.nz
☎ 64-21-528663

■ 新西兰的治安

新西兰人给人的第一印象大多是坦率、热情。但这并不代表新西兰就没有各种违法事件和事故。尤其是奥克兰和克莱斯特彻奇等城市的周边地区更是犯罪的多发之地,甚至有旅游旺季中亚洲游客被害的事件。

在新西兰,参加户外活动时被卷入事故的情况也屡有发生。新西兰的交通事故率非常高,很多建在悬崖上的道路都没有护栏,因此开车时一定不要超速行驶,要时刻注意交通安全。

■ 事件实例

事件实例① 路上

事情发生在去看阅兵仪式的时候。游客走过人群后想拍照时,却发现放在包里的相机和钱包不见了。

事件实例② 在夜总会

两名女性一起去夜总会,喝过酒在跳舞时,有两名男性和她们搭话。因为语言不通,在嘈杂的音乐声中,她们没有理解对方的意思,跟着对方外出后,被带到了暗处。

事件实例③ 答应让人搭便车

游客在租车新婚旅行的途中,让一位男性搭了便车。最初大家互相自我介绍,气氛非常和谐。但是后来这位男性一会儿要求吸烟,一会儿又开口借钱买吃的。游客不得已,把自己的NZ$20的零钱借给了他。结果到了目的地以后,对方居然连道谢都没有就匆匆走了。回头一看车后面的座位,坐垫上竟然有很多泥巴。不仅被人拿走了钱,还得清扫汽车,实在让人郁闷。

事件实例④ 在熟人的宴会上

被邀请去参加朋友家的宴会,于是和几个朋友一起前往。宴会上,有几个新西兰人似乎已经酩酊大醉,正在闹腾。想打招呼时,却被抱住要求亲吻。这时,才发现他们并不是喝醉了,而是在吸食大麻。最后赶快趁人不注意和朋友溜走了。

为了以防万一，护照（护照号码、发行年月日、发行地）、信用卡（卡号和有效期限）、旅行支票（支票号码和面额）、飞机票（登机号码、航班名称、搭乘日期、发行公司）等必要的事项要留个备份。

■ 盗窃和遗失

游客报告最多的意外事件是行李被偷和遇到扒手等偷盗事件。建议贵重物品要么随身携带，要么存放在酒店的保险箱等处。即使是从交通工具上下来休息或是上洗手间时，贵重物品也要随身携带。把背包放在车子的后座等从外面可以看得见的地方，都是很危险的。在背包客旅馆等住宿点也不能大意，在这种集中了来自世界各地游客的地方，互不相识的人住在同一间房时，大家都需要谨慎一些。去自由市场和有巡游队伍的街道这类人多的地方时，要时刻注意自己的手提包和背包。

■ 遗失了东西怎么办

● 丢失护照

到警察局报案，警察局会开具盗窃、遗失受理证明书。因丢失、损毁护照来不及申请补发、换发，但又需要紧急回国的人，可申请旅行证。申请时需要携带必要的材料，如符合要求的护照照片3张、填写完整的"护照旅行证申请表"、护照复印件及签证复印件、新西兰警方出具的丢失证明等材料。旅行证申办费用为NZ$40，时间为4个工作日，如需办理加急，需要另附NZ$40。以上具体信息及相关手续，请登录中国驻新西兰大使馆网站查询。

● 丢失信用卡

建议出国前就记下发卡银行的服务热线电话。如果丢失信用卡，应尽快报案，并与银行联系，申请挂失。如果需要补办新卡，一般需要一段时间，具体手续和所需时间因发卡银行而有所不同，需向办卡银行咨询。

● 丢失旅行支票

报警，并在警察局获取盗窃、遗失受理证明书。拿着证明书、购买记录（没有时要提供旅行支票的种类、号码、发行银行以及购买日期等数据）和护照，前往最近的发行银行的分行。资料不全时，可能需要2~3天才能获得补发。

● 丢失机票

报警，并在警察局获得盗窃、遗失受理证明书。一般情况下，需要联系航空公司，购买新的机票。如果购买的时候是标准价格，回国时可以申请退款。但打折机票和团体优惠票是不能退费的。

● 丢失其他物品

丢失相机、录像机和手提电脑等物品时，首先要向警察报案，获得盗窃、遗失受理证明书。有出境旅行意外保险时，要在申请表上填上商品的种类、购买日期和丢失时的情形，然后把申请表和证明书一起送到指定的地方。如果资料齐全的话，可按照保险条约获得一定的赔偿金额。

● 中国驻新西兰大使馆
✉ No.2-6 Glenmore Street, Wellington, New Zealand
🌐 www.chinaembassy.org.nz
📧 info@chinaembassy.org.nz
☎ 04-4721382
📠 04-4990419

● 中国驻奥克兰总领馆
✉ 588 Great South Road, Greenlane, Auckland, New Zealand.
🌐 www.chinaconsulate.org.nz/chn
签证处地址：630 Great South Road, Greenlane, Auckland, New Zealand.
📧 ：chinese.consulate@xtra.co.nz
☎ 09-5713080，09-5265680，09-5251588/9
📠 09-5794288

向警察报告盗窃、丢失事件

到最近的警察局，把盗窃和遗失的情况告知警察，并从警局获得盗窃、丢失证明书。要告诉警察是什么时候，在什么地方，在怎样的情况下丢失或是被盗了什么东西。

警察局会话例句

我的护照（信用卡）丢了。
I've lost my passport (credit card).
钱包（相机）被偷了。
My wallet (camera) has been stolen.
请给我盗窃证明书。
Could you make out a report of the theft.
结果什么时候出来？
When can you let me know the result?

健康之旅

公立医院的翻译系统

新西兰的公立医院为了方便移民和国外患者，引入了翻译系统。如果患者的病情和治疗过程需要翻译或者患者希望有翻译的话，院方会给患者安排与医院有合作关系的翻译。游客使用医院的翻译要收费。

ACC咨询处

☎ 09-915-9400（奥克兰）
☎ 04-918-4000（惠灵顿）
☎ 03-962-9200（克莱斯特彻奇）
HP www.acc.co.nz

带上英语诊断书

在国外旅行过程中，如果需要就医时，病史、血压等信息必须用英文向医生进行说明。身体不好的游客为了以防万一，最好带上专业制作的英语诊断书，这样到当地的医院看病时会更加方便。

■ 在新西兰的健康提示

在旅游地要注意避免遭遇事故、生病等让人烦恼的事情。医疗系统的不同和语言的差异，肯定会让游客感觉到不安，如果发生事故，就别想好好旅行了。为了享受一次愉快的旅行，游客时刻都要注意自己的健康和人身安全。

新西兰早晚的温差很大，要注意带上夹克和毛衣保暖。

与气温相反，新西兰的阳光和紫外线全年都很强，因此不论何时都要抹防晒霜、戴太阳镜。此外，还要注意一种叫沙蝇的新西兰特有的昆虫。它是一种非常可怕的害虫，虽然比蚊子小很多，但一旦被它咬到，却比被蚊子咬还要痒上数十倍，而且会连续痒上3~4天。有时被咬到的地方会肿起来，甚至会让人难以行走。预防措施是在超市等地购买驱虫喷雾，并注意多加使用。被虫子咬到后，可以到药店去买安思桑霜（Anthisan Cream）。

长途旅行时的注意事项

如果打算从南岛一直周游到北岛的话，最好是乘坐长途巴士或是租车，选择适合于长途旅行的交通工具。比如，从惠灵顿到奥克兰乘坐长途巴士的话大概需要10个小时。长途巴士在途中会有好几次休息，以方便乘客去洗手间，游客可以趁着这个时候好好活动一下身体。如果是租车旅行，也要时刻注意休息。

■ 医疗系统

新西兰有"ACC"事故补偿制度。这是一种针对发生在新西兰国内的事故，由国家来承担治疗费和手续费的制度。这项制度不仅仅针对新西兰的国民，对短期游客也同样适用，但是补偿要根据事故的发生状况等各种因素，并不是所有的情况都会补偿。补偿只有通过医生才可以提出申请，并且在知道是否适用于补偿之前必须等上好几周的时间，非常不方便。生病时，包括急救车的费用都要自己承担，因此，出国前最好购买出境旅行伤害保险。

在新西兰生病时，首先是由称为"GP"的普通科医生来诊断。病情不重时，就由普通科医生开处方，然后到药店买药就可以了。如果需要专科医生来诊断的话，普通科医生会给患者介绍合适的医生。

新西兰的医院

即便是国家公园和旅游景点的周边，新西兰也有许多地方没有开发。有些地方会有"禁止进入"的提示牌，即使没有写注意事项，如果自己的体力不佳，还是果断地返回比较好。

身体状况不佳时

旅行中一旦发现身体不适，切不可勉强，一定要注意休息。情况没有好转，或是情况在变坏时，要和酒店、汽车旅馆的前台联系，告诉他们症状，有药的话马上服药。如果这样还不见好转，就要找附近的普通科医生、联系急救医院。大型酒店有时会有合作医生到客房来看病。不管什么情况，一定要尽量把症状准确地告诉医生。用英语表达可能有些困难，但即使是指着辞典上的单词，应该也可以帮上医生的忙。

身体有老毛病的患者要准备常用药和英语诊断书（参照p.310），旅行中也要记得带上。过敏体质的人，在医生开处方时要告诉医生。医疗费的大概价格是：普通科医生的出诊费是NZ$50~80，处方费用是NZ$15~20，急救住院时一天NZ$700~1000。

受伤时

在旅行途中遇上事故受伤时要立刻叫救护车。新西兰的紧急情况联系号码是111。不论是急救、匪警、火灾都可以拨打这个号码，所以接线员接起电话时，要告诉他是叫救护车（Ambulance），并告知地点、症状和状况。

不论是生病还是受伤，一定要让医生写诊断书。没有诊断书的话，就没法进行出境旅行伤害保险的索赔。当然还要记得拿上治疗费的收据。

紧急状况时的英语会话

感觉不舒服，请带我去看医生。
I'm not feeling well. Can you take me to a doctor?
恶心、呕吐（头晕）。
I feel nauseous（dizzy）.
腹泻（便秘）。
I have diarrhea.（I am constipated.）
肚子像针扎一样疼（隐隐作痛）。
I have a gripping pain（a dull pain）in my stomach.
胃一跳一跳的痛（绞痛）。
I feel throbbing pain（tingling pain）in my stomach.
请给我开处方（诊断书）。
Can you give me a prescription（a medical certificate）?
适用于ACC制度吗？
Can I take compensation from ACC?
发生交通事故了。
There's been an accident.
有人受了重伤。
There's a serious injured person here.

参加保险者紧急服务中心
↓
告知事故等的情形、确认保险内容
↓
如果需要紧急服务的话，会提供医疗机构和医疗翻译等服务，并垫付费用
↓
处理事故以及治疗服务

旅游活动中遭遇事故由自己负责

蹦极、喷气船和漂流等受人欢迎的旅游活动因为是挑战自然的活动，所以不能说100%安全。实际上，每年都会发生几次事故。参加这一类的活动时，基本上在预订时会签署承诺书，内容大多是一旦发生事故，公司不负任何责任之类。一定要准确理解承诺书上的内容，然后再签字。此外，普通的出境旅行伤害保险一般不包括旅游活动中遇上的事故。如果不放心的话，可以自己选择追加保险内容。

没有处方也可以买药

胃药、肚子痛药 Mylanta Liquid
感冒药 Coldres/Cordal
虫子咬伤药 Anthisan Cream
止泻药 Imodium
去痛药、退烧药 Panadol
月经痛 Naprogesic
便秘药 Coloxyl with Senna
晕车药 Sea-legs

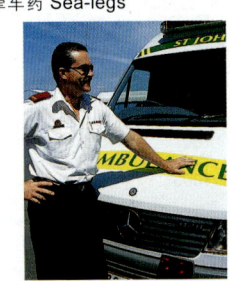

旅行会话

想要愉快地游遍世界，就必须能够在旅行中把自己的意思准确地传达给别人。处理各种事故时，语言也是强有力的工具。对于游客说的话，新西兰人一定会很认真地听。因此，不要因为说不好而害羞，一定要大胆地表达自己的意思。

实用会话 ●旅行中必须记住的会话和词语

早上好	Good morning	打扰一下	Excuse me	我是……	My name is ~
你好	Hello	对不起	I'm sorry	你叫什么	What's your name
晚上好	Good evening	我（我们）	I（we）	男性	man（men）
再见	Goodbye	你（你们）	you（you）	女性	woman（women）
是的	Yes	他（他们）	he（they）	不懂	I don't understand
不是	No	她（她们）	she（they）	救命	Help
谢谢	Thank you	多少钱	How much is it	我不会说英语	I can't speak English
不客气	You're welcome	我是中国人	I am Chinese		

基本单词

今天	today	右	right	贵的	expensive
明天	tomorrow	左	left	便宜的	cheap
昨天	yesterday	上	up	热的	hot
早上	morning	下	down	冷的	cold
正午	noon	大	big（large）	去	go
晚上	evening	小的	small	来	come
夜晚	night	长的	long	买	buy
上午	morning	短的	short	吃	eat
下午	afternoon	多的	many（much/a lot）	看见	see, look, watch
周、星期	week	少的	a few（a little）	步行	walk
月	month	早的	early	付款	charge
日	day	快的（速度）	fast, quick	乘坐	ride/get on
1小时	1 hour	晚了	late	下车	get off
1分钟	1 minute	慢的（速度）	slow		
100	one hundred	好的	good		
1000	one thousand	坏的	bad		
10000	ten thousand				

旅行基本单词

关店（闭馆）	closed	不能使用	out of order	不要吃东西	No food or drink
开店（开馆）	open	洗手间	bath room（toilet）		
~点到~点营业	open from ~a.m. to ~p.m.	使用中	occupied	出示身份证明书	ID required
		空缺	vacant	横断步道	crosswalk
甩卖	sale	手续费	handling charge	游玩	play
卖完了	sold out	预约	reservation/booking	住宿	stay
出口	exit	退还	refund	晴天	clear weather
入口	entrance	打折	discount	多云	cloudy weather
推	push	禁止摄像	No photographs	下雨	rain
拉	pull	禁止闪光灯	No flash photography	暴风雨	storm
禁止进入	No admittance/no entry	旅游咨询处	Tourist Information	天气预报	weather forecast
不要触摸	Don't touch	美术馆	art museum/art gallery	禁止吸烟席	No smoking seat
售票处	ticket office	遗迹	remains/ruins	吸烟席	smoking seat
空坐	vacancies	城堡	castle	停止（登记）	stop
没有空坐	No Vacancies	未成年人禁止入内	No Minors	恐怖	scary
指定座位	reserved（seat）	私有	Private	半日游	half day sightseeing tour
单程	one way			一日游	one day sightseeing tour
往返	return				

旅行信息【新西兰篇】 旅行会话

熟记奇异果（英式）英语

新西兰是从英国的殖民地发展而成的近代国家，所以新西兰的通用语是英语。跟美式英语不同，新西兰基本上使用的是被称之为皇后英语的英式英语。比如，在美式英语中"行李"是"Baggage"，英式英语却是"Luggage"。"电话"在美式英语中是"Call"，在英式英语中则是"Ring"等，使用的单词和读法都有差异。经常弄错的是楼层的说法。在英式英语中一楼是"Ground Floor"，二楼是"First Floor"，要注意别弄错了。新西兰人说的英语称为奇异果英语，发音特点和澳大利亚一样，经常把"ei"发作"ai"。典型的例子是把"today"[tə'dei]发作[tə'dai]。此外，省略元音的情况非常多。"e"的音通常发作长音"I"。例如"yes"

[jes]通常发作[ji:s]。"Sandal"发作"Jandal"，泳衣"Swim suit"在新西兰是"Tog"等，有些不仅发音不同连词汇都不一样。

新西兰的通用语还有原住民毛利人的语言，即毛利语。除了可以看到用毛利语写的城市名称之外，电视上也播放毛利语节目。

■毛利语的发音和意思
Kia Ora　你好
Ka pai　谢谢
Aotearoa　长长的白云（在毛利语中是新西兰的意思）
Pakeha　白人/欧洲人

基本会话

<飞机上>
●我想把行李拿到上面的架子上。请帮我一下。
I would like to put my bag in the luggage compartment. Could you help me?
●灯（耳机）坏了。
My light (earphones) isn't (aren't) working.
●我可以把座椅放下来吗？
May I put my seat back?
●请坐到你的座位上去
Please return to your seat.
●你想要喝点什么吗？都有什么？请给我咖啡。
Would you like anything to drink?
What drinks do you have?
Coffee, please.
●鱼、牛肉（鸡肉），你要哪个？
Which would you like,fish or beef（chicken）?
●感觉不舒服。　　I feel sick（bad）
●我想看一下免税品。
May I see the duty free items?

<机场内>
●你旅行的目的是干什么呀？观光。
What is the purpose of your trip?
Sightseeing. /Tourism.
●有需要申报的东西吗？
Do you have anything to declare?
●我找不到我的行李箱了。
I can't find my luggage.
●你的行李箱有什么特征吗？是一个大的黑箱子。
What does your luggage look like?
Please describe your luggage.
A large black suitcase.
●我想要兑换一下。
I would like to change some money.
●请给我一些小面额的现金。
Please include some small notes.
●出租车站（旅游咨询处）在哪？
Could you tell me where the taxi stand
　（tourist information） is?

出发时间	departure time
准时	on time
延迟	delayed
登机牌	boarding pass
登机手续	check in
转乘	transfer

<回国时在柜台>
●请给我禁止吸烟的座位。
A no smoking seat, please.
●请给我通道（窗口）的座位。
An aisle seat（window seat）, please.

●想和朋友挨着坐。
I would like to sit next to my friend.
●我想确认一下我的航班。
May I reconfirm （my flight）?

<出租车上>
●我想去ABC酒店。
ABC hotel, please.

<在酒店>
●之前有预约的李静。我要办理入住手续。
I have a reservation for Lijing. Can I check in?
●我的衣服让洗衣店洗。
I would like to use your laundry service.
●请清洗一下~。
I would like a stain removed from~
●123号房间的李静，请给我来杯咖啡。
This is Lijing speaking in room 123.
Can I have coffee, please?
●请给我123号房间的钥匙。
Can I have the key to room 123?
●请帮我叫一下出租车
Will you call a taxi for me.
Please call a taxi for me.
●我想预约一下3月14日晚上8点的晚餐，一共两人。
I would like you to make a reservation for
me for dinner for two people at 8 p.m. on March 14th.
●我把钥匙忘在屋里，就锁门出来。
I have left my key in my room. I am locked out.
●这里可以寄邮件吗？
Can you mail this for me?
→可以。　　　　　　　　→不行。
Yes,of course. I am afraid not.
●我来搬行李（请行李员帮我拿一下行李）
Please take down my luggage.（Please ask
the bell man to take down my luggage.）
●在晚8点出发之前我想把行李寄存在这里。
Please hold my luggage until my departure
at 8p.m.
●有给我的留言吗？
Do you have any messages for me?
●我想再住一晚。
Can I stay one more night?
●电视机用不了。
The TV doesn't work.
●可以用旅行支票吗？
Do you accept（take） traveller's checks?
●我想退房。
I would like to check out, please.
●这个费用是干什么的？

What is this charge for?
●我没有用迷你吧。
I didn't use the mini-bar.
●可以用信用卡支付吗?
Do you accept（take） this credit card?

<在街上步行>
●美术馆离这远吗?
Is it far from here to the Art Museum?
●公交车多久来一趟?
How often do the buses come?
●请提醒我下车。
Could you tell me when I reach my destination?
●这趟车是开往○○的吗?
Is this bus (train) going to ○○?
●不用找零钱了。
Please keep the change.
●你们的旅游团有中文（英语）导游吗?
Do you have a tour with a Chinese (English) guide?
●我想把这封信（包裹）寄到中国。
I would like to mail this letter （parcel） to China.
●可以照相吗?
Can I take a picture?
●你能帮我照张相吗?
Can you take a picture?
●你们什么时候关门?
What time do you close?
●请给我两张票。
Two tickets, please.

<购物时>
●只是随便看看而已。
No, thanks. Just looking.
●再便宜点可以吗?
Can you give me a discount?
●可以试穿吗?
Can I try this one on?
●试衣间在哪?
Can you tell me where the fitting room is, please?
●我要这件。
This one please./I'll take this.
●收现金还是信用卡?
How would you like to pay in cash or by a credit card?
●可以使用信用卡吗?
Can I use this credit card?
●会给我返税吗?
Can I get tax refund?
●可以帮我送到宾馆吗?
Can you deliver it to my hotel?

<在餐馆>
●我想预约一下3月14日8点的晚餐，一共有两人。
I would like to make a reservation for dinner for two people at 8 p.m.on march14th.

●之前有预约的李静。
I have a reservation for lijing.
●你给推荐一下吧。
What dish do you recommend?
●我想吃和那个人一样的东西。
I would like the same dish as those people over there.
●请选一下适合这道菜的红酒。
Please select a good wine for this meal.
●菜还没做好吗? 我30分钟前就点好了的。
Our order hasn't come yet.
I ordered over 30minutes ago.
●这个与我点的不一样。
This is not what I ordered.
●你找错钱了。
I think my change is wrong.
●勺子掉地上了。
I dropped this spoon.
●埋单。
Check, please?

<娱乐时>
●今晚有什么演出?
What is showing tonight?
●我还可以要一张票吗?
Can I still get a ticket?
●票价是多少?/门票是多少?
How much is the ticket? / How much is it to get in?

<纠纷·事故>
●浴室里全是水。
My bathroom has flooded.
●太冷了，请调一下空调。
My room is too cold.
Could you adjust the air-conditioning?
●我把钱包忘在出租车里了。
I have left my purse （wallet） in the taxi.
●请注销我的信用卡。
Please cancel my credit card .
●我错过了去北京的航班了。
I have missed the flight to Beijing.
●请给我预约一下下一趟航班。
Please make a reservation for the next available flight.
●我有旅行伤害保险。
I have travel insurance.
●请叫救护车。
Please call an ambulance.
●我想看医生。
I would like to see a doctor.
●请带我去医院。
Please take me to a hospital
●发烧了。

旅行信息 [新西兰篇]

旅行会话

I have a fever.
● 肚子疼。
I have a pain in my stomach.
● 头疼。
I have a headache.
● 这个已经坏了，帮我换一个。
This one dosen't work. Please change it.

● 退款给我。
Please give me a refund .
● 我的包被偷了。
My bag has been stolen.
● 有懂中文的人吗？
Is there anybody here who can speak Chinese?

其他常用词

USA是美式英语，UK是英式英语。

- 半定制→semi-custom made
- 自助洗衣房→laundromat（USA）
  laundry / laundrette（UK）
- 裤袜→panty hose
- 女装→dress
- 收银→cashier / cash register（USA） /
  till（UK）
- 自助餐→buffet
- 奶油→cream

- 早餐→breakfast
- 信用卡→credit card
- 爆胎→flat tire（USA） / flat tyre（UK）
- 倒车挡→reverse gear
- 汽油→gas（USA） / petrol（UK）
- 加油站→gas station（USA）
  petrol station / garage（UK）
- 插头→plug

听到这些话时，要十分注意其他常用词

不发生任何事故是最好的了，但是万一遇上什么事情的话，为了不至于造成更加严重的后果，要注意一些警告话语。下面是一些常见的警告和回答，最好旅行前熟记它们。

● 把手举起来	Hands up
● 退后	Get back
● 安静/别吵	Shut up / Be quiet
● 放手	Drop it
● 卧倒	Hit the floor / Get on the floor
● 别动/站住	Hold it / Don't move
	Freeze / Stay where you are
● 面向墙站好	Get against wall / Face to wall
● 停下来	Stop
● 按我说的做	Do what I say
	Do what I tell you
● 想逃跑的话，杀了你	Move and you're dead
● 我说真的	I mean it
● 救命啊	Help
● 我按你说的做	I will do what you want / I'll do anything（you say）
● 别这样	Please stop
● 别开枪	Don't shoot
● 滚出去	Get out
● 别碰	Don't touch / Hands off
● 没兴趣	I am not interested
● 对不起，我很着急	Sorry, I'm in a hurry

INDEX 旅游景点索引

A

- 阿尔伯特公园(奥克兰)……………p.180
- 阿卡阿(克莱斯特彻奇)……………p.61
- 阿卡罗阿美术馆(阿卡罗阿)………p.61
- 阿拉奴伊钟乳洞(怀托摩)…………p.247
- 埃德温・福克斯号(皮克顿)………p.83
- 埃蒙德・希拉里高山中心(库克山)…p.96
- 埃文河(克莱斯特彻奇)……………p.53
- 爱歌顿牧场(罗托鲁阿)……………p.232
- 安德森公园(因弗卡吉尔)…………p.163
- 奥克兰博物馆(奥克兰)……………p.179
- 奥克兰大学(奥克兰)………………p.180
- 奥克兰动物园(奥克兰)……………p.190
- 奥克兰美术馆(奥克兰)……………p.179
- 奥克兰中央公园(奥克兰)…………p.181
- 奥兰纳野生动物园(克莱斯特彻奇)…p.59
- 奥斯维顿住宅(达尼丁)……………p.158
- 奥塔哥半岛(达尼丁)………………p.158
- 奥塔哥博物馆(达尼丁)……………p.158
- 奥塔哥大学(达尼丁)………………p.157
- 奥塔哥开拓者博物馆(达尼丁)……p.158

B

- 堡垒崖(奥克兰)……………………p.188
- 鲍伯山(昆士敦)……………………p.114
- 贝壳杉博物馆(北岸)………………p.221
- 波利尼西亚温泉(罗托鲁阿)………p.231
- 博恩瀑布(米尔福德峡湾)…………p.146
- 布拉夫(因弗卡吉尔)………………p.163
- 布拉夫山眺望台(纳皮尔)…………p.255

C

- 彩虹泉(罗托鲁阿)…………………p.232
- 彩虹之巅(奥克兰)…………………p.190
- 车道溪铁路(科罗曼德尔)…………p.224
- 船主峡谷(昆士敦)…………………p.119

D

- 达尼丁市立美术馆(达尼丁)………p.157
- 达尼丁火车站(达尼丁)……………p.157
- 大教堂(纳尔逊)……………………p.87
- 大象山(米尔福德峡湾)……………p.146
- 道尔福峡湾………………………p.148
- 地狱之门(罗托鲁阿)………………p.232
- 第一教堂(达尼丁)…………………p.157
- 蒂阿瑙唐斯(米尔福德峡湾)………p.145
- 蒂帕帕(惠灵顿)……………………p.262
- 东加里罗国家公园…………………p.250
- 冬季花园(奥克兰)…………………p.181
- 独木岭(奥克兰)……………………p.189
- 断层(米尔福德峡湾)………………p.145

F

- 芳达兹公园(纳尔逊)………………p.87
- 分界线(米尔福德峡湾)……………p.145
- 弗卡瀑布(陶波)……………………p.248
- 弗拉格斯塔夫山(拉塞尔)…………p.214
- 负鼠世界(纳皮尔)…………………p.255

G

- 高山探险中心(弗兰茨冰河)………p.93
- 高山线……………………………p.56
- 格林诺奇(昆斯敦)…………………p.119
- 宫津花园(纳尔逊)…………………p.87
- 古恩湖(米尔福德峡湾)……………p.145
- 国会议事堂(惠灵顿)………………p.263
- 国际南极中心(克莱斯特彻奇)……p.58
- 国家海洋博物馆(奥克兰)…………p.180
- 国家图书馆(惠灵顿)………………p.264

H

- 哈格利公园&植物园(克莱斯特彻奇)…p.55
- 哈格利公园(克莱斯特彻奇)………p.14,55
- 哈鲁鲁瀑布(怀唐伊)………………p.215
- 海豹栖息地(凯库拉)………………p.33,80
- 海洋博物馆(惠灵顿)………………p.263
- 海洋水疗中心(纳皮尔)……………p.255
- 豪伊克历史村(奥克兰)……………p.190
- 红山冰斗湖(库克山)………………p.99
- 胡克山谷(库克山)…………………p.98
- 湖区博物馆(昆斯敦)………………p.119
- 华卡帕帕滑雪场(东加里罗国家公园)…p.251
- 华人矿工茅房(昆斯敦)……………p.119
- 怀奥塔普地热保护区(罗托鲁阿)…p.233
- 怀波瓦森林(北地)……………p.31,220
- 怀赫科岛(奥克兰)…………………p.182
- 怀曼谷火山溪谷(罗托鲁阿)………p.233
- 怀唐伊条约纪念馆(怀唐伊)………p.215
- 怀托摩钟乳洞博物馆(怀托摩)……p.246
- 怀维拉地热中心(奥克兰)…………p.190
- 皇冠峰(昆斯敦)……………………p.143
- 皇后公园(因弗卡吉尔)……………p.163
- 皇家信天翁中心(达尼丁)…………p.159
- 黄眼企鹅保护区(达尼丁)…………p.159
- 惠灵顿动物园(惠灵顿)……………p.264
- 惠灵顿植物园(惠灵顿)……………p.264
- 霍克湾博物馆(纳尔逊)……………p.255
- 霍默隧道(米尔福德峡湾)…………p.145

J

- 90英里海滩(凯塔亚)………………p.218
- 基督教堂(克莱斯特彻奇)…………p.53
- 几维鸟&鸟类公园(昆斯敦)………p.114
- 阿罗敦(昆斯敦)……………………p.118
- 交通工具和玩具博物馆(瓦纳卡)…p.107
- 交通科学博物馆(奥克兰)…………p.190
- 教堂湾(水星湾)……………………p.225
- 镜湖(米尔福德峡湾)………………p.145
- 旧圣保罗教堂(惠灵顿)……………p.264

K

- 卡德罗纳(瓦纳卡)…………………p.143
- 卡特林斯海岸(因弗卡吉尔)………p.163
- 卡特天文台(惠灵顿)………………p.264
- 凯里凯里教会(凯里凯里)…………p.217
- 凯利顿海底世界(奥克兰)…………p.188
- 凯瑟琳・曼斯菲尔德出生地(惠灵顿)…p.264
- 坎特伯雷博物馆(克莱斯特彻奇)…p.54
- 康沃尔公园(奥克兰)………………p.189
- 科罗曼德尔半岛(科罗曼德尔)……p.222
- 科学现场(克莱斯特彻奇)…………p.54
- 克莱斯特彻奇赌场(克莱斯特彻奇)…p.73
- 克莱斯特彻奇缆车(克莱斯特彻奇)…p.60
- 克莱斯特彻奇艺术馆(克莱斯特彻奇)…p.54
- 矿石博物馆(泰晤士)………………p.223
- 昆士敦园林公园(昆斯敦)…………p.114

L
拉纳克古堡(达尼丁) ········· p.159
拉奇欧拉博物馆(斯图尔特岛) ········· p.165
拉塞尔博物馆(拉塞尔) ········· p.214
蓝色浴池(罗托鲁阿) ········· p.231
缆车(惠灵顿) ········· p.263
雷恩加角(凯塔亚) ········· p.218
雷瓦村(凯里凯里) ········· p.217
利庞葡萄酒庄(瓦纳卡) ········· p.107
柳岸野生动物园(克莱斯特彻奇) ········· p.59
鲁阿佩胡山(东加里罗国家公园) ········· p.253
路特本步道(蒂阿瑙) ········· p.121
罗布罗伊冰河(瓦纳卡) ········· p.107
罗布斯布莱特(米尔福德峡湾) ········· p.145
罗托鲁阿博物馆(罗托鲁阿) ········· p.231

M
马瑟逊湖(福克斯冰河) ········· p.94
码头赌场(昆斯敦) ········· p.114
麦特峰(米尔福德峡湾) ········· p.144
毛利人音乐会&宴会(昆斯敦) ········· p.115
蒙特斯啤酒公司(格雷茅斯) ········· p.91
米德历史公园(克莱斯特彻奇) ········· p.60
米尔福德步道(米尔福德) ········· p.147
米勒小屋(库克山) ········· p.99
绵羊世界(沃克沃思) ········· p.31
莫纳谷(克莱斯特彻奇) ········· p.59
莫纳克野生动物(达尼丁) ········· p.159

N
纳迦国家马拉埃聚会场(克莱斯特彻奇) ········· p.60
南岛博物馆&美术馆(因弗卡吉尔) ········· p.163
南缘海洋馆&几维鸟之家(克莱斯特彻奇) ········· p.54
农奥塔哈山(罗托鲁阿) ········· p.231

P
帕内尔玫瑰园(奥克兰) ········· p.181
彭布罗克山(米尔福德峡湾) ········· p.146
棚户区(格雷茅斯) ········· p.91
蓬帕佩尔(拉塞尔) ········· p.214
皮克顿博物馆(皮克顿) ········· p.82

Q
奇幻世界(瓦纳卡) ········· p.107

S
309贝壳杉树林(科罗曼德尔) ········· p.224
StarDome天文台(奥克兰) ········· p.189
萨姆纳海滩(克莱斯特彻奇) ········· p.60
三一大教堂(奥克兰) ········· p.181
三锥山(瓦纳卡) ········· p.143
山毛榉隧道(米尔福德峡湾) ········· p.145
善牧教堂(特卡波) ········· p.102
生忆海洋馆(皮克顿) ········· p.83
圣保罗大教堂(达尼丁) ········· p.157
狮子山(米尔福德峡湾) ········· p.146
石屋(凯里凯里) ········· p.216
食肉鹦鹉和西里冰斗山(库克山) ········· p.99
米申商(奥克兰) ········· p.189
市立美术馆(惠灵顿) ········· p.263
市政厅(克莱斯特彻奇) ········· p.53
水塔(因弗卡吉尔) ········· p.163
水下世界(昆斯敦) ········· p.114
斯科特上尉纪念像(克莱斯特彻奇) ········· p.53
斯佩特啤酒厂(达尼丁) ········· p.157
斯坦林瀑布(米尔福德峡湾) ········· p.146

苏特美术馆(纳尔逊) ········· p.87

T
塔卡西城堡(克莱斯特彻奇) ········· p.59
塔拉维拉湖(罗托鲁阿) ········· p.233
泰晒士历史博物馆(泰晒士) ········· p.223
泰伊里峡谷铁路(达尼丁) ········· p.159
特怀罗阿埋没村(罗托鲁阿) ········· p.233
特皮亚(罗托鲁阿) ········· p.232
提里提里马塔基岛(奥克兰) ········· p.184
体育名人堂(达尼丁) ········· p.157
天空塔(奥克兰) ········· p.179
天空之城赌场(奥克兰) ········· p.205
天堂谷温泉野生动物园(罗托鲁阿) ········· p.233
托罗阿滑雪场(东加里罗国家公园) ········· p.251

W
瓦卡蒂普湖(昆斯敦) ········· p.115
瓦纳卡啤酒工厂(瓦纳卡) ········· p.107
威廉的小屋(昆斯敦) ········· p.114
维达港(奥克兰) ········· p.179
维多利亚公园市场(奥克兰) ········· p.181
维多利亚广场(克莱斯特彻奇) ········· p.53
维多利亚山(奥克兰) ········· p.189
维多利亚山瞭望台(惠灵顿) ········· p.265
维克多竞技场(奥克兰) ········· p.180
温泉海滩(水星湾) ········· p.225

X
西部温泉公园(奥克兰) ········· p.190
邂逅几维鸟(罗托鲁阿) ········· p.232
辛巴达溪谷(米尔福德峡湾) ········· p.146
新西兰战斗机博物馆(瓦纳卡) ········· p.107

Y
野生动物中心(蒂普瑞) ········· p.150
夜间公园(凯塔亚) ········· p.219
伊甸花园(奥克兰) ········· p.189
伊甸山(奥克兰) ········· p.189
伊斯特本(惠灵顿) ········· p.265
艺术中心(克莱斯特彻奇) ········· p.55
萤火虫钟乳洞(怀托摩) ········· p.247
远北地区博物馆(凯塔亚) ········· p.219
约翰山(特卡波) ········· p.102

Z
政府花园(罗托鲁阿) ········· p.231
直升机徒步旅行(弗兰茨约瑟夫冰河) ········· p.92
直升机游福克斯冰河和弗兰茨约瑟夫冰河
　(弗兰茨约瑟夫冰河) ········· p.92
直升机游冰河(福克斯冰河) ········· p.94
殖民地民宅博物馆(惠灵顿) ········· p.264
州长森林(库克山) ········· p.99
装饰艺术游(纳皮尔) ········· p.255
追忆桥(克莱斯特彻奇) ········· p.53
卓越山(昆斯敦) ········· p.143
左岸艺术画廊(格雷茅斯) ········· p.90

乐游全球丛书 翻译委员会

丛书翻译统筹
潘寿君

翻译审订（以音序排名）
陈燕生　程长善　侯　越　潘寿君　陶芳英　王　怡　谢立群
颜　悦　张文颖　张志军　周　洁

翻译成员（以音序排名）
陈　晨　迟晓春　董娜娜　宫　静　郭攀霞　郭文雅　韩佳梅
黄叶清　黄奕纬　凌　艳　刘东婧　刘　芳　柳慕云　罗芳芳
满新茹　潘　丽　裴　玺　任二青　王丽珠　王　苹　吴媛媛
徐　超　徐　琳　徐珊珊　阎婷婷　杨　欢　张静超　张　楠
张　潇　张亚林　张　永　张　玉　赵　丽　赵季玉　郑　凤
钟萍萍　周　微　宗文玉

Staff

Producer & Editor	㈲オセアニア・メディア・クリエーションズ Oceania Media Creations 小野沢啓子 Keiko ONOZAWA	Editorial Cooperation	木村博之 Hiroyuki KIMURA 平賀　誠 Makoto HIRAGA 林弥太郎 Yataro HAYASHI
Writers & Photographers	ジャパン・メディア・クリエーションズ Japan Media Creations (N.Z.) CO.,Ltd. 池田　峰 Mine IKEDA グルービー美子 Miko GROOBY 熊野淳司 Junji KUMANO 金井麻美 Asami KANAI 吉田千春 Chiharu YOSHIDA 山下雄一郎 Yuichiro YAMASHITA 西朝子 Tomoko NISHI	Adevertisement Sales	マイケル・ネンディック Michael NENDICK 川崎英子 Hideko KAWASAKI 森高由美 Yumi MORITAKA ㈲オセアニア・メディア・クリエーションズ Oceania Media Creations 三邉晶子 Akiko SAMBE ジャパン・メディア・クリエーションズ Japan Media Creations (N.Z.) CO.,Ltd.
Designers	又吉るみ子 Rumiko MATAYOSHI 長智也 Tomoya OSA 丸山征子 Seiko MARUYAMA 桜井康之 Yasuyuki SAKURAI オムデザイン OMU 道信勝彦 Katsuhiko MICHINOBU	Special Thanks to	平田大典 Daisuke HIRATA ニュージーランド航空 Air New Zealand ニュージーランド政府観光局 Tourism New Zealand Tourism Auckland Media Resource Unit 滑田広志 Hiroshi NAMEDA
Illustrator	内山良治 Ryoji UCHIYAMA		
Cover Designer	鳥居満智栄 Machie TORII		
Map Production	㈱千秋社 Sensyu-sya		
Map Design, Graphic Map	㈱チューブグラフィックス TUBE		

北京市版权局著作权合同登记图字：01-2011-1629
审图号：GS（2013）714号

总策划：刘 权
执行策划：陈凤玲
责任编辑：张 娟

WAGAMAMA ARUKI series：（ニュージーランド）

Copyright © 2011 by Jitsugyo no Nihon Sha, Ltd. All rights reserved. Original Japanese editions published by Jitsugyo no Nihon Sha, Ltd. This Simplified Chinese edition is published by arrangement with Jitsugyo no Nihon Sha, Ltd, Tokyo,Japan through Tuttle-Mori Agency, Inc., Tokyo, Japan in association with Eric Yang Agency Beijing Representative Office, Beijing.

图书在版编目（CIP）数据

新西兰/实业之日本社海外版编辑部编著；钟萍萍译.--北京：旅游教育出版社，2013.7（2016.3）
（乐游全球）
ISBN 978-7-5637-1154-3

Ⅰ.①新… Ⅱ.①实… ②钟… Ⅲ.①旅游指南—新西兰 Ⅳ.①K961.29

中国版本图书馆CIP数据核字（2013）第026911号

乐游全球
新西兰（第2版）

实业之日本社海外版编辑部　编著
钟萍萍　译

出版单位：旅游教育出版社
地　　址：北京市朝阳区定福庄南里1号
邮　　编：100024
发行电话：（010）65778403 65728372
　　　　　65767462（传真）
本社网址：www.tepcb.com
E-mail：tepfx@163.com
印刷单位：北京利丰雅高长城印刷有限公司
经销单位：新华书店
开　　本：880毫米×1230毫米　1/32
印　　张：10
字　　数：404千字
版　　次：2016年3月第2版
印　　次：2016年3月第1次印刷
定　　价：60.00元

（图书如有装订差错请与发行部联系）